[MIRROR]

理想国译丛

044

想象另一种可能

理
想
国
imaginist

理想国译丛序

"如果没有翻译，"批评家乔治·斯坦纳（George Steiner）曾写道，"我们无异于住在彼此沉默、言语不通的省份。"而作家安东尼·伯吉斯（Anthony Burgess）回应说："翻译不仅仅是言词之事，它让整个文化变得可以理解。"

这两句话或许比任何复杂的阐述都更清晰地定义了理想国译丛的初衷。

自从严复与林琴南缔造中国近代翻译传统以来，译介就被两种趋势支配。

它是开放的，中国必须向外部学习；它又有某种封闭性，被一种强烈的功利主义所影响。严复期望赫伯特·斯宾塞、孟德斯鸠的思想能帮助中国获得富强之道，林琴南则希望茶花女的故事能改变国人的情感世界。他人的思想与故事，必须以我们期待的视角来呈现。

在很大程度上，这套译丛仍延续着这个传统。此刻的中国与一个世纪前不同，但她仍面临诸多崭新的挑战。我们迫切需要他人的经验来帮助我们应对难题，保持思想的开放性是面对复杂与高速变化的时代的唯一方案。但更重要的是，我们希望保持一种非功利的兴趣：对世界的丰富性、复杂性本身充满兴趣，真诚地渴望理解他人的经验。

理想国译丛主编

梁文道　刘瑜　熊培云　许知远

[墨西哥] 恩里克·克劳泽 著　　万戴 译

救赎者：
拉丁美洲的面孔与思想

ENRIQUE KRAUZE

REDENTORES:

CARAS Y PENSAMIENTOS EN AMÉRICA LATINA

北京日报出版社

REDENTORES: CARAS Y PENSAMIENTOS EN AMÉRICA LATINA

By Enrique Krauze

Copyright © 2015, Enrique Krauze

All rights reserved

北京出版外国图书合同登记号：01-2020-3980

图书在版编目(CIP)数据

救赎者：拉丁美洲的面孔与思想 / (墨)恩里克·
克劳泽著；万戴译. -- 北京：北京日报出版社，2020.8（2020.11 重印）
（理想国译丛）

ISBN 978-7-5477-3702-6

Ⅰ.①救… Ⅱ.①恩… ②万… Ⅲ.①拉丁美洲－历
史 Ⅳ.① K73

中国版本图书馆 CIP 数据核字 (2020) 第 123520 号

责任编辑：卢丹丹
特邀编辑：魏钊凌
装帧设计：陆智昌
内文制作：陈基胜　张　卉

出版发行：北京日报出版社
地　　址：北京市东城区东单三条8-16号东方广场东配楼四层
邮　　编：100005
电　　话：发行部：（010）65255876
　　　　　总编室：（010）65252135
印　　刷：山东临沂新华印刷物流集团有限责任公司
经　　销：各地新华书店
版　　次：2020年8月第1版
　　　　　2020年11月第2次印刷
开　　本：965毫米×635毫米　1/16
印　　张：33
字　　数：444千字
定　　价：108.00元

致安德烈娅

目　录

第四部分　小说与政治

中文版序言*

驶向中国的航船

　　能够在中国出版《救赎者》一书，我感到非常荣幸。我希望这本书的出版能够成为连接中拉思想与文化的纽带，在太平洋两岸架起相互理解和对话的桥梁，就如同二百五十年间往返于美洲和亚洲之间的、充满传奇色彩的"中国船"（Nao de China）一样。

　　实际上，"中国船"真正的出发地是菲律宾†，但是因为这条航路有浓重的中国元素，当地居民便以此为这条航线命名。船上满载中国的瓷器和手工制品，用以换取墨西哥银元，这些银元经过重铸之后成为当时中国朝廷的法定流通货币。瓷器、丝绸、象牙制品、玉器、木雕等物品的最终目的地是西班牙，但要穿越另外一片大洋才能抵达。这些珍贵的物品在美洲也可以见到，例如墨西哥城主教座堂华美的围栏就是在澳门铸就的。总体而言，这样的货物流通给

---

* 本书中文版据作者恩里克·克劳泽先生直接提供的西班牙文版本译出，部分内容参考汉克·海费茨（Hank Heifetz）先生的英文译本，内文引用部分详见标注。——译注（本书脚注若无特别标明，均为译注）

† 因此，这条航路也被称为"马尼拉大帆船"航路（Galeón de Manila）。

拉丁美洲带来的最大影响，是人们将从中国舶来的富丽堂皇与当地的巴洛克式风格相结合，形成了融合的审美、艺术概念，并将之体现在 17 世纪和 18 世纪之间的瓷杯、屏风、家具、雕塑等艺术创作当中。这些艺术品采用了拉丁美洲的工艺，但其灵感则无疑来自东方。

　　但是，当时中国与西班牙语美洲保持着微弱而间断的往来。除了一些宗教探险和经贸交往之外，西班牙在美洲的领域都与中国保持了距离。在他们看来，中国几乎就等于整个亚洲。关于中国，人们了解更多的是传说而不是真知——尽管有马可·波罗和利玛窦等人传递回来的一些信息——人们所知道的不过是在太阳落下的地方，有一个充满智慧、秩序和艺术气息的古老国度，有着和我们不同的宗教信仰。凭着这样的背景，拉丁美洲的第一位小说家费尔南德斯·德·利萨尔迪（José Joaquín Fernández de Lizardi）在 1816 年想象出了一座乌托邦式的中国岛屿"早求福"（Saucheofú）*，他几乎将这座岛描绘成了一个模范社会，以鲜明地反衬出自己国家的种种问题。

　　这种微弱的联系在 19 世纪时逐渐减弱。中国与拉丁美洲此前在贸易、文化、艺术方面的联系和沟通日益转向了不幸的一面：当时从中国到美洲沿海地区的移民潮。19 世纪，欧洲和美国的殖民扩张来势汹汹，此时的清王朝闭关锁国，要比拉丁美洲更为虚弱。即便如此，今天的拉丁美洲仍然保有当年移民潮留下的深刻而又有益的文化印记——我在这里仅举一例——秘鲁的烹饪。

　　到了 20 世纪，中国与拉丁美洲的交流开始基于一个新的平台：政治思想。拉丁美洲的思想家和知识分子与其许多中国的同仁一样，视俄国革命为典范，希望以此摆脱美国帝国主义，建立一个摆脱贫

---

*　费尔南德斯·德·利萨尔迪的小说《癞皮鹦鹉》（*El Periquillo Sarniento*）中出现的、想象中的中国岛屿（另有译名为绍乔富岛），该作品被认为是拉丁美洲出版的第一部小说。

困和不公正的社会。本着这种精神，从 20 世纪中叶开始，他们对中国革命怀着极大的希望和仰慕，尤其钦佩其农村社会主义运动。而这种舍身救世的信念正是《救赎者》这本书中人物的生命主题。

* * *

从本质上讲，《救赎者》是一组传记。有古巴独立英雄、诗人和记者何塞·马蒂（José Martí）；有乌拉圭作家何塞·恩里克·罗多（José Enrique Rodó）；有墨西哥哲学家和教育家何塞·巴斯孔塞洛斯（José Vasconcelos）；有秘鲁马克思主义知识分子和编辑何塞·卡洛斯·马里亚特吉（José Carlos Mariátegui）；有墨西哥诗人和思想家奥克塔维奥·帕斯（Octavio Paz）；有广受欢迎的阿根廷领导人埃娃·庇隆（Eva Perón）；有著名的阿根廷—古巴革命家埃内斯托·切·格瓦拉（Ernesto Che Guevara）；同时还有 20 世纪拉丁美洲的两位伟大的小说家：加夫列尔·加西亚·马尔克斯（Gabriel García Márquez）和马里奥·巴尔加斯·略萨（Mario Vargas Llosa）。

但是除了一幅幅这样的肖像之外，有没有什么东西可以将这些人物的生活联系起来？我相信是有的，那就是，他们为了拯救自己的国家，在某一时刻产生了宗教般的信仰。他们希望建立一个公正、繁荣、和平的秩序，希望这片大陆能够摆脱欧洲的殖民统治和美国帝国主义的影响。但是在建设这样的秩序之前，几乎所有人都相信需要爆发一场革命，尽管他们关于革命形式的观点各异：独立革命（如 1898 年古巴反抗西班牙的独立革命）、社会和民族革命（如 1910 年的墨西哥革命），或者社会主义革命（如 1917 年的俄国十月革命），尤其是 1959 年俄国革命在拉丁美洲的化身，即古巴革命的意外胜利。

古巴革命是拉丁美洲在20世纪中最重要的政治事件。《救赎者》里对多位人物的叙述正是围绕古巴革命所提出的乌托邦设想，以及革命的发展和失败展开的。其中的一些人，例如切·格瓦拉和加西亚·马尔克斯终其一生都忠于古巴革命，切甚至为此献出了自己的生命。还有一些人，例如奥克塔维奥·帕斯和马里奥·巴尔加斯·略萨在70年代对古巴革命表示失望，并转向自由民主的思想。至于埃娃·庇隆，她并没有经历古巴革命，因为她在1951年就去世了，但是我们可以说她和丈夫胡安·庇隆（Juan Domingo Perón）将军的政权为1998年之后乌戈·查韦斯（Hugo Chávez）统治委内瑞拉提供了历史先例。查韦斯像庇隆将军一样通过选举达到了权力的顶峰，并采用了古巴的政治经济模式。

可以说，拉丁美洲的"救赎者"们在作为知识分子追求革命的时候曾经非常亲近毛泽东，例如切就开展过马克思主义革命运动。但是在菲德尔·卡斯特罗（Fidel Castro）建立政权之后，不管是在古巴还是拉丁美洲，社会革命都没有像邓小平所做的那样进入下一个发展阶段。换句话说，拉丁美洲的革命者们，这些国家的"救赎者"们（也包括在秘鲁受毛泽东思想影响而成立的"光辉道路"[Sendero Luminoso]*组织）都止步于试图完成革命，而没有过渡到下一个阶段：创造财富。

为什么这个地区出现了如此之多的革命者，却鲜有致力于国家繁荣昌盛的建设者？要解释这一问题并不容易。有人认为，天主教信仰在道德上并不追求物质财富，而是向往另外一种生活：受苦受难乃至牺牲。有人认为，美国开采整个地区的自然资源，为拉美国家的独裁统治提供支持，而不是在覆盖整个大陆的发展项目中寻求合作。令人遗憾的是，除了智利、乌拉圭、哥斯达黎加等少数几个

---

* 秘鲁极左翼毛派反政府游击队组织，20世纪80年代最为活跃，崇尚以暴力手段实现共产主义目标。

小国之外，拉丁美洲没有一个国家展现出过经济潜力。

中国在近几十年取得了举世瞩目的发展成就，并取得了全球性的领导地位，为拉丁美洲多个国家提供了发展动力，特别是对于那些出产中国经济发展所需原材料的国家尤为明显。但是没有一个拉美国家能够在政治和谐、社会平等与和平的框架下，建立稳定的内部政治秩序来支撑经济的可持续发展。这些国家并没有能够像解放者西蒙·玻利瓦尔（Simón Bolívar）在1815年所设想的那样团结协作，建立伊比利亚美洲"近邻同盟"（地区同盟），利用自己的文化相似性，利用人民的团结和丰富的自然资源，联合起来去和美国竞争。从这个意义上说，与中国相比，拉丁美洲是一段失败的历史。

中国文化有一些特征和拉美国家的文化颇为相似。和中国人一样，拉美人的生活理念是集体化、社区化的，个人主义色彩比美国或西欧要弱。拉美与中国一样，将家庭作为强大的核心，赖以经受时间和空间的一切考验。此外，拉美还和中国一样崇拜并尊敬长者，对母亲尤为如此。正是因此，人们不禁要问，如果拉丁美洲的现代化始于19世纪，它的实际进程还会如此糟糕吗？

我认为，这个复杂问题可以用一个词来简单回答：务实。拉丁美洲的思想家和知识分子有着受人尊敬、广泛熟知的形象，但他们通常只提出原则性的意见和笼统而又抽象的信念，并不提供实用的想法。

这本书的主角之一、我的恩师和挚友奥克塔维奥·帕斯曾说，拉丁美洲是"西半球远离中心的一极"。从文化和艺术的角度来讲这是好事，比如这部作品所展现的作家、思想界和知识分子就是如此。但是这也有不好的一面：它没能建立团结、繁荣、和谐的社会，也没有稳定的政府。我个人并不认为，这种萎靡不振的局面是自由民主造成的。我认为这是糟糕的政府和没有责任心的领导者所导致的。具有宗教情怀的救赎者太多，能够付诸实践的思想家又太少。

* * *

但生活中并不是只有政治和经济。我希望《救赎者》的读者能够欣赏这些人物在文学领域的卓越贡献，而不只停留于他们那恢弘却失败的政治乌托邦理念。基于这个原因，我最后想引用胡安·何塞·莫拉莱斯（Juan José Morales）的一段话，他是一位旅居香港的西班牙企业家，也是一位人文学者。他在谈论奥克塔维奥·帕斯翻译的中国文学时曾说："帕斯大约翻译了六十首诗歌，主要是唐朝（618—906）和宋朝（960—1127）的诗歌，这段时期是中国诗歌的黄金时代。"莫拉莱斯说："奥克塔维奥·帕斯并不懂中文，因此他采用了行间对应翻译和相应的标音法，并研究了当时能找到的最好的文学批评作品和最有名的英语、法语译本，同时仰赖他对佛教的了解，以及与华兹生（Burton Watson）和叶维廉（Wai-lim Yip）等杰出汉学家和诗人朋友的情谊。"

在这些诗歌当中，有一首李白的诗令我感慨不已：

> 夜宿山寺
> 危楼高百尺，
> 手可摘星辰。
> 不敢高声语，
> 恐惊天上人。

帕斯将这些诗歌当作自己的航船，把它们从中国翻译到墨西哥。他超越了历史与政治，重新认识了一种古老的文化。这是文化和文化之间的兄弟情谊。《救赎者》有着与之相同的朴实追求：成为墨西哥和拉丁美洲的一艘航船。它载着友爱和理解，带着"摘星辰"的志愿，向中国扬帆驶来。

革命

是诗人和小说家

崇高的女神

永恒的挚爱

伟大的娼妓

——奥克塔维奥·帕斯

《文字与权杖》，1972 年 9 月

第一部分

四位先知

何塞·马蒂

苦难和独立

拉丁美洲的现代革命思想史起始于一位异乡纽约客的人生、作品和苦难。这个人叫作何塞·马蒂。马蒂 1853 年出生于古巴，当时的古巴和波多黎各、菲律宾是西班牙王国最后的堡垒。他的父母都是西班牙人，父亲是一位巴伦西亚（Valencia）的士官，母亲则来自加那利群岛（Islas Canarias）。马蒂在穷困中度过了童年，又从青年时代开始就过着流亡的生活。"我了解苦难。"十六岁的马蒂在拉克里奥亚（La Criolla）监狱中写信给他的启蒙老师拉斐尔·玛丽亚·德·门迪韦（Rafael María de Mendive）时说道。在这座监狱里，马蒂被迫在采石场从事体力劳动，期间腹股沟处受伤，一生都受其困扰。这次牢狱之灾的起因是他对于古巴独立的维护。几个月前，马蒂开始创作独幕诗剧《阿布达拉》（Abdala，1869 年），借以表达自己的新思想。这部作品在风格上尚显稚嫩，但在内容上已经预示出后来的马蒂。在《阿布达拉》中，一位努比亚（Nubia）战士为了解放人民奋力抗击埃及王国。他对自己的母亲说：*

> 我是努比亚人！
> 整个民族都在等着我去捍卫他们的自由！
> 异邦人侵占了我们的土地：
> 卑鄙地以奴役我们相威胁，
> 傲慢地向我们展示他们强大的长矛。
> 主神给予我们荣耀，
> 让我们为了祖国而牺牲，
> 而不是看着她屈服于野蛮的压迫者，
> 成为软弱的奴隶。

就什么是最深沉的爱，阿布达拉与他的母亲埃斯佩塔（Espirta）展开了争辩：

> 埃斯佩塔：（这种爱）难道比你的母亲在你胸中唤醒的爱还要更伟大吗？
> 阿布达拉：难道您认为，还会有比热爱祖国更加崇高的感情吗？

阿布达拉的话语在马蒂的一生当中不断回响，成为他牺牲神话的重要组成部分。但是这种神话也掩盖了马蒂生活中充满活力、闪光的一面：总是大胆、新奇、警醒的散文，无尽的能量和好奇心；高贵而慷慨、充满创造的喜悦和爱的心灵。而爱，则是其中最重要的。

被流放到西班牙之后，马蒂学习了法律专业，发表了《古巴的

---

* 原文无此句，译者据《阿布达拉》原文添加。

政治犯苦役》(El presidio político en Cuba)，证明中心区和殖民地的言论自由有着显著的区别。他还创作了一首关于被杀害的医学院学生的诗歌《致我 11 月 27 日罹难的兄弟姐妹》(A mis hermanos muertos el 27 de noviembre)，这些学生在此前被古巴当局以莫须有的颠覆罪起诉、杀害。1873 年，西班牙第一共和国宣布成立，马蒂撰写了《西班牙共和国与古巴革命》(La República Española ante la Revolución cubana，题目中的"古巴革命"指 1868 年失败的革命)。在这篇文章里，马蒂第一次基于自己有关共和国的观念和对自由的理解批判了帝国统治：

> 如果古巴宣布独立凭借的是与西班牙宣布自己为共和国相同的权利，那么西班牙共和国如何能够否定呢？西班牙共和国正是基于这一权利才得以存在，又怎么能够自我否定呢？若一种生活尚不完整且无自由，明显与民众意志相悖，又怎么能将这种生活强行加诸一个民族之上呢？

马蒂的这些文字深刻地预见了 1898 年美国吞并古巴、占领菲律宾时，卡尔·舒尔茨（Carl Schurz）、威廉·詹姆斯（William James）、马克·吐温等美国反帝国主义者的言论——一个共和国绝不可能在不否定自身本质的情况下，扼制另一个共和国。共和主义这一概念在马蒂的革命思想中不断得到重申。从 1873 年开始，马蒂一直是一个古典共和主义者，献身于民主事业，坚定支持民治政府，反对军国主义，与个人专制和独裁为敌。

他的革命思想承袭自美国独立战争和之后美洲西班牙殖民地的独立战争。几年之后，马蒂满怀热情和悲悯地为芝加哥烈士*写下了

---

* "芝加哥烈士"指 1886 年 5 月 4 日芝加哥 "秣市惨案"中及此后遇害的罢工工人。

一篇文字。早在 1883 年卡尔·马克思（Karl Marx）逝世时，他就曾谨慎撰文以致哀思。但马蒂从未将有关革命的定义（社会的、无政府主义的、社会主义的或马克思主义的）用于自己的言论之中。事实上，马蒂一直避免使用"革命"一词，同时对使用暴力持谨慎的反对态度。在于纽约写就的给马克思的悼文中，马蒂说道：

> 马克思已经去世了。他值得尊敬，因为他一直和弱者站在一起。但是他没能指出（革命可能招致的）伤害以及如何真正避免这些伤害，他只是传授了一些温和的补救方法。挑动人与人之间的斗争，这种事很可怕。为了某些人的利益而把另一些人变成野兽，这并不划算。但我们必须为愤怒寻找合适的出口，在这头野兽真正发作之前迫其停下，将之赶走。

在 1882 年彻底定居纽约之前，马蒂是一位游荡在"大亚美利加"土地上的古巴流浪者。这个身材瘦弱、热情洋溢、生龙活虎的小个子曾于 1873 年至 1876 年在墨西哥居住，此后又搬去危地马拉，并希望留居于这两个国家。在那段时间里，他为杂志撰稿，参加会议，发表讲演，捍卫自由的原则，因而声誉鹊起，结识了终生挚友，也邂逅了许多女人。这些女人有的对他躲躲闪闪，有的为他深陷爱河，还有一位甚至因为他的离去而痛不欲生，结束了自己的生命。而他最终之所以离开这两个国家，是因为反对当权的考迪罗*、独裁者或是受到当地名人的排挤；作为一个没有祖国的人，马蒂宣称自己属于美洲这个更大的祖国，而这些言论总是令他人感到不快。他希望能够到洪都拉斯和秘鲁去。"我的灵魂中满怀痛苦，从一片土地流浪到另一片土地，这样漫无目的地游荡是非常艰难的。"马蒂写道。然

---

* Caudillo，西班牙语，通常指军政领袖或专政元首。

而就是在这个灵魂中一直沸腾着一个确定的念头："我的脑海中始终装着我不幸的同胞；在我看来，也许有一天，他们的自由将取决于我的一呼一吸。"

他在墨西哥与古巴贵族后裔卡门·萨亚斯－巴桑（Carmen Zayas-Bazán）成婚，在第一次独立战争折戟沉沙之后，马蒂曾经非常不情愿地试图回到古巴安家。这次回国行动很谨慎，马蒂将自己的中间名和母姓拼在一起，用了一个半真半假的名字胡里安·佩雷斯（Julián Pérez）。1878 年 11 月，他们的儿子何塞·弗朗西斯科（José Francisco）在古巴出生，小名佩佩（Pepe）、佩皮托（Pepito）。但是，他在良知的召唤下重新回到反对政府的老路上，随即再次遭到逮捕并被驱逐出境，在西班牙度过了一段短暂的时间。

1880 年，马蒂来到纽约，为第二场战争筹措资金。这场战争后来被称作"小战争"（Guerra Chiquita），和上一次一样也没能获得成功。卡利斯托·加西亚（Calixto García）将军与二十六位志士共同启程前往古巴。马蒂则留在纽约，担任古巴革命委员会（Comité Revolucionario Cubano）的代理主席。

马蒂住在纽约东 29 街 51 号曼努埃尔·曼蒂利亚（Manuel Mantilla）的家里。曼努埃尔是一位病入膏肓的古巴流亡者，几年后就因病去世了。家中还有他的委内瑞拉裔妻子卡门·米亚雷斯（Carmen Miyares）*，以及两名子女卡门（Carmen）和曼努埃尔（Manuel）。在妻子和儿子抵达纽约后，马蒂在布鲁克林租了一套房子。但是卡门·萨亚斯从不认同或真正理解马蒂的政治热情（他的岳父曾经叫他"疯子"），同年 10 月她就回到了古巴。一个月之后，卡门·米亚雷斯·曼蒂利亚诞下了女儿玛丽亚（María）。这个小女婴不是曼努埃尔的孩子，而是她教父何塞·马蒂的亲生骨肉。此后，

---

* 原文写为玛丽亚·米亚雷斯，据其他资料及作者确认为卡门·米亚雷斯。

马蒂最后一次试图在西语美洲的土地上生根落脚。他前往卡门·米亚雷斯的祖国委内瑞拉，创办了一份短命的出版物《委内瑞拉杂志》（*Revista Venezolana*），并宣称："我是美洲之子……委内瑞拉，请告诉我，我该怎样向她效力；把我当作她的一个新儿子。"但是自负的委内瑞拉总统安东尼奥·古斯曼·布兰科（Antonio Guzmám Blanco）因为马蒂在一场公开演讲之中没有提及他而心生怨恨，对马蒂下达了驱逐令。最终，马蒂又一次回到了纽约。他的母亲恳求他、妻子要求他返回古巴。在给妻子卡门·萨亚斯的信中，马蒂温和而清晰地写道：

> 你说我应该回去。如果回去能让你开心，我愿意献出我的生命！我不必强迫自己回去，我决定不回（这可能会让你感到不快）。如果你能理解那就太好了。如果你不理解，我又能怎样呢？我知道我的事业对你而言并不重要。但我不会苛求你重视这种纯粹精神性的、秘密的和没有收益的伟大事业，这是不公平的。

这是一个难以解决的夫妻矛盾：卡门·萨亚斯不理解她丈夫的使命，也决不会支持他。

至此，这场大剧的轮廓已然清晰：为了革命事业被祖国流放，疏远了妻子和深爱的幼子；与已婚女子的私情以及和"教女"相携散步为他带来慰藉。在这之后，马蒂的生命只剩十三年了。卡门和年幼的佩佩回到了古巴，长期生活在那里，时不时回纽约陪伴他一段时间，直到1891年8月夫妻俩最终决裂。在这十年间，马蒂为减轻个人的悲痛，全力投入到工作之中，成了一位活跃的战略家、思想家、演说家、预言家，最终成为古巴独立的精神领袖。他出版短小精美的诗集，翻译小说，编辑书刊，任由自己被极度的渴望所驱使，努力了解和介绍这个接纳了他的陌生国度和光怪陆离的城市中存在的种种奇迹。

如今，纽约成了他在古巴之外风雨飘摇的居所。面对陌生、艰难的环境，马蒂努力地驯服"优美而不羁的英文"，开始在美洲大陆的多家报纸上以来信专栏的形式发表西班牙文文章。马蒂给阿根廷大报《民族报》（*La Nación*）总编巴托洛梅·米特雷（Bartolomé Mitre）*写了一封信，详细地阐述了自己的计划。他并不希望专栏只是赞美或批判美国，而是希望以生动、睿智的方式观察美国的现实，让西语美洲了解美国的必要知识。

这里的一切都让他感到惊奇。他写下的丰富文字成为研究这十年间美国生活面貌的重要资料。他的文字既涉及由相对和平的门罗主义向张牙舞爪的帝国主义的演变，也涵盖日常生活的方方面面：对加菲尔德（James Abram Garfield）总统谋杀案的审判，克利夫兰（Stephen Cleveland）总统的就职和他女友的嫁妆，布鲁克林大桥的开通，科尼岛（Coney Island）周日的喧嚣，第五大道的时尚，舞蹈、雪橇、帆船、拳击、棒球等娱乐活动，纽约的流氓无赖与犯罪活动，杰西·詹姆斯（Jesse James）†之死，汉诺威广场上托雷尔女士美味的马赛鱼汤，各种艺术展览和戏剧演出，黑人地位的明显改善，天主教会的分裂，俄克拉何马州地价飙升的细节，高架铁路的兴建，自然灾害的发生，苏族‡与政府军之间的战争。随着时间的推移，马蒂想要写一本书来汇总他在此前写作中涉及的所有人物：亨利·朗费罗（Henry Longfellow）、沃尔特·惠特曼（Walt Whitman）、拉尔夫·沃尔多·爱默生（Ralph Waldo Emerson）、尤里西斯·S. 格兰特（Ulysses S. Grant）将军等等。在 1886 年发

* 阿根廷第六任总统，结束任期后于 1870 年创办《民族报》。
† 美国传奇强盗，"詹氏-杨格"团伙成员。
‡ 北美印第安族群，也泛指所有使用苏语的印第安族群。

表于《民族报》的长篇信函中，马蒂书写了他亲历的自由女神像落成仪式。他以优美的文字描述了这一情景，重现了类似移民乘船驶入海湾，远远望见那片应许之地时一样激动的心情：

> 终于看到她了，她耸立在比塔楼还要高的基座上，像暴风雨一样壮丽，像天空一样美妙！任何一双干枯的双眸看到她时都会再次满盈着泪水。许多灵魂似乎都打开了自己，飞向她，藏在她外衣的褶皱处，在她耳边低语，伏在她的肩上安静地等待死亡，就像光亮中的蝴蝶一样！她好像是活的一样；汽船冒出的烟雾笼罩着她，赋予她一种朦胧的清晰。她真的像一座祭坛似的，许多汽船跪在她的脚下！……她是由世间的所有技艺创造出来的，就像自由是由人类所有苦难创造出来的一样。

凭借着道德的敏锐和中立的态度，马蒂看到了美国社会的优点和缺点。确实，"对于物质财富不顾一切、强烈且不安的热爱和追求，并不是一个民族良好的根基。这种追求正在摧毁他们的社会，让他们看起来既像巨人，也像婴儿"；确实，有一群"贪婪的思想家"热切地想要沿着海岸线向"我们的美洲"扩张；确实，"看到一只斑鸠死在食人魔的手中是一件极度痛苦的事情"；但是不应该把那些"超级鹰派俱乐部的成员"（aguilistas，马蒂根据西班牙语"老鹰"创造的词，用来描述美国的沙文主义者）与"多民族混居、勤奋保守、努力实现价值并乐在其中的中立"普通美国人混为一谈。考虑到美洲西班牙文化中的慵懒，马蒂觉得亟须描述、理解和解释美国人的生活，让同胞"看到美国的伟大，竭尽全力强调美国人的光辉奋斗"。

在那十年当中，马蒂的专栏每周都会出现在《民族报》上，后来更陆续出现在西语美洲的二十余家报纸上。虽然他做演讲的时候令人振奋，但文章中的言论很少像演说时那样激动人心。他在1881年的一篇文章中指出："直白、鲜活、口语、自然、丰富多彩的语言；真诚、坦率、简单的语言。这就是'扬基'（yanqui）*的语言，是亨利·沃德·比彻（Henry Ward Beecher）使用的语言。"他对于词语使用的这一发现是非常重要的。实际上，马蒂在纽约期间放弃了"苦难者和受害者"的西班牙传统——例如"仿佛用血书写历史"这样的比喻——而倾向于使用能够表明逻辑的结构和描述方式。在美国的新闻媒体和文学作品中，他发现了语言表达的自由，既不用畏首畏尾，也不用长篇大论：说话、写作与出版已经不再是表达反叛的手段，而是成了一种职业行为，是"生动、简单、实用而又充满人性的沟通"，成了可以公开讨论的内容。马蒂不再使用那些抽象难懂的词汇和权威术语，而是面向读者写作。在西班牙停留期间，他曾细致深入地了解了西班牙黄金世纪和巴洛克时期的诗人和剧作家；如今，他把西班牙最高文学传统这杯老酒倒入了北美新闻业的新瓶。从这个角度来看，马蒂是拉丁美洲的首位现代作家。

马蒂不只以记者的身份做到这一点。他专注于古巴解放事业，并非有意革新语言的审美，但是他恰巧通过三个渠道实现了这一点：他的专栏、诗集和信件。"他从事的是新闻写作，"多米尼加评论家佩德罗·恩里克斯·乌雷尼亚（Pedro Henríquez Ureña）写道，"他在新闻事业中将西班牙语提升到了前所未见的艺术水平……在他的笔下没有哪一行文字是无足轻重的。"很快，这样的革新出现在了1882年出版的诗作《伊斯马埃利约》（Ismaelillo）中，这本书是他出于儿子（佩皮托）离开美国返回古巴后心中的失落感写就的（"我是我儿子的儿子！／是他重新造就了我"）。在恩里克斯·乌雷尼亚

---

* 泛指美国人，微含贬义，多译为"美国佬"。

看来，这本书"比最早的西班牙语现代主义诗歌潮流还要早十六年"。

《伊斯马埃利约》中共包含十五首诗，其灵感来自儿子返回古巴后马蒂的失落，他亲切地称他的儿子称为佩皮托。诗歌语言简洁、优雅，完全没有19世纪的浪漫修辞。诗中穿插着一些突然的、时常让人觉得惊讶的意象，预示了现代主义诗歌的出现，但是也并没有脱离17世纪西班牙黄金时代诗歌的影响。诗不仅体现了他对儿子的想念，也表达了他对政治自由的追求和渴望。

> 小小的鹰，
> 在天空中栖息。
> 像是翱翔的理想，
> 冲破它们的监牢！

他记忆中的婴孩遍布于这简短而有力的诗篇中，也许甚至包括对"小小的"这样的形容词的选择：

> 是什么包裹着你？
> 肉，还是珍珠母？
> 微笑像是被装在
> 阿拉伯玛瑙杯里，
> 在完美无瑕的胸前
> 冒着胜利的气泡：
> 给你！苍白的骨头，
> 鲜活且耐久！
> 我是我儿子的儿子！
> 是他重新造就了我！

语言上的革新也出现在马蒂写给朋友和政治伙伴的信件当中。这些信件在他去世多年之后得到出版。米格尔·德·乌纳穆诺（Miguel de Unamuno）将他视作新时期的朱塞佩·马志尼（Giuseppe Mazzini），称他"如思想者一样伟大的感受者，甚至更加伟大"。在马蒂的信中，乌纳穆诺看到了两位西班牙先贤的影子：塞内加（Séneca）和圣女大德肋撒（Santa Teresa de Jesús）："在马蒂的信中，经常会看到诗歌的韵律，以及高度凝练的、充满诗意的语句。"

对于马蒂的新闻报道，鲁文·达里奥（Rubén Darío）写道："他笔耕不辍，这座大都市的热情引燃了他心中的活力。""在我的一生中，至少有几年和纽约捆绑在一起：每件事都让我和这杯毒药紧紧束缚在一起"，马蒂向他最常联系的墨西哥记者曼努埃尔·梅尔卡多（Manuel Mercado）这样说道。当饮下纽约生活这杯毒药时，他感到"灵魂的恐惧""一点点缓慢的死亡"以及"如同高烧般贪婪、干枯的内火"。他远离家人，独自生活在这座大城市中，不为那里充满诱惑的生活所动，不得不在各种商业公司做着无聊的工作赚取微薄的工资。重新成为编辑的想法，减轻了马蒂心中的苦闷。

对于一个沉浸在文化工作氛围中的男人来说，这是一个自然而然的决定。他这样写道："在这里，一个好想法总能找到热情、柔软、肥沃的土壤。人必须要聪明，聪明就够了。只要做一些有用的事情，你就能得到想要的一切。沉闷和懒惰的人是没有出路的；服从工作法则，生活才有保障。"马蒂认为自己能够为拉丁美洲人译介北美文化，并可以为美洲的这两片土地搭建理解的桥梁。他像1847年时旅美的多明戈·福斯蒂诺·萨米恩托（Domingo Faustino Sarmiento，19世纪伟大的自由主义者）一样惊讶地发现，这里的每个人都读书，他想鼓励西语美洲的人们也养成这样的习惯。他曾为一本科学期刊《美洲》（La América）担任过短暂的编辑工作，还在上面发表过关于肥料和奶酪的文章。

基于这点有限的经验，1886 年他打算在一些墨西哥朋友的帮助下，创办"一家目标崇高广阔的美洲企业"，出版"便宜有用、富有人情味、活泼易懂的书籍……帮助人们陶冶情操、从事实际工作。"

开办一个面向拉丁美洲的出版社，这一想法产生于他作为一个新闻记者频繁活动，同时担任乌拉圭驻美国领事的时候，且恰逢他的政治活动危急存亡之时（虽然他并未承担责任）。19 世纪 80 年代中期，因两次试图推翻西班牙殖民政府不成，马蒂建议追随者们等到古巴内部条件成熟，民众对革命者的支持度和革命者的能力均达到一定程度时再行尝试，这样可以保证战争以最小的代价换取最大的收益，为建立一个自由和谐的共和国奠定基础。他尤其担心前两次战争的领导人安东尼奥·马赛奥（Antonio Maceo）和马克西莫·戈麦斯（Máximo Gómez）的个人专制主义。1882 年，马蒂在纽约认识了这两位领导人。1884 年他写信给戈麦斯说：

> 但是除了个人的支持之外，你还能在我身上激发一些东西。在我的一生中，我始终无条件坚守着一个观念：我绝不赞同将个人专制政权带到祖国的土地上，绝不为这种事奉献哪怕一点力量，这种专制远比祖国现在承受的专制统治更加可耻和不幸，后果更严重，更难以根除，因为它会裹挟着某些价值观一起到来，这些价值观会美化政权的想法，并且因为革命胜利而变得合法化……祖国不属于任何人，如果说它属于谁——只在精神上属于——那也是属于一个为服务祖国而超越自我奉献智慧的人。这个人很可能是你，也有可能不是你。所谓伟大，就是要尊重信任我们、对我们寄予厚望的人民；而利用他们的苦难和热情谋取私利，是一种无耻的行径。

接着他写信给梅尔卡多:"如果千辛万苦取得胜利,推翻外来的暴政,只是为了自己坐上宝座,有什么意义呢?我所看到的,只是两个人决定用一场代价惨重的苦战来实现自己的利益。"

马蒂出版"廉价而有用的书籍"项目没能得到墨西哥朋友们的支持,他们觉得这一计划没有市场前景。1887年,他给梅尔卡多写了一封信,说他在物质、个人和历史三个层面的"救赎"希望都落空了:

> 我本打算利用人们对我名字的熟悉和喜爱,凭着我对出版工作和拉丁美洲的了解,就可以非常好地开展工作。一开始谨慎一些,少量地出版一些图书;然后系统地、有目的地进行调整,使之符合我热爱的土地的需要和特性;随后逐步加大教育书籍的销售力度,直至我可以在这片广袤大陆的各个国家推广我从孩提时期就开始设想的出版计划。通过这种服务他人的方式,我就可以实现对自我的救赎。

随着出版计划的搁浅,这段插曲便告一段落。他最终也没能在墨西哥出版自己翻译的海伦·亨特·杰克逊(Helen Hunt Jackson)的小说《蕾蒙娜》(Ramona),尽管"它是一本好书,而且是以墨西哥为主题的"。10月10日(1868年古巴第一次革命战争爆发纪念日),马蒂往返于纽约和佛罗里达之间,为古巴人做了一系列公开演讲(他在之前的数年间一直拒绝这种行为)。他在前街120号的办公室成了古巴人和其他拉丁美洲人的集会所:"这里就像一座'国家交易所'。"1887年,马蒂的父亲去世,马蒂承认从未理解过他。他在给自己最年长的古巴朋友的信中说:"费尔明(Fermín),我这辈子都不可能在这场充满激情的运动中发挥作用了,我只能为它做一点间接的、并不让我感到开心的事。"他自然是在说他对古巴解放事业的热情：“事实是……我现在只为我的国家而活。”

　　长期以来，马蒂对爱默生的作品和惠特曼的诗歌十分钦佩。马蒂像爱默生一样太过神秘，没有建立哲学体系；和惠特曼一样充满诗情，无法清晰地描绘周遭世界。但是两个美国人都影响了马蒂的核心原则：自由是人们必须亲自捍卫的财富。自由无法出让于人，它是人必须自行肩负的东西。关于自由的理念，关于如何获得自由和构建自由，马蒂在 1883 年 6 月为中央公园的玻利瓦尔雕塑落成仪式（适逢玻利瓦尔一百周年诞辰）撰写的一篇文章中说道：“玻利瓦尔并没有像捍卫美洲获取自由的权力那样捍卫人民自我管理的权力。”在关心自由的同时，他同样甚至更为关心的是古巴这个国家应该如何创造条件来实现自我统治。何塞·伊格纳西奥·罗德里格斯（José Ignacio Rodríguez）提出，古巴可以在美国的调解下经过谈判实现和平独立。对此，马蒂在 1889 年 10 月给贡萨洛·德克萨达（Gonzalo de Quesada）的信中表明了自己的想法：

　　　　他热爱自己的祖国，按照自己的理解为之服务，在他看来，所有的事情都再明显不过。他自信地认为，出于地理、战略、财政和政治上的原因，美国需要将我们从西班牙政府手中解放出来，赋予我们自由，教我们捍卫它。这样我们就得到了我们自己本就没想过要的自由，甚至可以用它反过来对付施予者。这种想法过于天真；作为一个理性的人，恕我不能接受。

　　他还提出了一个与这种道德信念相关的问题：“一旦美国被领进古巴的门，谁能把他请出去呢？”

　　对于马蒂来说，他有四个问题需要解决：专制主义的目标是获得权力而不是自由（他在给戈麦斯的信中详细讨论了这个问题）；从西班牙手中获得独立的方式；美国吞并古巴的压力，这种主张既有美国人支持，也有某些古巴人支持；美国对古巴的态度。马蒂不得不在各种力量冲突中讨论、分析和协调。众所周知，古巴人面对的是一个腐朽专制的西班牙帝国。按照帝国律法，他们不是公民，而是臣属。但是，马蒂坚持认为，抗争是为了独立，不是为了针对西班牙人："发动这场战争的是古巴人，而终结它的将是古巴人和西班牙人。他们若不曾虐待我们，我们就不会伤害他们。他们尊重我们，我们就会尊重他们。以硬碰硬，以心换心。"

美国新闻界开始讨论吞并古巴的利弊。在古巴，有很多生活优渥的古巴人支持这一想法。他们相信，吞并可以把他们变成大商人，并大大提高他们土地的价值，以得克萨斯州为例，几十年前毫无价值的墨西哥土地已经成为美国的高价值财产。在报业巨头威廉·伦道夫·赫斯特（William Randolph Herst）和"黄色新闻"的影响下，类似的谣言甚嚣尘上。马蒂立即认识到公开讨论的重要性。在 1889 年 3 月 21 日，他给《纽约晚邮报》（ New York's Evening Post ）写了一封信，题为《古巴的辩护》（ Vindicación de Cuba ），为美国的古巴劳动者和他们对自由的热爱大声疾呼：

> 他们仰慕这个国家，这是自由被确立以来最伟大的国家；但他们不信任那些灾难性的因素，它们就像血液中的蠕虫，开始在这个非凡的共和国里搞破坏活动。他们把这个国家的英雄当成了自己的英雄，渴望着人类最伟大荣耀的北美联盟的最终成功；但是，他们无法真正相信，极端个人主义、对财富的崇拜，以及对可怕胜利的持久喜悦能够让美国成长为自由国家的典型。在一个理想的自由国度中，不应有任何基于对权力不加节制的渴望的观点，也不应有违反善良和正义原则获取财富和胜利的行为。

面对美国扩张主义的新意识形态——"我们是这个大陆的罗马人",法学家奥利弗·温德尔·霍姆斯(Oliver Wendell Holmes)曾说——一向审慎的马蒂正在抛弃最初对于美国的钦佩。他先是感到吃惊,然后觉得受伤、遭到背叛,像是被一头怪物碾过。他不知道如何协调这种不可调和的关系:美国已经承认他在公共生活中是一个平等、自由的人,完全接受了他是一个外国人;但是权力的机器已经开始粉碎他对祖国的梦想,甚至没有注意到他的感受。他们在美国的事务上承认他的存在,但是在古巴事务上完全忽略了他。"让我几乎失去支撑的是,看到我的祖国面临危险,一点一点落入那些要扼杀它的人手中。"不仅古巴不得不忍受这种痛苦,而且"和我有着相同血统的民族也有同样的感受"。

1889 年 7 月,马蒂主持出版的一本名为《黄金时代》(*La Edad de Oro*)的月刊面世,专门面向拉丁美洲的儿童,这是他最后一次尝试通过印刷世界的文化实现救赎。这本杂志刊登故事、寓言、诗歌和其他儿童感兴趣的读物,但是因为马蒂拒绝赞助人刊发宗教主题文章的要求,只出了四期就停刊了。1890 年和 1891 年举行了两场对于美洲地区非常重要的国际会议:第一次美洲会议和美洲国际金融会议。可这些会议只是让他更为忧虑,进一步认清了现实。

马蒂失望地看到"美国……非但没有巩固民主制度,免于君主制的仇恨和苦难,反而使民主遭到腐化和削弱。仇恨和苦难的威胁死灰复燃"。他认为:"从司法和正统的社会学可以看出……美国自独立以来的特点已经被削弱,不再如当初那么勇敢和宽厚;而相比于早先那群反叛的牧师、空想家和无知野蛮的印第安土著而言,今天的西语美洲人显然更为出众,尽管他们正感到困惑和疲劳。"为了证明他对两个美洲新的看法,他在 1891 年初写了《我们的美洲》(*Nuestra América*),成为 20 世纪西语美洲主义的基石。

首先,他自豪地宣布自己是"我们痛苦的美洲共和国"的一员,这些共和国以其"印第安群众"在短短的历史时期内创造了"先进而团结的诸多国家"。在一段自我批评中,他指出"下笔轻率、语言浮夸,却要指责自己的祖国无能、无药可救,并要求自己的国家去适应其他国家的形式和规模,这些行为令我不齿"。不该效仿的模式和规模,如今已经是指向美国人了。"汉密尔顿(Hamilton)的法令管不住平原上的小牛,西哀士(Sieyés)的一句话也不会让印第安种族的鲜血凝固。"马蒂指出,一个国家是根据自身的"自然"条件而诞生的。在驳斥萨米恩托时,马蒂在数年就在他的著作《法昆多》中看到了"我们美洲的战争"不可避免的原因,马蒂指出,"文明与野蛮之间并没有斗争,虚假的学术与自然之间才存在斗争"。应当了解,了解是解决问题的方式。不能期望用"美国或是法国的视角"来统治一个陌生的民族……无论是欧洲的书本还是扬基的书本都没有给西班牙语美洲提供解决问题的答案。马蒂这一次用了"扬基"这个词,赋予了它新的意涵。他批评"这些舶来的想法和形式,因为缺乏对当地现实的了解,反而拖累了合乎逻辑的政府的运转"。

他曾经一直认为共和国是"合乎逻辑的政府",但现在他补充道:"如果共和国不向所有人张开双臂,带领所有人前进,共和国将会消亡。"他所说的"所有人",主要指的是"未开化"的土著居民和穷苦的大多数。他不再相信共和国了吗?那他想要什么?至少在这篇文章中,我们还不清楚,但几个月后,马蒂在起草古巴革命党(Partido Revolucionario Cubano)的纲领时,就给出了清晰的答案:

> 古巴革命党为争取"古巴的绝对独立",并将革命成果辐射到波多黎各而斗争(第1条);革命党呼吁大家精诚团结,避免混乱,并发动"一场旨在追求古巴居民的和平与幸福的、英勇而又短暂的战争"(第2条);战争必须遵循"共和派的精神和手段",以寻求"一个能够确保人民持久幸福,并能够在南美洲

大陆的历史长河中履行其地理位置指明的艰巨任务的国家"(第
3 条);革命党并不是主张要延续"殖民地的专制精神和官僚结
构,而是要建立在坚决并热切地行使人的合法能力的基础之上。
这是一个新的、真诚的民主国家,能够通过真正的工作秩序和
多方社会力量的平衡,克服一个被奴役的社会突然转向自由造
成的风险(第 4 条)。

在后来的文件中,他继续作为一个典型的共和派讲话,明确寻
求建立一个独立的共和国,致力于发展公民自由、市民生活、新闻
自由、教育自由和自由贸易。

他最担心的不是北方邻国,而是北方邻国的"蔑视"和他们对"我
们美洲"人民的无知。在新的局面下,马蒂的立场发生了逆转:现
在美国需要去了解他的邻国,因为他们的贪婪是源于对拉丁美洲能
力和特点的无知。"美国一旦认识了南方的邻国后,出于尊重,就
会放弃插手他国事务。"最好对美国试图控制南邻的企图早作预防,
并应该防止无意义的仇恨,及时说出真相。马蒂既没有仇恨美国,
也没有针对它的思想偏见。他很了解美国,因此提出了具体的想法,
撰写文章告诫美国人民。他的劝诫简单、睿智、带有道德和政治色彩:
去认识,去尊重,而不是去统治。

马蒂还不到四十岁,但那时他的信中充满了死亡的预兆:"我
就要死了,我的全部人生都是在履行职责。"他愈发频繁地提到"即
将来临的战争"。同样的征兆也出现在他的诗里,例如给和他共同
发动起义的朋友塞拉芬·桑切斯(Serafín Sánchez)的充满诗意的信:

> 仿佛有什么东西进入了我的内心,
> 在沉默风暴的前兆,
> 在更大的沉默中,

在我们都平等的地方。

烘烤面包后
伴随着每天的痛苦，
我手里的笔死了，
我在飓风中裹紧自己……

关于我，我必须告诉你，
在前行的过程中，我很平静。
不害怕雷电，
我正在为未来做准备。

1891 年 8 月，马蒂的妻子卡门和儿子佩皮托（他们三个月前抵达美国）永久地离开了他。背着马蒂，卡门设法获得了领事的许可，在没有经过丈夫准许的情况下离开。马蒂再抱怨也于事无补。在生病之后，马蒂几乎不再有羁绊的人生驶入了一条无法回头的革命道路。

1892 年 4 月，古巴革命党正式宣布成立时，马蒂辞去了在纽约、乌拉圭、阿根廷和巴拉圭领事馆以及西班牙语美洲文学协会主席的职务。他开始四处奔波，为古巴革命事业寻求外部的经济和政治支持。他依次走过了佛罗里达的古巴社区、加勒比海、中美洲和墨西哥。墨西哥总统波菲里奥·迪亚斯（Porfirio Díaz）向他的事业捐赠了两万比索。1895 年初，第一个起义计划失败了。同年 3 月，马蒂和戈麦斯将军在多米尼加一起签署并发布了著名的《蒙特克里斯蒂宣言》（Manifiesto de Montecristi）。它不仅是一份战争宣言，还为古巴共和国未来的宪法设计了一份蓝图。他还给多米尼加教育家、作家费德里科·恩里克斯—卡瓦哈尔（Federico Henríquez y Carvajal）写了一封信。这封信通常被视为他的政治遗嘱：

胜利永远不会降临，有的只是痛苦和责任。我的血在燃烧。现在，我们必须庄严肃穆、满怀深情地面对牺牲，让战争成为不可磨灭的现实。若你听从我的心愿，命令我留下，我就要留下来战斗；如果你让我离开那些让我明白何为死得其所的人，我一样有离开的勇气。我将唤醒世界。但是我唯一的愿望就是坚持战斗，坚持到最后一刻、最后一人，安静地死去。我的时候到了。

革命行动的逼近和挚爱祖国的临近照亮了马蒂。"他是在国门之外成为作家的，"吉列尔莫·卡夫雷拉·因方特（Guillermo Cabrera Infante）写道，"但他的代表作品却是在回归与夺回祖国的征途上写就的。"因方特指的是《行军日记》（*Diario de Campaña*）："在通往死亡的道路上，游击队员的征途成就了他的文学精进之路。"马蒂与他怀恋的古巴土地相遇是一种神迹，这一相遇在《行军日记》中被神圣化了。自然、风景、人物、风俗，他见到、提及和创造的细枝末节，都令人难忘。

在他的信和诗中，马蒂向几乎所有人告别。他留给儿子的只有寥寥数语："今晚，我要踏上去古巴的路了。我没有你的陪伴，而你本应在我身边。在离开的那一刻，我想起了你。如果我消失在旅途上，你会收到这封信，以及你父亲生前用过的怀表链。再见了，做个正直的人。"他没有给妻子留下任何话。他写给母亲的话，几乎和他的戏剧《阿布达拉》结尾的台词一模一样："您带着对爱子的愤怒，哀悼我的牺牲；您为什么生下我，这么一个热爱牺牲的生命？"他写给卡门·米亚雷斯的大女儿，他"亲爱的小卡门"，说他爱她，就像是爱自己的女儿，嘱咐她照顾好母亲和哥哥。在"给我的玛丽亚"——他十四岁的女儿写的信中，马蒂用很长的篇幅为她提供了科学阅读的建议、对爱情本质的精微思考，和她未来职业的务实看法。他谆谆教导她相信语言的力量："向我学习。我将生死置于书桌的两侧，将人民背在背上：你看我写了多少东西。"在信的末尾，他要求玛丽亚"像光一样"感到"纯净而轻松"，又说"如果你再也见不到我……就把一本书，我跟你说过的那本书，放在我的坟上，或者放在你的胸前，因为如果我死在人们找不到的地方，我就葬在你的心里。要好好工作。吻你。等着我"。在他去世前一天，他给他的挚友曼努埃尔·梅尔卡多写了一封著名的信：

> 现在，我每天都可能为了国家和职责牺牲生命。我清楚这一点，并且有勇气这样做。我的职责是通过古巴的独立，及时阻止美国在安的列斯群岛（Las Antillas）的扩张，防止它得到这股新的力量，扑向我们的美洲。到目前为止我所做的一切，以及今后要做的一切，都是为了这个目的。以前我们对此不得不保持沉默，只能含沙射影，因为有些事必须隐蔽些，如实公布的话，可能会让事情变得极度难办，最终使目的无法实现。嚣张而残暴的北方邻国看不起我们，企图吞并我们美洲的国家，我们必须阻止他们，即使以鲜血为代价也在所不惜。有些国家——例如你我的祖国——密切关心的是防止美帝国主义者和西班牙人在古巴开辟吞并的道路，但他们被同样性质的琐事和公共的义务所妨碍，没有为我们所做的牺牲提供显著的帮助，尽管这牺牲也与他们的切身利益相关。我曾生活在恶魔的身体里，熟知它的五脏六腑：我手中握着大卫的投石索。

马蒂在当时的情势下本不用赴死。但是他选择了自己的死亡时刻。戈麦斯将军指派一名士兵保护他的安全，被他称为"守护天使"。一支西班牙小队经过两条河的交汇处时，马蒂毫不犹豫地向他们发起了冲锋。他的脖子中了一枪，人从马上摔了下来。根据卡夫雷拉的讲述，一个给西班牙军当侦查员的古巴穆拉托人"离得很近……

他认出了马蒂，喊道：'马蒂先生，是您吗？'他随即举起雷明顿步枪再次向马蒂射去。马蒂的尸体落入了敌人手中，被搜查、抢掠，最后被西班牙人匆匆掩埋"。马蒂一生都在期待甚至渴望这样死去，他将之视为自身殉道的结束和救赎的开始。

大约在 1900 年的时候，哈瓦那（La Habana）的街上开始流传一首哀歌：

> 马蒂，他本不该死的。
> 唉，可他死了！
> 如果马蒂没有死，
> 清晨听到的将是另一种鸡鸣，
> 祖国会被拯救，
> 古巴会很高兴。
> 马蒂本不该死的！
> 唉，可他死了！

在神话的意义上，马蒂并没有死，他永远都不会死去。1959 年以前，所有古巴人都记得他是为古巴的独立献出生命的救赎者，有人认为独立事业已经实现，有人认为只是部分实现或者受到了挫折。1959 年后，当权的革命者称马蒂为自己人，他们视自己为新一代的"大卫投石索"，认为他们已经完成了马蒂的工作。古巴的流亡者们发现祖国仍不自由，"推翻暴政的人取而代之，将胜利据为己有"，他们在马蒂这个一生流亡、为古巴独立而奋斗的人身上看到了自己。救赎者和无可救药者，马蒂在历史上最终属于哪一类？在某种意义上，他两者都是；但他一定属于西班牙语文学的光辉历史。

马蒂开创了拉丁美洲革命思想的新时代。在他之后不久，其他不同的声音将会响起。

何塞·恩里克·罗多

西语美洲的布道者

　　西语美洲的首位民族主义思想家是一个沉默寡言的乌拉圭作家，他的名字叫何塞·恩里克·罗多。1871 年，罗多出生于蒙得维的亚老城区的一个加泰罗尼亚商人家庭。罗多的学习始于阅读他父亲的藏书，主要是拉丁语、西班牙语以及西语美洲的一些经典著作。在某种意义上，他从来没有离开过这座图书馆。此后家道中落，他又遭遇了经济困难，这使生性内向的他越发拘谨。很多人表示，他的生活一直是这样的：坚定的单身主义者，甚少与人交往，充满神秘，唯一的亲密关系也仅限于和母亲、兄弟之间。虽然他后来卷入了各种政治抗争，但是他始终以培育"思想的神圣信仰"为理想。

　　在埃尔维奥·费尔南德斯中学就读期间，罗多首次发表了他的早期作品。这些作品已经有了后期作品的雏形，体现了他对西蒙·玻利瓦尔和本杰明·富兰克林（Benjamin Franklin）等英雄的崇拜。1885 年，他的父亲去世了，开启了他多年的艰苦岁月，迫使他中断了学业。他曾经在公证处当过记录员，也曾经在银行做过柜员。他后来获得了文学的最高殊荣，但始终未能获得学位。1895 年，他创办了《国家文学与社会科学》(*Revista Nacional de Literatura y Ciencias Sociales*)杂志，旨在"惊醒当时陷入瘫痪"的乌拉圭知识界的有生力量。在这本杂志中，罗多发表文学批评，发掘介绍了一批西班牙和拉美的经典作品，也展现出了他在思想上的早期审美倾向。

乌拉圭内战在他个人的情感危机面前相形见绌。1897 年 3 月，他在给一个朋友的信中写道："战争的轰鸣或给人带来痛苦，或使人心潮澎湃。可我丝毫不关心党派之争，别人的利益和感情与我没有什么关系。"同年，他的杂志停刊了。他写道："我们每个人都是一具巨尸的一部分。于我而言……失望、苦难和生活的辛酸滋养着我献身艺术与研究，使我远离低劣与不幸。"忧郁之情似乎淹没了他的内心。他的朋友阿图罗·希门尼斯·帕斯托尔（Arturo Giménez Pastor）回忆道："他的身体和态度在运动中毫无用武之地：手臂、腿、衣服……他漠不关心地伸出双手，他的意志和思想也派不上用场。他的目光被冰冷的镜片削弱。"据埃米尔·罗德里格斯·莫内加尔（Emir Rodríguez Monegal）回忆，罗多曾和几名女性交往，但是他始终生活在"缺乏爱情的情色"之中。1898 年，获胜的乌拉圭红党（Partido Colorado）向他提供了一个在战争评估办公室工作的职位，他无奈地接受了，他说："我们国家把这也称作公共职位，实在令人绝望。"同年，他被任命为临时的文学教授，讲授从柏拉图到斯宾塞的思想史，同时兼任国家图书馆的临时馆长。根据当时的一幅画像，罗多是一个"高大、瘦削的年轻人。身体僵硬，垂着手臂，双手张开——他的手松弛无力，死气沉沉，摇动时像没有生命的东西一样冰冷……若说他身上有什么可称得上'拘谨'二字，那就是他宽大的额头。由于他把头发向后梳了起来，使得额头看上去光洁、冰冷，比实际还要宽阔。在这个宽额头下的是他那独特高傲的思想和像征服者般宁静且富于思想的意志。"

不久，在 1900 年，发生了两件对他有标志性意义的重大事件：一件是他的舅舅留给了他一份丰厚的遗产，另外一件是西班牙在和美国的战争中遭遇失败。这场战争令他气愤又悲伤。作为加泰罗尼亚移民的后代，罗多热爱西班牙，但是作为拉丁美洲人，他又赞成古巴独立。而且他希望古巴取得真正的独立，而不是把主子从西班牙换成美国，这不是罗多想要看到的。但他所担心的事情最后还是发生了。作为回应，他写了一本小册子。这是一本写给拉丁美洲青年的小书，名叫《爱丽儿》(*Ariel*)。这本书最终改变了拉丁美洲意识形态的历史：菲德尔·卡斯特罗（他的父亲恰巧参与过美西战争）胜利入主哈瓦那，终结了自 1898 年开始对美国仰慕与失望的循环后，这本书被列入了初中生的必读书目。

对于美国政府以及更普遍的舆论来说，发生在世纪末的这场小规模冲突不仅验证了 1839 年美国制定的扩张计划中昭示的命运，也验证了 1846—1848 年美墨战争和半个世纪后的美西战争昭示的命运。古老的西班牙王国不堪一击，美国轻松地羞辱了它，改变了世界版图：菲律宾、关岛、古巴和波多黎各从 16 世纪海上霸主的手中落入 20 世纪海上霸主的手中。它们摆脱了殖民地的身份，变成了"保护国"。这个新名头不能让所有的美国人买账。1898 年，马克·吐温创立了美国反帝国主义联盟（American Anti-Imperialist League），力图阻止他的国家走向帝国主义："菲律宾省该用什么旗这个问题很简单。我们可以为它专门设计一面：用我们平常用的国旗，把白条纹涂黑，再把星星换成骷髅头和交叉骨就可以了。"

大部分拉美人的反应就像地震后的幸存者一样。正如何塞·马蒂所指出的，美国人不了解也看不起西语美洲的生活与感情现实，意识不到它的行为对南邻们造成了深远的历史影响。《爱丽儿》就是这种影响的自然产物。它的出现正当其时：它描绘了两个美洲在

19 世纪的矛盾，也预示了几乎持续于整个 20 世纪的另一场冲突。

＊ ＊ ＊

对美国仰慕和失望的循环由来已久。至少有三代拉丁美洲的自由派曾将美国作为榜样，以致在某些方面完全照搬了美国的做法。他们渴望建立一个宪制共和国，反对曾经压迫他们的天主教君主制。他们把维护传统制度的政治团体、神职人员、士兵和知识分子统统称为"保守派"，尽管这些人有着微妙的区别。1824 年的墨西哥宪法是第一部将墨西哥确定为联邦共和国的宪法。以著名记者、政治家和历史学家洛伦索·德·扎瓦拉（Lorenzo de Zavala）为首的宪法制定者们还公开宣称以效法美国为荣。宣言表示，墨西哥国会"非常高兴北边有一位繁荣的共和国邻居供他们学习模仿"。作为联邦党人的扎瓦拉后来还为得克萨斯共和国起草了宪法，并出任第一任副总统。

相比之下，玻利瓦尔则对美国心怀疑虑，小心谨慎。美国和英国不同，它在西语美洲各国独立战争期间保持中立态度。玻利瓦尔认为，新成立的诸共和国应该与当时的海上强国英国加强联系。他认为英国（和其他欧洲国家）的政治体制更有利于秩序和自由的平衡，执行力强，政府权力集中。但即使是他也仰慕美国的模范地位，认为它"有着光明的前途"：

> 谁能不受绝对充分地享有主权、独立和自由的吸引？谁会拒绝一个将个人权利与公共权利相结合的智慧政府，一部将公共意志置于个人意志之上的最高法律？面对一个以灵巧、积极、有力的手段，自始至终竭尽全力地追求完善社会这一唯一政治愿景的仁慈政府，谁会拒绝它的权威和统治？

19 世纪中叶，自由派（通称为"进步派"）对美国的仰慕几乎遍布整个大陆。在南端，作家出身的阿根廷总统萨米恩托（他喜欢人们称他为"小富兰克林"）对美国不吝溢美之词。欧洲之行过后，他于 1847 年用了六个星期的时间访问美国，并不断地将美国和法国做对比：

> 我相信，美国拥有地区内唯一有文化的人民，是现代文明的最终结果……它是全球唯一的全民阅读、全民可以根据需要写作的国家。在美国，有两千份报纸满足着公众的好奇心，教育与福利遍布各地，惠及全民。地球上还有哪个国家跟它一样呢？在法国这个古老文明的国度，二十七万选民代表了三千六百万人民，它是唯一一个不被法律视为牲畜的民族……

尽管墨西哥失去了一半的领土，也没有减少对美式自由的信仰。1864 年，在他的国家遭遇艰难时刻时，惠特曼曾惊讶地说："墨西哥，这个我们唯一侵略过的国家，现在却是唯一为我们和我们的胜利真诚祈祷的国家。难道这不奇怪吗？"[*]原因有两点。第一个原因是政治层面的：当时拥护马西米连诺一世（Maximiliano de Habsburgo）并得到法国军队和奥匈帝国支持的保守派希望南方邦联取得胜利。第二个原因是意识形态层面的：美国是全世界自由与民主的家园。

1867 年，马西米连诺一世被处决，贝尼托·胡亚雷斯（Benito Juárez）领导的反法自由共和派取得了胜利，但随后担任墨西哥总统的塞瓦斯蒂安·莱尔多·德·特哈达（Sebastián Lerdo de Tejada）和波菲里奥·迪亚斯担心战争再次爆发。特哈达在执政期

---

[*] 1864 年正值美国南北战争期间，惠特曼支持的是北方联邦政府。在此之前，美国曾于 1846—1848 年与墨西哥间爆发美墨战争，使墨西哥被迫将超过一半的领土出售给美国。

间（1872—1876）坚决认为"在强者与弱者之间，没有中间地带"。而迪亚斯在漫长的执政期（1876—1911）之中（也许）说过："可怜的墨西哥，她离上帝太远，离美国太近。"他们都曾为对抗美国这一强邻在贸易、军事和政治方面的要求，避免损失更多领土而进行过外交斗争。但墨西哥总体上依然保持着对美国的仰慕，有时候甚至为之目眩。19世纪中叶，墨西哥的自由主义者曾在美国寻求庇护，共谋反对独裁者安东尼奥·洛佩斯·德·圣安纳（Antonio López de Santa Anna）将军，为抵御法国入侵积蓄力量。在波菲里奥·迪亚斯发动军事政变之后，特哈达流亡纽约。迪亚斯曾在1881年为度蜜月而在纽约度过了一段愉快的时光。他赞同美国参议员詹姆斯·布莱恩（James Blaine）倡导的"和平渗透"理念，允许美国在墨西哥修筑铁路用于调节"强弱"；他考虑到美国与欧洲在墨西哥的势力平衡，在矿业、农业和石油等多个领域依赖于美国的投资，使墨西哥在19世纪末取得了惊人的物质进步。但是随着美国帝国主义之风的兴起，局势发生了彻底的变化。

1897年左右，马蒂在墨西哥期间的朋友之一，当时最著名的墨西哥知识分子胡斯托·谢拉·门德斯（Justo Sierra Méndez）来到了美国。他是一名历史学家、演说家、记者、法学家和教育家。在年轻的时候，他曾听胡亚雷斯总统说，墨西哥会因新教移民获益匪浅，因为墨西哥人可以从他们身上学到节俭、教育和工作的良好习惯。这是个非常符合自由主义的想法。但是谢拉已经放弃了纯粹的、理想化的自由主义，他不仅先后接受了时兴的奥古斯特·孔德（Auguste Comte）的实证主义和赫伯特·斯宾塞（Herbert Spencer）的社会达尔文主义，同时怀着一种尚不成熟的文化民族主义，立场趋向保守派，不信任美国的外交政策。一直以来，保守派因为文化、政治和宗教方面的缘故始终排斥说英文、自由主义和信仰新教的邻居。实际上，谢拉已经自认是一个"保守的自由派"了。

他在旅行日记《在美国的土地上》（*Tierra yankee*）中写道，世纪末的自由主义和实证主义现在构成了一种消极的平衡，这一平衡成就了美国这个民主的帝国主义国家。站在美国国会大厦面前，他写道：

> 我来自一个弱小的国家。半个世纪以来，这个国家因骇人的不公而饱经沧桑，对此我们虽可宽恕，但不可遗忘；我希望，面对美国，我的祖国能够有惊人的成就和运气，自豪而有尊严地主宰自己的命运。我并不否认我对美国的仰慕，但是我试图告诉自己：低头只是一时之举；祖国终将直起腰来，变得更好。

一方面是对野心和强权的担忧和不满；另一方面是对"独一无二的国会"的羡慕，"宪法权利已深入它的骨髓……我们怎能不向它低头呢？连历史都向它低下了头颅，何况贫弱而又卑微的我们？"

谢拉曾经在 1894 年说服他的朋友何塞·马蒂留在墨西哥，致力于教育工作，正如他所想的，西语美洲的一切都因为 1898 年西班牙的失败而改变了。美国早期的帝国主义理论家之一约翰·惠特尼（John Hay Whitney）将美国的这次胜利称为"辉煌的小战争"。像谢拉一样的墨西哥和其他西语美洲国家的自由主义者不再"低头"。这是西语美洲思想史上的断裂时刻。必须找到一个替代品。拉丁美洲不再应该"变得像他们"，更不用说"成为他们"。"远离他们"是不够的，但是"靠近他们"似乎又没有用。知识阶层普遍认为，应该从根本上"和他们不同"。就像马蒂所预见的那样，很多伊比利亚美洲国家拒绝承认外国武装给古巴带来的独立，因为这样它很可能会变成一个被保护国。

古巴的遭遇为许多人澄清了 19 世纪诸多历史片段的意义：它是一段漫长历史中最新的一章，在它之前，得克萨斯州易主，美国与墨西哥开战，中美洲爆发解放运动，甚至还有参议员亨利·卡伯特·洛奇（Henry Cabot Lodge）这样的人明目张胆地想要将星条旗的荫庇从布拉沃河（Río Bravo）一路延伸到火地岛（Tierra del Fuego）。在意识到这些之后，自由主义人士对于美国民主的钦慕自然就进入了第二个阶段，尽管它从未消失：现在，拉丁美洲要避免加勒比和中美洲成为美国"大棒"的下一个对象。在这样的情况下，拉丁美洲政治思想的历史发生了深刻的转变：拉美自由主义者对美国的态度开始向他们曾经的对手保守派靠拢，构思出了清晰的拉美民族主义模型，最终明确提出了反对美国的理论。他们的圣经就是《爱丽儿》。这部书的作者从未到过美国，他来自一个文明、动荡而繁荣的小国家。这个国家和它的邻国、"拉丁美洲的欧洲"阿根廷都认识到，它们自身才是可能对抗高傲强权的唯一堡垒。

* * *

1898 年的冲击对于西语世界是残酷的，这种冲击是本质性的，似乎能摧毁它的文明根基与自信。1898 年，整个世界都在快速发展，西班牙不再是世界的制高点。西班牙哲学家和外交官安赫尔·加尼维特（Ángel Ganivet）曾给或许是西班牙知识分子群体"九八一代"中最重要的作家米格尔·德·乌纳穆诺写过一封信，这封言辞沮丧的信已经察觉到了新的现实：

> 蒸汽船的发明对我们的力量造成了致命的打击。我们刚刚学会了如何建造一艘战舰，我们仅有的那几个工程师还都是外国人……我们还得承认，我们没有用以停靠军舰的码头，也没有最为重要的东西：组建海军的资金。为了筹备资金，我们不得不剥削那些我们本该捍卫的殖民地……让自己"英勇地"被打败更为合理。

这种残酷的冲击激发了西班牙文化救亡图存的精神力量。西班牙帝国的美梦已化为泡影，但令它感到慰藉的是，经过将近一个世纪的疏远，西语美洲开始与低声下气的母国和解。西语世界的两部分团结了起来，对抗共同的敌人和同一种语言。奥尔特加－加塞特（Ortega y Gasset）、加尼维特、乌纳穆诺、巴列－因克兰（Valle-Inclán）、安东尼奥·马查多（Antonio Machado）、皮奥·巴罗哈（Pío Baroja）、拉米罗·德·马埃斯图（Ramiro de Maeztu）等非凡的西语"九八一代"就像一群从两个世纪的沉梦中醒来的智者。这次战败是一次意识的考验，它使得这些作家重新拾起"民族天才"的身份，"重新认识"自己的国家，踏上它的征途，思考西语世界的过去和未来。用现实的话来讲，这个问题十分明确：我们没有科学技术，我们在竞争中落后，但是我们的精神仍在。西班牙"灵魂的觉醒"在塞万提斯的作品中重生：堂吉诃德虽然败给了代表技术的风车，但却位于人类灵魂的不朽之巅。而在西语美洲，这种觉醒有着不同的惊人核心。它处在进退两难的境地，一如莎士比亚最后一部著名的作品《暴风雨》（*The Tempest*）所表现的一样。

而且，在这几年的"暴风雨"发生之际，这两块大陆之间有着非常深的误解。新的美帝国主义者认为，刚刚被他们占领的西语国家落后而野蛮，需要他们的指导和监护。他们相信，就像吉卜林（R. Kipling）在诗歌《白人的负担》（The White Man's Burden）中所说的：

> 肩负起白人的重担：
> 派出你们最优秀的后代，
> 捆绑和放逐你们的孩子，
> 服务你们的俘虏，
> 在沉重的马具中等待，

在那躁动野蛮的人民间，

被奴役的忧郁的人民间，

一半是魔鬼、一半是孩子的人民间。

这首诗的最后一行借自《暴风雨》岛上的巫师、智者和主人普洛斯彼罗（Próspero）对他那半人半兽的仆人凯列班（Calibán）的态度与描述，根据莎士比亚笔下两个配角的描述，它是一个畸形的怪兽，生活在普洛斯彼罗和他的女儿米兰达（Miranda）被流放的这个岛上。普洛斯彼罗摧毁了一艘船，以使其他人远离该岛。尽管凯列班也有一些感人的台词，但是在剧中是一个危险的野蛮人，曾企图强奸米兰达。这部作品和剧中的凯列班充满了复杂性。但是从凯列班身上可以看到美国、英国或欧洲的种族主义者认为深肤色人群是低等种族的刻板印象，他们认为这些种族是"白人的负担"。

但当时西语美洲人从反面解读了这部作品。对于他们来说，凯列班（他的名字在西语中多了一个重音符号）的形象恰恰是反美主义的起源。17世纪伟大的尼加拉瓜西语诗人鲁文·达里奥是使凯列班在西语美洲形象转变的关键人物。他于1898年5月20日在布宜诺斯艾利斯《时代报》（El Tiempo）发表了一篇文章，被整个拉丁美洲的报刊广泛转载：

> 不，我不能，我不能支持这些装着银牙的野牛。他们是我的敌人，拉丁血统的仇敌，是一群野蛮人。……我曾经亲眼见识过那些生活在由钢铁与石头建成、令人压抑的城市里的美国佬。我和他们共处过几个小时，感到难以置信的痛苦。我似乎感觉到被一座山压迫着，仿佛在独眼巨人的国度里呼吸。我看到了茹毛饮血的蛮人、野兽般的铁匠，住在状若猛犸的房屋里的人。人们大腹便便，红光满面，言辞粗鄙，在街上相互推搡，

像动物一样挤在一起，追逐着金钱利益。这些凯列班的理想不过是证券交易所和工厂。他们吃着山珍海味，数着大把钞票，喝着琼浆玉液，赚得盆满钵满；他们为自己的温柔乡而歌唱。啊，温柔乡！他们的温柔乡就是一个支票账户、一架班卓琴、一个黑奴和一支烟斗。他们是所有理想的敌人，行走在走火入魔的路上，是永远的放大镜；但是他们出色的爱默生，只是一轮在卡莱尔周围旋转的月亮；惠特曼和他刀劈斧斫般的名篇，也只是被山姆大叔拿来作为民主的先知；而爱伦·坡，伟大的爱伦·坡，耽于悲伤和酒精的忧郁天才，这个国家永远也不可能理解他的梦想；而拉尼尔·威廉姆斯（Lanier Williams），得益于名字里闪耀的拉丁一隅，幸免于成为新教牧师、强盗和牛仔们的诗人……不，我不能与他们为伍，我不能支持这些凯列班的胜利……米兰达永远偏爱爱丽儿，米兰达是圣灵的恩典。所有那些石头山、铁山、金山和肉山合在一起，也休想让我向凯列班出卖自己的拉丁之魂！

将凯列班与资本主义民主的形象联系起来，认为它缺乏内在精神与气质，是达里奥常谈的一个老话题，他曾经在 1894 年以这个题材写过有关埃德加·爱伦·坡（Edgar Allan Poe）的文章。但是这样的提法实际上始于厄内斯特·勒南（Ernest Renan）和他的同名戏剧作品《凯列班》（Caliban），这是他哲学戏剧系列中的一部。哲学家和批评家、阿根廷国家图书馆馆长保罗·格鲁萨克（Paul Groussac，马蒂在华盛顿的货币会议上认识了他）于 1898 年 5 月 2 日在布宜诺斯艾利斯维多利亚剧院的一出西式独幕剧中探讨了这一话题："自美国内战和西方的野蛮入侵以来，扬基精神已经从这凯列班似的身躯中释放出来；旧世界在恐惧和不安中看着这个最新的文明，它认为旧有的文明已经过时，想要取而代之。"格鲁萨克认为野蛮与民主有关。他在《墨西哥》一文中直言道：

> 我担心这种超现代的民主会按照流行的样式来修建各民族
> 的房屋，把他们先人的居所夷为平地，如此一来，所有世代都
> 和浪荡的牛群一样，在这个世界留不下任何痕迹。这种扫平一
> 切的民主偏爱白手起家的人，创造出无数自强自立的人。我们
> 将看到它最激进的形态，它那来自遥远西方、令人窒息且狂热
> 的专注，它的各种实用的创新，它倒退回了古老移民、亚洲式
> 游牧、在帐篷里点起电灯的牧羊人的道德传统。

格鲁萨克与马蒂的观点不再相同。他毫不含糊地完全拒绝美国
文化。格鲁萨克的言论曾经有一部分在蒙得维的亚发表，罗多应该
读过。

反美的意识形态在南锥体，特别是阿根廷和乌拉圭出现并不偶
然。在这两个国家，法国的影响并不局限在文学层面，同时还赋予
了它们以一种强大的哲学、文学和政治传统，面对美国时的优越视
角——认为美国是粗鲁、野蛮的——以及（尤其是对阿根廷而言）
一个美国没有的理念：改善穷人的文化、教育和物质条件的社会主
义思想，从中孕育出民族主义的政府。勒南的影响是非常深远的，
他的作品《什么是一个国家？》（¿Qué es una nación?）定义了"种
族"和"精神"的概念，以及一系列文学和政治观念。这是一种理
想主义，它在哲学上的起源可以追溯到德国浪漫主义时期的理想主
义者，尤其是约翰·费希特（Johann Fichte），他从各个民族的起
源中看到了一种独特的精神，这种精神并不随着短期事件和国家发
展进程的改变而发生变化。正是因为发现了这个观念，德国最终才
得以从历史的迷雾中脱颖而出。这在一定程度上导致了拉丁美洲，
尤其是南部各国对德意志第三帝国的支持。

在勒南看来，国家是一种"伟大的团结"，它的存在被"日常的公民投票"所认可；一个国家的精神存在于"启蒙公民的意识中"，这部分人指引着其他民众，为他们带来光明。因此，这种理想主义要求全体民众能够相互理解并和谐共处。也就是说：它要求全体民众共同使用同一种语言。这种对于语言的定义，对于罗多的西语读者的意义从根本上和玻利瓦尔、马蒂所说的一样：整个拉丁美洲都是我的祖国。

多米尼加作家恩里克斯·乌雷尼亚解释说，《爱丽儿》是为"美洲青年"写的，它"坚持认为要保护全部人性不受特殊化或其他任何形式的伤害。希腊的历史表明，希腊人有着比腓尼基人和迦太基人更健全的人性：对于正确的民主生活方式的信仰是对于精神解放的保护"。这位多米尼加人还说，这本书呼吁人们警惕在西语美洲部分区域爆发的"北方狂热"。通过这本书，罗多造成了远超预期目标的影响。

勒南、达里奥、格鲁萨克等所有的这些作者以及他们所带来的影响都与《爱丽儿》的思想一致，这本小书指出了西语美洲文化和盎格鲁－撒克逊美洲文化之间的强烈反差。虽然美国的民主在罗多的作品中有着细微的不同，它是丰富的，就当时来说甚至是积极的，但是《爱丽儿》提出了自己的神话式解读：他们就是凯列班，他们拒绝理解他人，麻木不仁，甚至缺乏内在精神。我们是爱丽儿。罗多自己是这样形容的："爱丽儿是一股清新的空气，在莎士比亚的作品当中，它象征着高贵的精神。"

北美人野兽般的形象并不仅仅出自达里奥。达里奥是一个令人敬仰的诗人，但是脾气有些易怒和反复无常，他写了一些有趣的诗歌来描述美国这个可怕的邻居。1900年《爱丽儿》的出版，开启了相对优雅温和的讨论，从哲学的角度对这一问题进行了衡量和反思。总体而言，拉丁美洲已经有从政治、历史、语言、种族等角度出发的各种团结宣言，而《爱丽儿》则带来了文化层面的共识，这一共识更有活力和影响力，更持久，也许是时至今日唯一还存在的共识。

* * *

罗多希望通过这本书将"一个伟大祖国的两个部分"统一起来，"政治上的统一破裂之后，必须在精神层面保持团结"，这本书在西班牙受到了巨大的欢迎。"罗多要求拉美人永远是西班牙人，坚守传统和基督教的生活方式。"1901 年，墨西哥历史学家拉斐尔·阿尔塔米拉（Rafael Altamira）在《批评》（*Revista Crítica*）杂志上再现了这本书。不同的是，身为巴斯克人的乌纳穆诺支持文化自治，崇尚新教美德，对该书心怀疑虑，认为它是勒南思想的一种衍生，拒绝以罗多的天主教拉丁主义定义自己。但是这本小书的影响主要在拉丁美洲大陆。1901 年，《爱丽儿》在圣多明各（Santo Domingo）和委内瑞拉出版，1905 年在古巴再版，1908 年在墨西哥由进步人士、新莱昂州（Nuevo León）州长贝尔纳多·雷耶斯（Bernardo Reyes）编辑并发行了五百本，恩里克斯·乌雷尼亚为这个版本作了序。这位年轻的多米尼加评论家后来生活在墨西哥，被他的朋友和追随者称为"苏格拉底"。恩里克斯·乌雷尼亚在序言中写道："罗多的目的是在领导阶层中培育一种理想信念，这对他们是非常重要的。"乌雷尼亚的朋友和追随者、州长雷耶斯的儿子阿方索·雷耶斯（Alfonso Reyes）这样描述罗多："他唤醒了我们的意识，我们正需要一些关于美洲之爱的精准概念。"雷耶斯与何塞·巴斯孔塞洛斯是 20 世纪墨西哥和整个美洲最优秀的文人之一。他们都从《爱丽儿》一书中得到了美学方面和文化方面的"救赎"。

它传达的信息与法国（和天主教）的实证主义并不矛盾，这一思想在拉丁美洲的知识阶层中代替了传统的自由主义思想，并在 19

世纪末和 20 世纪初得到长足发展。实证主义是进步的"宗教"。它承认科学的价值，但不认同盎格鲁—撒克逊的功利主义。实际上，可以说《爱丽儿》为实证主义注入了新的生命。基于当时世纪之交流行的种族理论，卡洛斯·奥克塔维奥·本赫（Carlos Octavio Bunge）、格拉萨·阿拉尼亚（Graça Aranha）、弗朗西斯科·布尔内斯（Francisco Bulnes）等多位西语美洲的实证主义思想家在各自的作品中关于拉丁美洲种族的未来表现出悲观消沉的情绪，《爱丽儿》提出了摆脱这种困境的方法：我们的弱势也恰恰是我们的优势所在。

《爱丽儿》的观点主要围绕两个方面展开。首先是拉美文化相对于北部凯列班功利主义的优越性。对很多人来说，这一说法后来演变成了激进的口号：西语美洲主义就是反美主义。其次是将青年的观念视为祖国的力量，将教育视为实现理想的必要手段。例如在《爱丽儿》一书中，通篇代表罗多的普洛斯彼罗便是一位老师。

这一思潮影响了整个 20 世纪。1904 年，鲁文·达里奥发表了著名的诗歌《致罗斯福》（A Roosevelt）：

> 你们需要注意。西班牙语美洲万岁！
> 西班牙雄狮生下了千万只幼狮。
> 罗斯福，只有按照上帝的意愿，
> 恐怖的步枪与强劲的猎弓
> 才能将我们俘获于你们的铁爪之下。
>
> 然而，你们虽然什么都有，却少了一样：上帝！

很快，达里奥就转变了立场。恩里克斯·乌雷尼亚和何塞·巴斯孔塞洛斯等众多拉丁美洲的爱丽儿主义者原本强调要肯定西班牙

的文化，以及它与拉丁和希腊经典的渊源，而不是反对美国佬的政
治与意识形态的高谈阔论。但在近法远美的阿根廷，爱丽儿激化了
敌视美国凯列班的情绪。

法国对阿根廷的影响并不仅限于哲学和文学领域，有两位阿根
廷的思想家和政治家可以体现这种影响。其一是律师和政治家阿尔
弗雷多·帕拉西奥斯（Alfredo Palacios，1880—1965），他是南美
首位社会主义参议员，曾经担任过大使。他是《新法》的提倡者，
致力于司法领域的现代化改革，和旧日的拉美司法制度及其残余势
力做斗争。他改革了劳动法中的诸多社会法规，例如现金支付工资、
星期日假期，以及关于意外工伤、女性劳动者、教师规范的法规。
帕拉西奥斯在社会主义改革和正义事业方面做出了杰出的贡献，他
的办公室大门上贴着一句话："阿尔弗雷多·帕拉西奥斯博士免费
为穷人服务。"他对美国的批评多涉及一些具体的政治事件，特别
是在 20 年代为墨西哥总统普卢塔科·埃利亚斯·卡列斯（Plutarco
Elías Calles）所做的辩护，当时卡列斯为了保护本国的经济利益，
受到了美国入侵的威胁。关于帕拉西奥斯还需要补充的是，他是
切·格瓦拉意识形态最鲜活的来源之一，并启发了切的母亲赛丽
亚·德·拉·塞尔纳（Celia de la Serna）。

更为明确地反对美国的是作家、外交家和社会党政治家曼努埃
尔·乌加特（Manuel Ugarte，1875—1951）。他出生于一个优渥尊
贵的家庭，曾于 1897 年和 1898 年在巴黎学习，当时恰巧发生了德
雷福斯（Dreyfus）事件 *。在众多的意见之中，他对让·饶勒斯（Jean
Léon Jaurès）的印象尤深。法国马克思主义者们拒绝就一起纯粹的
"资产阶级"事件发表看法，但身为社会主义领袖的饶勒斯却为阿

---

* 德雷福斯事件为 19 世纪末法国政治事件，法国犹太裔军官阿尔弗雷德·德雷福斯遭到叛
国指控被判入狱，引起法国社会冲突；多位著名知识分子卷入该事件，后于 1906 年获得
平反。

尔弗雷德·德雷福斯（Alfred Dreyfus）说话。*这种对于绝对正义的追求，以及身为和平主义者与强硬正统的马克思主义保持距离的做法令乌加特深受震撼。于是，饶勒斯这位主张温和马克思主义、公民权利与和平主义的作家首次将他的影响力延伸到了阿根廷。

乌加特对美国和西班牙之间的战争感到厌恶。在罗多的影响之下，他对美国愈发敌视，于 1901 年发表了一篇名为《危险的扬基》（El peligro yanqui）的文章，以响应格鲁萨克、达里奥和罗多，对美国吞并墨西哥领土的行为表示抗议。他身为作家所具备的声望和经济条件使他得以作为阿根廷社会主义的代表四处旅行。1907 年，他在斯图加特加入了第二国际，在那里结识了列宁（Lenin）、饶勒斯、卡尔·考茨基（Karl Kautsky）、普列汉诺夫（Gueorgui Plejánov）和罗莎·卢森堡（Rosa Luxemburgo）等人。多年以后，一位阿根廷知识分子、社会主义者、爱丽儿主义者阿纳尔多·奥尔菲拉·雷纳尔（Arnaldo Orfila Reynal，1897—1997）在墨西哥出版了这些人的作品，推动了拉丁美洲社会主义思想的形成和传播。

"虽然我们称自己为阿根廷人、乌拉圭人和智利人，但我们首先都是讲西班牙语的美洲人。"1911 年，乌加特在《拉丁美洲的前景》（El porvenir de la América Latina）中如此写道。在 1912 年至 1914 年间，他开启了一场拉丁美洲之旅，从事了出席会议、参观景点等一系列广为人知的公共活动，意在激发拉丁美洲的政治热情，提醒拉美国家美国的危险。1913 年 3 月，伍德罗·威尔逊（Woodrow Wilson）当选美国总统，乌加特发表了《致美国总统的公开信》（Carta abierta al Presidente de los Estados Unidos）。这封信在一定意义上重申了拉丁美洲的自由主义传统和它长期以来对美国成就的羡慕，

---

* 德雷福斯事件的影响一直延伸到第二次世界大战，饶勒斯也于 1914 年被法国民族主义者暗杀。——英译本注

同时也为拉美现在和将来所面临的威胁感到忧心：

> 你们代表的文明诞生于一个选择：以道德准则取代暴力，在我们温暖的理想中繁荣昌盛，和这个世界往昔的谬误相抗争；你们不应像欧洲在亚洲和非洲所做的那样，将痛苦施加给在拉丁美洲的我们，倘若如此，你们就枉称为一个以正义自许的国度，不再代表人类的至善和上帝的意志。

乌加特的工作在多个方面影响深远。他在 20 世纪 20 年代与两位秘鲁知识领袖维克托·劳尔·阿亚·德拉托雷（Víctor Raúl Haya de la Torre）和何塞·马里亚特吉保持着书信往来，还直接影响了尼加拉瓜的总统奥古斯托·塞萨尔·桑迪诺（Augusto César Sandino），桑迪诺是拉美大陆第一位组织反美游击起义的领导人。

* * *

《爱丽儿》的第二个影响是在精神上回应"美国天命论"。黑格尔（Hegel）、马克思、列宁，以及帝国主义和殖民主义等几乎所有的欧洲历史和政治方面的哲人与理论都认为发达大国终将吞并落后的国家，视其为文明的发展方向。因此，马克思和恩格斯（Engels）曾撰文支持美国对墨西哥的战争。支持吞并行为不仅是北美洲的意识形态，也是欧洲世界 19 世纪到 20 世纪奉行的理念。

但是，拉丁美洲的社会和政治思想与此相反，右派和左派、自由派和保守派达成共识：落后的国家应该站起来，发展自己，扭转被奴役的命运。要实现这一目标，就要使本国攀向更高的知识高峰。因此，拉丁美洲的民族主义者非常热衷于发展教育，尽管它本就在自由主义者和实证主义者的思想体系内。大学被置于历史发展的前沿阵地，它继承了教会的主宰地位，负责培育肩负责任、运用权力的人才，成了合法的新权威。它发挥着双重作用。一方面，它是帮助人们摆脱贫困的手段；另一方面，落后国和强国之间的距离，并不在于资源多少，而是在于利用资源的知识，而大学就是实现进步的重要途径。因此，民族主义者必须将教育作为国家政策的核心。

整个大陆涌现出各种负责国家教育政策的部委机构。很多国家的领导人（不管是古典主义者还是实证主义者）都在强调教育的重要性，比如墨西哥的谢拉、智利总统曼努埃尔·蒙特（Manuel Montt），特别是阿根廷总统萨米恩托。在萨米恩托执政期间发生了一系列冲突，政府陷入极大的困难，但是他从来没有停止开办学校和培养教师。而在世纪之交，新的一代又发出了呼声：大学是道德进步和科学发展的重要动力，是民族的希望；教师必须被视为知识分子的典范、道德与政治救赎的先锋。但是，在教师之外，还有更伟大的新时代主角：大学里的青年学生——他们是拉丁美洲呕盼的救赎者。

马克思曾说："全世界的无产者，团结起来！"这一说法在西班牙语美洲有一个类似的版本，那就是罗多所说的："所有国家的学生们，团结起来！"1918 年，在阿根廷科尔多瓦（Córdoba）发生的著名的高校改革事件就是一个有趣的例证。这座保守的城市爆发了学生罢课运动，目的只是为了改革教育中普遍存在的形式、层级现象，消除教权主义。这是拉丁美洲的大学第一次提出自治权（现在自治已经成为公立大学的通行标准，除非是在独裁统治之下）。自治意味着国家暴力不得侵犯大学空间。科尔多瓦的学生们同时还争取参与大学的管理。学生们展开了坚定的斗争，如同一年前的俄国十月革命一样。他们最终取得了胜利，并从此开启了全大陆的大学改革之门。这场改革中有三位杰出人物：帕拉西奥斯、乌加特，以及当时尚还年轻、后来提出了"完整的人"（hombre íntegro）的德奥多罗·罗加（Deodoro Roca）。他们都受到了爱丽儿主义的影响。技术落后的国家不应为强国所奴役。反美主义（至少在当时）成功将自由派、保守派、天主教徒、自由思想家，社会主义者、无政府主义者，以及初生不久的马克思主义左派，都团结了起来。他们有时受到欧洲的影响，有时也受到教宗利奥十三世（León XIII）诵谕的影响。总而言之，拉丁美洲的民族主义已经超越了国界，成为血肉相连的兄弟情谊。

* * *

虽然墨西哥的谢拉、阿根廷的萨米恩托，以及古巴的何塞·马蒂等前几代人曾致力推行民主制度，但新一代的思想家关注点并不在于民主，而在于对"难以避免的庸众"的政治效力。尽管如此，罗多并不敌视民主。他以专业的思考而非恶毒的诽谤在《爱丽儿》中的部分段落颂扬了美国的民主制度，认为它应该通过文化得到进一步完善、打磨和改进。罗多后来三次当选议员，期间为民主的连贯性和社会的敏感性提供了充足的案例。但是，《爱丽儿》中饱含贵族观念。它不是对民主制度的批判，而是一种"美学式"的批评：

> 民主制度与精神生活高度之间的对立，是一个不幸的现实。它意味着政府无视"合法"的不平等，并以机械的政治观念取代英雄主义的信仰——在卡莱尔看来便是如此。文明中超越物质优越性和经济繁荣的元素能够将人们从这种对立中解脱出来。但当平庸的精神成为道德权威时，这种解脱便很快会遭到破坏。

如果说在文化上启发他的是勒南，那么在政治上启发他的则是苏格兰修辞学家托马斯·卡莱尔（Thomas Carlyle）。在1913年的《普洛斯彼罗的阳台》（*El mirador de Próspero*）中，罗多描绘了几位拉丁美洲的英雄人物，其中两位与乌拉圭有关：参加了乌拉圭内战的"行动的梦想家"朱塞佩·加里波第（Giuseppe Garibaldi）和主张古典共和传统的乌拉圭记者胡安·卡洛斯·戈麦斯（Juan Carlos Gómez）。此外还有厄瓜多尔的自由派传奇记者胡安·蒙塔尔沃（Juan Montalvo），他反对加布里埃尔·加西亚·莫雷诺（Gabriel García Moreno）的教权政府，因为笔锋太过犀利而被政府谋杀。但是，按照他的观点，普洛斯彼罗心中最重要的英雄是玻利瓦尔。

在《玻利瓦尔》（Bolívar）一文中，罗多不再需要引用卡莱尔，因为他的启发已经足够明显了。虽然罗多的风格不如那位苏格兰人一气呵成，但是在他优雅的现代主义散文中还是可以找到卡莱尔的影子。罗多模仿《英雄与英雄崇拜》（On Heroes and Hero-Worship）的手法，通过玻利瓦尔生命中的代表性事件展现了他精彩的人生旅程。罗多写道，很少人能像玻利瓦尔一样"以如此暴力的权威来成就他的英雄梦想"。他那一代"注定"是一个革命的年代，一个使他成为美洲的英雄的"光荣"时代。罗多将玻利瓦尔与拉美独立战争的其他领导人，特别是与圣马丁（San Martín）相比较，最能说明他对玻利瓦尔的看法。"玻利瓦尔是英雄，圣马丁不是。圣马丁是一个伟大的人，一位伟大的军人，一位伟大的领导人，是一位杰出而美好的人物，但是他不是英雄。"这篇文章造成的影响之深，以致将近一百年后，曾两次担任乌拉圭总统的胡利奥·马里亚·桑吉内蒂（Julio María Sanguinetti）仍然能够背诵这段话："他的伟大在于他的思想、他的行动、他的荣耀，也在于他的不幸；他的伟大在于他那崇高的心灵放大了其中的瑕疵，在于他的承受、舍弃和死亡，以及他为自己的伟大悲剧地赎罪。"

罗多并不是拉丁美洲知识界历史上唯一推崇卡莱尔的人。曾被智利女诗人加夫列拉·米斯特拉尔（Gabriela Mistral）称为"罗多真正继承人"的秘鲁作家弗朗西斯科·加西亚·卡尔德隆（Francisco

García Calderón），在《普洛斯彼罗的阳台》出版前一年于巴黎出版了《美洲的拉丁民主》（*Les démocraties latines de l'Amérique*），其中的序言由后来成为法国总统的雷蒙·普恩加莱（Francia Raymond Poincaré）写就。这是一部关于拉丁美洲政治史的著作，它结合时兴的进化理论，将历史简化为传记，这都是典型的卡莱尔风格。加西亚·卡尔德隆跟随着罗多的脚步摒弃了古典共和主义的观点，试图以更好的方式理解美洲大陆政治。不同于萨米恩托在他的作品《法昆多》中将西语美洲的根本冲突定义为"文明与野蛮"之间的冲突，提出如萨米恩托本人和他的朋友胡安·包迪斯塔·阿尔韦迪（Juan Bautista Alberdi）这种所谓文明者和土生考迪罗之间的对立，作为拉丁美洲新理想主义者的卡尔德隆致力于消解这种对立，主张他们是平等的。在阿根廷，第一任共和国总统贝纳迪诺·里瓦达维亚（Bernardino Rivadavia）作为古典共和主义者"狂热地想要建造乌托邦"（格鲁萨克语）。反对他的是恐怖的"哈里发"军事寡头法昆多·基罗加（Facundo Quiroga）和他那"神秘的野蛮主义"；最终，阿根廷迎来了独裁者胡安·曼努埃尔·德·罗萨斯（Juan Manuel de Rosas）。卡尔德隆说，罗萨斯的"有成果的专制"与"必要的恐怖主义"消灭了"战争和恐怖"。这简直就是一场辩论比赛：里瓦达维亚提出立论，法昆多提出驳论，而罗萨斯做出结论。卡尔德隆不偏不倚地评价了西班牙语美洲所有的强权总统和建设者（不仅是暴君）：秘鲁的拉蒙·卡斯蒂利亚（Ramón Castilla，"不稳定的共和国需要的独裁者"）、玻利维亚的安德烈斯·德·圣克鲁斯（Andrés de Santa Cruz，玻利瓦尔统一思想的继承者）、智利的迭戈·波塔莱斯（Diego Portales）、墨西哥的波菲里奥·迪亚斯。对他而言，这些人是拉丁民主国家、高级民主国家、精神民主国家的代表人物，不是以庸众的选票产生的。对英雄的崇拜在那个时代的空气中飘荡。这种风气是如此强烈，以至于一位年轻的阿根廷作家

被卡莱尔的阅读引向了德语学习。他发现卡莱尔的那句名言是完全
正确的:"民主就是投票箱引发的混乱。"这位年轻人就是豪尔赫·路
易斯·博尔赫斯(Jorge Luis Borges)。

* * *

罗多已经闻名于整个大陆,受到了极大的尊重,但是他的精神
依然在忧伤和信仰之间进行无休止的斗争。"我不认为这些国家不
远的未来是悲观的。"1904 年,他在给乌纳穆诺的信中写道。但是
1905 年"可怕的一年"中的金融危机加重了他的绝望情绪。尽管已
经连任议员,他还是决定辞职,在一封给议会的信中,他解释了这
一决定:

> 堂吉诃德的第一次出行就这样落幕了……现在是时候和这
> 个国家说再见了,我们的国家就等于它的政治,两者是一个概念,
> 没有国家可以脱离政治,其他一切都流于表面,是人力为之的。
> 对于这唯一真实而自然地属于这个国家本身,关心它,从中汲
> 取能量的,我们出于委婉的爱国之情,仁慈地将其称为政治。

他负担着一些自己的债务,并因曾为一些人品糟糕的朋友提供
过担保而肩负他人的债务。这些没有价值的事情莫名限制了他所有
的想法和工作。1906 年 5 月 3 日,他写道:"今天真是一个不幸的
日子……我心里觉得应该做点什么……但是我不知道该做什么,也
不知道为何而做,即使要付出血的代价,这件事(生活)也应该有
一个尽头。"二重性是他的标志特征,他自己也知道:"我的每个
充满希望的时刻此前都曾有过伴随着悲观绝望的错综复杂的内心争
斗。所以,我的劝诫和艺术都是例外情况,不是正常状态,我和所

有人一样，经常心怀疑惑，感到绝望。"

罗多并不喜欢当时的激进主义。他批评激进分子拆掉医院里的十字架，他担心社会主义工人群体的崛起，他们的"吼声越来越大"。他主张温和的宗教宽容和社会改革。政治上的事也不让他省心。虽然他两次当选为众议员，但由于竞争不过当时受欢迎的总统巴特列-奥多涅斯（Batlle y Ordóñez），他的政治前途很不明朗。他在《普洛斯彼罗的阳台》中对于蒙塔尔沃的描述就像是他的自画像：

> 孤独和精神上的遗弃是一种真正的痛苦，误解仍旧普遍存在：从满身是刺的人到小民主的优越与激情，再到对所有工作模式和研究都漠不关心、不屑一顾的人，还有在这些活动中，对于新人新事装聋作哑、漠不关心的人，或者假装理解，其实不解的人……这种风气在这座村庄依然盘桓不去，曾经有着崇高精神的整个西语美洲就是这样一座大型的孤独村庄。

他的第三个议员任期于 2 月初结束。当战争爆发时，由于所在报纸《理性报》（La Razón）的亲德立场，他辞去了报社董事会的工作。他的痛苦不再是关乎个人的，而是关乎世界的。罗多仿佛亲身感觉到了西方的分裂和古典世界的毁灭，而这一古老世界的面貌恰恰是他曾经为未来的美洲规划的图景。

当时的一些文字将这位思想家描述为一个严肃而保守的人："他的脸看起来像一张没有情感也没有智慧的面具。"一位阿根廷记者后来在 1917 年 5 月回忆起与罗多的会面："我们约定在下午 6 点到7 点在一个没有任何光线的小客厅做访谈，访谈结束后，我就在那里与他告别了，他甚至没有送我到有光亮的门厅里。我只记得我看到他那高大而佝偻的身形站在凸显出家具棱角的黑暗中，两只手似乎在薄雾中挥舞。"

　　他人生的最后旅程也一如既往的曲折，这个以天地为庐的"流浪的灵魂"，不再怀念"世间有雅典（或者说那些伟大的人物）"的黄金时代，不再念念于"扎下根……有一间自己的茅屋，建立一个家庭，它在神圣的平和中等待被叫作生命的那种幻觉逐渐消散……"，他这样描述道。1916 年 7 月，他做出了一个重大决定，离开自己的美洲村落。前往里斯本、马德里和巴塞罗那。1917 年，他抵达了意大利，此时他的身体已然抱恙。他在佛罗伦萨停留了一个月，创作了一场青铜与大理石间的对话。他在罗马待了一段时间，验看了乌拉圭政府委托一位雕塑家为开国元勋何塞·阿蒂加斯（José Artigas）制作的雕像。4 月，他抵达巴勒莫。5 月 1 日，他因脑膜炎病逝。逝世前，他还计划着要写一篇关于何塞·马蒂的文章。

何塞·巴斯孔塞洛斯

文化考迪罗

一

1910 年 11 月，墨西哥革命爆发，当首次得知消息的时候，何塞·恩里克·罗多忧心忡忡："吼声越来越大。"这场革命被视为对 19 世纪西语美洲自由主义堡垒的第一轮攻击。但值得玩味的是，它是以恢复自由的名义开始的。弗朗西斯科·马德罗（Francisco I. Madero）是一位富有的企业家，并曾经在美国的加利福尼亚州和欧洲接受教育，是马蒂思想的追随者和实践者。他曾经于 1909 年出版了一本书，书中呼吁恢复已经被遗忘的 1857 年自由派宪法和自由选举。马德罗在当时被称为"民主的使徒"，并参与了总统竞选；在这次选举中他成了舞弊的牺牲品，这让他认识到必须发动一场革命。最终，这场革命在 1910 年爆发。在他众多热切的追随者当中，有一位《反连任党人报》（Anti-Reeleccionista）的年轻合作编辑作为该党的发言人支持他的行动。这就是律师和哲学家何塞·巴斯孔塞洛斯。

这场革命迅速取得了胜利。当政长达三十五年的迪亚斯于 1911 年 5 月离开墨西哥，马德罗则于 1911 年 11 月经过公平透明的选举登上了总统宝座。但墨西哥人还不知道，这段时间将是他们在接下来的九年中真正享受和平的唯一瞬间。马德罗艰难而出色的总统任期于 1913 年 2 月被军事政变打断。这场政变是墨西哥保守派和革命派在美国驻墨西哥大使亨利·莱恩·威尔逊（Henry Lane Wilson）的支持和协助之下发动的。马德罗和他的副总统遭到刺杀，一场社会革命迅速爆发。这场革命远比马德罗曾经呼吁"有效选举，不得连任"的革命更加复杂和暴力。"马德罗唤醒了猛虎。"迪亚斯在离开的时候曾经说道。他所说的"猛虎"，指的是墨西哥历史中传统的好战天性。但是在 19 世纪曾经爆发的印第安人的起义、政变、对独裁统治的反抗等一系列"革命"与罗多预测和担忧的即将发生的社会革命截然不同。

这些在墨西哥革命中接踵而至的各路主力军不自觉地以他们领导人的名字来命名：马德罗主义、比利亚主义、萨帕塔主义、卡兰萨主义、奥布雷贡主义。虽然在革命的初始阶段中没有出现大的思想家，但是随着时间的推进，诞生了多个不同的思想流派。围绕"北地的半人马"弗朗西斯科·比利亚（Francisco Villa）*聚集起一些支持社会主义的知识分子。无政府主义人士将一些无政府工团主义的团体联合在了一起，特别是在莫雷洛斯州（Morelos）的农村，革命领袖埃米利亚诺·萨帕塔（Emiliano Zapata）提出了"土地与自由"的口号。当时的无政府主义和萨帕塔主义相互吸引，有一些共通之处。他们认同理想的绝对主权和来自农村的萨帕塔思想，共同反对中央集权，曾经主张"烧掉总统的宝座以终结大家的野心"。而萨帕塔则召集起一些来自墨西哥城的无政府主义青年，将他们任

---

* 即潘乔·比利亚，1910—1917 年墨西哥革命北方农民起义军领袖。

命为代表，帮忙草拟法律。萨帕塔的这支队伍胜过一支军队，他们
为墨西哥的印第安土著发声，要求庄园主归还侵占了数个世纪的土
地。马德罗主义的自由派并不懂得如何及时回应农民的这种诉求，
而卡兰萨主义则于 1915 年 1 月 6 日出台了土地法，维护"人民"（这
里对人民的定义很含混）的权利，支持归还和给予农民土地，并受
到阿兹特克人的启发，在国家的监管下引入了"村社"这一集体所
有制，其墨西哥说法叫作"埃希多"（ejido）。

在经历了 1914 年到 1916 年的动荡之后，墨西哥的国内革命
战争在 1917 年逐渐被卡兰萨主义者所主导。这一年是关于新宪法
的论战之年。除了土地改革的主题之外，制定新宪法的立法者发表
了一些关于民族性格和民族主义的文章，修正了自由主义，这样的
修正与即将到来的布尔什维克革命相比虽然并不激进，但也毫不逊
色，且意义深远。这些立法者深受欧洲社会主义思潮的影响——这
种影响在墨西哥的知识界从 19 世纪中叶就已经开始了——例如在
继承《新事通谕》（Rerum novarum）*精神的天主教工会运动影响
下，宪法的制定者们（其中不乏古老神学院的学生）投票制定了四
项核心条款：第 123 条为劳工法的制定提出了最具现代性的提案；
第 27 条恢复了国家土地及地下物质的原始所有权，并规定了在此
原则下私人所有权的适当准则；第 3 条提出了义务性的世俗教育；
第 130 条则否定了教堂的法人身份，并严格规定了公共信仰活动的
准则。虽然新宪法从政治的角度确认了墨西哥是一个代议制民主联
邦国家，并规定"不得连任"，但也在法律上赋予了总统前所未有
的权力，至少与波菲里奥·迪亚斯曾拥有的合法权力相比是如此。
从 20 年代开始，在 30 年代尤其突出，法律对总统制的肯定使得墨
西哥具有明显的社团主义特征，混合了一党制或一党霸权制的法西

---

* 教宗利奥十三世（León XIII）于 1891 年 5 月 15 日发布的通谕，内容有关劳动阶层现状。

斯主义组织元素和模糊的社会主义意识形态。

　　但是，这一大写的、独一无二、不可分割的"墨西哥革命"政权的最大合法性也许来自一个意想不到的源头：墨西哥的独特文化。虽然宪法囊括了各类思想流派——平均地权论、工团主义、民族主义、社会主义、雅各宾主义，还有处于萌芽时期的社团主义——从社会和国家的角度纠正了古典自由主义；但究其根本，这场变革就像墨西哥本地的独特植物龙舌兰＊一样，是在墨西哥这片土地的文化的滋养下诞生和发展壮大的。想要真正认识这场变革，不能依赖外部和未来，而要关注它的内在和过去。

二

　　第一次世界大战期间，墨西哥与世隔绝，1914 年和 1915 年的内战引发了很多反思，被称为"墨西哥的发现"。当时还是一名学生的知识分子曼努埃尔·戈麦斯·莫林（Manuel Gómez Morin）在 1926 年回忆 1915 年那重要的一年时说：

> 　　我们惊喜地发现了一个始料未及的真相：墨西哥是存在的。墨西哥作为一个国家，有能力，有抱负，有生命力，但也有着自己的问题……印第安人、梅斯蒂索人，以及克里奥尔人，都在这片土地上真实地存在着，具有人类的所有属性。印第安人并不纯粹是战争工具和劳动力，克里奥尔人和梅斯蒂索人并非难以言述的种族结合的偶然产物，也并非高贵的外国人和卑贱的土著人的结合。墨西哥和墨西哥人是存在的！

＊　此处的"龙舌兰"（Maguey）为龙舌兰属植物，是广泛分布于墨西哥的植物类型，并非指一般意义上用于制作龙舌兰酒的原料植物（Agave Azul）。

新的文化生命力蓬勃发展，蔚然成风。在那些年，画家萨托尼诺·赫兰（Saturnino Herrán）开始画一些肖像画、插画和民俗画，尤其是墨西哥的乡村和街道随处可见的印第安题材。历史学家曼努埃尔·图森（Manuel Toussaint）开始出版一系列《殖民地草图》（Bocetos coloniales），内容关于墨西哥城主教座堂（la catedral de México）、瓜达卢佩圣母堂的小礼拜堂（la capilla del Pocito）和17世纪兴建的房舍。音乐家曼努埃尔·玛丽亚·庞塞（Manuel M. Ponce）将盲人行乞时用竖琴演奏的歌曲收集起来进行创作。诗人拉蒙·洛佩斯·贝拉尔德（Ramón López Velarde）辗转于墨西哥的不同省份，根据在各地的生活写下了深刻的现代主义诗歌，表达出"我们都生活在这个墨西哥，但又恰恰忽视了它"的情感。戈麦斯·莫林回忆说，这些都发生在1915年：

> 深重的土地问题是革命的核心议题，人们为此提出了一个最低保障方案。劳工问题被正式列入革命议程当中。人们开始呼吁，石油、歌声、民族和遗迹，这些都是我们可以拥有的东西。在生机勃勃的广泛运动中，我们意识到，伊比利亚美洲本质的活力将这种渴望延伸到了麦哲伦海峡。

1915年即便不能算前所未有的发现之年，也至少代表着一种新的意识。在战争年代中，无数男女，不分老幼妇孺都或主动或被动地离开了自己的土地、庄园或故乡，乘着火车在整个墨西哥踏上一场革命之旅，走进一段恐怖而惊奇的岁月。墨西哥人民闯入了历史的舞台，如同身处一座巨大的营地中，又像是踏上一次无尽的朝圣之旅，有的坚持革命，有的逃离革命。如此剧烈的动荡自然孕育了大量艺术作品。墨西哥的艺术家和人民交织在一起，反映着他们的激情和冲突，他们身处于人民之间，描绘出了墨西哥人生活的真正图景。

1921 年，诗人拉蒙·洛佩斯·贝拉尔德发表了文章《新生的祖国》(novedad de la patria)*，他用近乎宗教性的语言描述了这场革命，揭示了一个与波菲里奥·迪亚斯时代完全不同的祖国，一个"崭新的""亲切的""由卡斯蒂利亚人和莫里斯科人†构成、带着阿兹特克印记的"祖国："三十年和平的休养生息帮助我们建立了一个富有活力的祖国，她拥有无尽的财富，昔日闪耀着无上的荣光，现在也仍然伟大辉煌。这个国家经历的数年苦难成了一笔财富，她因之变得更温和、更谦逊、更美丽。"作者洛佩斯·贝拉尔德于当年去世，时年三十三岁。当时，他提出的"新生的祖国"所代表的真正意义还难以为人理解，它将是 20 世纪上半叶拉丁美洲创造的最具影响的救世神话：墨西哥革命神话。这个神话的创造者是《反连任党人报》的一位年轻编辑，墨西哥革命中的文化领袖，他曾热情地歌颂弗朗西斯科·马德罗，他的名字叫何塞·巴斯孔塞洛斯。

三

何塞·巴斯孔塞洛斯于 1882 年出生于墨西哥的瓦哈卡州(Oaxaca)。这里是印第安人的巴别城，两位著名领袖胡亚雷斯和波菲里奥·迪亚斯都在此地出生。巴斯孔塞洛斯的母亲是一位虔诚的天主教徒，但是于 1898 年就逝世了，给他留下了难以抚平的创伤。他童年时期在伊格尔帕斯(Eagle Pass)接受教育，在那里练就了一口完美的英语，后来在坎佩切港(Campeche)求学，随后进入国立高级中学，最后毕业于法学院，于 1905 年成为律师。他

---

* 直译为"祖国的新消息"，英译本选择直译。

† 莫里斯科人，拉丁美洲地区尤其是墨西哥地区西班牙人与穆拉托人的混血。

对哲学有着浓厚的兴趣，读过叔本华和印度教理论。他参加了佩德罗·恩里克斯·乌雷尼亚组织的一个年轻知识分子团体，乌雷尼亚的父亲是弗朗西斯科·恩里克斯−卡瓦哈尔（Francisco Henríquez y Carvajal），曾经担任多米尼加共和国的总统，何塞·马蒂给他的叔叔费德里科（Federico）写过一封著名的告别信。这个知识分子团体受到罗多人道主义思想的影响，被称为"青年雅典"（Ateneo de la Juventud）的一代，为墨西哥打开了通向哲学和文学新流派的窗口：

> 乌雷尼亚追溯过往，希腊文学、西班牙黄金世纪、但丁、莎士比亚、歌德，英格兰的现代艺术动向取代了 1830 年和 1867 年的精神。基于叔本华和尼采的理论，青年们开始攻击孔德和斯宾塞的思想。

在青年雅典的一系列著名会议中，乌雷尼亚谈到了《爱丽儿》的重要意义。这些年轻人都曾是爱丽儿主义者，他们并不是从南锥体的人通常采用的反美角度接触这一思想，而是希望从书籍、文化和艺术中汲取救世力量。1910 年 10 月，在墨西哥独立运动一百周年的庆祝活动中，巴斯孔塞洛斯在一次演讲中批评了实证主义，这使他成为墨西哥当时最独特、最有力的青年思想家。两个月之后，节庆的烟花让位于革命的烟火。巴斯孔塞洛斯对此并不吃惊：在数月之前他就已经开始为革命工作了。

巴斯孔塞洛斯原本是一个马德罗主义者，但是他所支持的候选人马德罗于 1911 年胜利之后，他决定回去继续为一家美国石油公司担任律师，这是一项收入丰厚的工作。在马德罗十五个月的民主统治期间，巴斯孔塞洛斯并没有参与青年雅典的学术工作，比如创建墨西哥人民大学（Universidad Popular Mexicana）。根据他回忆录的第一卷，他那时忙于和在革命中认识的"柔韧的维纳斯"恋爱。虽然已经结婚并有了两个孩子，巴斯孔塞洛斯还是和她维系了近十年的持久恋情。她是他众多情人当中的第一个，也是最爱的一个。她叫埃莱娜·阿里斯门迪（Elena Arizmendi），在墨西哥革命第一阶段曾为立场中立的白十字会（Cruz Blanca）工作。

马德罗于 1913 年 2 月被刺杀，尤其是 1914 年中期爆发的比利亚主义者、萨帕塔主义者与卡兰萨主义者的内战，使得青年雅典分崩离析。许多知识分子，包括乌雷尼亚本人和阿方索·雷耶斯（雷耶斯的父亲领导了反马德罗起义，并在起义第一天去世）都离开了墨西哥，开始海外流亡；其他人虽然还在墨西哥，但是也处于"内心放逐"的状态，等待风暴的平息。这些人包括哲学家安东尼奥·卡索（Antonio Caso），他竭力维持着这微小的文化火苗，继续教授哲学课程，并在战乱之中呼唤勒南的作品和基督教精神。卡索在给雷耶斯的信中写道："我们生活在地狱般的混乱之中……这个国家遍地都是前所未有的野蛮行径，高等学术研究没有立足之地……成为受过教育的墨西哥人大概是这个世界上最无奈的事情之一了。我们真的束手无策！"

战乱之后，1915 年的墨西哥人像 1898 年战败后的西班牙人一样，陷入了对自身文化和艺术的内省。但巴斯孔塞洛斯并未消极度过这个时期。在 1913 年 2 月马德罗谋杀事件发生之后，巴斯孔塞洛斯停掉了自己的工作，一边照顾整个家庭，一边加入埃莱娜从事的反对维多利亚诺·韦尔塔（Victoriano Huerta）政府的运动，前往美国担任运动代表。在如轮盘赌一般的革命之中，他选择站在阿瓜斯卡连特斯会议（Convención de Aguascalientes）一边（即比利亚和萨帕塔之间的脆弱联盟），为其担任法律顾问，并在 1915 年短暂地出任公共教育部部长。巴斯孔塞洛斯、比利亚和萨帕塔三人有一张拍摄于国民宫（Palacio Nacional）的著名合影。照片中，巴斯孔塞洛斯坐在另两人旁边，面带微笑，心情愉悦，而萨帕塔满脸狐疑，比利亚则显得贪婪得意。当年年中，阿尔瓦罗·奥布雷贡（Álvaro Obregón）捣毁了会议组织，巴斯孔塞洛斯被迫开始流亡。他先是到了美国，随后又去了秘鲁。

直到利马（Lima），埃莱娜一直都陪在巴斯孔塞洛斯的身边。在那里，他自称新的"尤利西斯"，后来他自传的第一卷便叫作《克里奥约尤利西斯》（Ulises criollo）*。他的自传是墨西哥乃至整个西语世界举世无双的大师级作品，一共有四卷，分别是《克里奥约尤利西斯》《暴风雨》（La tormenta）、《灾难》（El desastre）以及《总督职位》（El Proconsulado）。在利马，他发表了题为《当鹰击败蛇时》（Cuando el águila destroce a la serpiente）的演讲，回顾了墨西哥历史中黑暗与丑陋的一面："殖民地、残忍、肮脏、痛苦、黑暗"，阿古斯丁一世（Agustín de Iturbide）、波菲里奥·迪亚斯的独裁统治，韦尔塔以及传说中卡兰萨政权与美国政府暗中勾结的劫掠丑事。但是在列举"蛇"的同时，巴斯孔塞洛斯也细数了历史上"高贵的鹰"："米格尔·伊达尔戈（Miguel Hidalgo）、何塞·马丽亚·莫雷洛斯（José María Morelos）、哈维尔·米纳（Javier Mina）、比森特·格雷罗（Vicente Guerrero）等开国元勋，麦却尔·奥坎波（Melchor Ocampo）、塞瓦斯蒂安·莱尔多·德·特哈达、曼努埃尔·普列托（Manuel M. Prieto）、奥尔特加·拉米雷斯（Ortega Ramírez）、贝尼托·胡亚雷斯等革命英雄，以及所有奋不顾身、坚定不移、德宽仁厚、心向自由的人。"到此时为止，他的思想与马德罗一致，完全是自由主义的。他祈求上帝："请赐予我们更多的英雄，让他们来统治这片土地。"这是他一生的事业。

---

* 即"克里奥尔的尤利西斯"，克里奥尔人是双亲为白人（多为西班牙人和葡萄牙人）的拉丁美洲白人，又称"土生白人"，此处为巴斯孔塞洛斯自况。

四

就在巴斯孔塞洛斯打算返回墨西哥，向人们展示他的"雄鹰"之旅时，他与埃莱娜的感情破裂了。在他的自传第二卷《暴风雨》中，这段感情被当作核心主题，成为墨西哥文学中最痛苦、最迷人的篇章。这段故事是由巴斯孔塞洛斯讲述的，真实可信。他不可能为了她而和自己的妻子离婚。一开始，他就知道自己终将会失去"阿德里亚娜"（Adriana，他在书中为埃莱娜起的名字），但他从未克制这份情感。他面对着一种无法克服的矛盾。"我能够接受的只有永恒。"他曾多次如此说道。所以，他不愿将就残缺不全的爱情。奥克塔维奥·帕斯曾经说，巴斯孔塞洛斯是一个执着于绝对的人。可他和"阿德里亚娜"的爱情注定无法公开，天生就有缺陷。她是他的同伴，他的灵魂伴侣，他的情人，他的战友。"我很难过，我不能保护她，满足她那非凡的天性渴求的热情。"1916年末，"阿德里亚娜"在利马离开了他。巴斯孔塞洛斯从此重拾昔日关于灵魂自治的信念。他在孤独与流亡之中写信给阿方索·雷耶斯说道：

> 如果我生活在绝望之中，内心满是嘶吼，没有伤感的阴影，只有噬啮心灵的情绪，我将会变成怎样的一个人啊！这个时代让我们所有人被迫活在不幸之中，我们将因此英年早逝……它撕碎了我们的心，让它碎吧，让我们的身体毁灭吧，只要不沾染我们的灵魂。

他被迫退回自己的内心，用一种古老的观念支撑着自己：他相信在人的内心深处，有一种东西可以"自治"，使人免受伤害，那就是人的"灵魂"。他在灵魂之中追寻着超越肉体的更高层次的真理。他需要实现绝对的自由，在这种自由中，他才能将挚爱的"阿德里亚娜"埋藏在内心的更深处。此时,他过去读的书起了作用。在青年雅典的那些年中,他曾信奉一些不同于西方传统的哲学思想。在利马,他重新拾起了那些东西:瑜伽、神智学、佛教。这些思想均认为"对于肉体有用的,对精神则无用"。他此时的内心挣扎在《印度斯坦研究》(Estudios indostánicos)一书中得到了体现。

这本出版于 1920 年的书概括了众多知名学者的著作,短小精悍,才华横溢。巴斯孔塞洛斯以广袤的视角展现了印度及其对西方世界的巨大影响。他的朋友和导师马德罗也是印度文明的热爱者。但他并没有在印度或者东方生活过,他从未去过那里。有趣的是,巴斯孔塞洛斯在他的概述中对印度教和佛教密宗珍视肉体、借之达成更高目标的思想表现出一种清教徒式的西方偏见。巴斯孔塞洛斯是一个生命旺盛、个性骄傲的人,他本可能对这些思想产生自然的亲切之感。但是,他的天主教背景阻止了他。从理论上来说,如果他想摆脱对"阿德里亚娜"的感情的煎熬,就必须遵循禁欲主义:"对于肉体有用的,对精神则无用。"可巴斯孔塞洛斯向来充满活力,这种道理对他而言实在空洞无味。他需要在现世之中另寻救赎之路。他阅读了毕达哥拉斯的作品,并写了一本小册子,在书中坚持认为"节奏是一切事物的本质",是一种从必要的物质秩序上升到美好的精神秩序的规律。可为了减轻失去"阿德里亚娜"的痛苦,他需要的几乎是某种宗教信仰。他在普罗提诺(Plotino)那里找到了属于他的福音:《九章集》(Las Enéadas)。

普罗提诺(205—270)认为,存在是构成层级体系的不同领域。每一个次级领域的存在都来源于一个更高层级的领域,更高层级是较低层级的典型形式,低级领域渴望在高级领域中重归统一。在最终极的领域中栖息着永恒、静止、无所不包的"太一"。万物由"太一"而始,而渴望回归"太一",自"太一"之中持续不断地喷涌出越来越残缺、支离破碎和复杂多样的现实。"太一"产生"智性",

一种幸运的宇宙智慧。智性屈身于普遍灵魂之中，普遍灵魂则再次降低为人类灵魂。人类是现实之中的孤儿，它凝视着更高的层次，渴望从中了解自身的本质。在它之下的是死寂、黑暗而虚幻的物质。

这种存在的结构产生了一种净化的伦理。"宽容，"普罗提诺写道，"是对低级事物的蔑视。"根据普罗提诺的教导，人可以通过思考在内心中实现永恒（尽管实现的过程非常艰难），因而设法超越各种存在领域，与"太一"神秘地结合在一起。《九章集》用非常美妙的语句描述了这种状态："孤独者飞向孤独。"这种过程与最早的《奥义书》（Upanishads）和后来抽象的不二论哲学（Advaita Vedanta）十分相似，只是没有强调天国地理学。这些哲学思想甚至有可能出于同源，由普罗泰戈拉（Protágoras）或是其他四处游历的希腊思想家介绍到西方。

巴斯孔塞洛斯向普罗提诺哲学的转向是有着许多迹象的。在利马他曾经说道："我从普罗提诺那里径直而来。"甚至在与"阿德里亚娜"分手之前，巴斯孔塞洛斯就曾对阿方索·雷耶斯表示，他正在写一篇关于"以文学为形式的交响乐"的文章。在这篇文章中，巴斯孔塞洛斯认为文学的未来并不在于演讲、论文或是专著这样理性和多元的形式，而是在于交响乐这一门类。这种音乐性的综合文学形式符合美学的规律，正像普罗提诺的《九章集》。这是他那迷茫不定的神秘主义第一次找到栖身之处。他曾从尼采和叔本华走向印度教，又从佛祖的训诫走向毕达哥拉斯，但是普罗提诺将他变成了一位美学一元论者。他这个时期的作品全是在以各种方式讨论如何通过凝视更高层级获取自由。在《美学一元论》（El monismo estético，1918 年）中，他提出将对美的体验（Pathos）作为一种代替神秘主义甚至基督式的爱的道路。这是"伟大的启蒙者"的道路，是"真正的佛陀"唤醒、实现、感受和再现向往神性的自然之美的气息。在解读贝多芬的《第七交响曲》时，他展现了同样的垂直思路：从"欲望的痛苦"和"某种爱情的痛苦激情"上升到战胜一切不幸的无我之境。在诠释伊莎多拉·邓肯（Isadora Duncan）的芭蕾舞作品时，巴斯孔塞洛斯想象"足尖是如何从大地上吸取养料，随后轻轻跃起……去追寻天堂的冒险之旅的"。作品最终"自豪地前进……受伤、矫正、调整、适应，不以无用的努力浪费生命"。

　　非常明显，从《美学一元论》到《美学》（Estética，1935年），巴斯孔塞洛斯试图建立一个庞大的哲学－宗教综合体系，它的源头之一就是普罗提诺的《九章集》。但是对巴斯孔塞洛斯而言，普罗提诺远不止是一个哲学权威。他的目的不是向公共知识界宣传普罗提诺主义，而是将之付诸实际行动之中。他的第一步是撰写一部与《九章集》类似的哲学著作："按照那位新柏拉图主义大师的计划，在当代的启示中，不断地论述和研究善、恶、幸运、不朽，……一系列连续的、间隔不规律的文集，'一位美洲新柏拉图主义者的现代《九章集》'。"

　　巴斯孔塞洛斯从普罗提诺主义中受到的另一影响是对沉思的文学实践。在利马与"阿德里亚娜"分手之后，他曾经北上试图挽回这段关系，最终在纽约与她彻底分道扬镳——埃莱娜很快嫁给了一位美国商人，后来成了墨西哥女权主义的先驱。此后，巴斯孔塞洛斯开启了一场去美国西部的旅行。在这段时期，他以普罗提诺的旋律写出了他人生中第一批关于大自然的抒情小品。这些文章也许并不是他最好的作品，但已为他的自传中丰富美妙的自然描写奏响序曲。可以看到，这些风景影射着巴斯孔塞洛斯的经历与理想：石头的"胸中承载着不和谐，就像人类破碎的爱情"；太阳们在救赎的边界，被业力所禁锢；"树木高扬着它们的渴望"；自然之中的风景与人类不同，"它完成了自己的使命，未曾失败"。

　　除了寻求与沉思合为一体，或是将精神状态投射于景色之中，巴斯孔塞洛斯还直接地想象过灵魂的景象。一个突出的例子就是他的短篇小说《被处决的人》(*El fusilado*)。这篇小说的重点不是军事伏击或是爱情背叛(即"墨西哥革命"与"阿德里亚娜"),而是角色在死亡的一瞬间得到了解放,是将我们从人性中分离出来的祝福时刻诞生的新生命。这个故事可以被解读为一次关于灵魂转世的幻想。它实际上是将《九章集》写成了一篇故事,故事中的灵魂讲述了他的星际旅程。当他回忆起在地球上的岁月,以及他的孩子们已成孤儿时,并不感觉到痛苦,因为纯洁的心灵将达到安宁喜乐,诸恶则将化身为无知畜类;过去将会"鲜活美丽"地呈现,未来亦是如此。一场死亡,阐释了一个生命:

> 我澎湃的激情,让我在这世上历经苦难,遭受人们的诘责。而在这里,这激情转化成了巨大的热望,让我能够注目永恒……发现这些奇迹,让我知道支撑自己在这世上前行的信念并没有错,正如有关雕塑艺术部分的命题和思考;换言之,坚定和伟大可以用整体的方式来体现,这样的行为值得永恒。因为卑下和平庸无法存续,厌倦和重复会消灭它们……那些从不相信的人会耸耸肩:咳!又是一种幻想。但是很快,非常快,他们将会看到我是有道理的。他们将会发现,正如我已经发现的,在这里世俗规则将会让位于美学的规则,让位于伟大理想的光芒。

1920年,由忠于阿尔瓦罗·奥布雷贡的索诺拉州(Sonora)将军们领导的阿瓜普列塔起义(rebelión de Agua Prieta)取得了最终胜利。卡兰萨(Venustiano Carranza)的政权被推翻,卡兰萨本人遭到追杀,死于一次夜间突袭。巴斯孔塞洛斯的"毒蛇"名单中的蛇头死了,"尤利西斯"巴斯孔塞洛斯回到他的"伊萨卡"*——墨西哥。他先是出任墨西哥大学(Universidad de México)†校长,一段时间之后又担任了公共教育部部长。巴斯孔塞洛斯在给阿方索·雷耶斯的信中披露了一件惊人的事。他的"神秘渴望"得到了解决,他找到了具体的方法:

> 现在对我而言,这个世界已经无可享受。我的身体依然是奴隶,时不时地感受到痛苦,但我的灵魂正处在欢庆之中。我告诉你,这是我在痛苦、学习和美的道路上寻得的恩典。苦难迫使我沉思,思想揭示了世界的空虚,美指明了永恒的道路。当我不能沉思或享受美的时候,就必须完成一部作品,一部尘世之作,一部为他人铺平道路、让我们追随自己的作品。

最大的新闻就在他向雷耶斯透露的"尘世之作"计划中。何塞·巴斯孔赛洛斯即将成为墨西哥的圣保罗·德·普罗提诺,震惊他的时代。普罗提诺曾希望建造一座城市来纪念柏拉图,而这位奇怪的美洲传人则希望创作一部作品来纪念普罗提诺。他希望这部刚开始创作的作品能够成为一座精神大厦,一部教育式的《九章集》。

五

巴斯孔塞洛斯校长为大学设计了校徽:一张从布拉沃河到巴塔哥尼亚(Patagonia)的美洲地图,地图旁是一句明显带有爱丽儿主义色彩的话:"以我种族,言我精神。"(Por mi raza hablará el

---

* 荷马笔下奥德修斯的故乡。

† 即现在的墨西哥国立自治大学(Universidad Nacional Autónoma de México),其校长为墨西哥重要的公共职位,有着较高的公共声望。

espíritu.）这张地图由两只"高贵的雄鹰"拱卫，背景是墨西哥谷（Valle de México）的火山。他说："我不是来管理大学的，而是来要求大学为人民工作的。"

为了让这座大学"倾其所有，为人民工作"，他首先想到翻译经典作品并免费发行。年轻一代被巴斯孔塞洛斯的想法所折服，主动找到他的办公室来，参与这场新教育运动。丹尼尔·科西奥·比列加斯（Daniel Cosío Villegas）就是这些年轻人中的一员。"朋友，"巴斯孔塞洛斯对他说，"我没打算通过大学董事会来管理大学，我不关心这个。我要用自己的方式亲自管理这所大学。如果你想参与这种管理，明天就到这里来，我们来解决这所大学的问题。"第二天，科西奥·比列加斯准时到场，巴斯孔塞洛斯让他负责将普罗提诺的《九章集》从法语翻译成西班牙语。

数年间，巴斯孔塞洛斯出版了几十位作者的作品，书的封面上都盖着大学的印章。这部文集由虔诚的青年雅典成员胡里奥·托里（Julio Torri）负责，装帧精美，绿色封面十分漂亮。巴斯孔塞洛斯会在一些公共场合赠送这套文集，比如在墨西哥城查普尔特佩克公园（Bosque de Chapultepec）内的堂吉诃德喷泉边——墨西哥城普通市民常常会在那里和家人过周末。于1921年10月设立了公共教育部并任命巴斯孔塞洛斯为部长的奥布雷贡总统怀着看笑话的心态放任这件事的发展：为目不识丁、生活贫苦的农民编辑柏拉图的《对话录》有什么意义呢？但巴斯孔塞洛斯认为这很有意义。他后来按照何塞·马蒂的《黄金时代》的方式编了一套《儿童经典阅读文库》（Lecturas clásicas para niños），他在这套书的序言中写道："为了开展一项真正的文化事业，必须从书籍开始，无论是创作、编辑还是翻译。"这是墨西哥领导者们第一次感到应该大量出版书籍，并提出了发展出版业的想法。这是以前马蒂的事业：通过阅读拯救西语美洲。现在，这项事业由一个革命政府付诸实践了。

在这项救世工作中，一个关键的地方在于巴斯孔塞洛斯编的不
是人文书籍，而是可以救世与预言未来的书。这里没有百科全书式
编辑的用武之地。除了普鲁塔克，无论是蒙田还是希腊—罗马经典，
他认为全不重要。在他的计划中，翻译这些"需要坐着读的书"是
没有用的；人们喜欢这些书，它们有教育意义，但是无益于我们的
提升。需要编辑的是那些不朽的作品，"需要站着读的书"："对这
些作品我们不称之为阅读；我们要朗诵它们，读的时候要用上手势
和姿势，只有这样我们才能真正脱胎换骨。""真理只存在于预言的
声音中"，据此原则，巴斯孔塞洛斯设计了具体的方案：

> 首先是荷马的《伊利亚特》，这是我们所有文学的坚实根基，
> 是希腊古典文学的核心……随后加入一个佛教道德知识读本，
> 如同基督教道德劝谕一样；然后还得有《福音书》，这是人类历
> 史上最伟大的奇迹，包含着所有精神原则中的最高律法；其中
> 还得有《神曲》，它确认了来自上天的最重要信息。还需要出版
> 一些莎士比亚的剧作，以显示对于主流观点的宽容；还要出版
> 一些洛佩·德·维加（Lope de Vega）的作品，他是使用西班牙
> 语的伟大诗人，语句优美、鼓舞人心；一些卡尔德隆·德·拉
> ·巴尔卡（Calderón de la Barca）的作品；当然还有塞万提斯的《堂
> 吉诃德》，这部伟大著作揭示了我们血统之中的气质。再之后是
> 几卷西语美洲和墨西哥诗人与散文家的作品……以及帮助被压
> 迫者的有关社会问题的书籍；还会有一个专业的技术委员会来
> 确定艺术和实用工艺的出版书目。最后出版现代的、革新者的
> 作品，像《浮士德》，易卜生和萧伯纳的剧作以及具有救赎性的
> 书籍，如托尔斯泰和罗曼·罗兰的作品。

这个计划重点关注五位作者：两位古代的"神秘主义"思想者

柏拉图和普罗提诺，以及三位当代"神秘主义"思想者托尔斯泰、罗曼·罗兰和巴斯孔塞洛斯认为的贝尼托·佩雷斯·加尔多斯（Benito Pérez Galdós）。为"包容社会主流"，莎士比亚的作品出版了六部，而这三位当代作家每个人的全集都以十二本一套的形式出版了。出版加尔多斯全集，是因为他是"我们种族伟大的文学天才……他的灵感来自广泛而高尚的生命观"；出版罗曼·罗兰，是因为"在他的作品中，我们可以看到伦理和社会力量的动力，它想要超越自我，与推动宇宙发展的神圣趋势相融合"。而托尔斯泰的作品被结集出版，是因为他是基督教精神在现代的真正体现。后来巴斯孔塞洛斯提到，这是"墨西哥历史上第一次书籍出版的洪流"。在公共教育部成立之后，这一项目更是被大力推进。

尽管对于非西方文化非常感兴趣，但是就他作为编辑个人的（换言之，独断的）标准而言，巴斯孔塞洛斯仍完全坚守着基督教传统，毫不怀疑它的文化和道德优越性。他对莎士比亚的态度，表明了他对于盎格鲁−撒克逊传统的本能拒绝，这一点在此后会愈发明显。就希腊经典思想者而言，正如普罗提诺对于柏拉图的扭曲，巴斯孔塞洛斯的普罗提诺也是一个残缺的普罗提诺，尤其是他对于美学的过分强调，而在《九章集》中美学其实只占了非常有限的篇幅。

最终，一个比苏格拉底更为失真和险恶的形象以半神（daimon）*的形象出现了。它像赫拉克利特的"主导精神"一样，牢牢掌控了巴斯孔塞洛斯的性格：柏拉图《理想国》中的"哲人王"。

在他的出版计划里，巴斯孔塞洛斯收录了许多"帮助被压迫者的有关社会问题的书籍，还会有一个专业的技术委员会来确认艺术和实用工艺的出版书目"。但所有的这些，都需要以一场规模巨大的扫盲运动作为前提。巴斯孔塞洛斯希望教育成为"十字军运动"，

---

* 希腊语，意为半神、次一级神格，亦指异教神、邪神，与人神混血的半神不同。

成为具有"慈善热忱"和"福音激情"的"狂热使徒"们的使命。其中一名"使徒"丹尼尔·科西奥·比列加斯回忆道,"传教活动是从扫盲开始的":

> 我们开始教人们阅读……我们每个周日都能看到一些相同的场面,比如诗人卡洛斯·佩利赛尔(Carlos Pellicer)……他来到任意一个贫穷的街区,站在街心广场的中央,开始大声鼓掌,全力嘶吼,把人们全都叫出来。当所有男人、女人和孩子走出住所,聚在一起时,他就开始长篇大论起来:新墨西哥的曙光已经出现,我们都要为此付出努力。而相比其他人,穷苦人才是整个社会的真正支柱……然后他会教授字母表,读一篇优美的散文,最后以诗歌收尾,清晰地展示了使用一种熟悉和热爱的语言可以做什么。这些人是卡洛斯见过的观众中最专注、最动情的,他们真心崇拜着他。

青年雅典的"苏格拉底"——佩德罗·恩里克斯·乌雷尼亚结束了他的学术流亡生活,从明尼苏达大学(University of Minnesota)回到墨西哥,在墨西哥国立自治大学(Universidad Nacional Autónoma de México)里负责交流与拓展部。根据科西奥·比列加斯的回忆,他与多米尼加的乌雷尼亚和巴斯孔塞洛斯一起拜访了米却肯州(Michoacán)和普埃布拉州(Puebla)等墨西哥各州,捐赠了大量经典书籍。在波菲里奥·迪亚斯的统治下,墨西哥的文盲率高达80%。1920年的墨西哥有一千五百万人,却只有七十座图书馆,公立图书馆只有三十九座。到了1924年巴斯孔塞洛斯卸任教育部部长时,墨西哥的图书馆数量已经达到一千九百一十六座,分配到全国的图书总量达到二十九万七千一百零三本。当时共有五种类型的图书馆:公共图书馆、工人图书馆、学校图书馆、多功能图书馆和流动图书馆。最简单的丛书也有十二册之多，除去算术、物理、生物等一般科目，还包括《福音书》《堂吉诃德》以及《墨西哥百首优秀诗歌》（*Las cien mejores poesías mexicanas*）。巴斯孔塞洛斯十分看重公立图书馆的建设。在美国流亡和学习的漫长岁月里，他见识到了公立图书馆作为知识和思想活力的中心是如何有效运作的。"于是，"科西奥·比列加斯在很久之后怀念道，"他对书籍，对那些不朽的书籍常怀信念；这些书成千上万册地被印出，又成千上万册地被送出。在一个偏僻的小村庄中建立一座图书馆，和建造一座教堂、用绚丽的镶砖装饰它的圆顶（来告诉旅人附近有一处休息和容身之所），是同样有意义的事情。"

恩里克斯·乌雷尼亚所领导的部门前身是墨西哥人民大学。仅仅在 1922 年 7 月至 11 月间，他部门内的三十五位教师为工人举办了近三千场讲座。开讲座的场所遍布各处：至上制鞋厂（la fábrica de calzado Excélsior）、铁路联合总会、育婴堂、里奥布兰科殉难者工会（el Sindicato de Mártires de Río Blanco）、平面艺术联盟等许多地方。涉及的主题也是五花八门：爱国主义（我们祖国历史中的儿童们）、预防医学（政府如何满足卫生要求）、数学、语法、公民常识、地理学、天文学、道德、模范生活、历史、劳动分工、儿童游戏。墨西哥人民大学得到了千百倍的扩张。

巴斯孔塞洛斯认为"图书馆在许多时候都是学校的补充，可以在各方面替代学校"。这位美洲的导师说过一句意味深长的话："学校并不是创造性的机构。"无论是在乡村学校、城市学校，还是在科学、技术、基础、师范、土著等各种专门教育学校中，教师的工作在他看来都无关紧要。他真正在意的是"传教士式的教师"，他们像新的方济各会或多明我会修士一样把新的消息告诉这个民族：人们拥有的是一个全新的政府，这个政府关心需要帮助的人，希望给他们带来普遍文化的光明。这个好消息不是传经布道，而是一堆书籍，是老师们携带的"移动图书馆"，就像巴斯孔塞洛斯的私人秘书海梅·托雷斯·博德特（Jaime Torres Bodet）解释的一样："五十卷图书装在一个木箱里，用骡子驮着，就算是远离铁路线的地方也能到达。"

"传教士"一词包含明显的福音派色彩，来自当初美洲被征服时方济各会与多明我会修士传道精神的启发。精神征服的痕迹是无处不在的。巴斯孔塞洛斯认为，一个只建学校的教育部，"就像是一位在修建大楼时仅仅满足于建造房间，却不考虑修厢房、开窗户、竖塔楼的建筑师"。因此，他下令修复古老的宗教场所，将它们改造成图书馆。

用他的话说，为设立新教育部而改造的大楼带有"直似宗教般的神韵"，不仅仅因为大楼原址是建立于 16 世纪的化身修道院，更由于新大楼展示出了殖民总督时代的城市传统，体现在其宽阔的走廊、圆柱和连环拱之中。在四方形主庭院中，巴斯孔塞洛斯建起了四块浮雕，表达他世界大同的乌托邦理念：

> 希腊，尊贵的欧洲文明之母，我们都是她的后世子孙。她的形象首先由一位翩翩起舞的年轻女性来表现，也体现于囊括她全部灵魂的、柏拉图的名字。代表西班牙的是一艘三桅帆船，古老帝国借此与世界的其他部分相连通，以及传颂基督圣道的十字架和巴托洛梅·德·拉斯·卡萨斯（Bartolomé de las Casas）神父*之名……阿兹特克的形象则由印第安人精致的艺术以及羽蛇神克特萨尔科瓦特尔的神话传说来表现。这位神祇，是在世界的这一隅中首位人类教化者。最后的浮雕，显示的是

---

* 西班牙多明我会教士、学者、作家，曾在多处西属拉丁美洲殖民地任职。他致力于保护西班牙殖民统治下的印第安民众，不惜为此得罪西班牙王室。著有《西印度毁灭述略》（*Brevísima relación de la destrucción de las Indias*）。

莲花宝座中佛陀的形象。这种构图昭示着一种思想：在这个印第安—伊比利亚血统的民族中，将东方与西方，南方和北方合而为一，生成一种兼容、友爱的新文化。

同时，这位挑剔的普罗提诺弟子花费了大量时间寻花问柳，身边聚集了一众情人。阿根廷著名的朗诵家（在当时是很受重视的职业）贝尔塔·辛格曼（Berta Singerman）曾访问墨西哥，巴斯孔塞洛斯为向"土著人民的艺术"表示敬意，与她在特奥蒂瓦坎（Teotihuacán）古庙群落内做爱。

六

这位"美洲的普罗提诺"的另一种教育手段是艺术。在巴斯孔塞洛斯的流亡生活中，不仅有政治、爱情，也有知识和美学。他曾经仔细参观过英国和美国的博物馆。他在哲学论文中，将世界视为一场上升到毕达哥拉斯式音乐和谐的精神舞蹈。虽然他不是诗人、小说家或散文家，但却是一个混乱有力、热情真实的文学综合体。他热爱雕塑，喜欢研究建筑的符号象征，有文艺复兴时期建筑家的眼光。他视自己为一个美学修复者，希望回到殖民地时期，尤其是18世纪的旧传统。迭戈·里维拉（Diego Rivera）受托建造墨西哥城贝尼托·胡亚雷斯学校旁的体育场时，巴斯孔塞洛斯曾表示，建设这个词是关键："让我们的国民教育进入建筑时代。"

美学主宰了他所有的项目。"艺术部，"他在《灾难》中写道，"负责统筹在学校之中的歌唱、绘画和体操教学活动，同时管理所有的高等文化艺术机构，如古老的美术研究院（Academia de Bellas Artes）、国家博物馆（Museo Nacional）以及音乐学院。"这个艺术部后来独立了出来，成了国家美术学院（Instituto Nacional de

Bellas Artes）。幼儿园也开设了歌唱、表演、戏剧和绘画课程。与这一理念紧密联系的是音乐学院、合唱团、人民剧院以及印第安绘画教学手册。儿童学校里必须学会两项技能：一是使用肥皂，养成良好的卫生习惯；二是学习字母表，学会读写。但让他们在学校里听达帕莱斯特里纳（Giovanni Pierluigi da Palestrina）的乐曲就比较奇怪了。在新体育场内上演的露天戏剧将会成为重要的活动。巴斯孔塞洛斯想象着古罗马式的奢华，"庞大的芭蕾舞群、管弦乐队和数千人的合唱团"，构成一种表达人类审美救赎愿望的集体艺术。那时他认为歌剧即将消失，除了瓦格纳等少数例外。音乐和舞蹈，就像伊莎多拉·邓肯诠释贝多芬一样，在未来将会统一为一种艺术形式。

巴斯孔塞洛斯收集了1915年的艺术元素，并几乎将其带到了艺术的所有维度里，其中最突出的是壁画领域。里维拉、何塞·克莱门特·奥罗斯科（José Clemente Orozco）和戴维·阿尔法罗·西凯罗斯（David Alfaro Siqueiros）*等人的作品被展示在公共建筑的墙壁上，显示这个国家正经历着一场属于人民的文艺复兴。1931年前后，巴斯孔塞洛斯在一篇题为《墨西哥绘画》（Pintura mexicana）、副标题为《艺术家保护人》（El mecenas）的小文章中用上帝的口吻说："在这无序的人性之中，号令者会定期出现，推行因天国使者的分散而被忘记的我的律条。他们团结统一，是天生的领袖……通过他们，精神的节奏将会胜利！他们的使命时而照映佛陀，时而协调哲学家，将分散的人们团结起来，完整地表现这个时代、种族和世界。"在他看来，如果没有他的计划，没有他作为上帝中间人向他们传达宗教教义，壁画家们就将永远"喧闹而平庸"。

虽然巴斯孔塞洛斯说得很夸张，但他召集的壁画家们正处于创

---

* 这三人被誉为"墨西哥壁画三杰"。

作的黄金时期。他们有的创作彩绘玻璃壁画，有的创作包含神秘主义形象的壁画。国立高级中学以前是耶稣会学校，其建筑已有百年的历史，巴斯孔塞洛斯为了装饰校园建筑的墙面而聘请了曾亲历墨西哥革命的何塞·克莱门特·奥罗斯科。他是一位出色的画家，有一种无政府主义者的气质。他的壁画之中几乎不带意识形态色彩，蕴含着他自己经历过的痛苦和悲剧，能暂时让人感到一种纯粹的人道主义救赎感。巴斯孔塞洛斯想以一种喜庆的、充满希望的风格装饰教育部走廊的墙壁，于是邀请了"我们伟大的艺术家迭戈·里维拉"。"造型艺术，"巴斯孔塞洛斯在《从鲁滨孙到奥德修斯》（*De Robinson a Odiseo*）中写道，"不是一种物品，而是表现物品的方式；是存在与非存在的一种声响。因此，对艺术的支持不仅需要出钱，还要提出计划和主题。"在这些指导方针的启发之下，里维拉绘制了"穿着墨西哥各个州典型服装的妇女，并按照台阶的起伏，用海拔变化的方式来绘制作品：从海平面、热带植被到高原景观，最终以火山结束"。这些作品的最初灵感可能来自巴斯孔塞洛斯向画家的一些善意的建言。

但是之后就全部是迭戈·里维拉的舞台了。在为国立高级中学的玻利瓦尔圆形剧场创作之后，里维拉完成了一组大型杰作，共计二百三十九幅画作，总面积达到一千五百八十五平方米，从 1923 年开始直至 1928 年才完成。里维拉具体的绘画主题既不是也不可能是巴斯孔塞洛斯主导的，他曾在自己一本小书《喜悦的悲观主义》（*El pesimismo alegre*）中写道："最好的艺术时代是艺术家个人自由创作的时代，但要遵循明确的哲学或宗教信条。"

这个信条就是墨西哥革命，但与巴斯孔塞洛斯不同的是，迭戈·里维拉是肩负着社会理想主义、美学和历史唯物主义的责任来理解这场革命的：纺织业、农业、采矿业、干洗业的劳动世界，满是喧嚣、五彩斑斓的墨西哥节日。其中最为著名的是一幅描绘乡村

女教师的壁画，她在露天场所为孩子们辅导功课，一名革命士兵在
一旁荷枪立马，警戒四周……这些主题与部长先生的神秘主义教堂
大相径庭，即使是在回忆里，巴斯孔塞洛斯也极少描述社会图景。
他眼中尽是天空和自然，是上帝的景象，人类无法触碰。如果说有
谁可以，那就是他自己，他以激情和绝对作为登天云梯。但是，作
为艺术家的迭戈·里维拉和作为哲学家的何塞·巴斯孔塞洛斯的思想
存在着一丝相似之处，那就是两人都相信通过艺术可以实现社会救赎。

　　作为一名精神建筑师，巴斯孔塞洛斯触及了一根深埋在墨西哥
历史中的根须："精神征服"。16 世纪时，印第安人通过视觉观看而
非布道或书籍皈依了基督。在墨西哥的许多修道院中都有方济各会
和多明我会修士创作的壁画，它们是巴斯孔塞洛斯明确的灵感来源。
他非常清楚，墨西哥的土著们从这些壁画里，之后又从巴洛克奢华
的建筑外观与祭坛画艺术中了解了基督教的历史。巴斯孔塞洛斯不
想建立一种宗教，但他想要在全国范围内传播东方和西方的普世文
化，同时在其中大力弘扬墨西哥文化和历史：前哥伦布时期的印第
安时代、殖民时期的总督时代和自由主义时代。可以说，这场教育
革命代表了一种新的秩序，一种文化的普世性。

　　"让这些明澈的墙壁放出的光成为灿烂的新墨西哥散发出的曙
光。"1922 年 7 月的早晨，巴斯孔塞洛斯在教育部新大楼揭牌仪式
上如是说。他一直坚信这部作品将具有巨大的历史和政治意义。里
维拉、奥罗斯科、西凯罗斯的壁画是开创墨西哥革命神话的图绘福
音书。墨西哥第一次以一种圣经式的、充满民族激情的方式被呈现
出来，尤其是在里维拉的作品中：土著人的天堂、征服的创伤、黑
暗的总督时代、第一次救赎（从西班牙治下独立）、第二次救赎（反
对天主教会的世俗改革）、波菲里奥·迪亚斯的独裁统治、革命救
赎者的降临。奥罗斯科对历史的阐述不是线性的，它模糊、深刻而
悲观。而在里维拉的生花妙笔之下，革命已脱离了它的本来面貌，

不再是不同意识形态阵营之间的相互对立，成百上千人死于饥饿、疾病和战争，而是变成了他理想中的模样，他所努力追寻想要成为的样子，变成了一场超越了所有分歧的纯粹历史运动，一种元历史运动，一首墨西哥人民将命运掌握在自己手中的史诗。他们纠正了过去的错误，在乡村和城市建立起基于公平正义、民主、健康的民族主义、普遍教育和文化自豪的新秩序。

谈及在巴斯孔塞洛斯这位文化考迪罗领导下的这一代人时，科西奥 · 比列加斯解释道：

> 当时，我们需要做的事情是与墨西哥社会的全部未来相呼应的：崭新、公正。实现这一愿景的信念是坚定不移的，只有宗教信仰可以与之相提并论。印第安人和穷人这些在传统上被轻视的族群，应该成为这个新社会中光明正大的重要支持者；因此，他们的美德和成就必须得到赞扬，他们勤恳敬业、恭谨有礼、谦虚谨慎，在舞蹈、音乐、手工艺和戏剧领域有着出色的天赋，能够感受复杂的情感与美学体验。

这种救世的信念吸引了来自整个美洲乃至欧洲的知识分子和艺术家，他们来到墨西哥，拍摄土著民族和殖民地风情的照片，欣赏墨西哥的风景、民间艺术和美食，研究修道院和西班牙人入侵之前的遗迹，翻译他们的诗歌，借鉴音乐中的民族主义，仰慕受约翰 · 杜威（John Dewey）启发而建立的土著学校或贫民区学校（杜威也曾前来参观）。许多人还研究、参与和重新创作了当地的血腥神话，如劳伦斯（D. H. Lawrence）在旅途之中写了《羽蛇》（*The Plumed Serpent*）。在那些年中，墨西哥成了一片理想国度。

"我只是一个托尔斯泰式的基督徒。"在多年后，巴斯孔塞洛斯如此定义自己。在 1920 年写给雷耶斯的信中，他写道："如今在

墨西哥，存在着一股托尔斯泰式的浪潮。可惜的是，我们朋友中的
大部分人并不理解这一思潮；是其他人，主要是底层人在努力实现
这种目标。"托尔斯泰曾言道，对他人的帮助往往是通向天堂的最
佳旅途。巴斯孔塞洛斯促成《大师》杂志连载了多篇关于托尔斯泰
的布道：农民智者邦达列夫（Timofei Bondarev）的劳动福音书。
对于无政府主义、萨帕塔主义律师安东尼奥·迪亚斯·索托—加马
（Antonio Díaz Soto y Gama）而言，巴斯孔塞洛斯是"一位先知"；
而传教士们则是基督的使徒，是"实用道德"的导师。那些土著学
校、技术学校、乡村学校，以及腋下夹着字母表、算术题、卫生知识、
模范生活与民歌的流动教师，似乎成了基督教式与托尔斯泰式美德
的范例：这种对他人的帮助，不是为了对他人的统治或规训，而是
为了向其提供实现自我救赎的工具。

　　巴斯孔塞洛斯经常使用诸如正义、自由、平等等词汇，但
是这些概念往往会受到他牢固观念的影响（求全责备的思想，常
常进行坚定、强硬的解释）。通过 1924 年发表的知名文章《能
量的突变》（La revulsión de la energía），他清晰地表达出了这
些观念。在文章里，巴斯孔塞洛斯重拾他的哲学关切，以"我们
的父亲普罗提诺"为理论依据提出了一种对于存在的美学一元
论阐释。其中的一个段落大概会触怒包括托尔斯泰在内的所有
基督徒："伦理现象并不是绝对的，只是人类活动的一个中间阶
段。这种行为限于医院、疯人院，限于尘世生活的流泪谷*。'对他
人的爱'并非'对他人的救济'，前者包括后者但又有着更多的内
涵：对他人单纯的施舍救济是一项值得怀疑的工作。"但是巴斯
孔塞洛斯通过人类引起的厌恶（巴斯孔塞洛斯的核心词语）与托

---

* 　流泪谷的说法来自《旧约·诗篇》84：6，"他们经过流泪谷，叫这谷变为泉源之地。并
　有秋雨之福，盖满了全谷"。本文中"流泪谷"意为"欢乐悲伤并存的苦难尘世"。

尔斯泰（老托尔斯泰）相联系。因此，像托尔斯泰一样，也像是他在《克里奥约尤利西斯》开头所描述的自己母亲一样，巴斯孔塞洛斯对莎士比亚表现出了厌恶。在巴斯孔塞洛斯的美学共和国中，没有怀疑、嫉妒、背叛、肉体享受或是幽默。总而言之，与托尔斯泰类似，巴斯孔塞洛斯也曾是一位在世俗道路中迷失感觉的神秘主义者。在 20 世纪 30 年代，散文家豪尔赫·奎斯塔（Jorge Cuesta）曾经清楚描述过这一点：

> 巴斯孔塞洛斯的一生是一位神秘主义者的一生，但是这位神秘主义者是通过肉身的激情来寻找与神性的联结。他通向上帝的道路不是禁欲主义的，不是对世界的放弃。恰恰相反，或许是在上帝之中，才能找到对其自大狂放的激情的合理解释，这些激情不能见容于一个凡俗肉身之内。他的神秘主义是广阔无垠的。

这是他的情劫，也是那些爱他的与追随他的人的情劫。通过一种同样压迫着其自身的方式，他一次又一次毫不留情地将自己对于绝对、美和完整贪婪追求的铁律加诸其他人类的生活之上，加诸"太人性的"人群之上。同样，也加诸他自己的生活之上。

七

何塞·马蒂和恩里克·罗多提出了西语美洲联盟的设想，并为此进行了大量的文字工作。巴斯孔塞洛斯则更进一步，他将西语美洲带到墨西哥，又将墨西哥带到西语美洲。1921 年 9 月，当时仍为国立大学校长的巴斯孔塞洛斯组织了第一届国际学生大会（Congreso Internacional de Estudiantes），所有美洲国家都派出了代表参加，包括独裁者胡安·比森特·戈麦斯（Juan Vicente Gómez）统治下的委内瑞拉。巴斯孔塞洛斯发表讲话激烈批评了戈麦斯。他和学生们一起宣布支持西语美洲民族主义，并将其发展至全世界范围。所有人，包括巴斯孔塞洛斯在内，都以使徒和拯救者自居，是"光荣的社会主义者"。由大会主席科西奥·比列加斯签署的大会决议宣布："大学青年声明，我们将在经济、社会和国际正义的现代原则基础上，为新人类的到来不懈奋斗。"几个月之后，许多拉美年轻人和作家都被巴斯孔塞洛斯的社会实验吸引到了墨西哥。这些年轻人包括来自秘鲁的理想主义者维克托·劳尔·阿亚·德拉托雷。受到西班牙语美洲理想的启发，德拉托雷在墨西哥成立了美洲人民革命联盟（Alianza Popular Revolucionaria Americana, APRA），后来成为一个政党，在秘鲁的历史中长期扮演着重要角色。来到墨西哥的著名作家还有加夫列拉·米斯特拉尔，这位于1945年获得诺贝尔文学奖的智利女诗人负责编纂了一套文集《女性读本》（Lecturas para mujeres）。

1922 年的 8 月到 12 月间，巴斯孔塞洛斯向巴西、阿根廷、智利和乌拉圭传达了墨西哥革命的好消息。陪伴着他的还有胡里奥·托里等青年组织的几位老朋友，卡洛斯·佩利赛尔等年轻的合作者，歌唱家芬妮·阿尼图亚（Fanny Anitúa），一支军乐队，一个经典民族管弦乐团和身着特万纳长裙（tehuana）*和普埃布拉中国姑娘（china poblana）†传统服装的舞蹈演员，以及军校的学员。9 月，佩德罗·恩里克斯·乌雷尼亚也加入了这支队伍。巴斯孔塞洛斯每到一处，都能发现过去和现在的审美碎片预示着一个共同的未来：在

---

* 墨西哥特万特佩克（Tehuantepec）地区的传统女性服饰，以丝绸手工制作，饰以华丽的刺绣图案。——编注

† 墨西哥普埃布拉出现过的亚裔女性和她们所创造的墨西哥传统民族服装样式，并非特指中国。

里约热内卢（Río de Janeiro），他相信自己发现了"伊比利亚，共同的祖国"的文明痕迹，以及一种"源自美的力量的宗教性热忱"；在巴伊亚（Bahía），他发现了"几乎和新西班牙教堂同样华美的"祭坛装饰；在圣保罗（São Paulo），他在师范学校接受了招待，并观看了学生们表演的歌舞；欧鲁普雷图（Ouro Preto）则让他想起了瓜纳华托（Guanajuato），"矿场留下了纪念碑、建筑和不久之后的废墟"。他高兴地看到，在巴西没有任何个人可以像委内瑞拉（正在当权的独裁者胡安·比森特·戈麦斯）一样"代表他们的祖国"；也没有任何个人可以像墨西哥一样充当"革命的代表"。1922年9月16日，他向巴西人民递交了来自墨西哥的特殊礼物：一尊夸特莫克（Cuauhtémoc）的雕像，是墨西哥城改革大道的雕像原作的复制品。在乌拉圭，巴斯孔塞洛斯对于前总统何塞·巴特列-奥多涅斯的权力表示遗憾，但同时也肯定了他的智慧。他在布宜诺斯艾利斯停留了一个月，称阿尔弗雷多·帕拉西奥斯为"伊比利亚美洲主义的阿根廷元老"和"一切崇高事业的使徒"。拉普拉塔大学（Universidad de La Plata）为这位墨西哥哲学家举办了盛大的欢迎仪式。萨米恩托建立的诸多师范学校令他眼花缭乱，他委托朋友佩德罗·恩里克斯·乌雷尼亚发表了题为《美洲的乌托邦》（utopía de América）的演讲，在演讲中，乌雷尼亚表示：在文化民族主义中，当墨西哥回归她的文化源头时，"尽管存在着消解文明的倾向，尽管恐怖的情绪动摇并扰乱了她的根基……她是在创造一种新的生活"。拉丁美洲应该效仿她。

10月，巴斯孔塞洛斯参观了伊瓜苏瀑布（Cataratas de Iguazú），为它的壮观而倾倒："（伊瓜苏）是拉丁美洲的根本神经，是史上空前的文明核心动力……伊瓜苏的掌控者将会是美洲人民。"在智利，他受到许多学生的欢迎。在批评智利军队的权力问题时，他也提到了墨西哥："墨西哥、智利和拉丁美洲的不幸在于，我们是被刀剑而非智慧统治。"这一趟旅程令他对三件事深信不疑：军国主义是西语美洲的罪孽；权力必须由知识分子掌握；拉丁美洲将成为一种新文明的摇篮。

八

回到墨西哥后，随着1924年总统选举的临近，巴斯孔塞洛斯想要作为候选人参选，但是奥布雷贡和卡列斯这些军人们另有计划。他辞去了教育部部长的职位，参选瓦哈卡州州长，但以失败告终，于是又一次开始了流亡生涯。从那时起，他的梦想变成做一名"新萨米恩托"。从1868年到1874年，阿根廷总统萨米恩托建造了数以百计的学校、图书馆、天文观测台、动植物园、公园、铁路、轮船、电报线路，以及新的城市。巴斯孔塞洛斯希望可以成为墨西哥的萨米恩托。在他向教师们告别的演讲中，他提到了一个对他而言可能更有意义的范例：托尔特克（Tolteca）神话中的神祇——羽蛇神克特萨尔科瓦特尔，它曾将文明带到人民之间，也曾被战神维齐洛波奇特利（Huitzilopochtli）驱逐。巴斯孔塞洛斯承诺他将如羽蛇神一般从东方、从他离去之处归来："克特萨尔科瓦特尔，文明的起点、造物的主神，将会战胜维齐洛波奇特利，战胜这个在无数个世纪中带来野蛮和破坏的暴力恶魔！"

1925年，他写下了自己最为夸张的幻想：《宇宙种族》（*La raza cósmica*）。这是巴斯孔塞洛斯的第二个预言，他由普罗提诺学派的建立者，转变为一个幻想家。乌纳穆诺读了这部作品后评价他"真是一位伟大的幻想家"。巴斯孔塞洛斯宣称，与西班牙一样，西语美洲种族早在1898年之前，从特拉法尔加战役时就陷入了神学深渊。当上帝指引着撒克逊主义的前进脚步时，伊比利亚种族则分裂为多个共和国，在教条主义和无神论这两种极端中陷入了精神迷失。但是根据他的设想，命运会给西语美洲一个惊喜。巴斯孔塞洛斯透过 19 世纪末的种族观，将《爱丽儿》中有关伊比利亚美洲的思想推向妄想的极端，宣告了神的谕旨：我们将成为第五个种族的摇篮，是最终的种族，融合了地球上现有的其他四个种族（巴斯孔塞洛斯称其为"种族碎片"）。在亚马孙附近，一座永恒之都"宇宙城"将拔地而起，那里的人将生活在爱与美之中。热带地区的生活将发生彻底的转变：

> 建筑物将抛弃尖顶穹隆，通常都没有屋顶这种保护性结构。金字塔这种建筑形式将再度得到发展。廊柱林立，虽然无用，但可以彰显建筑之美。也许还会建造蜗牛形状的建筑，因为新的美学将会以无穷的螺旋曲线为准，它代表了对自由的渴望。存在将成功征服无限。色彩饱满、富含韵律的景观将表达丰富的情感。现实将像幻想一样。阴云和灰暗的美学将会被视为旧日的病态艺术。这个优雅有力的文明将回应以一种充满力量、多元明澈的光辉。

巴斯孔塞洛斯认为自己看到了未来的美学帝国。他将孔德的历史三阶段论与新柏拉图主义的层级超越理论相结合，自己设计出了三种身份的高级法则：经济的或战争的身份、知识分子的或政治的身份、精神的或审美的身份。第一个层级对应着丛林法则，是关于弹道学和经济学的小问题，巴斯孔塞洛斯曾经称其为"智慧的厨房"；第二个层级对应的是当前的时代，是西方文化中亚里士多德传统下的理性和规则的专制；第三个层级对应的则是普罗提诺式的灵魂，一个以幻想、灵感、爱的欢乐、神圣美丽的奇迹为规则的天堂。"（在那里）丑陋的人，"巴斯孔塞洛斯也许是在提醒自己，"将不会繁衍，也不愿意继续繁衍……"他在自传中反复强调："婚姻不再是不幸的慰藉……而将成为一种艺术作品。"

1926 年前后，这位神秘主义者再一次转向了政治领域：巴斯孔塞洛斯开始准备参加 1928 年墨西哥总统大选。在芝加哥举行的一次会议上，他呼吁美国政府和舆论停止对独裁政权的支持，向美洲大陆的自由民主运动提供有效和有诚意的援助。巴斯孔塞洛斯说，如果没有民主，（政治的）结果无外乎是拉丁美洲考迪罗式的军事独裁，或是像苏联一样由官僚阶级支配国家。最后，他还谈到了道德复兴的必要性，并把它与民主进程直接联系起来："只有在民主建立之后，讨论和批评民主才是公平的。"读者每周都可以在墨西哥《宇宙报》（*El Universal*）上读到他关于民主的讨论。墨西哥人，尤其是年轻的学生群体，对他怀有对救赎者一般的期待：巴斯孔塞洛斯将会回来拯救墨西哥。

巴斯孔塞洛斯最终没有参与 1928 年大选。后来，当选的总统阿尔瓦罗·奥布雷贡在当年 7 月被刺杀，导致一位临时总统上台，并于 1929 年年底举行了新的总统选举。为了赢得大选，有效制止国家政治领域的乱象，革命的最高领袖普卢塔科·埃利亚斯·卡列斯成立了国家革命党（Partido Nacional Revolucionario），并支持帕斯夸尔·奥尔蒂斯·鲁维奥（Pascual Ortiz Rubio）将军作为候选人参选。此时，巴斯孔塞洛斯看到了自己的机会，决定返回墨西哥。

1929 年的棕枝主日，他回到了首都，在圣多明戈广场的一处阳台上发表演讲，将这次回归推向了高潮。他在演讲中表达了自己参选的全部意图。他又提及了羽蛇神，以及他传播文明的努力和被放逐的遭遇："他想要教授工作和建设的方法，因为只有这样才能战胜那些破坏活动。但先知后来遭到商人的仇视，被强权迫害，最终被赶出了自己的祖国；他的理论被弃置和遗忘，野蛮的盛宴继续着，杀人者猖狂无度，使更多的墨西哥人失去了生命。"他随即从神话转向现实，谈起对于殖民征服的"惩罚"：

但之后，征服的危害出现在了海上。于是今天，我们遭到比之前更为强大的另外一批侵略者的威胁。当人们背离了马德罗正直的主张时，我们可怜的国家再一次遭遇了维齐洛波奇特利的盛宴。革命之所以失败，是因为新的先知被刺杀，羽蛇神的新化身被摧毁。我现在感到克特萨尔科瓦特尔在通过我的喉咙对墨西哥人讲话：我们不需要拿起武器相互争斗，而是要将自己交付给和平与实干的领袖，以结束杀戮，保存我们可怜的鲜血。

和他一起回归的，是这位墨西哥普罗米修斯的诸多范型：一位现代的羽蛇神，一位学识渊博的马德罗。在选举过程中，人民会像对待马德罗一样回应他，而且态度更明确。他将提供一个"净化革命"、让革命回到正确的轨道的机会。大概是第一次，他开始称自己为"先知"。他的新爱人安东涅塔·里瓦斯·梅尔卡多（Antonieta Rivas Mercado）像革命时代的"阿德里亚娜"一样在他新的旅程中陪伴着他，他在回忆录称她为"巴莱里亚"（Valeria）。她希望从他身上看到普罗米修斯的身影。但是在 1929 年，巴斯孔塞洛斯将普罗米修斯和普罗提诺弃于身后。"有时候，"安东涅塔写道，"他会陷入狂怒之中，像《旧约》之中那些可怕的预言家一样。他攻击的并不是树上的烂果子，而是他的拥趸们的消极和懈怠，指责他们不能将真实热情转变为有效行动。"

在一个接一个的失败迹象出现后，他越来越像希伯来的先知：突发的暴躁，对于邪恶和不公正的敏感，对于社会的错误道路感到愤怒、烦躁和痛苦。以赛亚曾经提到过语言是一把"双刃剑"。对于"巴莱里亚"而言，巴斯孔塞洛斯的语言沦为了"赤裸裸的语句，在耀眼的光芒中爆发"。他自己曾经称这些言辞为"精神炸药"。巴斯孔塞洛斯宣告的不仅是一场言语的政变："十诫是我的纲领，它重于宪法。"这句话意味深长：他的竞选活动是告诫而非计划。

正如《旧约》一样，他的言词几乎没有表达积极的信息。但是他的批评却涉及了很多方面：革命中富裕起来的将军们的新大庄园制、官方银行的巧取豪夺、美国驻墨大使德怀特·莫罗（Dwight Morrow）暗中拉拢国家革命党（革命制度党前身）候选人。面对墨西哥民众，巴斯孔塞洛斯越来越没有耐心了，他说，上午给他鼓掌的人们，下午就跑去看与政府勾结的斗牛士表演。因为他意识到自己可能会输掉选举，所以呼吁人们反抗竞选舞弊：一场武装革命。或是其他形式的反抗行为，类似甘地的非暴力不合作——和平抵制纳税、抵制乘坐和驾驶公共交通工具等等。巴斯孔塞洛斯认为自己代表了墨西哥的良心。由于他的存在，墨西哥得到了最后救赎的新机会："墨西哥，这是命运的一搏。"要么选巴斯孔塞洛斯，要么选地狱。

又一次，他的神秘的气概——激烈、崇高、坚定不移——在"太人性"的人民中爆发了。接下来的事就顺理成章地发生了：有人开始为此牺牲生命。他的身边围绕着一代愿意为事业牺牲的殉道者：他的年轻"使徒"，那些学生们。"我们都相信我们注定要牺牲，"他们中的一员写道，"因为我们相信我们的心是纯洁无瑕的。所以，我们热情地拥抱了巴斯孔塞洛斯主义。我们曾投身于这场斗争，不是为了生存或胜利，而是为了在墨西哥的街垒中和柏油路上离世……只有我们为了自由——世界上最重要的东西而牺牲生命，我们的存在才真正有意义。"

选举存在严重的舞弊行为，将军们绝不会允许他胜选。大选落败之后，巴斯孔塞洛斯面临着四种选择。其中两种选择是不可行的：建立一个新的政党（他拒绝这样做）；组织武装反抗（虽然他最初有过相关言论，但还是没有进行）。还有两种是可以想象的：流亡，或者牺牲生命。离开这个国家，将会具有历史性的激励价值。"被缚的普罗米修斯"不是源自诸神的妒忌，而是来自人民的冷漠。但是普罗提诺曾经说过："不要停止雕刻你自己的塑像。"按照这样的逻辑，适合他的不是放逐，而是坚持斗争，直至某天死去，或者至少面对死亡的挑战。他总是用绝对来要求别人。有人已经为事业献出生命，还有人打算献出自己的生命。要做新的马德罗，最后的结局就应该与马德罗一样，与马蒂一样。

　　巴斯孔塞洛斯处于这种两难选择中，就像是背负着天主教意义上的"罪"。巴斯孔塞洛斯年轻的朋友、瓦哈卡作家安德烈斯 · 埃内斯特洛萨（Andrés Henestrosa）曾经就此写道：

> 我们到达了马萨特兰（Mazatlán），我们的计划本是武装起义……在过去的一年中，从 1928 年 11 月到 1929 年 11 月，他一直在宣讲命中注定的反抗，讲遁入山林。关于武装反抗，他什么也没做，没买过一颗子弹，没买过一把手枪……但是在 11 月 13 号的晚上，似乎一切都安排好了。在高浪旅店，我们举行了他所谓的"家庭会议"。"在这个该死的国家，知识分子要第一次跨上马背了。"巴斯孔塞洛斯重复道。我已经决意赴死，但是我想问他，为什么对他而言已经到了赴死的关头。他对我说："安德烈斯，我已经享受过生活了；我像加里布埃尔 · 邓南遮（Gabriele d'Annunzio）说的那样热爱荣誉……在革命的年代里，我就曾和死神擦肩而过。所以，我的时候到了。"

"我的时候到了"曾经是马蒂的名言。巴斯孔塞洛斯一定是感受到了牺牲的召唤，在这种情况下这是唯一可以实现他所说的"应当得到的永恒"的行动。如果不能像马蒂那样被一颗流弹杀死，他便希望能够像"中弹者"*一样死去：没有恐惧、笑容可掬、蔑视永

---

* "中弹者"温塞斯劳 · 莫吉尔（Wenseslao Moguel），于 1915 年墨西哥革命期间被处刑，身中九枪（包括头部）依然存活，成为墨西哥革命期间的传奇故事。

恒的支配者——"女人或政治"——其背后则是缓缓消散的尘世现实。这种死亡会为后人留下一种最终形象:"他高贵的勇气"。这是一种英雄的死亡。

在这个背景下,考虑到巴斯孔塞洛斯未来的生活道路,他提到意大利法西斯主义施洗者加布里埃尔·邓南遮是很有意思的。邓南遮曾经受到意大利的"救赎者"贝尼托·墨索里尼(Benito Mussolini)的推崇,最终又被边缘化。在某种意义上,他与巴斯孔塞洛斯很相像,非常关注美和权力的至高无上,同时不断有女性爱慕他。然而当死亡的时刻到来时,巴斯孔塞洛斯却违背了他的诺言。他聚集了一小批愿意冒生命危险的人,但是他自己却退缩了。早晨5点钟,埃内斯特洛萨便醒了,却没有得到任何命令。7点钟时,他去询问巴斯孔塞洛斯,得到的回答是:"在你睡着之后,我们改变了计划。"

1930年2月,几十名学生在托皮莱霍村(Topilejo)被军方绞死。他们没有抛弃他;而他因为自己的失误将他们牺牲掉了。他们为了他的民主理想而死。终其一生,巴斯孔塞洛斯都将背负这个十字架。

巴斯孔塞洛斯决定继续活下去。墨西哥失去了一位俗世的圣人,得到了一个更为持久的东西:一位不朽的作家。在离开墨西哥之后,他先后旅居阿根廷、法国、西班牙,最后到达得克萨斯州的奥斯汀(Austin),那个他厌恶的怪物的肚脐。在那里,巴斯孔塞洛斯写出了无与伦比的四卷本自传和多部哲学著作,包括他的《美学》,他认为这是自己最重要的作品,虽然后世有着不同的意见。他还写出了许多其他的作品,其中包括《玻利瓦尔主义和门罗主义》(Bolivarismo y monroísmo)。这本书讨论了古老的爱丽儿主义主题:拉丁美洲和盎格鲁—撒克逊美洲之间不可调和的分歧。还有一本畅销的《墨西哥简史》(Breve historia de México,1937年),在这本书中他完全否定了此前所持有的自由主义和民主价值,赞扬了西班牙对墨西哥生活造成的影响。在这些著作中，至少有两本小册子与法西斯的观点完全一致：《什么是革命》（*Qué es la Revolución*）和《什么是共产主义》（*Qué es el comunismo*）。

在他全部的流亡生涯里，陪伴着他的是他的妻子，痛苦的、幽灵般的塞拉菲娜（Serafina），还有他的两个孩子，何塞·伊格纳西奥（José Ignacio）和卡门（Carmen）。

九

由于无法释怀于自己没能达到绝对，巴斯孔塞洛斯不能原谅让他折戟的墨西哥。他出走流亡，直到 1938 年才回到墨西哥。20 世纪 30 年代初，他与才华横溢、备受折磨的梅尔卡多在巴黎创办了《火炬》（*La Antorcha*）杂志，借用了他在 1924 年和 1925 年主编过的内容相似但装帧更豪华的杂志的名字。1931 年，由于被和两个已婚男人的恋情所折磨（其中一个就是巴斯孔塞洛斯），梅尔卡多闹出了震惊巴斯孔塞洛斯乃至整个墨西哥政治与文化界的大风波。她走进巴黎圣母院的大堂，用巴斯孔塞洛斯的手枪向自己的心脏开枪。在她自杀不久前，她曾经恳求巴斯孔塞洛斯的拯救，但是这位哲学家对她说，没有人需要别人拯救自己。巴斯孔塞洛斯曾坦陈，这件事是他一生中最痛苦的时刻，只有他母亲的去世能够与之相比。

这十三期《火炬》杂志每一本读起来都令人感动。它开本较小，用纸朴素，其中还有法语的书写错误，长长的引语像是至高的训诫："致上帝所爱、所惩罚和所试炼的"；"孤独是强者的故乡，沉默是强者的祈祷"。除了广告，《火炬》杂志的所有内容都展示了巴斯孔塞洛斯覆盖一切的新意识形态激情，这种激情一直持续到了他生命结束：对于美国佬的仇恨。这种仇恨体现在莫罗大使身上，正是他一手策划了巴斯孔塞洛斯的失败。《火炬》杂志希望"捍卫西语美洲的道德与物质利益"，祛除大陆人民的"堕落意识"。他承认，西语美洲人民已经失去了他们的地上王国。但是由于盎格鲁—撒克逊思想的空洞，西语美洲的精神王国仍在。人们应当以希伯来人或伊比利亚人为榜样，他们的肉体虽被罗马人压迫，思想却未受影响。"让我们从美国佬那里得到机器，而不是他们的形而上学。"

《火炬》杂志是一位拒绝忘却者的文字独白。他并未被打倒。他得到了"所有人的选票"。他一遍又一遍地重复："放弃斗争的不是我，而是疲惫不堪的全体人民。他们没能履行为捍卫选举而斗争的诺言。"如果说一千四百万墨西哥人"忘记了这种屈辱"，那么巴斯孔塞洛斯则是为了抹去遗忘的痕迹而"想到火焰"，于是才创办了《火炬》杂志。这是他最后一次担任先知。此时，他不再摆出一副像希伯来众先知的姿态，而是让人想起其中最为阴沉的一位：阿摩司。他不再如1925年似以赛亚一样深思熟虑、富有远见，也不再像1929年参加选战时如耶利米一样严肃和痛苦。他就像是先知阿摩司，唯一一位以厄运昭示人民的先知："以色列人哪，你们全家是我从埃及地领上来的，当听耶和华攻击你们的话。"[*] 阿摩司揭示了未来的厄运："这些人都必仆倒，永不再起来。"[†] 在阿摩司身上，看不到宽恕或是温情，能看到的只有厌恶，就像巴斯孔塞洛斯一样。

到了30年代末，源自圣经的普罗提诺主义古老论调永远陷入了沉默。已经快六十岁的巴斯孔塞洛斯仍未碰上他人生中最大的失败：成为反对自己的先知。

---

[*]　出自《旧约·阿摩司书》3：1。
[†]　出自《旧约·阿摩司书》8：14。

$$* * *$$

当巴斯孔塞洛斯怀着满腔怒火做出预言，狂热地崇拜超人、完美英雄和哲人王时，他便已不再是一个民主主义者了。他变得褊狭而不包容。1933 年，他将沙皇秘密警察伪造的文件当成了事实，这可以在他写的一篇关于华尔街和莫斯科的"犹太教"阴谋统治世界的短篇故事中找到证据。这份文件是《锡安长老会纪要》（Los protocolos de los sabios de Sión）（幸运的是，巴斯孔塞洛斯不再担任教育部部长，没有向成千上万的墨西哥民众免费发放这本书）。但是在大约一年前，《锡安长老会纪要》得到了德国政府的背书。不久之后，巴斯孔塞洛斯将对德国政府大唱赞歌。

第二次世界大战激发了他的政治和意识形态热情，使他免于被因为 1929 年的死难者和自己没有达到马蒂和马德罗的高度而承受的政治挫折感压垮。在新一股对战争的狂热中，1940 年 2 月 22 日，他主编的《方向舵》（Timón）杂志开始发行。杂志的赞助方是德国使馆。也许是不祥之兆，也许是一种讽刺，这本杂志的出版日正值马德罗的忌日。* 从那天开始，墨西哥抛弃了民主。但是如今的巴斯孔塞洛斯已不再相信民主。《方向舵》杂志总共发行了十七期。当时的墨西哥政府更倾向于同盟国，在 1940 年 7 月 14 日关停了该杂志。《方向舵》发动了持续而强烈的反犹太主义宣传，包括巴斯孔塞洛斯本人署名的两篇文章和授意发表的其他文章、大量从约瑟夫·戈培尔（Joseph Goebbels）的宣传部直接获取的"消息"，这些"佳作"还包括巴斯孔塞洛斯撰写的一篇文章，这篇文章的题目对他的读者而言非常熟悉：如何"服从于智慧"。在这篇文章中，他特别提到了一本书的至高价值——《我的奋斗》（Mein Kampf）：

---

* 马德罗死于 1913 年 2 月 22 日。

希特勒虽然拥有绝对的权力，但离专制主义还很远。希特勒的权力并非来自军队，而是来自闪耀其智慧的著作。在一战后发展出的民主制中，他凭借演讲在与其他领袖和候补领袖的竞争中脱颖而出。总而言之，希特勒代表了一种理念，一种过去常常被法国的军国主义和英国的背信弃义所羞辱的德国理念。

换言之，希特勒是在德国实行了类似于巴斯孔塞洛斯的竞选活动后赢得大选的。德国人民以自己的慧眼响应了他的召唤，而不像忘恩负义的墨西哥人，没有能力欣赏"智慧"，或者说"机敏"。在他另一篇发表于《方向舵》的文章中，他描绘了纳粹德国战胜民主（当然特别强调了盎格鲁-萨克逊人的"背信弃义"）之后将会给拉丁美洲带来的好处。他这样写道：

> 在这个新时代里，美洲民众将再次有机会依照自己的传统、血统和基督教背景联合起来……如果同盟国获胜，将是对这个大陆的民众最大的灾难。它会让我们重归被殖民和奴役的命运之中。

当1943年盟军开始反攻时，他的失望之情溢于言表。这也许就是他转而支持其他独裁政权的原因。在50年代，他受到了西班牙的佛朗哥（Francisco Franco）、阿根廷的庇隆和古巴的富尔亨西奥·巴蒂斯塔（Fulgencio Batista）的接见。应拉斐尔·特鲁希略（Rafael Trujillo）的邀请，他为特鲁希略的妻子的诗集撰写了序言。"如果明天有一位魔法师将我变成了未来一年中西语美洲的独裁者，我要做什么呢？大概会完成玻利瓦尔在他人生的最后阶段想做的事：以西班牙文化和纯洁的天主教信仰为基础，组建西语美洲的联盟。"

巴斯孔塞洛斯多次否认自己曾经认同过纳粹的理念："我，纳粹？这个称呼真是让我感到好笑，因为我才是墨西哥人中凤毛麟角的、终其一生都在与独裁统治斗争的人。我对德国有好感，是因为在不平等的《凡尔赛条约》之后，这个伟大的民族如今终于得到了许多解放。"然而，什么也不能阻止他为墨西哥著名纳粹作家萨尔瓦多·博雷戈（Salvador Borrego）撰写的《世界性溃败》（*Derrota mundial*）第二版热情洋溢地作序（该书在巴斯孔塞洛斯去世四年前的 1955 年出版）。这是一部公开为纳粹辩解，同时否认纳粹大屠杀存在的作品。在序言中，巴斯孔塞洛斯轻巧地粉饰了新纳粹修正主义，没有对于得到的"新内容"表示出丝毫怀疑：关于说纳粹的曾经实施种族灭绝的"谎言"，是由"掌握着全球传媒的集团势力"（也就是犹太人）所"编造出来的"。

＊　＊　＊

在墨西哥，他因为光辉的过去而获得表彰。1941 年，他被任命为国家图书馆馆长，几年后接管了墨西哥图书馆＊；1943 年，他与安东尼奥·卡索、佩德罗·恩里克斯·乌雷尼亚、阿方索·雷耶斯等十五位青年雅典的老朋友们一起建立了国家学院（El Colegio Nacional）；他获得了墨西哥国立自治大学以及波多黎各、智利、危地马拉和萨尔瓦多等国家的多所大学的荣誉博士学位；他还进入了墨西哥语言学院（Academia Mexicana de la Lengua）；他在著作方面成绩斐然。但是他没有得到安慰。墨西哥人民没有站出来让他担任总统。他没有像马德罗或马蒂那样英勇地死去。他时常会想起自己受伤的尊严，想起那些在他竞选期间死于街头的人。总而言之，他希望被承认为墨西哥的合法总统：

＊　该图书馆后以巴斯孔塞洛斯命名，即"墨西哥何塞·巴斯孔塞洛斯图书馆"（Biblioteca de México José Vasconcelos）。

那些在 1929 年选举期间遇害的人和所有其他人仍未蒙正义垂临。这个国家的良知知道，或者本应该知道 1929 年是我们赢得了大选。这一点一天不被公开或是被官方认可，我就一天不能心安理得地接受任何荣誉，那会让我感觉背叛了真相和正义……因此，如果我的国家由于害怕承认真相而不依道理尊我为政治家，我宁愿它不以任何其他方式对待我……

他曾经为墨西哥缺乏民主而愤愤不平，可如今他的行为和作品却与民主背道而驰。

巴斯孔塞洛斯在对爱感到失望，对独裁愈发迷恋的同时，也在向童年的宗教虔诚回归。1943 年，他皈依了方济各第三会（Venerable Orden Tercera de San Francisco）。"这个国家，"巴斯孔塞洛斯说，"是凭借方济各会修士所带来的文化财富建立起来的……多明我会和耶稣会的适时加入巩固了方济各会……正是这些因素结合起来才建立了之前的新西班牙和我们如今的墨西哥祖国。"然而他的宗教信仰也有一个向绝对权力转向的过程——他放弃了方济各会，转向了耶稣会："此前我曾经信奉方济各派的排他主义。之后我明白了，因为斗争越来越残酷，圣依纳爵·德·罗耀拉（San Ignacio de Loyola）更胜一筹。"他将重返天主教与 20 世纪 20 年代担任教育部部长时践行的精神原则相联系："事实上，我的立场没有什么差别。比如我在革命期间担任部长时曾经宣称自己'由基督徒到托尔斯泰'，而我此前的立场是天主教徒，它是比托尔斯泰还要好的基督徒，于是我就回归了基督正统。"

1942 年 3 月 14 日，他的妻子塞拉菲娜·米兰达去世，他们近四十年无比痛苦的关系终于结束了。这种关系仅仅建立在对子女的爱和旧时代的契约之上。他的女儿卡门回忆道："巴斯孔塞洛斯不得不租了两辆卡车，载着所有的人参加她的守灵仪式……她一直希望能够被普通人爱戴。当灵柩下葬时，巴斯孔塞洛斯痛苦地抽泣起来。那一刻，他应当已经理解了他曾经拥有的妻子；也许，这是迟来的忏悔之泪。"巴斯孔塞洛斯于同年再婚，娶了一位比他年轻得多的女人：青年钢琴家埃斯佩兰萨·克鲁斯（Esperanza Cruz）。两人育有一子，取名为赫克托（Héctor）。这段婚姻持续时间非常短暂，因为巴斯孔塞洛斯嫉妒心太强，也因为女儿卡门拒绝接受埃斯佩兰萨这位新婚妻子。他的一位追随者曾经对他说："佩佩*，你就像是抓住最后的希望一样抓住十字架。†"几年之后，他的读者们向他问起他生命中的女人们。"我一直在逃避这方面的问题，"巴斯孔塞洛斯回答，"和所有爱得太多的人一样，我也经历了渴望的苦恼、言语的虚假和幻灭的沉痛。"一位朋友回忆道："在他生命的最后几年，他改变了想法，就像他曾经想删去许多'那些'名字一样。我有一次听他说道：'我总是遇人不淑。'"

　　他曾经是强硬的反马克思主义者，但在去世前的几天他曾经痴迷的考迪罗形象重新出现。古巴革命的胜利唤起了他旧日的回忆。在给卡斯特罗的信中，巴斯孔塞洛斯写道："不要效仿马德罗的软弱，你要强硬；因为如果你不强硬，你的人民就不会响应你。"

　　他在墨西哥城南部家中的花园和图书馆里度过了他人生中最后的十年。在家人的陪伴下，他交替进行着文学作品的阅读与口述写作。他喜欢和自己的小儿子及孙子们聊天。他偶尔会在办公室的桌下手捻念珠，默默祈祷。相对禁欲的生活习惯（也是普罗提诺主义的主张，只是此前一直被他忽视）并没有影响他享受饮食。他喜欢红酒，特别钟爱中国菜，因为这些菜看似乎"需要千年的准备"。1959 年 6 月 30 日，巴斯孔塞洛斯溘然长逝。在去世的前一天，他

---

* 何塞的昵称。

† 西班牙文"埃斯佩兰萨"（Esperanza）意为"希望"，"克鲁斯"（Cruz）意为"十字架"，此处语意双关。

还为赫克托朗读了柏拉图的《对话录》，用的正是在他的光辉年月之中所发行的版本。

1929 年的记忆缠绕着他，直到他生命的尽头。在他出版的书中，有一本叫作《火焰》（ *La Flama* ）。事实上，这是他无法扑灭的耻辱之焰。他时常会提醒来访者，他才是真正的墨西哥总统。在他高傲的内心中，他从没和自己的国家达成和解。在他看来，这个国家失去了太多，也最终失去了他。

何塞·卡洛斯·马里亚特吉

印第安马克思主义者

一

19世纪20年代，当秘鲁青年人试图改变日益严重的社会和种族分层现状时，他们将目光投向了墨西哥。墨西哥吸引他们的，是声名卓著的大革命，还有成功施行的民族主义宪法。更为重要的是，一系列的教育和文化项目重新评价了土著人民的地位和遗产。在墨西哥的光耀之下，巴斯孔塞洛斯这位出色的哲学家感召着杰出的新一代（与同时期的秘鲁人相比）——这位哲人于1916年在利马流亡时交游广泛，给人留下了深刻的印象。在秘鲁，他被称为"美洲的导师"。但是在1925年10月，秘鲁青年们对巴斯孔塞洛斯的仰慕被鲜血所封存。

何塞·桑托斯·乔卡诺（José Santos Chocano，1875—1934）被认为是秘鲁现代主义诗歌的代表。他身材高大、胡须浓密，拥有响亮的名声和巨大的光环，但这同时也导致他无比狂妄自大。他自称"美洲的游吟诗人"，对自己有着匪夷所思的高估，曾说"惠特曼拥有北方，而我拥有南方"。他提倡军国主义，推行反民主理念。另外一位现代主义诗人、阿根廷人莱奥波尔多·卢戈内斯（Leopoldo Lugones）曾在 1924 年 12 月纪念阿亚库乔战役（Batalla de Ayacucho）*一百周年的时候附和道："为了世界的美好，拔剑的时刻再次来临了。"而在墨西哥，何塞·巴斯孔塞洛斯那时刚与军方断绝关系，对这种行为进行了严厉的驳斥："我们失去了一个诗人，得到了一个跳梁小丑。"这场在"美洲的游吟诗人"和"青年人的导师"之间的论战在整个次大陆引发了广泛的意识形态讨论。秘鲁学生联合会（La Federación de Estudiantes del Perú）支持巴斯孔塞洛斯，在一篇题为《诗人与小丑》（Poetas y bufones）的文章中说道："在这篇文章下面签名的作家和艺术家都认为必须申明对何塞·巴斯孔塞洛斯在知识上和精神上的声援，我们对这位思想家和导师怀有深厚的感情。"签名的人包括埃德温·埃尔莫尔（Edwin Elmore），以及他的朋友、当时已经非常出名的何塞·卡洛斯·马里亚特吉。几个月之后，马里亚特吉开始了《阿毛塔》（Amauta）的出版工作，它是整个拉丁美洲历史上最重要的思想和文学期刊之一。

埃尔莫尔自己坚持要写一篇文章反对乔卡诺并捍卫民主。他把文章投给了《纪事报》（La Crónica），但是编辑不但没有发表，还将其秘密地交给了乔卡诺。乔卡诺非常愤怒，打电话痛骂了埃尔莫尔，还严重侮辱了埃尔莫尔的父亲。这位年轻人非但没有退缩，还写了更多的批评文章，记述了所发生的一切。当埃尔莫尔把文章送至秘鲁《商报》（El Comercio）办公室的时候，在那里遇到了他的这位敌人。这位"美洲的游吟诗人"曾经是墨西哥农民起义领袖潘乔·比利亚的秘书（比利亚甚至曾经为乔卡诺的诗"作序"），并

---

* 阿亚库乔战役，拉美独立战争中的重要战役，哥伦比亚—秘鲁联军与西班牙军队在秘鲁南部山区进行的最后决战。

且是危地马拉独裁者曼努埃尔·埃斯特拉达·卡夫雷拉（Manuel Estrada Cabrera）的演讲拟稿人。1922 年，他曾经被秘鲁独裁者奥古斯托·贝纳尔迪诺·莱吉亚（Augusto B. Leguía）授予金桂冠，因为这位诗人在《纪事报》和《商报》上对其支持有加。出于习惯，他的腰带上总是别着一把左轮手枪。1925 年 10 月 31 日，就在《商报》的庭院中，何塞·桑托斯·乔卡诺和埃德温·埃尔莫尔狭路相逢、惊讶对视。突然，埃尔莫尔抓过乔卡诺的衣领，并朝他打耳光；而诗人后退一步，拔出手枪向年轻人射去，击中了埃尔莫尔的腹部。两天以后，埃德温·埃尔莫尔在医院去世。

就这样，这位巴斯孔塞洛斯的追随者、早期的民主人士和社会主义者被乔卡诺这个独裁的拥趸结束了生命。但是不管是埃尔莫尔，还是他为数不多的作品，都不会被他的朋友忘记。在埃尔莫尔被谋杀一年后，何塞·卡洛斯·马里亚特吉在《阿毛塔》的第三期发表了一篇文章：

> 墨西哥与他强大的新一代承担了实现当今理想的神圣责任……巴斯孔塞洛斯的声音在不到十年的时间里在整个广阔的大陆激起了回响。听到他的声音，就如同在某天听到来自北部的猎手、抒情诗人鲁文·达里奥的唱诵一样……在西语美洲的政治环境中，新一代的墨西哥人在骄傲和尊严中重生；墨西哥已经明确拒绝了美元帝国和腐败官僚，向我们这些美洲国家展示，我们能够以优雅庄严的姿态与世界上最大的强权对话，"以吾辈种族，言吾辈精神"*的日子也就得以来临。

---

* 原文借用了巴斯孔塞洛斯名言"以我种族，言我精神"，但将"我"（mi）替换成了"我们"（nuestra）。

马里亚特吉说，埃德温·埃尔莫尔本应成为《阿毛塔》杂志的合作撰稿人。他是为了维护巴斯孔塞洛斯而死。他没能活着，去见证自己心目中的英雄莫名转向支持桑托斯·乔卡诺的思想。而马里亚特吉也没有活到足够长的时间，来谴责这种思想和行为。但是，在这不多的几年中，他却作为作者和编辑，创作出了一些在拉丁美洲思想界非常广泛、深刻和持久的文章和社会评论。因为如果说巴斯孔塞洛斯与罗多的美洲民族主义一脉相承，是一位对于拉丁美洲命运充满诗意幻想的"黑格尔"，马里亚特吉就是让这些思想真正落地的人。在某种形式上，他是我们这些"空中共和国"（repúblicas aéreas）*必需的"马克思"，且远不止如此。

二

何塞·卡洛斯·马里亚特吉·拉契拉（José Carlos Mariátegui La Chira）于 1894 年 6 月 14 日出生于秘鲁城市莫克瓜（Moquegua）。他的受洗名是何塞·德尔卡门·埃利塞奥（José del Carmen Eliseo）。他确切的出生时间与地点并不为人所知。我们知道他很早的时候就经过正式的法律程序改名了，但是关于他的出生地点的秘密则伴随了他的整个人生。对于他出生地的隐瞒或许是母亲出自在混乱的后殖民地社会中对社会声誉的一些担心。他的母亲玛丽亚·阿马利娅·拉契拉·巴耶霍斯（María Amalia La Chira Ballejos）声称他出生在秘鲁最重要的大都市利马，也就是他父亲居住的城市。他的父亲弗朗西斯科·哈维尔·马里亚特吉·雷克霍（Francisco Javier Mariátegui Requejo）是一位出生于秘鲁独立时期拉丁美洲的

---

* "空中共和国"概念由西蒙·玻利瓦尔提出，用来表述拉美独立运动中不切实际的"乌托邦式"社会理想。

西班牙贵族后裔。老马里亚特吉和拉契拉有三个孩子：何塞·卡洛斯、吉列米娜（Guillermina）和胡里奥·塞萨尔（Julio César）。不久，他的父亲抛弃了这个家，何塞·卡洛斯甚至有可能从来都不认识父亲。父亲模糊不清的身份成了他持续探索的对象和痛苦的来源。

何塞·卡洛斯的母亲玛丽亚·拉契拉是印加帝国库拉卡（Curacas）*的后代，这一职位多是纯血统印第安人或者混血人种的部落管理者。但是在利马，身处在土生白人为主的社会当中，她的身份并不足以提升她的社会地位。一些传记作者认为，玛丽亚·拉契拉本人是虔诚的天主教徒，当发现她公公的反教会思想之后，感到羞愧无言。在何塞·卡洛斯的父亲离开之后，家里的经济每况愈下，难以为继，于是在1899年他们被迫从利马搬到了瓦乔（Huacho），也就是他母亲家族的所在之处。

人生如戏，掺杂了复杂的种族、社会、经济和宗教的因素。然而，真实的人生远远不止如此。1901年，小何塞·卡洛斯入学。一年之后，他的左腿在一次严重的事故中受伤，他用了四年时间来恢复。他因此不得不放弃正规的教育，但这也使他成了一个贪婪着魔的书虫：摩西的历史、基督的故事、齐格弗里德的传说和熙德的歌谣，之后则是阿纳托尔·法朗士（Anatole France）、曼努埃尔·贝因戈莱亚（Manuel Beingolea），以及加西亚·卡尔德隆，最终他读完了父亲留下来的所有藏书。在这种情况下，年幼的何塞·卡洛斯开始了与宗教诗歌的初次接触，深深沉浸在这些神秘的文字和母亲虔诚的天主教信仰之中。

孤独、贫穷、忧郁、悲伤、神秘以及无休止的痛苦伴随了他的一生。然而尽管如此，他却一直在坚持思考、阅读和写作。他终其一生都在与困难的环境做斗争。但他有着乐观的精神，从不抱有幻

---

* 印加部落酋长，为传统家庭社区阿伊鲁（ayllu，也译作"艾柳"）的管理者。

想或者自欺欺人。他是一个革新思想的编织者和意志坚定的实践者，一丝不苟，充满历史感和英雄气概——这就是他一生的核心所在。

三

在 20 世纪初，利马仍然是一个彻底代表土生白人的城市。1935 年，利马的中心广场竖起了西班牙殖民者弗朗西斯科·皮萨罗（Francisco Pizarro）*的雕像，显示出一种沉重的传统——历史的另外一个极端是，整个墨西哥城没有任何一条以埃尔南·科尔特斯（Hernán Cortés）命名的街道。然而，和拉丁美洲很多其他城市一样，利马也体现出非常明显的现代性。当年轻的马里亚特吉回到利马的时候，他被电灯、电车、飞机和电影院迷住了。所有的技术与文化都令他兴奋。他还有一个新的工具帮助他与时俱进：在无休无止的康复期间，他自学了法语。他总是为自己准确的语法和地道的发音感到自豪。

1907 年，马里亚特吉的父亲去世，他失去了最后一个可以父子重逢的机会。家庭状况将十四岁的小马里亚特吉推向社会，他需要工作来养家糊口。秘鲁《新闻报》（La Prensa）接受了他，给了他一份低贱的差事：铸排工的助手。有些人说这种工作是"斗牛士的短扎枪手"；还有些人说，这是个力气活，比如说要搬一些装铅块的箱子，这对于身形瘦弱的他来说尤为困难，更何况他的一条腿还有伤。不过，何塞·卡洛斯结识了铸排工胡安·曼努埃尔·坎波斯（Juan Manuel Campos），坎波斯待他很好，并把他介绍给了一位杰出的秘鲁知识分子、拉丁美洲政治和理念改革先驱曼努埃尔·冈萨雷斯·普拉达（Manuel González Prada）。早在 1888 年，普拉达就

---

* 亦为现代利马建城者。

曾经发表了著名的"大剧院演讲"，揭发统治阶级和作为统治者工具的军队的无能和腐败，痛斥无知和奴性对农民群体造成的苦难和束缚。在实证主义繁荣时期，他接近于无政府主义的社会异见无疑是一种特立独行的声音。普拉达还呼吁年轻人要与这种不公平的社会状况做斗争，成为拉丁美洲 20 世纪学生运动的先声。在这场著名的演说中，普拉达指出了印第安农民的悲惨状况，他们面对大庄园主首领的扩张苦苦支撑，即使国家的力量也难以约束这些强有力的大庄园主。后来，马里亚特吉认为他们类似于封建领主。

对于年轻的马里亚特吉而言，普拉达是一个思想上和精神上的榜样。这时候的何塞·卡洛斯还只是一个合同工人。在报社，他的部分工作是收集记者和撰稿人所写的文章原稿，将其送到印刷处，确保它们按照既定的顺序印刷。在紧张的工作间隙，他利用和这些稿件独处的时间，秘密地在报纸中插入了一篇自己的文章，用的是胡安·克洛尼凯尔（Juan Croniqueur）的笔名，将稿件送去印刷。第二天报纸出版，报社主任开始调查这位作者到底是谁。最终，何塞·卡洛斯·马里亚特吉受到了惩罚，但也因此获得了一个机会。这篇文章写得非常好，为报社带来了一股清流。他依然从事助理的工作，但却不再是车间里的助理，而是记者和撰稿人的助手，并负责接收电报。马里亚特吉对于这种可以收集世界各地信息的设备非常着迷。

自 1914 年，他开始为《新闻报》撰稿，用的依然是胡安·克洛尼凯尔的笔名，在 1915 年他成了一些杂志的长期撰稿人：《利马世界》（Mundo Limeño），马术和社会杂志《赛马场》（El Turf），发表诗歌、社会新闻和故事的《绵毛犬》（Lulú）。马里亚特吉后来把这个阶段称之为"石器时代"，那时候他是一个"迷恋世纪末颓废派和拜占庭风格的文学青年"。虽然着迷于邓南遮的唯美主义，但年轻的马里亚特吉也接受了普拉达的教诲，学会要"反对庄园主式的自负精神与学究习气"。

　　一年以后，他开始和阿夫拉姆·巴尔德洛马尔（Abraham Valdelomar，1888—1919）来往。巴尔德洛马尔是秘鲁的现代诗人、知名小说家和雕塑艺术家，也是普拉达的门徒和政治活跃分子。在那些年，他对马里亚特吉的影响最大：印第安秘鲁思想才是真正的秘鲁思想。巴尔德洛马尔想把过去的印加文学、雕塑和音乐上升到皮埃尔·卢维（Pierre Louÿs）风格的高度（对其情色主义的多元利用），或者更加完整和精致的居斯塔夫·福楼拜（Gustave Flaubert）的高度。此时马里亚特吉的作品已经从"颓废"的浪漫主义转向了一种新的、宝贵的实用主义。马里亚特吉的朋友还包括胡里奥·博杜安（Julio Baudouin），他的另外一个名字胡里奥·德·拉·帕斯（Julio de la Paz）更加为人熟知，他撰写过一部关于印第安矿工和他们的盎格鲁—撒克逊老板发生悲剧冲突的查瑞拉歌剧剧本，作品的名字叫《雄鹰飞过》（El Condor Pasa），由丹尼尔·阿洛米亚·罗夫莱斯（Daniel Alomía Robles）作曲。该剧的尾声部分乐曲是受土著居民克丘亚人的情歌所启发，曲名也叫《雄鹰飞过》，享誉整个世界。2004年，歌曲《雄鹰飞过》被秘鲁政府正式宣布为国家文化遗产。

　　1915年1月3日，马里亚特吉在《新闻报》中表达了对这部戏剧的热爱。他深深为《雄鹰飞过》而感动，因为它"挖掘出了这个国家最为独特的主题，为我们指引了方向，此后我们的作家可以更成功地公开讨论它们"。在找回印第安根源之后，马里亚特吉听说了"过去的秘鲁"爆发了一阵新的"地震波"：鲁米·马基（Rumi Maqui）的起义运动。普诺（Puno）地区追随他的印第安人称他为"石之手"。他真正的名字是特奥多米洛·古铁雷斯·奎瓦斯（Teodomiro Gutiérrez Cuevas），曾经担任秘鲁骑兵的统帅。1913年，他被秘鲁吉列尔莫·毕林赫斯特（Guillermo Billinghurst）政府派往普诺调查辖下四个地区出现的印第安人屠杀事件。有感于该地区人民受到的历史苦难，古铁雷斯·奎瓦斯提交了一份报告描述当地的悲惨状况，却没有得到回应。于是，他决定领导一场运动进行复仇。这场起义的目的与秘鲁历史上其他起义的目的相同：复辟"四方之国"塔万庭苏御（Tahuantinsuyo）*。在这个地区，安第斯印第安传统并没有完全被排除在历史之外或自开始就遭到掩盖，这里拥有过印加帝国真实的统治者和依然可见的古都库斯科，因此赋予了这场斗争亟待实现的重要目标：建立一个以安第斯文化为基础、免于饥饿和剥削的理想帝国。1916 年，在一场标志性意义的胜利之后，这场叛乱迅速被镇压了。马里亚特吉撰写了一篇有关鲁米·马基的文章，流露出一个与墨西哥年轻革命者信奉的萨帕塔主义相似的想法：对于秘鲁人来说，最古老的同样可以是最新的，"我们革命是为了迎回我们最古老的传统"。

马里亚特吉终于开始赚取可观的收入，他的名字越来越被人熟知。他一直坚持写作：关于马术、关于秘鲁国会，还有文学评论、诗歌、戏剧作品，尽管他在这方面没有获得太大成就。《克罗尼达》（Colónida）杂志成了他进行文学反叛的工具。他是一位痴迷文字的诗人，是一位热衷于形而上学、有一些神秘主义色彩的散文作家，同时还是一位针砭时弊的社会和文化批评家。他关注欧洲战争的新闻，对墨西哥的革命道路也保持着兴趣，只是此时他还没有清晰地显露出之后伴随终生的政治热情。

他不断提升的社会意识使他卷入了论战当中。他曾在《新闻报》上与作家何塞·马里亚诺·德·拉·里瓦·阿奎罗（José Mariano de la Riva Agüero）展开了一场论战。这位作家是巴斯孔塞洛斯的挚友，并曾于 1915 年创立了秘鲁国家民主党。与巴斯孔塞洛斯一样，随着时间的推进，德·拉·里瓦·阿奎罗开始大力鼓吹拉美的纯洁

---

* 　克丘亚语，即印加帝国。

西班牙传统，并对法西斯主义心生好感。1917 年，年仅二十三岁的马里亚特吉离开了《新闻报》，开始在《时代报》担任主编和驻国会记者。同时，他也成了《赛马场》的联合主管，仍然负责宗教议题和发表风俗报道。但是渐渐地，政治分析成了他的主要兴趣，而传媒行业则是他发表意见的重要渠道。

1917 年 11 月，两个与苏俄有关的事件影响了马里亚特吉的生活：首先引起他注意的是布尔什维克革命的胜利，另外一件则是著名的"墓地丑闻"。有一群朋友说服了访问利马的俄国著名舞蹈家诺尔卡·鲁斯卡娅（Norka Ruskaya）在墓地里跳肖邦的《葬礼进行曲》。当时，有一个小提琴手为她伴奏，最终她只跳了一小段。事发当晚他们就受到了最初的警告："这是在亵渎我们应尊重的死者！"几乎所有的涉案人员都进了监狱。这次事件不仅荒谬可笑，也展示出秘鲁社会的僵化：马里亚特吉在内的很多目击者都认为青年们并没有任何亵渎的意思。这种假想的亵渎将艺术家们推到了警察们的放大镜下。

一些青年开始认为《时代报》的论调过于温和。因此，马里亚特吉、塞萨尔·法尔孔（César Falcón）和菲利克斯·德尔·巴列（Félix del Valle）受《西班牙》（España）杂志模式的启发，一起创办了社会主义杂志《我们的时代》（Nuestra Época）。《西班牙》是由路易斯·阿拉吉斯塔因·克韦多（Luis Araquistáin Quevedo）主编的，得到了乌纳穆诺等西班牙"九八一代"有力的撰稿支持。在《我们的时代》创刊号上，马里亚特吉发表了文章《坏趋势：军队的责任与国家的责任》（Malas tendencias：el deber del Ejército y el deber del Estado）。这篇文章惹恼了一群公务人员，对他进行了殴打，并扬言要和他决斗。

虽然马里亚特吉被认为是一名社会主义作家，但是他并未受到正统的马克思主义的影响，而是怀着一种与革命关联不大的欧洲式设想：要团结工人阶级和工会主义，发动社会运动和思想运动。基于这样的想法，他参与成立了社会主义组织和宣传委员会。但他反对将委员会转变为政党，因而很快就与朋友法尔孔一起脱离了这个组织。这种对于权力斗争的抵触成了他早期的，也是始终坚持的信念。他所做的永远不是为了通向权力之路。他对自己的定位就是独立的批评家。

马里亚特吉和法尔孔一起创办了秘鲁的第一份左派日报《理性报》。这份报纸支持工人们为争取八小时工作制所进行的罢工，也支持降低基本粮食供应价格。他们还庆祝了科尔多瓦学生运动的胜利。马里亚特吉紧跟世界的脚步，密切关注一系列重大事件，例如俄罗斯革命、威尔逊主义政策、第一次世界大战……没过多久，这些年轻的社会主义者就不得不面对奥古斯托·贝纳尔迪诺·莱吉亚政府，他们被迫面临两种选择：被投入监狱或者遭到流放（流亡者甚至可以获得一些官方资助）。别无选择的马里亚特吉不得不离开秘鲁来到欧洲。

四

1919 年底，马里亚特吉抵达巴黎，与小说家、共产主义斗士亨利·巴比塞（Henri Barbusse）及诺贝尔奖得主罗曼·罗兰（Romain Rolland）相识交往，并积极接近"光明运动"（Clarté）等社会主义组织。在巴黎，他见到了真正的无产阶级，他们分布广泛，十分活跃。相比之下，社会主义在秘鲁只是处于萌芽状态。"我最美好的回忆，"他写道，"就是在贝尔维尔（Belleville）的集会中。在那里，在新的人群中，我感受到了最高程度的宗教热情。"他在少年时期的诗歌中显现出来的宗教倾向终于找到了一个发展方向，那就是投身于政治事务中。他再也不会回归到诗歌中表达自己的批判精神。如谈到巴比塞时，他曾经写道：“从事政治是从梦想转向现实，是从抽象到具体。政治是社会思想的应用工作，政治就是生命……”

　　欧洲正在发生深刻的变革。马里亚特吉不仅不再写诗，发表文章的数量也变少了。他更多的时间用在了阅读和观察上。他创作并出版了《意大利书信集》(*Cartas de Italia*)，这大概是他在繁忙的政治和思想活动中的一次喘息，除此之外便再无其他作品。或许他准备返回秘鲁后重拾写作。从他踏上欧洲的那一刻起，他就感受到历史发生了深刻的变化。他知道“胜利属于那些坚信为自己而战的人，因为这已经是最后的战役”：

　　　　至少在思想史和艺术史上，战争和战争英雄主义已经开始衰落了。从伦理学和美学上讲，近年来战争已经失去了发生的基础。人类不再觉得战争是美丽的……当代的艺术家喜欢站在相反的一面思考问题：战争的残酷和恐怖。

　　这种想法来自他对列宁和罗莎·卢森堡的阅读和思索。在此之后，他于1924年在秘鲁组织了关于列宁的会议。

　　马里亚特吉在同年12月前往意大利。有人说，他去意大利是因为身体的原因，也有人说是因为20世纪初意大利文化对于秘鲁的影响。他在法国了解到的知识分子核心思想和无产阶级文化在意大利得到了强化，尤其是在都灵（Turín）这个充满矛盾的城市。一方面，这是一个快速发展的工业城市；另一方面，苦难和贫穷也在这里蔓延。天主教工会主义、共产主义、社会主义、无政府主义、“工厂委员会”、贝尼托·墨索里尼和法西斯主义的崛起，还有对战争的反对和对现代主义的期待，所有这些都在这里发生着。此外，还有“未来主义”艺术的诞生，他们认为现代技术和城市环境是救赎世界的物质手段。对于能量和生命力的信仰，导致他们陷入了法西斯主义。

马里亚特吉热心地观察着这一切。他对东方的政治和文学做出了初步的分析。他认识到甘地是一个"理想的现实主义者"；了解到在土耳其，穆斯塔法·凯末尔（Mustafá Kemal）正在领导社会和政治解放运动，凯末尔后来被土耳其国会赐姓氏"阿塔图尔克"（Atatürk），即"土耳其人之父"；他发现在1919年创立第三国际的国际共产主义代表会议上，有来自中国和朝鲜的代表。

他如饥似渴地了解和评价不同的思想者们。他读到了自由主义者贝内德托·克罗齐（Benedetto Croce）、社会主义者安东尼奥·葛兰西（Antonio Gramsci），以及即将成为官方"法西斯哲学家"的乔瓦尼·秦梯利（Giovanni Gentile）。刚到欧洲的时候，他曾经觉得马克思主义是"混乱的、沉重的、冰冷的"。但是在意大利，马里亚特吉"见到了它真正的光明和……启示"。理查德·麦基·莫尔斯（Richard M. Morse）观察到，此后马里亚特吉的历史观核心是在克罗齐影响下形成的"马克思主义视域下的生机论和唯意志主义"。意大利唯心主义哲学家对于马克思主义有着一种亲近感，但是反对任何僵化的、教条的法律式规则。马里亚特吉接受了这样的观点。他后来变成了一个浪漫的马克思主义者，总是警惕不要将现实简化为僵化的概念，也不相信历史中有着不可抗拒命运的假设。他的马克思主义是精神性的，但并不是空想式的，而是出于对黑格尔哲学的基本了解，认为历史和世界的变化都是意志和精神的过程。

令他印象深刻的是，在战后的意大利，主要的知识分子们尽管观点各异甚至有着深刻分歧，但依然保持着相互联系。克罗齐曾经是意大利共产党头号人物安东尼奥·葛兰西和法西斯主义者乔瓦尼·秦梯利的老师。这种联系并不意味着大家想法一致，但是为持续和开放的论辩提供了可能，这一点正是马里亚特吉所推崇的。他

始终关注周围的世界，首先就是自己身处的意大利形势。在法西斯
掌权之前（1922 年 10 月），他们的黑衫军拿着棍棒、匕首和蓖麻油
瓶子走上街。马里亚特吉知道秦梯利式的忠诚代表的意义，也知道
法西斯对于未来思想自由的威胁：

> 像贝内德托·克罗齐这样一位真正的自由主义哲学家，开
> 启了这样的进程（马里亚特吉所谓"这样的进程"，意指将马克
> 思作为当代哲学价值的评判者的进程）。这就不可避免地要面对
> 另一位同为唯心主义和自由主义的哲学家：乔瓦尼·秦梯利。
> 这位黑格尔哲学的继承者和诠释者，接受了法西斯军队中的职
> 位，在这个纷乱的社会中与最教条的新托马斯主义者和最激烈
> 的反知识论者站在了一起。

马里亚特吉尊重克罗齐，但是并不同意他对于自由主义国家的
推崇，并在多个场合谴责了第一次世界大战造成的灾难，正是这场
战争真正终结了 19 世纪。面对意大利这个例子，他认为自己时代
中的自由民主国家很容易就会成为独裁意志的牺牲品。

他试图评判墨索里尼引发的现象。他也许曾认为墨索里尼偏爱
的史诗英雄风格与自己的浪漫观念相近，尤其因为他仍受到何塞·巴
斯孔塞洛斯的影响。但是，即便他真这样想过，这种想法也没有持
续太久：

> "法西斯主义"是保守派的不法行为，他们害怕依靠合法行
> 为不足以保证它的继续存在。这是非法的资产阶级行动与可能
> 同样非法的社会主义行动之间的对抗：革命。

在意大利法西斯向罗马进军的过程中，他不仅看到了"资本主

义对于革命前程反击的失败"，而且肯定听到了拉丁美洲将军们的回应，以及他们麾下士兵们的脚步声。

欧洲不仅扩展了他的政治视野，还扩展了他的审美视野。意大利的未来派艺术家针对当前的城市现实发声，但是也崇尚不受操控的行为。他们很多人是富有经验的老兵，在战争中失去的远远多于他们的艺术同行们，例如美国"迷茫的一代"以及法国、英国的艺术家。受到巴黎的吸引，他们在 20 世纪 20 年代创造了最为重要的文学作品。马里亚特吉警告说，意大利满是有暴力倾向且心怀怨愤的人，对本国在第一次世界大战胜利之后未能捞到足够的好处忌恨不已，在这样的意大利，这些专横霸道地幻想未来的态度是很危险的。

马里亚特吉从来没有屈从于马克思主义化约论，用意识形态规范来判断文学。尽管不满于邓南遮在政治和军事上启发了法西斯，但是马里亚特吉始终钦佩他的诗歌。但是，最吸引他的还是影响力卓著的法国文学作品，认为它们是解放人类思想的重要资源。后来在 1928 年，他表达了对超现实主义的理解："超现实主义是对真现实主义的准备阶段……人们必须放下幻想，将虚构从旧的条条框框中解放出来，从而发现真实。"许多重要的拉丁美洲作家可能要用十年或二十年才能产生这样的想法。

意大利还给了他更多东西。因为不断恶化的身体状况的限制，以及作为作家他还保持着高强度的写作节奏——刚开始的时候写作是一种摆脱贫困的手段，后来则让他在文学世界中拥有了一席之地——马里亚特吉并不是一个世俗的人，吸引女人的经验也非常有限。在热那亚（Génova）旅行期间，马里亚特吉在奈尔维镇（Nervi）的乡村酒馆里邂逅了安娜·基亚佩（Anna Chiappe），两人迅速坠入了爱河。之后马里亚特吉正是在她家中结识了克罗齐。他知道自己不久将结束单身生活，为了获得更多收入养活自己，他再次开始通过书信负责《时代报》的相关工作。马里亚特吉一直是个诚实的人，他在信中说自己"发现"了这个女人。1921 年，他与安娜举行了婚礼，随后长子桑德罗（Sandro）出生在罗马。

"我不仅娶了一位女士，还娶了一些思想。"他在意大利的多封信件中谈道。他从智识平等的角度来探索另一半的情感。他不是一个女权主义者，但或许是第一批认识到女性当代社会地位的拉丁美洲知识分子。他循着探索女性之路，读到了西格蒙德·弗洛伊德（Sigmund Freud）的作品，将它们与马克思思想相提并论，融入了自己的政治视野中。后来在利马，安娜还为他生了另外三个儿子：齐格弗里德（Sigfrido，与他童年故事中的英雄同名）、何塞·卡洛斯和哈维尔（Javier）。在他生命的最后几年中，虽然他时常在紧张的创作中忍受着身体的疼痛，但同时也享受了充满爱的家庭生活。

作为一个非正统的马克思主义者，马里亚特吉容易出现教条主义者所谓的"错误"观点和态度。他虽然选择了共产主义，但始终是一个个人主义者，不能容忍不宽容，这种态度后来导致他与第三国际的特使们关系紧张。那时他已经阅读了葛兰西的作品，并颇为钦佩。1921 年，他在里窝那（Livorno）参加了意大利社会党（Partito Socialista Italiano）的代表大会，在那次会议上，由葛兰西领导的社会主义左派发生了分裂，并由此诞生了意大利共产党。不过，他将文化视为革命工具的观点主要来自乔治·索雷尔（Georges Sorel），索雷尔将"新语言"的需要和对"神话在民众运动中的永恒价值"的认识融合在了一起，称其为"在分散的人民之间创造具体的幻想，以唤醒和动员他们的集体意志"。

他与皮耶罗·戈贝蒂（Piero Gobetti）结为好友。戈贝蒂是克罗齐的追随者，也是激进的自由主义者，但是经常为《新秩序》（L'Ordine Nuovo）杂志撰写文章，这是一本共产主义刊物，其创办者正是葛兰西。意大利人可以在同一份出版物上汇集不同的立场，甚至包括敌对的立场。这样的能力也将在马里亚特吉最重要的文化工作中得到体现：《阿毛塔》杂志。在几十年后的意大利，这种风格随着法西斯的失败得到了复兴。

1922 年，他出席了由国际联盟最高理事会召开的国际大会，并与法尔孔、卡洛斯·罗尔（Carlos Roe）和帕尔米罗·马基亚韦洛（Palmiro Macchiavello）一起成立了第一个秘鲁共产主义小组。是时候回返祖国了。在返回秘鲁之前，他前往法国、德国、匈牙利、捷克斯洛伐克和比利时，研究一战之后震动整个大陆的革命运动。最后，全家人向秘鲁进发。欧洲给了他独一无二的经验，他观察到西方的秩序已经分崩离析，新的秩序已经从东方诞生。莫尔斯写道，在欧洲，马里亚特吉"见证了意识形态在行动熔炉中的试炼与锻造"；也只有在欧洲，马里亚特吉可以更好地认识美洲人：

> 在欧洲之旅中，我发现了我离开的、曾经在那里陌生而茫然地生活的那个美洲国家。欧洲向我揭示了，我终究属于一个原始而混沌的世界；同时它让我清楚地了解自己对于美洲的责任，并督促我担起这份重担。

五

马里亚特吉于 1923 年 3 月回到了利马，与他一起返回的还有妻子和儿子桑德罗。他必须要解决物质生活问题。在这段时间，他与另一位伟大的秘鲁政治思想家有了接触：阿亚·德拉托雷。他们年龄相仿，但是无论是身形外貌还是社会出身都截然不同。阿亚·德拉托雷高大魁梧，出身高贵，受过良好的教育，能说会道。他是塞萨尔·巴列霍（César Vallejo）的朋友，是冈萨雷斯·普拉达的家中常客，并与罗多、乌纳穆诺、巴斯孔塞洛斯有通信往来。与马里亚特吉一样，德拉托雷也是马克思主义者。但是他自大学开始，无论是在知识界还是在社会中的崛起都要更加迅速和耀眼。他曾经是秘鲁学生联合会的主席。1919 年，他积极参与了工人为争取八小时工作制的罢工和降低基本粮食供应价格的抗议运动，并在科尔多瓦大学学生运动的启发下组织了一系列的学生反抗活动谋求高校改革。他和马里亚特吉通过报纸和杂志上发表的作品神交已久。当真正见到马里亚特吉时，德拉托雷已经创办并领导了多所冈萨雷斯·普拉达人民大学（Universidad Popular González Prada）。这样一位在各个领域都如此杰出的人物，自然不会忘记一位同样杰出的同志回到了祖国。阿亚·德拉托雷热烈欢迎了马里亚特吉的归来。他邀请马里亚特吉在他负责的《光明》（Claridad）杂志（这本杂志是对巴比塞和罗兰的法国《光明》杂志的回应）工作，并请他在各处冈萨雷斯·普拉达大学开展一系列名为"全球危机史"的讲座。

突然之间，莱吉亚总统对天主教会给予的明显支持改变了他们二人的生活。1923 年 5 月，莱吉亚总统想为秘鲁民族举行一场公开的耶稣圣心敬礼仪式。阿亚·德拉托雷认为这是对宗教信仰自由的侵犯，并加入了多起公开抗议活动，他的出现和演讲使他成了这次抗议中最突出的人物。抗议活动有效迫使仪式暂停，但是阿亚·德拉托雷却不得不开始流亡。在离开之际，他将《光明》杂志的管理职务交到了马里亚特吉的手中，然后踏上了一段国际旅程：首先他到达了墨西哥，在那里何塞·巴斯孔塞洛斯将美洲人民革命联盟（即后来的阿普拉党）创立的旗帜交给了他，这是一个代表整个美洲行动的政治组织，在布宜诺斯艾利斯、墨西哥和拉巴斯均设有委员会。从墨西哥离开后，他前往了苏联。在那次访问之后，他认识到了自己的国家与真实欧洲之间巨大的差距：由于秘鲁的工业落后，工人阶级力量不足，只有农民的"无产阶级"。从那时开始，阿亚·德拉托雷逐渐改变了他的运动主张，从共产主义转向了民族主义和温和的社会主义。

在秘鲁，马里亚特吉在冈萨雷斯·普拉达人民大学讲座中讲到的当代问题范围大得惊人：世界危机、秘鲁的无产阶级、关于欧洲各国革命的总结与分析、和平政治的缺陷、资本主义的经济困境与民主危机、墨西哥革命等等，最后以"对列宁的赞美"结束，并对发动暴力革命表达了自己的看法：有两种暴力形式，一种是破坏性的暴力，例如西方势力之间的战争，另外一种是创新性和革命性的暴力。"若……战争爆发时，劳动人民有责任对其进行干预，使其尽快结束，还要努力解决由战争造成的经济危机和政治危机，鼓动最底层的人民群众，加速资本主义的垮台。"他明显完善了社会主义和革命的观念。他从索雷尔处学习到了合法暴力的效力而非残忍与冷酷。也就是说：这是一种集体精神的公正胜利，不是践行仇恨和恐惧。这也是对于贬义地使用"布尔什维克"一词的回应，这不仅是对于列宁的维护，同时也体现了他自由独立的思考。各个媒体，尤其是《纪事报》及时介绍了上述情况。这些讲座取得了成功，有助于巩固他作为思想家和意见提供者的威望，但是也巩固了他作为尴尬的知识分子的定位。

在这期间，马里亚特吉继续在《光明》杂志担任负责人，这本杂志现在已经有了明确定位：一本有社会主义色彩的政治批评期刊。该杂志的第五期曾以列宁为主题。他因为对工人运动的大力支持而在 1924 年 1 月被短暂地监禁。同年 3 月，他尝试开办第一家公司：光明工人出版社。但是刚刚起步不久，他的健康状况便急剧恶化，医生不得不将他本来没有受伤的右腿截肢。他将在轮椅上度过余生。但是几个月之后，他就迅速回到了工作当中。

虽然墨西哥革命已经开始令他失望，但直到 20 世纪 20 年代末期他才公开了最终的分析：尽管他承认这场资产阶级民主运动的革命是有价值的，但同时也批评这场革命接受了资本主义的原则和由此带来的影响，包括对工人的损害，以及获胜的考迪罗集团与小资产阶级对于美国资本和教会势力的让步。最重要的是，大庄园体制毫发无损。发表意见后不久，马里亚特吉便去世了，没能看到拉萨罗·卡德纳斯（Lázaro Cárdenas）在 1937 年开展的土地革命，这是一场包含明确的社会主义和印第安主义因素的深刻改革。

六

在截肢之后，马里亚特吉在《世界》（Mundial）杂志发表了一系列题为《让我们把秘鲁秘鲁化》（Peruanicemos al Perú）的文章，标志着他开始成为一个成熟的理论思想家，他不再仅仅是一名出色的评论员，而是一个有着独特思想的理论家。

秘鲁化？让一个国家成为更名副其实的国家？这样的想法在拉丁美洲并不奇怪。从诞生之日起，这些所谓"我们的美洲"国家就过着双重的生活。官方语言、政权、政府、制度等都基于欧洲的西方文化，但占据这个国家大部分人口的印第安原住民在社会、经济、政治等各个方面都显示处于下层。独立之后的拉美各国逐渐发现自己生活在分裂的现实当中。对该现象的许多回答，都是将一种群体置于另一群体之上。有些人肯定了土著居民的独特性，将西方的影响视为强加的和不公平的；有些人认为欧洲的文化更加优越、理性和公正，代表着历史前进的方向；还有另外一些人，例如马蒂的伟大期待、罗多的思想，还有巴斯孔塞洛斯早期的想法，期待两种文化联合起来结出新的果实。与 20 世纪初期进步人士的想法一致，他们认为这种交融将出现在种族层面，最终导致种族混合。

但是，马里亚特吉凭直觉感到这些解释有点问题，它们是学术和文学层面的解释："与西方民族主义所定义的民族国家相比，我们秘鲁的民族主义还处于初级阶段，仍在直觉层面而非智识层面。"他因那些无视历史现实的知识分子感到不安，他们往往喜欢寻找秘鲁民族的同质性，但这些所谓的同质性其实是分歧与分裂。

20世纪初，秘鲁的种族分歧因复杂的地理环境（向东是一片沙漠，沙漠逐渐高耸为陡峭的山脉，沙漠外则是雨林）和缺乏交通网络而日益加重。生活在山区的印第安人大多血统纯粹，混血比例很低。血统或文化上的土生白人都生活在低海拔地区，尤其是沿海城市。城市并不从腹地雇用印第安人，而是从遥远的中国引进劳工，通过海运从智利或者加利福尼亚进口小麦，这样更经济实惠。因此阿伊鲁（Ayllu）制度便衰退消失了。阿伊鲁是克丘亚语词汇，是一种广义上的家庭社区形式，在这个社区内，劳动和土地财产都是公有的，每个阿伊鲁都被认为是某个传说祖先的后裔。领导阿依鲁的是库拉卡，这个位置并非世袭，而是通过宗教仪式选出，或者直接由印加王国的库斯科政府任命。

18世纪末，由于图帕克·阿马鲁（Túpac Amaru）领导的印第安人起义失败，那个年代发生了多起这样的抗争，这是其中最著名的一起。政府撤销了"库拉卡"的名号，马里亚特吉母亲的家族位列其中。在此之后，权贵阶层崛起，成为统治和控制分散的印第安人的手段，马里亚特吉对此痛恨不已。他说，面对这样的社会政治现实，大学里的知识分子们想象出了一个并不存在的国家，政客们所谈的意识形态也是空洞且浮夸的：

> 秘鲁的政治格局是沿海地区的资本主义和山区的封建主义，它的特点是无视人的根本价值。对这种政治的纠正就如同对这个国家的其他事情一样，须以一种新的意识形态为起点。新的一代感受和了解到秘鲁的进步是臆造出来的，或者至少不是秘鲁式的；它并没有创造出新的工作机会，也并不重视占秘鲁百姓五分之四的印第安人和农民的幸福。

大部分马克思主义者都认为这个问题是特定时间和特定地点下的问题，而特定的时间和地点是形成有关这一问题的意识形态的基础。马里亚特吉想要说的是，这一问题在根本上是历史性的。通过阅读马克思、克罗齐和索雷尔的作品，他认为问题的原因非常明显：历史是意志的进程，我们人类是历史性的存在。因此，存在并不是一种确定的状态，而是不断发展的历史进程：

> 秘鲁是一个仍在形成中的民族。它是在西方文明的冲击之下，在印第安阶层的惰性之上形成的。西班牙人的入侵摧毁了印加人的文化，摧毁了秘鲁民族，同时也摧毁了唯一存在过的秘鲁精神……（对秘鲁而言）真正的民族政策是不能忽视和抛弃印第安人的。印第安人是我们的民族性形成的基础。

此外，如果没有印第安人，秘鲁的发展就无从谈起：他们是生产者，是生产过程中的真正要素。没有印第安人，就没有秘鲁精神。但是马里亚特吉所指的并不是纯粹印第安主义意义上或民俗学意义上的印第安人。他所倡导的并不是掩饰现实，空泛地迁就印第安人，或是将印第安人置于单纯的娱乐或永久的保护之下。马里亚特吉想要的是在思想、精神和物质方面的真正进步：

> 那些说在秘鲁乃至整个美洲与欧洲的革命相去甚远的人不仅对当代生活没有概念，也完全不理解历史。这些人为欧洲最先进的思想传播到秘鲁而感到惊讶，但是当飞机、远洋轮船、无线电报、收音机来到这里的时候却毫不吃惊。从根本上来讲，它们都是欧洲物质进步的最先进表现。如果他们有理由无视社会主义运动，就可以用同样的理由无视爱因斯坦的相对论。

他花了几年的时间来完善他的想法。但此时他已经有了最终成熟思想的全部雏形。突然之间，这个被电灯和电车吸引的瘦弱小男孩迅速成长为一名出色的知识分子。虽然他的健康状况仍不稳定，但是却热衷于钻研飞机、有轨电车、广播和相对论。（他知道爱因斯坦是在乘坐有轨电车时萌生了那个伟大的想法吗？）同样地，他过去对于童话故事中英雄的热爱，现在也变成了对秘鲁土著和革命群众的热爱。虽然经历了痛苦、逆境和各种人生的跌宕，但这种热爱始终如一。他为印第安人辩护的行为可能也包含一个小小的个人心愿：为他的母亲——这位曾经被抛弃的库拉卡正名。

七

冈萨雷斯·普拉达人民大学的系列讲座开办之后，学生们对马里亚特吉印象极为深刻。他们来到校长办公室，请求校长授予他一席教职。校长拒绝了，毕竟马里亚特吉没有任何学术资质。从那时起，他再也没有过稳定的收入来源。他通过作品的直接收入谋生，但是要找到一份工作却不容易。此外，独立是他天性的一部分，解决办法就是成立一个文化公司。他成立了密涅瓦出版社（Editorial Minerva），出版国内和国际的一系列图书，活跃秘鲁的文化氛围，进而突破当时的意识形态对新一代知识分子和艺术家的影响。他将出版经济类书籍放在了优先地位，这并不仅是因为经济在欧洲是基础学科，也是为了摆脱秘鲁人喜欢以临时和主观的方式解决社会问题的弊病。出于同样的想法，十年之后，丹尼尔·科西奥·比列加斯创办了经济文化基金，影响范围从墨西哥辐射到了整个拉丁美洲。

密涅瓦出版社在1925年出版了第一本书，名为《当代舞台》（*La escena contemporánea*）。这本书包含了马里亚特吉对法西斯主义、民主危机、俄国革命、社会主义危机、革命与智慧之间的关系等议题的首次思考，以及关于东方的文章，同时表现出他出色的直觉：他对犹太主义和反犹太主义的态度预示了纳粹恐怖的到来。他在书中以独立的批判精神、冷静而短小精悍的文风讨论了一系列作者，这些人并不是老一代的仰慕者，而是一群仍然健在的人。马里亚特吉在几个月之后说道："全人类的都是我们的。"这句话犹如奥克塔维奥·帕斯那句"所有人都处于同一时代"的先声，没有人能置身其外。

1926 年 2 月，密涅瓦出版社出版了一本形式和制作都非常简朴的杂志：《书籍和杂志》（*Libros y Revistas*）。马里亚特吉希望这本杂志可以为大的出版项目积累一些资源。这本杂志内容有趣，版式紧凑，期间穿插着汽车、银行、其他出版社甚至制帽厂等的各类广告。对于一个印刷车间学徒出身的人来说，这是标志性的一步。但这只是一个开始。

"我从欧洲回来就是为了创办一本杂志。"他曾这样说道。1926 年 9 月，《阿毛塔》的创刊号面世。阿毛塔在克丘亚语中是"智者"或"导师"的意思。马里亚特吉的这本杂志变成了一个传奇，尤其是它美丽的外表：大开本、漂亮的排版、富含现代感的钢笔墨水画、安第斯山和印加主题的木刻画、异常精美的印刷效果。这些元素令这份杂志极为吸引人。在创刊号上，马里亚特吉这样写道："这本思想领域的杂志并不代表某个团体。准确地说，它代表的是一场运动，一种精神。"杂志上的文章视角各异，甚至相互存在分歧，但是在这些差异之上有一个共同的愿望："在新的世界中创造一个新的秘鲁。"他非常清楚地知道自己从事的是一种怎样的事业："只有非常迟钝的人才意识不到秘鲁此刻诞生了一本历史性的杂志。"

实际上，这本杂志里什么都有，但都是基于社会主义的视角：先锋文学家的鼓噪和革命的挑战；意识形态的责任、战斗精神和言论自由；历史意识，创造历史的意识，认识到历史也是一种精神的直觉；世界主义和印加主义（杂志总是喜欢写作"inkaísmo"*）：旧即是新，地方的也具有普遍性。所有这些都以一种全新的视觉概念呈现了出来。它不是一份精致的杂志，而是提出了一种完整的造型艺术。艺术元素和设计并不是为了装饰，而是传递思想必不可少的因素。翻阅《阿毛塔》并不只是浏览，而是在发现思想、文学、图像，偶遇某个珍贵的惊喜，例如某个乐谱、某幅现代主义绘画，或是某幅笔力雄健的木刻印第安人头像，类似于魏玛共和国悲剧发生之前德国表现主义者发展的作品。马里亚特吉甚至设计了一个特殊的版式，采用不同质地的纸张进行精细印刷，同时使用不同色彩的油墨，这样印制出来的雕刻艺术画面别有风格：在他的革命观念里，艺术是十分重要的元素。《阿毛塔》不仅是一种理论资源，也是一种行为，是清晰的革命行动：一种对世界的改变。

这本杂志分为两个部分，第一部分是文章、散文和诗歌，第二部分是书评。除了标题处的排版有细微变化以外，各个篇章都按照创新性的标准自然排序。这在当时是十分新颖的，当时的报纸和杂志都用非常明显的标记把文化板块标识出来，甚至单独出版，因为过去人们认为文化板块是"给小姐们看的"。马里亚特吉改变了规则：在他看来，革命行动及其依据和文化、艺术模式并无不同。在他出版的《当代舞台》一书中，他曾明确指出：对于想象力的关注，是政治和革命整体当中的一部分。《阿毛塔》实践了这一理念。

长远来看，很少有人理解这种包容态度。马克思主义"正统派"把他看成是异端，因为在同一本杂志中可以看到列宁和托洛茨基的文章、萧伯纳关于费边社会主义的提议、菲利波·马里内蒂（Filippo Marinetti）的未来主义宣言，以及安德烈·布勒东（André

---

* 西班牙语中"印加主义"写作"incaísmo"。——编注

Breton）、乌纳穆诺和沃尔多·弗兰克（Waldo Frank）关于无产阶
级文学是否存在的争论。有两点十分显著：《阿毛塔》是革命的，
不是教条主义的；马里亚特吉是一个编辑，而从不是审查人员。他
了解在争议领域中对立双方共存的价值。在法西斯治下的意大利，
他见识到了当一方压制另一方的意见时会发生什么。

借助《阿毛塔》，马里亚特吉就像通过一个"电传打字机"，从
世界各地汇集文学、哲学和艺术领域最奇妙的信息。在这本杂志中，
他可以保留自己的原创想法，使其进一步成熟。但尽管他认为他的
出版工作、写作事业和政治参与出于同一动机，但我们并不能将其
混为一谈，而要对之加以区分。一方面，这位编辑和作家已经开始
传播和捍卫"印加主义"和共产主义之间的独特联系，两者都具有
马克思主义唯灵论特征；另一方面，马里亚特吉成了一个在工人组
织、共产主义小组和美洲革命联盟中都很活跃的人物。

八

在莱吉亚政府眼中，《阿毛塔》进入公众视野是一件糟糕的事情。
1927 年 6 月，政府声称存在一个"共产主义阴谋"，开始打击工人
组织和知识分子。马里亚特吉被拘捕，被囚禁在圣巴托洛梅军事医
院（Hospital Militar de San Bartolomé）。《阿毛塔》和密涅瓦出版
社被封。马里亚特吉曾经认真考虑过去蒙得维的亚或者布宜诺斯艾
利斯，但是最终还是选择留下。他之所以选择留在秘鲁，是为了信
守自己对发展印第安哲学和秘鲁社会主义的诺言。12 月，政府取消
了禁令，《阿毛塔》得以再次发刊。

1926 年，马里亚特吉秘密参与建立了在阿亚·德拉托雷领导
下的美洲革命联盟地下支部。阿亚·德拉托雷在与第三国际决裂之
后，结束流亡回到了秘鲁。1927 年，阿亚提出将美洲革命联盟变成

政党，联合中产阶级，放弃社会主义革命，通过选举谋求权力。阿亚的这一想法，源自当时新的秘鲁法律禁止不是纯粹的秘鲁团体参加政治活动。马里亚特吉反对将美洲革命联盟转变成阿普拉党，因为这种转变意味要着接受腐朽的资本主义民主规则，放弃革命的思想。他们之间从此产生了分歧。在写给莫伊塞斯·阿罗约（Moisés Arroyo）的信中，马里亚特吉说道："阿亚一意孤行，他要无条件地将他的领导强加于我们……我曾经因为他作为一名马克思主义者组织革命反抗而向他张开怀抱，但是我后来发现，他从马克思主义著作中什么也没有学到，或许是我之前太相信他了。"

他们曾经有着深深的共同信念，他们二人的政治主张都强烈反对帝国主义，希望开创印加共产主义。关于这方面，马里亚特吉曾写道："在历史上，是印加人发展出最先进的共产主义原始组织的。"阿亚·德拉托雷也曾说："秘鲁有着最先进的古老共产主义政权的文明力量的荣耀和不变本质……"但是二人也有不同，马里亚特吉对印第安主义的理解已经超出了精神层面，更关注具体实行；而阿亚对印第安问题的接触还停留在形而上学层面，不得不令人联想到巴斯孔塞洛斯的"宇宙种族"说。我们不能不考虑二者之间存在的阶级冲突。阿亚·德拉托雷始终保持着自己的贵族理念，他可能会将马里亚特吉的独立性——一种在贫穷与残疾之中、没有读过大学、出身于劳动阶级的独立性——理解为忘恩负义。总而言之，对于二人来说，政治都曾是他们的重心，但是阿亚·德拉托雷追求的是权力，而马里亚特吉追求的是将知识付诸实践，是他的理念。

马里亚特吉与阿亚·德拉托雷决裂了。因为他正确地预见到阿普拉党的未来是"资产阶级"的未来。但是他也不满于人们对马克思主义的庸俗化，以及苏联治下正统马克思主义的僵化。想要维护共产主义纯洁性的人始终对于马里亚特吉这样的"异端"表示怀疑，因为他不听党指挥。科学唯物主义者也将他斥为异类，因为他太关

注精神，尤其醉心于神话。但是在拉丁美洲的革命思潮中，这种对
神话的迷恋确实存在，并为革命找到持久的响应做出了最初的贡献：

> 无论是理性还是科学，都不能满足人类对无限的所有要求。
> 理性本身就已经向人类证明仅仅有它是不够的。只有神话可以
> 填充它那深邃的自我……革命者的力量并不在于他们的科学，
> 而在于他们的信仰、激情和意志。这是一种宗教的、神秘的、
> 精神的力量。这就是神话的力量。

他的思想和现实观念的核心跳动着一种深刻的、非传统的宗教
冲动。这种力量也许源于他小时候受到的天主教影响和他母亲虔诚
的宗教信仰。但是这种力量则在马里亚特吉心中变成了某种更宽广
的东西。他曾经批评他的导师冈萨雷斯·普拉达持有反宗教的观点，
这种观点和共产主义没什么关系，而是与 19 世纪自由派的反教会
立场相关，马里亚特吉对此发表了到位且简洁的意见："就算苏维
埃在宣传海报上写上'宗教是人民的鸦片'也没什么用。共产主义
本质上就是宗教性质的。"

他最重要的作品出版于 1928 年，名为《关于秘鲁国情的七篇
论文》（ 7 ensayos de interpretación de la realidad peruana ），这部作
品成了他的遗嘱，尽管这部作品发表后过了两年他才去世，且在新
作品中继续发展了自己的思想。在这本书中，马里亚特吉致力于澄
清和批驳一些常见的偏见，强调秘鲁的根本问题是土地问题，并扩
展了他对社会主义美学、神话印第安主义、经济分析、实践和精神
的相关解释。种族主义者和帝国主义者认为，秘鲁印第安人如果要
想摆脱被征服和贫困的状态，不管采取怎样的方式，首先都要提高
道德水平，"接受教育"。马里亚特吉认为印第安人首先要面对的问
题并不是教育，而是土地的所有权。不管是印第安人，还是更广义

的拉丁美洲人，都不需要有人哄骗他们是"一个注定要胜利的种族"。"让我们冷冷地抛弃这些意识形态漫画和幻象，严肃而贴近现实地讨论问题"。必须忘掉罗多，忘掉巴斯孔塞洛斯的"宇宙种族"。马里亚特吉认为他的"印加共产主义"可以向上追溯，回归到共同的本源。但是他并不是建议重建古代农业社会。我们必须生活在工业化的现代社会。他所指的是必须抢救过去共同责任的价值以终结权贵首领的暴政。

关于美国，他在这本著作以及许多其他作品中坚持认为，所谓敌人就是美国帝国主义，而不是某个美国人、全体美国人民，或者美国文化。

"西奥多·罗斯福（Theodore Rooseoelt）是帝国精神的卫士，但是梭罗（Henry Thoreau）是人类精神的卫士。"全球性的社会主义终将到来。否则，"（拉丁美洲）这些在资本主义秩序之下的国家，终究会沦落为微不足道的殖民地"。他认为艺术和文学并不是纯粹知识分子的消遣或游戏，它传达了一种历史性的观念。

九

神话的印第安主义和社会主义二重性具有巨大的吸引力、道德之美和乌托邦般的贵族气质，但同时也遭到历史的驳斥，尤其是其第一重特性——印第安主义。路易斯·阿尔贝托·桑切斯（Luis Alberto Sánchez）就曾在一次辩论中质问马里亚特吉：

> 请告诉我，您认为在秘鲁沿海地区和山区之间的对立中，在印第安社区中，存在着解决问题的方法，而且这种社区是一种土著组织吗？难道您在这种组织里就没有发现您所批判的殖

民主义残余吗？难道这些运动不涉及乔洛人（Cholo）[*]吗？难道
您不能接受一种全面的、不排他的平反运动吗？

　　桑切斯拒绝接受造成秘鲁族群分裂的种族主义（包括印第安种
族主义）。他为混血人群说话，并宣称自己是乔洛人。但是马里亚
特吉还是沉浸在自己的神话概念之中，并不愿接受包容性的、开放
式的混血人种论点。他曾经说，巴斯孔塞洛斯有关混血人种的乌托
邦是"压制和忽视现实的冲动预言"，"脱离了对于当代现实的批判，
只寻求有利于自身观点的元素"，是一种片面的思想。但是马里亚
特吉去世时实在太年轻，来不及发现自己的论点也是"冲动的预言"，
其投机性、乌托邦化与巴斯孔塞洛斯别无二致。在这一点上，至少
巴斯孔塞洛斯派对"混血人种"的肯定——且不论他走上的歧途——
在文化、经济和人口方面更切中现实。有着各种问题的墨西哥正是
通过一个缓慢而复杂的混血过程来缓解原来的种族矛盾，在一定程
度上削弱了种族间的排斥和仇恨。此外，墨西哥总统拉萨罗·卡德
纳斯在 20 世纪 30 年代实行的土地改革可能提供了比印第安共产主
义更加实际的解决方案，可惜马里亚特吉没能活着见证这场改革。
最后，除了思想和意识形态领域之外，秘鲁民族还将开启自己的重
建和融合进程。这其实就是马里亚特吉的印第安主义。

　　第二重特点，社会主义，则有着更加悲伤的结局。马里亚特吉
的作品是拉丁美洲知识分子为社会主义思想做出的最智慧、最慷慨、
最详尽的贡献之一。但是，在欧洲共产主义崩溃之前，共产国际莫
名其妙地决定放弃两个秘鲁人：阿亚·德拉托雷和马里亚特吉。阿
普拉党的社会主义选举并没有因为这种排斥而遭受过大的损失。阿
普拉党人已经决定驶向其他水域，并且将会面对拉美政党共有的腐

---

[*]　安第斯地区西化的印第安人或混血人种。

败问题。然而伊比利亚美洲的社会主义因为人们对马里亚特吉主义的沉默遭受了更大的损失。苏维埃道统哲学家们抛弃了马里亚特吉，抛弃了这位在"我们的美洲"最具原创性的社会主义思想家。历史无法修复。即使到了 20 世纪 20 年代，依然有亲近苏共的拉美作家攻击他。

但是对马里亚特吉的思想和回忆最严重的侮辱是在半个世纪之后：20 世纪 80 年代教条和残酷的"光辉道路"运动利用了马里亚特吉的形象，扭曲了他的思想。神话对于马里亚特吉来说是一种精神力量，不是宣传武器，他是鄙视宣传的。作为拉丁美洲最具智慧的人之一，当他写下"马克思—列宁主义将开辟通往革命的光辉道路"时，他的意思绝非是指疯狂的残暴行径。

1930 年，他在孩提时代逃过的厄运最终还是找上了门。由于左大腿发现恶性肿瘤，马里亚特吉被送往比亚兰诊所。他在痛苦中度过了人生中的最后数周，于 4 月 16 日与世长辞。回顾他传奇的一生：自幼跛足，在轮椅上度过多产的余生，自己塑造和教育自己，成立出版社和文化机构，制作出版优秀的书刊，创作深入浅出的文章，挖掘有深度的理论，数十年来坚持等待能理解自己的读者。在他去世六十多年后，他憧憬的印第安马克思主义终于出现了，但不是在秘鲁，而是在一个遥远的、卓越的混血国家：墨西哥。

第二部分

世纪之人

奥克塔维奥·帕斯

诗人和革命

一

墨西哥之歌 [*]

当我祖父喝咖啡的时候，
和我讲胡亚雷斯与波菲里奥，
讲法国士兵与包银帮的绑票。
桌布散发着火药的味道。

当我父亲端起酒杯的时候，
便和我讲萨帕塔和维亚 [†]，
讲胡亚雷斯、加玛、索托，

---

[*] 译文引自《帕斯选集》（上），奥克塔维奥·帕斯，赵振江等编译，作家出版社，2006，119 页。

[†] 即比利亚。

火药的气味弥漫在餐桌。

而我，现在只有沉默：
又能将谁诉说？

　　在 20 世纪中期的巴黎，诗人奥克塔维奥·帕斯写了一本关于墨西哥的书。这位诗人时年只有三十五岁，然而在诗歌和政治领域已经拥有丰富的经验。他曾在墨西哥驻法国使馆担任二等秘书。每周五下午和周末，在完成外交官工作后，他便会写作自己的作品。在远离故土的六年中，虽然他十分想念"墨西哥宗教节庆的气息和味道、印第安人、水果、阳光照耀的教堂门廊、仙人掌、小商贩"，但从未被思乡之情轻易撼动。他一直都知道，他的家庭是一棵根植于过往墨西哥的大树。他也知道，在墨西哥有着"被掩埋但依旧鲜活的过往，一个由图像、欲望和冲动构成的宇宙"。他希望挖掘这些由过去和现在交织而成的过往，想要看清它们，表达它们，并释放它们。从 20 世纪 40 年代初开始，他就像墨西哥其他作家和哲学家一样，提出要"寻找墨西哥的基本性质，或者说墨西哥性（la mexicanidad），这种无形的东西就在某处。我们不知道她是什么，也不知道能够以什么样的方式找到她；我们隐隐知道，她还尚未被揭示出来……当我们了解真理，发现那把人类的钥匙，她将从我们的内心深处自发自然地涌现出来……这其实就是我们自己的真相"。此时，他正在巴黎进行着这样的追寻。对他而言，那个真理、那把钥匙有一个名字：孤独。那本书就被命名为《孤独的迷宫》（El laberinto de la soledad）。

　　在墨西哥，除了奥克塔维奥·帕斯之外，没有任何一个人把孤独视为这个国家和人民的性格特点，视为墨西哥文化和历史的组成部分。墨西哥——它的历史、它的身份、它在世界上的作用、它的命运——自革命以来对墨西哥人而言就成了一种不变的观念。墨西哥是一片复杂、悲剧且富有创造性的历史土壤，在这片土地上，相互之间极其陌生的土著文明和西班牙文明彼此相遇；墨西哥是社会正义、物质进步和自由都没有完全实现的地方；墨西哥是神选之地，或者说，是由圣母瓜达卢佩（Virgen de Guadalupe）选定的地方。简而言之，墨西哥是一个受自卑心理约束的社会。人们对墨西哥有着各种各样的形容，但没有谁说墨西哥是一个处于孤独之中的国家。帕斯这本书的题目着实奇怪。乍一看，与典型的美国人相比，各个年代、各个地区的墨西哥人，甚至包括那些移民到美国生活的墨西哥人，都特别合群，他们继承了帕斯在书中所说的"帕丘卡"（pachuco）的特点，在他们看来，"我们"要比"我"更重要，群体要比个体重要：这样的群体包括国家、社区、邻居、教会、亲戚，在这些关系中，像群山一般坚固的，是家庭。对普通墨西哥人来说，没有什么比爱德华·霍普（Edward Hopper）画作中的孤立人物更加陌生。几个世纪以来，墨西哥人最典型的形象就是周日家人一起相聚在墨西哥城的查普尔特佩克公园郊游的情形。

但是在奥克塔维奥·帕斯看来并非如此。从很小的时候开始，他就感受到了一种强烈且持续的孤独感，并对自己的身份产生了怀疑："不知道'一个人究竟是什么'的那种烦恼。"突然之间，他想到他自己的经历是和集体的历史融合在一起的，它在集体的历史中得到表达。因此他要"撕开历史的面纱去看一看"："我感到孤独，也感到墨西哥是一个孤独的国家，远离历史的主流……当我思考身为墨西哥人的陌生感时，我发现了一个事实——每个人都隐藏着一个陌生的自己……我想深入自己，挖掘出那个陌生人，和他谈一谈。"

随着时间的流逝，这本揭示民族神话的书本身也会成为一个神话，就像是历史和诗意之间的一面镜子，或者说是一块墨西哥文化的点金石。他关于墨西哥的身份与历史的发现是如此炫目，也是如此具有解放意义，它将墨西哥忏悔的、"个人私密的"本质隐藏了起来，在读者的眼中似乎被埋藏在帕斯自己的"未知的人"中。但这个人就秘密地存在于《孤独的迷宫》中，这本书是一部无声的自传，是奥克塔维奥·帕斯的孤独的迷宫。

二

　　故事从 20 世纪 20 年代开始，发生在米斯科瓦克区（Mixcoac）的一所大房子里。该区在墨西哥城南部，在前西班牙时期和殖民地时期是一个小镇。帕斯一家从 1914 年就隐居于此，当时各革命军势力相互对抗，轮流占领首都。其中一派由贝努斯蒂亚诺·卡兰萨领导，另一派由埃米利亚诺·萨帕塔和潘乔·比利亚领导。这些事情已经过去了好几年，革命结束了。除了 1920 年至 1924 年担任墨西哥总统的不败斗士奥布雷贡，马德罗、萨帕塔、卡兰萨、比利亚等所有伟大的领导人都死于暴力手段。革命导致了这个国家近百万人死亡，并已经进入了所谓的"建设"阶段，在哲学家巴斯孔塞洛斯的倡议和领导下，启动了一项慷慨的教育计划。政府小心翼翼地实施 1917 年宪法中体现的社会改革：土地分配、劳动保护法、加强对国家自然资源的控制。此后，在米斯科瓦克区的家庭餐桌上，塞特姆布里尼（Settembrini）和纳夫塔（Naphta）会争吵不休，讨论这个国家过去和未来的命运，它与他们的生活息息相关。

　　此时的帕斯并不是年轻的卡斯托普（Castorp）*，而是一个不到十岁的小男孩，是未来的诗人奥克塔维奥·帕斯，他无声地见证了这些相互对抗的立场。"桌布散发着火药的味道。"半个世纪以后，他这样回忆道。而这些人并不是符号式的抽象人物，在他们之中有

---

*　塞特姆布里尼、纳夫塔和卡斯托普均为德国作家托马斯·曼的小说《魔山》中的人物。

他的爷爷伊雷内奥·帕斯（Ireneo Paz）和父亲奥克塔维奥·帕斯·索洛萨诺（Octavio Paz Solórzano）。老一辈的自由主义者和萨帕塔主义革命者代表了权力和当局的两张面孔："他同时具有族长和男性的双重属性。作为族长，他保护大家，是个强大而睿智的好人。作为男人（考迪罗），他是个可怕且牛逼*的人，是那种会抛妻弃子的男人。"

　　他的爷爷伊雷内奥·帕斯就是一位族长。他于1836年出生于哈利斯科州（Jalisco）。从1851年到1876年，他的生活一直是用手中的笔和刀剑进行无休止的政治自由运动。他最擅长的战斗手段是制作"反对派"报纸。他真的是一个写讽刺文章的天才。他在十五岁时为了反对独裁者圣安纳将军创办了第一份出版物，后来又出版了一本致力于捍卫1857年自由宪法的杂志。他获得了法学学位，从他的家乡瓜达拉哈拉（Guadalajara）搬到了科利马（Colima）。在科利马，他为了抗击法国侵略者和墨西哥保守派加入贝尼托·胡亚雷斯的部队，离开了年轻的妻子罗莎·索洛萨诺（Rosa Solórzano）和刚刚三个月大的女儿克洛蒂德（Clotilde）。女儿在他不在时夭折了。在1865年，他在瓜达拉哈拉创办了另一份出版物：尖锐的反帝国主义报纸《小丑》（El payaso）。连马西米连诺一世本人都欣赏他的才气。这样的平静并没有持续多久。很快他就经历了人生中第一次被捕，并成功逃脱。后来这样的经历还有许多次。重获自由后，他加入了共和派的游击队，最终成为锡那罗亚州（Sinaloa）政府的秘书。期间他得知了马西米连诺被处决和胡亚雷斯总统在1867年7月15日胜利进入墨西哥城的情况。这一日期标志着自1858年以来和保守派的斗争，以及自1862年以来和法国侵略者的斗争终于以墨西哥共和自由主义秩序的恢复而告终。似乎是

---

* 原文为墨西哥俚语"chingón"。

时候放下武器了，但是对于不安分的伊雷内奥来说，这只是一个开始。

　　1867 年至 1876 年间，墨西哥得以在和平时期进行民主实践，但是之前的十年征战已经使年轻人培养起冒险和反叛的精神。伊雷内奥·帕斯就是这一精神的代表。从根本上来讲，当时墨西哥的政治问题是两代人之间的斗争。一方是在 1858—1861 年革命战争时期和 1862—1867 年反侵略战争时期一直围绕在胡亚雷斯身边的那些文化人，另一方是那些在这些战争中大败保守派和法国军队的青年士兵。在领导青年士兵的众多人物中，最引人注目的是波菲里奥·迪亚斯，1867 年他三十七岁，刚好经历了三十七次战斗。因为有这样的辉煌履历，迪亚斯不愿耐心等待他当选总统的那天到来。在这场反抗行动中，他的主要智囊就是伊雷内奥·帕斯。伊雷内奥在 1867 年为了拥护迪亚斯、反对胡亚雷斯总统第三次连任，创办了两份报纸，分别是《西方堡垒报》(*La Palanca de Occidente*)和《红色捣蛋鬼报》(*El Diablillo Colorado*)。结果两人都没有成功：迪亚斯隐退到了瓦哈卡州的一个庄园，而伊雷内奥·帕斯创办了一份新的报纸《科沃斯神父报》(*El Padre Cobos*)。政府迅速地抓捕了伊雷内奥，将他在墨西哥城的特拉特洛尔科（Tlatelolco）监狱里关了十一个月。在狱中，他写了一些诙谐恶毒的文章，"帮朋友们在革命领域做好准备"。因为在墨西哥，有一个带有魔力的词汇，所有的政治运动在拿起武器反对他们认为的独裁政府或者非法政府时都会用这个词。这个词不是反抗，不是造反，而是革命。

　　1869 年，从监狱里面出来的伊雷内奥·帕斯已经是一名"革命重犯"了。其中反对胡亚雷斯的萨卡特卡斯（Zacatecas）起义计划就是他的作品。1870 年，政府将他关押在蒙特雷（Monterrey）的监狱，打算对他执行枪决。但是他伪装成一名神父成功越狱，流亡到了得克萨斯州，等到了一次新的大赦。1871 年，他又回到自己的老路上来，重新开始出版《科沃斯神父报》。当胡亚雷斯再次参加总统选举时，他在选举前期发表了反对总统的十四行诗：

> 你如果是那样的爱国者，
> 为什么要去买选票？
> 为何采用如此肮脏的计策，
> 用金钱满足选民的需要？
>
> 经济崩溃没让你动容吗？
> 那人民没有钞票和面包呢？
> 如果你不改变，我不必预言
> 也知道你终究会让人耻笑。
>
> 是的，圣贝尼托，你走上了另一条路；
> 不要炫耀自己了，我的朋友，你空无一物；
> 看看人们吧，早已不再懵懂粗鲁。
>
> 求求你放了我们吧，亲爱的大叔，
> 十四年，已经十四年了……
> 放开我们，总统虫蠹！

　　在胡亚雷斯的第四次总统选举之后，《科沃斯神父报》已经成了一面新革命的旗帜。在 1871 年 11 月的诺里亚计划（El Plan de la noria）中，波菲里奥·迪亚斯第一次拿起武器，向他的导师胡亚雷斯发起反抗，这也是伊雷内奥·帕斯的杰作。为了捏紧革命的铁钳，他再一次离开了家人北上；迪亚斯则从瓦哈卡州出发，向墨西哥中部前进。但是迪亚斯失败了，隐姓埋名进入墨西哥西部的阿里卡山区（Sierra de Álica）和他的朋友伊雷内奥·帕斯会合。这里是墨西哥历史上最神秘的人物之一——酋长曼努埃尔·洛萨达（Manuel Lozada）的地盘，他曾经带领愤怒的印第安人摧毁过土生白人城市瓜达拉哈拉。在那里，迪亚斯和洛萨达形成了合谋。但是 1872 年 7 月令两人震惊的消息传来，胡亚雷斯总统突然过世。伊雷内奥·帕斯和迪亚斯得到了新的赦令。

1873 年，《科沃斯神父报》开启了反对文人政府的第三个阶段。这是它的黄金时代，各种诽谤和批评在这里狂欢。当时墨西哥的政治环境是完全自由的，这段时间正是何塞·马蒂在墨西哥度过的幸福时光，但是并没有自由到让伊雷内奥·帕斯满意。除了继续写讽刺文章和幽默对话，伊雷内奥在每一期新刊上都会发表新写的讽刺诗歌以及以"科沃斯神父"为主人公的讽刺漫画，他的这位"知心好友"会紧紧地扼住塞瓦斯蒂安·莱尔多·德·特哈达总统的脖子，直到他伸出舌头。伊雷内奥·帕斯当时已经拥有了自己的出版机构，他发表了第一部关于西班牙占领墨西哥的历史小说，以及大获成功的《伊达尔戈文汇》（Álbum de Hidalgo），此外还有戏剧、诗歌等等。随着 1876 年新一轮选举的到来，按照惯例伊雷内奥·帕斯开始了新的谋划。画讽刺漫画是他在狱中的动力："在阴暗的牢房中，一丝光线透过小天窗照进来，这里躺着我们的伙伴帕斯，他因受到摧残而身患疾病……"但是他手中的讽刺之笔并没有停止。革命的轮回几乎永远都在重演。他再次和他的领导人波菲里奥并肩作战，起草设计了图斯特佩克计划（Plan de Tuxtepec），被关进监狱蹲了五十七天，又被流放到了布朗斯维尔（Brownsville）和哈瓦那，但是这次革命胜利了。1876 年底，波菲里奥·迪亚斯进入了首都，发起了总统选举。当然，他当选了。波菲里奥·迪亚斯一直执政到 1911 年，只有在 1880 年至 1884 年期间有过短暂的中断。对他而言，经过十三年不间断的枪林弹雨，墨西哥目前"百废待兴"。他的朋友伊雷内奥也放下武器，获得了上校的称号。

与波菲里奥·迪亚斯即将着手的事情相比，胡亚雷斯和莱尔多曾经实行的"专制统治"不过是小巫见大巫。在未来的时间里，伊雷内奥·帕斯会拿起笔杆拥护自己的朋友主宰的政治制度。在经历了革命、内战、外敌入侵之后，墨西哥进入了一个长期稳定的"和平、有序、进步"的时期：铁路建设长达上千公里，振兴港口建设、矿产开采和石油开采，实现了农业的发展和对外贸易的增长，这些都是在披着共和制度外衣的君主制框架下实现的。与墨西哥一样，伊雷内奥的生活也进入了有序的发展。1877年，他创办了《祖国报》（ La Patria ），这份报纸与它的增刊和著名的年鉴持续出版到了1914年。身经百战的伊雷内奥·帕斯在这个人生新阶段所缺乏的东西，就是他姓名里那个词：和平 *。1880年，在临近新一届总统选举时，仿佛他的革命历史再现一样，他与一位青年诗人圣地亚哥·谢拉（Santiago Sierra）展开了决斗。上校杀死了诗人，并沾上了抹不掉的鲜血。"你不会明白一辈子肩负着一具尸体是什么样的感觉。"有一次他和一些想组织决斗的年轻人这样说。

这一事件削弱了他好斗的性格，他转而投入到编辑和文学工作中。伊雷内奥不再发动斗争，而是通过出版物来"建设祖国"。他的雄心壮志，就是要成为墨西哥的贝尼托·佩雷斯·加尔多斯。1884年，他出版了一部易读的革命回忆录《一些故事》（ Algunas campañas ），由此开创了一个"历史传奇"系列，他从西班牙的征服写起，经过19世纪的政治人物，如圣安纳、胡亚雷斯、马西米连诺、洛萨达、迪亚斯，最后写到20世纪的一些革命人物。他的作品与由多位作家创作而成的系列作品《几个世纪以来的墨西哥》（ México a través de los siglos，1884年）类似，通过建造墨西哥的万神殿，强化墨西哥的历史意识。他曾获得印刷国会刊物《论辩报》

---

* 西班牙文姓氏"帕斯"与单词"和平"拼写一致。

（*Diario de Debates*）的特权。他的书籍和编辑事业的成功体现于他
的家庭生活和物质繁荣之中。虽然他失去了妻子，并为其大儿子卡
洛斯的早逝而深感悲痛，但是他的两个女儿罗西塔（Rosita）和敏
感的阿马利亚（Amalia）活了下来，阿马利亚终身未婚，爱好文学，
一直陪伴在他身边；他还有两个儿子阿图罗（Arturo）和奥克塔维奥。
小儿子出生在 1883 年，坚定不移地支持迪亚斯，认为他是一位"能
在废墟中重拾民族尊严的统治者"。

　　到了 1910 年，这位族长觉得国家和他自己都在开历史倒车。
虽然他的第一反应是谴责反连任人士马德罗提出的"愚蠢革命"，
但他曾支持迪亚斯为反对胡亚雷斯和莱尔多而开展的运动，以及他
抛家舍业投身于政治冒险的回忆逐渐唤醒了他的反抗精神。"要真
正的选举，不要连任"，这不正是波菲里奥提出过的吗？《祖国报》
开始与独裁者保持距离，批评被称为"科学家"的傲慢政治精英。
七十五岁那一年，伊雷内奥被投入了贝伦（Belén）监狱。1911 年
6 月 7 日，也就是马德罗入主墨西哥城的那一天，由伊雷内奥的儿
子奥克塔维奥·帕斯·索洛萨诺暂时管理的《祖国报》在头版头条
刊登了胜利者的照片，并附上一行醒目的话："你们看这个人 *，他必
须胜利，他就胜利了。"

　　但是自由选举和埃米利亚诺·萨帕塔领导的革命的威胁非常
不同，这场斗争并没有因为马德罗的政治成功而结束。也许伊雷内
奥先生在记忆中把他和墨西哥西部民族冲突的主角"阿里卡之虎"
（Tigre de Álica）†的印第安队伍联系了起来。《祖国报》抨击萨帕塔
是"臭名昭著的南方阿提拉"，说他的士兵是"野蛮的罪犯""邪恶
的匪帮"。因此，"祖国"应该"清除"他们。在 1913 年 2 月 23 日

---

* 　原文为拉丁语 "Ecce homo"，即《新约·约翰福音》19：5 中彼拉多向众人展示耶稣时说的话。
† 　指曼诺埃尔·洛萨达。

马德罗突遭刺杀后，他的报纸表达了怀疑的态度："墨西哥人民不懂自由，也不会约束自己的个性。"只有长期的自由教育才能解决墨西哥的政治问题。与此同时，他毫不犹豫地选择支持维多利亚诺·韦尔塔将军通过政变推翻马德罗政府后建立的军事政权。

* * *

　　20世纪初，伊雷内奥·帕斯在米斯科瓦克（Mixcoac）的乡间大别墅是波菲里奥时期和平的写照，这栋别墅有山形墙、保龄球馆、游泳池、台球厅、凉亭，甚至有一座日式花园。在墨西哥的生活是欢快的。他的出版社位于雷洛克斯大街他的房子的一楼，离国民宫非常近，这里是媒体和编辑部的办公地点，年轻的奥克塔维奥·帕斯·索洛萨诺在这所房子里学习，他完成了高中学业，被法学院录取。波菲里奥在1908年的一次著名采访中提到，他准备再次参选总统，并允许组建政党，实现真正的自由选举，帕斯·索洛萨诺支持颇有威望的贝尔纳多·雷耶斯，这或许也包含了伊雷内奥本人的支持，但是这个人物最终由于接受了迪亚斯在欧洲的委任而让支持者们感到失望。帕斯·索洛萨诺本可能对马德罗的政治革命称赞有加，但是后来还有一场革命更吸引他。这场革命让他成了比父亲更有革命性的人。

　　1911年4月，当埃米利亚诺·萨帕塔这颗政治新星冉冉升起时，"帅小伙儿"帕斯·索洛萨诺前往格雷罗州（Guerrero）的孙潘戈地区（Zumpango）想看看那里究竟发生了什么。虽然初期的反抗已经结束，但是帕斯·索洛萨诺还是亲自记录了萨帕塔的"南方革命"早期阶段的一些做法，并在很多年以后讲述了出来。这是他后来会参与萨帕塔革命的首个公开迹象。迪亚斯于1911年5月25日辞职后，帕斯·索洛萨诺在墨西哥城为马德罗组织了一场学生欢迎仪式，并成立了一个临时的自由学生中心（Centro Liberal de Estudiantes），试图在 8 月的选举中再次支持贝尔纳多·雷耶斯参选。在同年 8 月，墨西哥历史上最干净的选举将马德罗推向了胜利。帕斯·索洛萨诺凭借一篇关于新闻自由的论文获得了他的法学学位，新闻自由与伊雷内奥的生活密切相关。

　　民主的胜利对于这位年轻的律师而言似乎预示着一段平静的人生。1911 年，他出版了《最新选民手册》（Novísimo manual del elector），巩固了自己的职位，娶了何塞菲娜·洛萨诺（Josefina Lozano）。洛萨诺的小名叫"佩比塔"，年轻漂亮，是安达卢西亚一个酒商的女儿，两人在米斯科瓦克相识。他和妻子一起前往下加利福尼亚州（Baja California）的恩塞纳达港（Ensenada），在那里他可以在司法部找到活干。当时的司法部是由伟大的无政府主义斗士里卡多·弗洛雷斯·马贡（Ricardo Flores Magón）的兄弟赫苏斯·弗洛雷斯·马贡（Jesús Flores Magón）领导。但是，这个年轻的律师所处的时代和他自己的性格都使他不能安于平静的生活。他以前曾经在米斯科瓦克和仰慕波菲里奥的官员发生了激烈的争吵，在恩塞纳达又和当地长官发生了同样的争执。他和父亲一样，是一个随时准备战斗的人。

　　1914 年，这对年轻的夫妇回到墨西哥城。1914 年 3 月 31 日，维多利亚诺·韦尔塔领导的联邦军队正在托雷翁市（Torreón）与潘乔·比利亚的部队激战，墨西哥城内流传着"残暴的萨帕塔军队肯定要完蛋"的传言。那天《祖国报》的编辑部收到了一条消息，并在第二天"充满幸福地"发布了出去："我们主编的儿媳、帕斯·索洛萨诺的妻子第一次生育，诞下了一个健壮的婴儿。"他的名字和他父亲一样，叫奥克塔维奥，他将在年近杖朝的族长身边度过童年，因为他的父亲即将重蹈伊雷内奥先生的命运，在几个月后离开妻儿"参加革命"。这个孩子是在战火中出生的：在欧洲，第一次世界大战已经爆发；在墨西哥，由卡兰萨支持的革命力量正在与比利亚和萨帕塔领导的人民军队进行内战。跟随亦师亦友的安东尼奥·迪亚斯·索托－加马（无政府主义律师，萨帕塔的顾问）的脚步，帕斯律师徒步到达了位于莫雷洛斯州的萨帕塔阵营。直到六年后他才会回家。

1914 年 8 月 5 日，应该是应儿子的要求，伊雷内奥答应发布一个"伟大的历史文件"，也就是"阿亚拉计划"（Plan de Ayala），计划将土地重新分配给农民，这对于萨帕塔而言几乎是一个福音。三个星期后，在卡兰萨派掌握实权的巴勃罗·冈萨雷斯将军（Pablo González）的部队冲进报社没收了那一期报纸。1914 年 8 月 26 日最后一期《祖国报》出版，刊号为 11767。自 5 月起，伊雷内奥先生就告诉读者们他经济困难，他还有过一次中风。由于女儿阿马利亚的照顾，他在米斯科瓦克的家中逐渐康复。不久之后，他的儿媳妇佩比塔带着小孙子奥克塔维奥也过来陪伴他。

* * *

从 1915 年开始，革命点燃了整个国家，但是并未侵入墨西哥城。被孙子称为"尼奥爷爷"的伊雷内奥处事有条理，身体健壮，喜欢讽刺，善于忍耐，在墨西哥城又度过了十年时光。他在军号的怒吼声中把他的家人团聚在餐桌旁吃饭，这些家人包括他的女儿阿马利亚、他的儿子阿图罗及其妻儿、他的儿媳妇何塞菲娜和小孙子奥克塔维奥。虽然他在家中种菜，心中却始终无法安宁，偶尔也会出一下门。小孙子有时候会陪伴爷爷参加一些活动：每周访问当红演员蜜弥·德巴（Mimí Derba）的母亲家，蜜弥非常宠爱小奥克塔维奥；一起去收租金。他们还会去图书馆，馆中藏有法国文学和历史的宝藏，特别是关于法国革命的历史，还有政治英雄和文学人物的图册：

米拉波（comte de Mirabeau）、丹东（Georges Danton）、拉马丁（Alphonse de Lamartine）、维克多·雨果（Victor Hugo）和巴尔扎克（Honoré de Balzac）。也许就是在阅读拿破仑、西班牙自由主义者胡安·普里姆 - 普拉茨（Juan Prim y Prats）将军和埃米利奥·卡斯特拉尔（Emilio Castelar）的故事时，小孙子会听爷爷说起他在各种战争中组织的活动和参与的事件：三年改革战争、外国势力干预以及为了抗议胡亚雷斯和莱尔多进行的反抗。他是一个绝妙的聊天对象。

伊雷内奥·帕斯在 1924 年 11 月 4 日晚上毫无痛苦地死去了。他的儿子奥克塔维奥当时在莫雷洛斯州政府中任职，没能赶来参加葬礼。据报道，葬礼不得不由那位只有十岁的"年轻人"、他的孙子奥克塔维奥·帕斯·洛萨诺主持。祖父给他留下了许多回忆：手牵手在米斯科瓦克散步，他那些"有精致刺绣的深色天鹅绒外套"，还有他讲的故事和传说。所有这一切都深深地铭刻在了他的记忆中，就像伊雷内奥向他展示的古斯塔夫·多雷（Gustave Doré）的画作一样：

> ……我曾经忆起家中的逝者，
> 第一位让我们终生难忘。
> 尽管他死得匆匆、快如闪电，
> 来不及涂抹圣油、扶上灵床……

米斯科瓦克的房子变得冷清起来。父亲几乎总是不在，母亲何塞菲娜和姑姑阿马利亚引导着这个蓝眼睛小男孩最初的脚步。他是一个孤僻、胆小但是也很贪玩淘气的小男孩，并且对于单词的声音共鸣特别敏感（"为什么'袜子'不叫'钟'？"这个小男孩曾经问道）。这个孤单的独生子，在很小的时候就被参加革命的父亲所抛弃。而如今，他的族长也永远地离他而去了。"他过了几个小时就离开了／没有人知道他去往了怎样的沉寂中"，他把他看成是"傍晚聚会的缺席者"："在我的家中，死人比活人还要多。"

多年以来，"尼奥爷爷"的图书馆就是他的避风港，他在各种历史人物的画像中阅读关于他们的小说、诗歌和历史故事，他将爷爷的文件、书籍、手稿和未发表的作品都保留了下来。政治自由是伊雷内奥人生的核心主题，是他参加革命运动的动力。作为一名作家和编辑，他将报纸、十四行诗和书当作他最好的武器和"建设祖国"的方式。直到临终前，他还在思考着"这场革命终结了迪亚斯一个人的独裁，取而代之的是许多人的无政府主义专政：领导和小领导们"。

新闻界在讣告中将他誉为"新闻界的元老""自由主义最勇敢的支持者之一"。他完整地经历了19世纪，从战争到和平，又从和平到战争。他是那个时代最后的幸存者，也是最后一位自由主义者。

三

在革命结束之后，奥克塔维奥·帕斯·索洛萨诺会在茶余饭后抱怨他的父亲"并不了解革命"。对他而言，革命不是纯粹的政治问题，也不纯粹是为了得到自由。革命是其他一些东西：是墨西哥大地深处表露出的欢庆与暴力，是墨西哥绝大多数穷人武装起来对正义和平等的要求。而对他，帕斯·索洛萨诺而言，真正的革命是他为之献出人生中关键六年的东西：萨帕塔所领导的革命。

到1914年9月为止，他一直担任比利亚军和萨帕塔军之间的交通员。他曾经短暂地到墨西哥城南部地区（包括他自己家人所在的米斯科瓦克）考察行动。在阿瓜斯卡连特斯会议控制首都局势时，他创立了一份报纸，后来被比利亚军接管。1915年初，他陪同古铁雷斯·奥尔蒂斯（Gutiérrez Ortiz）的流亡政府离开首都，在弗朗

西斯科·拉戈斯·查萨罗（Francisco Lagos Cházaro）的指挥之下
在库埃纳瓦卡（Cuernavaca）和霍胡特拉（Jojutla）两座城市建立
了自己的政府。在当地报纸中，他曾经提出在美国建立一个萨帕塔
主义的代表机构，改善萨帕塔主义在国际媒体上的负面形象。会议
接受了这一提议。1917 年 4 月，帕斯·索洛萨诺拜访了特拉斯拉潘
（Tlaltizapán）司令部的"萨帕塔首领"，接受他的任命。萨帕塔一
边吃西瓜一边接待了他（他一刀切开了西瓜），跟他分享了一些逸事，
这位年轻的律师都记了下来，写在了后来的萨帕塔传记中。

帕斯·索洛萨诺对自己的使命很有信心，但是问题在于一切对
萨帕塔的革命事业而言都已经太迟了。他在普埃布拉州（Puebla）
的查乌蒂辛卡（Chautzinca）写给萨帕塔的第一份很长的报告中，
显示出了自己的坚强、热情和诚实："我经常饥肠辘辘，徒步前行……
我从来没有气馁过……我孤身一人，衣衫褴褛，因为我带来的衣服
都烂了，而且还要忍饥挨饿……"在报告之中他这样写道：

> 我经过很多城镇，以不同的方式进行宣传。我为很多军事
> 领袖撰写了宣言口号，这样就他们就可以告诉民众卡兰萨的背
> 叛和支持我们的理由。同时，面对与我交谈过的每一个农民，
> 我都努力向他们灌输对土地权利的观念。我非常高兴地告诉你，
> 在格雷罗和普埃布拉州，土地已经实现了再分配。虽然分配方
> 式并不完美，但是根据阿亚拉计划的第六条，很多村庄的农民
> 成了他们耕种土地的主人……

似乎是为了说服自己，他天真地说："军事形势对我们非常有利，
因为卡兰萨只控制着铁路、港口和州府……卡兰萨、奥布雷贡和路易
斯·卡夫雷拉（Luis Cabrera）将要逃走的消息铺天盖地……威尔逊
不知道该做什么，盲目地四处出击……我们渴望的胜利即将到来。"

他的父亲伊雷内奥遭遇过的波折、风险和苦难，他也会经历一遍，但是却没有父亲的好运气。他在圣安东尼奥（San Antonio）谋划了一年，但是毫无用处。他当时的信件饱含沮丧、茫然、痛苦，几乎无依无靠。有人向司令部反映，他已经开始酗酒，直到他去世，酗酒都给他带来了严重的困扰。打算从洛杉矶（Los Ángeles）支持南方革命的所有计划都已经失败了，他秘密谋划的攻打下加利福尼亚的计划也已经暴露，他筹备的武器在运输途中被缴获。1919 年 4 月 10 日，萨帕塔去世，不久后，他和他的朋友、潘乔·比利亚的传记作者拉蒙·普恩特（Ramón Puente）共同成立了帕斯-西亚出版公司（O. Paz y Cia. Editores），创办了《周报》（La Semana），刊登墨西哥知名流亡者的文章，其中就包括哲学家何塞·巴斯孔塞洛斯。他的妻子，以及在三个月大的时候就不在身边的小奥克塔维奥曾经短暂地来看望他，他的编辑工作激励着他，但是他的情绪依然消沉。"我在这个国家，孤身一人，没有任何形式的资源，常常束手无策。"他在写给战友赫拉罗·阿梅斯库亚（Jenaro Amezcua）的信中这样说道。尽管如此，他依然坚持想把流亡者们团结起来，并试图让里卡多·弗洛雷斯·马贡重获自由。1920 年 5 月，由于缺乏资金，他创办的那份报纸停刊了。帕斯·索洛萨诺生活在不确定之中。当阿瓜普列塔的起义爆发，奥布雷贡领导的力量与卡萨兰决裂时，帕斯·索洛萨诺并没有因此欢欣鼓舞。为什么完全忽略了土地改革？为什么没有任何的"南方要素"？在革命中如何去联合那些曾经与萨帕塔为敌的将军们？"革命的胜利，真正的革命的胜利，还有很长的路要走……"最后，在 1920 年 6 月，在经历了六年的"革命"之后，奥克塔维奥·帕斯·索洛萨诺回到了位于米斯科瓦克的家中。

在"索诺兰王朝"的两个四年任期内——阿尔瓦罗·奥布雷贡（1920—1924 年在任）和普卢塔科·埃利亚斯·卡列斯（1924—

1928年在任）——帕斯·索洛萨诺试图开创自己的政治生涯。1922年4月，在萨帕塔遇刺三周年之际，他为故去的领导人写了一篇传记长文。为了表达对萨帕塔的忠诚，他成了国家农业党（Partido Nacional Agrarista）的创始人之一，代表该党当选国会议员，提出保护农民和工人的立法提案，调查全国庄园主对农民的虐待行为。后来，他担任莫雷洛州州府秘书和办公室主任。但是，他下的所有政治赌注都输了。1928年7月，总统阿尔瓦罗·奥布雷贡再次当选，即将开始另一个四年任期，却遭到暗杀。奥布雷贡的倒台意味着他的主要政治武器——国家农业党的衰落。该党的领导人之一奥克塔维奥·帕斯·索洛萨诺随之失去了自己在政治上的发展机会。

在1929—1934年间，墨西哥有过三任总统，但只有一位"最高领导人"，那就是普卢塔科·埃利亚斯·卡列斯将军。卡列斯并不想连任，也没有连任的可能：他当时已经创办了墨西哥银行（Banco de México）和墨西哥农业信用银行（Banco de Crédito Agrícola）。他在1929年创办了国家革命党，这一强权政党在1938年改组为墨西哥革命党（Partido de la Revolución Mexicana, PRM），在1946年又改组为革命制度党（Partido Revolucionario Institucional, PRI），这个政党一直统治这个国家到20世纪后期。在这样的形势下，帕斯·索洛萨诺找不到立足之处。在政治上失意的他果断继承伊雷内奥的衣钵，转向了新闻出版业。1929年，他在报纸、周末版增刊、历史杂志和逸闻杂志上发表文章，他声称他写的小说是基于"自己的"和萨帕塔革命者的革命经历，具有史料性和文学性。这些小说的素材成了了解萨帕塔主义，尤其是在1915年之前的初始阶段的第一手资料。在他的笔下，可以看到各种人物的性格特点、态度、故事片段和重要事件，既有对话和谚语，也有争吵和歌谣，人物形象跃然纸上。这样的萨帕塔奇迹般地和读者拉近了距离：

　　萨帕塔特别喜欢邀请那些忸怩作态的人去斗牛……他们通常会拔腿就跑，萨帕塔则在一旁哈哈大笑。他这样做是为了嘲笑他们：他知道他们并没有感受到什么是革命。

　　但是帕斯·索洛萨诺感受到了。这就是为什么他和伊雷内奥关注的核心完全不同。他关注的不是自由，而是社会正义。而在社会正义之下，他看到了墨西哥土著的历史正义，这是社会正义的基础。"革命的基本原则，"他写道，"尤其是耕地问题，从有第一批墨西哥居民时就存在。"

　　在 1930—1931 年间，帕斯·索洛萨诺完成了很多出版工作。他曾受伊雷内奥编辑墨西哥首位反西班牙革命领导者伊达尔戈的作品的启发，出版了《胡亚雷斯文集》(*Álbum de Juárez*)，并获得了一些成功，他延续父亲的传统写了《墨西哥新闻史》(*Historia del periodismo en México*)。他热衷于成为"人民律师"。因此他的办公室大门在二十年后再次敞开了，他为墨西哥西部的圣玛丽亚阿兹瓦坎、圣玛尔塔阿卡蒂塔和洛斯雷耶斯等几个村庄的农民打官司，经常不收费。他希望能和他们一起继续沉醉于这场革命的无尽狂欢中，再次踏上革命的列车，将死亡"扛在肩上"，或许在他们当中死去，就像在革命中死去一样。革命的洪流曾经在 1914 年将他带走，他真的已经从革命中回来了吗？

* * *

　　诗人奥克塔维奥·帕斯的签名和他父亲帕斯·索洛萨诺的签名有些相似，都有一个开口没有合上的字母 O，字迹的节奏和倾斜度也差不多。不知他有多少次在帕斯–西亚出版公司的文件上看见父亲这样的花体签名。但是可以确定的是，父亲的影子时不时地出现，并不能为他年幼时的孤独体验带来慰藉。他们两个人之间的真正见面发生在洛杉矶。在那场会面中，既有一张孤独的新面孔，也有陌生国度的孤独感和语言的差异。回到墨西哥以后，他在一家优秀的宗教学校登记入学，后来又在与宗教分离的世俗学校接受教育，再次让他感到了陌生。由于他的外表，其他的小孩误以为他是外国人："我觉得我是墨西哥人，但是他们不这么想。"萨帕塔主义的主要人物、他父亲的战友安东尼奥·迪亚斯·索托－加马在看见他时大喊道："哎哟，你没跟我说过你有一个西哥特族的儿子啊。"当时除了他所有人都笑了。

他的母亲何塞菲娜经常听故乡安达卢西亚的歌曲。她活了很久，直到 1980 年才去世。她缓解了他内心的孤独、空虚和缺失感。不仅仅是母亲，他的姑姑阿马利亚也是如此，他还曾把姑姑写进自己的文学作品中。阿马利亚是墨西哥伟大的现代主义作家、诗人和记者曼努埃尔·古铁雷斯·纳赫拉（Manuel Gutiérrez Nájera）的朋友。多年以后，他所爱的女人们以一种既激烈又痛苦的方式，为他打开了早期职业的一扇门：诗歌创作。

他的父亲对他而言则不是一扇打开的门，而是一面沉默的墙。儿子本想与他分享孤独，沟通情感，畅谈人生。"和他谈话几乎是不可能的，"他在半个世纪后坦言，"我爱他，总是到他的公司去。当他写作的时候，我会靠近他，并尽量给他帮助。他的一些文章在编辑之前，都是我在机器上誊清的。他并没有意识到我的情感，于是我重新跟他保持距离。如果说我的父亲真的有什么失败的地方，那就是他没有注意到我曾经给予他的感情。他甚至可能都没有注意到我曾经为他誊写过稿子。但是我并不怪他。"

儿子所"誊清"的正是他父亲关于萨帕塔主义的文章。虽然萨帕塔主义并没有被后来的学者所公认，但帕斯·索洛萨诺是第一个研究萨帕塔主义的历史学家，也是第一个相关记忆的保管人。在他投入到萨帕塔主义之中时，一种永恒的纽带悄然建立了起来。萨帕塔主义见证和陪伴了他的一生。正是父亲让奥克塔维奥·帕斯走近了"真正的墨西哥"和那些萨帕塔主义的农民，也正是这些人让他了解到了"另外一种"墨西哥历史，这种历史虽然隐秘但是鲜活："当我是小孩子的时候，有很多过去的萨帕塔组织的领导人到过家中拜访，也有很多农民来过家中，我父亲作为律师为这些农民的需求和土地诉讼辩护。我还记得有一些村民要求得到沿着普埃布拉公路的一些湖泊，或者曾经是湖泊的土地。在圣徒日那几天，我们会吃一种前哥伦布时期的特殊料理，是那些我父亲帮助过的村民们所做的菜肴：'叫花鸭'，淋上普奎酒*，配上仙人掌果。"

　　但是凡事都有其阴暗的一面："我父亲有着热闹的社会生活，在外面有朋友，有女人，有各种各样的聚会，虽然我受到的伤害并没有母亲受到的伤害多，但这或多或少还是给我带来了一些影响。"半个世纪以后，圣玛尔塔阿卡蒂塔那些受到过帕斯辩护帮助的农民们还记得那位"圣人"："我当然记得奥克塔维奥律师！我似乎现在都能感觉到他迎面走来，他总是微笑着，两只胳膊各挽着一个女人……因此人们说奥克塔维奥就像是一只雄鸡。他喜欢女人，也从来不缺朋友。"对于他这种"人民的律师"而言，日常访问阿卡蒂塔这样的"芦苇荡"，是回归本真，是参与"革命"，是认识真实的墨西哥印第安社会，是吃水鸟、甲虫、鱼卵泡沫、河虾、蝌蚪、烤虫卵等旧日的食物，是和当地人一起，为埃米利亚诺·萨帕塔祝酒，听那些"每个人都带着热情和尖叫欢唱"的歌谣，拿起"甘蔗美酒大杯畅饮"，在湖中猎鸭，把鸭子带给自己的情人们和"老战友们"。尤其是他参加的各种聚会。"奥克塔维奥特别喜欢有龙舌兰美酒的

---

* 普奎酒（Pulque）为龙舌兰属植物酿造的三种酒之一，是墨西哥人（尤其是土著民族）的传统饮料。

乡村节庆聚会，"帕斯的朋友科尔内略·纳瓦（Cornelio Nava）的儿子回忆道，"和奥克塔维奥·帕斯·索洛萨诺一起来的还有索托—加马这样的名人，嗯，差点忘了，他的儿子，那个跟他名字一样的作家也会来这里。那时候他还是一个小男孩，但是他来过这儿。"

在奥克塔维奥·帕斯的记忆深处，埋藏着一段可怕的记忆。这件事发生在 1935 年 3 月 8 日。事故发生那天，一如往常，依然是"洛斯雷耶斯—拉巴斯的一场聚会"，莱奥波尔多·卡斯塔涅达（Leopoldo Castañeda）回忆："律师如约前往。据说在他到达时，是有人陪着他的。"大洋铁路（Ferrocarril Interoceánico）的一列火车带走了他的生命。"尸体惨不忍睹，只能小心把……那些尸体的碎块……捡到一个袋子中，带到他父亲伊雷内奥在米克斯瓦克的家中。"《宇宙报》描述了这位律师保存的历史文件，以及有关他父亲的资料，还发现了一本具历史价值的日记。年轻的帕斯开始相信他的父亲是被谋杀的。当局试图找见当时陪同这位律师的人，但是这个人始终没有出现。也有一些人认为他是自杀。据说，他的头部是印第安人在距身体五百米远处找到的。不久之后，奥克塔维奥得知他还有一个同父异母的妹妹，她母亲就住在事故现场附近。

就这样，奥克塔维奥·帕斯·索洛萨诺曾经所拥有的墨西哥式的狂欢归于沉寂了，他曾经将死神"扛在肩上"，曾经醉酒狂欢，"他如此可爱，就算是不喜欢他的人也会向他微笑"，但是他生命的最后一刻却如此黯淡。"我曾经将他遗忘，"半个世纪之后，帕斯坦言，"虽然遗忘这个词并不准确。实际上，他一直存在，但是又不在我身边，就像是一段痛苦的记忆。"1936 年，《墨西哥革命史》（*Historia de la Revolución Mexicana*）出版，其中关于萨帕塔主义的章节就是帕斯·索洛萨诺所作。萨帕塔主义曾经是他生命中救世的激情所在。在他去世十年之后，在《中断的挽歌》（*Elegía interrumpida*）这首诗中，奥克塔维奥把他的父亲描绘成一个迷失、流浪的灵魂：

每天晚饭以后，

没有虚无之色的停顿，

或者悬于寂静的蛛丝上

没有结尾的语句，

给归来者开辟了一条走廊：

他的脚步在回响，上来，停下……

我们中间有人站起

并把门关上。

但是他在另一个世界依然如故。

在空洞、在皱折中窥视，

在郊区、在呵欠中游荡。

尽管我们将门关上，他决不改弦更张。[*]

四

　　他继承的遗产是隐性的：如果说身为自由派的祖父和引领萨帕塔主义的父亲是革命者的话，那么他们的后代应该比他们当中的任何一个人都具有革命性。帕斯的革命冒险始于 1929 年，那时他只有十五岁，他参与了高年级学生的游行（也遭到了监禁），呼吁大学拥有自治权，并支持他父亲的一个参加总统选举的朋友：哲学家和教育家何塞·巴斯孔塞洛斯。巴斯孔塞洛斯在 1921 年至 1924 年间主政公共教育部，作为公民领袖发动席卷全国的识字、艺术与图书的真正革新，是当时墨西哥青年一代的偶像。这位 1929 年受到

---

[*] 译文引自《帕斯选集》（上），奥克塔维奥·帕斯，赵振江等编译，作家出版社，2006，21 页。赵译本题为《中断的哀歌》。

帕斯支持的候选人提出的执政纲领非常简单：净化墨西哥革命精神，反对军国主义和腐败。因为执政党首次在选举中舞弊，巴斯孔塞洛斯没能当选。青年们受到了打击。奥克塔维奥·帕斯的朋友何塞·阿尔瓦拉多（José Alvarado）描述了那时的局势："墨西哥当时经历了一段巨变。革命止步不前，遭到背叛。所有地区都沉浸在慌乱的气氛中，年轻人在 1929 年的选举中被下流手段打击，感到绝望和压抑。优秀的意见和建议都消失了。此时美国爆发金融危机，法西斯主义在意大利取得胜利，希特勒所在的德国风云变幻，大国之间纷争不休，整个世界蒙上了一层灰色。"墨西哥的学生的政治立场开始左倾，日益激进。

1930 年，奥克塔维奥·帕斯·洛萨诺进入墨西哥最负盛名的公立学校墨西哥国立高级中学就读，他的父亲也曾经在这里学习。这里曾是古老的圣伊尔德方索耶稣会学院（Colegio Jesuita de San Ildefonso），校园中的建筑高贵而具有象征性，迭戈·里维拉和何塞·克莱门特·奥罗斯科曾经受到巴斯孔塞洛斯的邀请，在这里创作了象征墨西哥革命的著名壁画《福音与启示录》（Evangelio y el Apocalipsis）。一些朋友们记得帕斯曾经就农村的不公和农民的不幸与老师们展开过激烈的讨论（那时小帕斯刚刚帮父亲誊写完一篇他有关萨帕塔主义的文章"整洁、准确的副本"）。他联合一位无政府主义者的同学、来自西班牙加泰罗尼亚的何塞·博施（José Bosch），筹划学术抗议活动，参加反帝国主义游行，一度被逮捕，后被身为律师的父亲帕斯·索洛萨诺救出。巴枯宁（Bakunin）、傅里叶（Fourier）和一些西班牙无政府主义者是他最初的导师。但是他很快就被马克思主义"治愈"（他自己是这么说的）了。帕斯在学生时代加入了支持工农学生联盟（Unión de Estudiantes Pro Obreros y Campesinos），这个联盟的目标是在城市和乡村实现义务教育。弗里达·卡洛（Frida Kahlo）也加入了这个联盟，迭戈·里维拉则在公共教育部绘制了用锤子和镰刀装饰的壁画。帕斯还曾经担任昙花一现的政党"激进准备党"（Partido Radical Preparatoriano）的发言人。

1931 年，位于国立高级中学所在街道的墨西哥城最大的书店佩德罗·罗夫雷多（Pedro Robredo）书店进了大概二十种新书，几乎都是和苏俄有关的：普列汉诺夫的《无政府主义和社会主义》（Anarquismo y socialismo），马克思和恩格斯的《共产党宣言》（El manifiesto comunista），塞萨尔·巴列霍的《俄国革命中的作家》（Escritores de la Rusia revolucionaria）、《俄国在 1931》（Rusia en 1931），列宁的《国家与革命》（El Estado y la Revolución）等等。帕斯和朋友读了其中一些，他们就像拉丁美洲那一代的大多数学生一样，在俄国小说家列昂尼德·安德列耶夫（Leonidas Andreiev）小说中的英雄学生萨什卡·日古列夫（Sashka Yegulev）身上找到了认同感，选择了自己的革命人生。

他们用西语或俄语互相称呼对方"同志"，其中一些甚至穿着布尔什维克式的衣服，但很少有人真正加入共产党。埃利亚斯·卡列斯将军的"最高首领"政府一度和苏联有过短暂的蜜月时期，但此时已宣布共产党非法。在这些学生中，最激进的那位似乎是命中注定要走上这条路。他出生于 1914 年 11 月 20 日（墨西哥革命开始的那一天），而且他的姓氏已经显示了未来的道路：他叫作何塞·雷韦尔塔斯（José Revueltas）*。何塞·雷韦尔塔斯在 1930 年加入共产党，1935 年作为第七届共产国际代表大会的代表访问苏联，曾两度被囚禁在太平洋马丽亚群岛（Islas Marías）监狱中，一生中充满了艰辛苦难。雷韦尔塔斯以宗教般的热情坚持奋斗。他富有牺牲精神，愿意体谅他人的痛苦，忍受自身的不幸，这些后来都被帕斯写进了

---

* 雷韦尔塔斯（Revueltas），拼写近于西班牙语中的"反抗"（Revuelta）。

感人至深的小说当中。他的一生与朋友帕斯的一生有许多交集。

帕斯的另一位朋友诗人埃弗拉因·韦尔塔（Efraín Huerta）曾经这样描述那段狂热岁月："我们聚起了一束光，如同某种圣餐礼。"

……我们曾经像狂暴的星辰：
被书籍、宣言与苍凉的爱所充盈。

……而之后，
我们献出自身的血脉，抑或称之为渴望，
来拯救这世上每一个温热的清晨；
我们生活在，
一场善念的冻雨中。
所有飞翔的、悦耳的，所有吉他，
和宣示，拂晓时分的轻微声响，
蒸汽与雕塑，破碎的袍服，多舛的命运。
所有人都在这儿——所有人都在建构着诗歌。

帕斯是其中的一份子，但是他最终并没有像雷韦尔塔斯和韦尔塔那样走上正式的共产主义征途。出身书香门第，以新闻媒体为祖业的他很快开始了自己的出版生涯，以文字作为斗争的武器。1931年8月，他创办了文学杂志《栏杆》（Barandal），在1931年8月至1932年3月之间共出版了七期。他在这份杂志上发表了早期的诗歌作品，风格在戏谑和苍凉间摇摆不定。"我们是《栏杆》的狂热拥趸。"韦尔塔写道。"我们都希望拥有一本自己的杂志，"另外一位年轻人拉斐尔·索拉纳（Rafael Solana）回忆道，"当我们的朋友奥克塔维奥·帕斯拿出他自己的杂志……这本小小的杂志，虽然开本并不大，但是干净、年轻、崭新，我们都羡慕得呆住了。"

当年 12 月,帕斯刚刚满十七岁,却已在自己的杂志上发表了《艺术家的伦理》(Ética del artista),关于他的职业提出了一个绝对严肃的预言。当时,人们在"纯粹艺术"和"承诺艺术"之间激烈地争论,他选择了后者,但既非学院派式的也非简单式的。他那时已经阅读了尼采的作品,也读过希腊戏剧、西班牙小说、苏联马克思主义和德国的浪漫主义作品,认为文学必须是"神秘而具有斗争性的",高尚并且永恒,"专注于真理"。更重要的是,他宣称要为包括整个拉丁美洲在内的文化建设负责:"我们必须认识到我们的所作所为构成了这个大陆历史的一部分。有一种命运在冥冥之中时常显现,迫使人类践行生命和上帝的意志。"他祖父和父亲的出版和文学工作以不同形式和程度影响了墨西哥的历史。而帕斯的影响范围更大。

小帕斯深信,政治激进主义必须要和文化现代性相结合。首先,所有的领域都应该觉醒,包括媒体、政党、群众集会、书籍、咖啡馆、报纸、课堂等等,但是现代化并不是轻而易举就能实现的。出生于 1890 年至 1905 年之间的上一代人把这一方面的标准定得很高,他们几乎对政治漠不关心,但却密切关注文学和艺术领域的先锋作品,并积极地投入其中,将他们聚集起来的,正像 19 世纪中期在墨西哥常见的那样,是某些杂志,其中比较典型的杂志是《当代》(Contemporáneos,1928—1931)*。这个群体中比较突出的是诗人和剧作家,包括哈维尔·比利亚乌鲁蒂亚(Xavier Villaurrutia)、卡洛斯·佩利赛尔、何塞·格罗斯蒂萨(José Gorostiza)、萨尔瓦多·诺沃(Salvador Novo)等等,还有一位出色的散文家豪尔赫·奎斯塔。他们和包括拉法埃尔·阿尔维蒂(Rafael Alberti)、曼努埃尔·阿尔托拉吉雷(Manuel Altolaguirre)、赫拉尔多·迭戈(Gerardo Diego)等西班牙"二七一代"处在同一个年代,他们都

---

* 另有译名为《当代人》。

仰慕胡安·拉蒙·希门内斯（Juan Ramón Jiménez）和安东尼奥·马查多，出版过《新法国评论》（*Nouvelle Revue Française*）的作者如安德烈·纪德（André Gide）、莫朗（Paul Morand）、莫洛亚（André Maurois）、拉尔博（Valery Larbaud）等人的作品，翻译了T. S. 艾略特（T. S. Eliot）的《荒原》（*The Waste Land*）、劳伦斯的《墨西哥早晨》（*Mornings in Mexico*）和圣—琼·佩斯（Saint-John Perse）的《阿纳巴斯》（*Anábasis*）等。这些"同时代的人"曾批判过重复不断、教育意味浓厚的墨西哥壁画运动。《当代》停刊之后，帕斯想要继续他的事业，出版了法国现代主义诗人保罗·瓦莱里（Paul Valéry）、荷兰历史学家和哲学家约翰·赫伊津哈（Johan Huizinga）、意大利未来学家菲利波·马里内蒂的作品，并在造型艺术领域做了有价值的恢复工作。

但是，帕斯最重要的身份是诗人。他的老师安德烈斯·伊杜阿尔特（Andrés Iduarte）记得他"很胆小，或者确切地说很克制，偶尔也会爆发，但很快会因为读过的众多优秀作品而软化下来；他睿智敏锐，敏感多疑，孤僻随性，充满神秘；他能向人掏心掏肺、敞开心扉，但很快又会保持距离，冷若冰霜"。他的朋友何塞·阿尔瓦拉多则以另外一番情景形容《栏杆》杂志的这位年轻编辑：他紧握着圣伊尔德方索学院"底层楼梯的扶手"，望着远处墨西哥谷的光芒。"他从那一刻起就认识到自己对于从事诗歌创作的坚定和创造世界的渴望，奥克塔维奥不想成为一位普通的诗人，而是想成为诗歌的真正主人，他不仅要将他对世界的认同付诸理性，还要付诸自己所有的感觉、激情和判断。"

1932年，奥克塔维奥·帕斯也遵循家族传统进入法学院学习。他访问了墨西哥最激进的韦拉克鲁斯州（Veracruz），去支持那些受到州长阿达尔韦托·特赫达（Adalberto Tejeda）鼓励的农民团体。作为墨西哥革命学生联盟（Federación de Estudiantes revolucionarios）的成员，他参加了纪念 1929 年 1 月在墨西哥被谋杀的古巴共产主义领袖胡利奥·安东尼奥·梅利亚（Julio Antonio Mella）的游行。年轻人们进了监狱，这次又是小帕斯的父亲将他们救了出来。博施被驱逐出墨西哥。1933 年 1 月，希特勒的崛起鼓动了法西斯主义者，1935 年的人民阵线政策（Frente Popular）重新允许共产党人参加公共活动。两大阵营间冲突不断，"红衫军"（Camisas rojas）和"金衫军"（Camisas doradas）在首都的街头均有伤亡。哲学家安东尼奥·卡索建议他的学生帕斯学习比森特·隆巴尔多·托莱达诺（Vicente Lombardo Toledano）："他既是社会主义者，也是基督教徒。"但是从 1933 年开始，帕斯的两位老师——天主教自由派的卡索和改信马克思主义的隆巴尔多——开始了一场关于大学学术自由的长期论战。卡索并没能让帕斯更接近基督教，但是隆巴尔多也没能让帕斯转向坚定的正统马克思主义。

帕斯总是会为他的个人作品留出一片天地。1933 年他出版了第一本诗集《野生的月亮》（plaquette Luna silvestre）。但时局越来越意识形态化。当年 9 月，帕斯参与集体创办的杂志《墨西哥谷地手册》（Cuadernos del Valle de México）。这本杂志仅仅出版了两期，第二期出版于 1934 年 1 月。虽然他翻译了乔伊斯的《尤利西斯》的片段，但他对政治更感兴趣。他发表了拉法埃尔·阿尔维蒂基于《共产党宣言》的诗作《一个幽灵在欧洲徘徊》（un fantasma recorre Europa）。另一位编辑拉斐尔·洛佩斯·马洛（Rafael López Malo）对此表示了欢迎："他去过俄国，并对这些当代神话做出了评价。（在他的诗歌中），列宁正在等待一顶谦卑的、真正的新诗人桂冠。"恩里克·拉米雷斯-拉米雷斯（Enrique Ramírez y Ramírez）说，苏联"转瞬就进入了最高阶段"。何塞·阿尔瓦拉多批评知识分子"发明了新的游戏和逻辑诱惑"，而不是提出"更高目标"："反抗的政治是人类唯一的创造性活动，这是唯一能让我们

颤抖和快乐的工作。"阿尔瓦拉多本人可能还记得他这代人生活在
陀思妥耶夫斯基式的痛苦气氛中：

> 一位出身加尔文宗家庭的男孩在经过漫长的精神危机之后，
> 先是信奉共产主义，后来又抛弃共产主义成了一名天主教徒；
> 另一位聪明而敏感男孩不幸犯下谋杀罪，出狱后却故态复萌，
> 走向了暴力的道路，神秘地死去了……他们当中有不少人是经
> 院派、马克思主义者和无政府主义者……他们强烈反对虚伪和
> 罪恶，他们经受过巴斯孔塞洛斯的影响和社会公正的洗礼。对
> 他们而言，政治就是他们的抒情诗，是他们的爱之所在，是他
> 们的诗歌和形而上学。

　　小帕斯永远都记得同代人苦难的人生、自杀的噩耗和突然之间
的转变。他的朋友恩里克·拉米雷斯—拉米雷斯曾于 1930 年为《自
由人》（El Hombre Libre）担任撰稿人。这是一份持排外和反犹立
场的西班牙右派报纸。他在一夜之间从批评"集体主义的花言巧
语"转向了共产主义。而鲁本·萨拉萨尔·马连（Rubén Salazar
Mallén）的转变方向正好与此相反，这位前辈作家将成为帕斯一生
的对手。但奥克塔维奥·帕斯并不是一个改变过信仰的人：他走上
革命之路是他的传奇家庭激进化的自然结果。

　　1933 年底，拉萨罗·卡德纳斯将军成为下一任总统候选人，他
从一开始就表示要落实在墨西哥革命纲领中尚未实现的社会改革。
卡德纳斯将于 1934 年 12 月至 1940 年 11 月期间在这个国家执政。
像几乎所有的朋友一样，帕斯欢迎在卡德纳斯担任总统期间向左转
的官方转变，但他从未成为好战的党徒。他在政治上态度激进、不
容调和，也是文化方面的先锋派。正因如此，他与一些非政治性的"当
代艺术家"成了朋友，并随着时间的推移，在 1935 年和当时最清

醒的思想家豪尔赫·奎斯塔成了朋友。在当时那个两极分化的世界中，传统的自由主义思想几乎没有任何空间。但奎斯塔是一个最明显的例外。他是一名杂文作家，其宽广的思维和批判的激情走在了未来的帕斯之前。奎斯塔对马克思主义的哲学批判在墨西哥也是领先的。自 1933 年以来，他发现了墨西哥政治文化的核心要素：天主教神职人员在墨西哥国家新的政治和意识形态结构中坚持旧的教条主义。同样地，政府在资本主义社会框架内实行"社会主义教育"，也造成了矛盾。

* * *

1934 年的某个时刻，奥克塔维奥·帕斯遇到了一个比他小两岁的年轻学生，她正在读最后一年高中，是大学剧院的舞蹈编导；她就是埃莱娜·加罗（Elena Garro），她美丽、忧郁，充满了神秘感。她是一位勇敢独立的女性，她的祖父称她为"女将军"（La Generala），而她的家庭在某种意义上来讲是帕斯家庭的一面镜子：父亲是西班牙人，母亲是墨西哥人，外祖父是哈里斯科人（Jalisco）。她有两个叔叔在潘乔·比利亚的队伍中战死。此前不久，帕斯曾和一位纠缠他的女人短暂地坠入爱河。为了治疗情伤，他完整地阅读了马塞尔·普鲁斯特（Marcel Proust）的作品。在父亲去世的惨剧发生之后，他开始像劳伦斯一样对待爱情，他一直把这样的爱情奉若圣经，并有了一种少年维特的感觉（"我竭尽全力地爱着你，这样的爱是苦涩的。如果我不爱你的话我会死的"）。他每天写给埃莱娜（他将她的名字改作海伦娜）的信，读起来像一个受到单相思鼓舞和折磨的年轻人的日记。但很容易理解，这种绝望部分可能直接来自他的丧父之痛。从他的一封信可以瞥见他二十一岁时的生活状态：

　　我在这里，在图书馆里，在我死去的亲人、我爱的、我辛酸的眼泪和孤独之间。我感觉我离他们有些遥远，就好像他们的意志并不是我的意志，就好像我并没有流着使我注定孤独的父亲和祖父的血。因为，我告诉你，海伦娜，在这个家中，我感觉自己被一系列黑暗和腐朽的东西、被死亡和痛苦的谋划所束缚，我就像是一个刻薄之语的仓库。

　　为了不让自己感到被家庭命运"束缚"，帕斯在父亲暴亡之后，放弃了已有的职业方向，放弃了在法学院的学习，虽然他仅差一门课程就可以获得当律师的资格了。他在国家档案总馆（Archivo General de la Nación）找到了一份工作，期间读了布哈林（Bukharin）的《共产主义 ABC》（*El ABC del comunismo*），以及恩格斯的《家庭，私有制和国家的起源》（*El origen de la familia, la propiedad privada y el Estado*）。他花了无数个不眠之夜，以纯粹的马克思主义方式写作有关在没落的资本主义世界里无意义的工作和抽象的金钱的作品。他勾画出了对于新世界的期望，并用自己的方式阐释了恩格斯的格言（"从必然王国到自由王国"）："明天没有人写诗，也没有人会梦想音乐，因为我们自己会像诗歌一样自由。"突然间，明天敲开了他的房门，历史回应了他，并邀请他参与其中。

　　1936 年 7 月，西班牙内战爆发。阿尔瓦拉多回忆说，帕斯以捍卫土地革命时一样的激情颂扬了西班牙共和国。现在，共和国正处于危难之中。这显然是他参与历史的机会，像爷爷伊雷内奥和波菲里奥·迪亚斯，或像父亲奥克塔维奥和萨帕塔一样。1936 年 10 月，帕斯发表了长诗《不准通过》（no pasarán），其灵感来自 1936 年马德里保卫战中，笔名为"热情之花"（Pasionaria）的西班牙共产党领导人多洛雷斯·伊巴露丽（Dolores Ibárruri）。他的言辞并不犀利，但却愤怒、崇高、充满希望：

......
就像是干旱期待着左轮手枪，
或是分娩前的沉默，
我们听到了喊声；
他们生活在内脏里，
停留在脉搏里，
从静脉上升到双手：
不准通过。

我看见结实的手掌，
和丰饶的子宫，
阻挡着子弹，
细小的灼热和盲目。
我看见到如船的脖颈，
和如海的乳房，
从广场和田野里诞生，
在喷涌的血液中，
在厚重的迷雾中，
与十字架和命运相撞，
在缓慢而恐怖的浪潮之中：
不准通过……

卡德纳斯政府将这份长诗印制了三千五百份，赠送给西班牙人民。帕斯一时间成了名人。阿尔维蒂认为他是"墨西哥最具有革命性的诗人"。对于他的朋友韦尔塔来说，帕斯"有着纯粹的热情，也有着纯粹的不安；他是一个爱幻想、果敢热情、光芒四射的男人，一位燃烧着的诗人。他被激情所鼓舞，也被激情所吞噬"。

1937 年，帕斯为反对当时浮夸的文风，维护个人的精神土壤，出版了自己的诗集《人类的根》（*Raíz del hombre*）*。这本诗集的主题并不是革命的热情，而是它的补充：爱的激情。这是他在给海伦娜的信中以及他在几年后出版的思想和深夜著述中仔细阐述的激情。他有少年维特般的感受，但是像歌德一样行事：他对世界充满了好奇，在课堂中，在咖啡馆中，在来往于米斯科瓦克和墨西哥城的有轨电车中，在家族的图书馆中，他像哲学家一般从早到晚都在思考。在他身上从来没有轻浮的影子——很显然，也并没有幽默感——有的是庄重、严谨，是知识分子和诗人所拥有的激情。由于他的才华、他的浪漫主义和优雅的外形，他的朋友们曾经开玩笑称他为"米斯科瓦克的拜伦勋爵"。但更重要的是帕斯与自己的对话。他的脚步耐心而坚定："孤独，向我展示了我灵魂的形状，让我的存在缓缓成熟"。奎斯塔在评价他的书时说："他拥有罕见、敏感的智慧和激情……他的诗歌最明显的特征是绝望，而不是集中于抽象理论、形而上学……不是艺术家的纯粹的心理消遣。"通过这部作品，帕斯"在他的诗歌中证实了某种命运对他的主宰。现在我确信，奥克塔维奥·帕斯会拥有远大的前程"。

他的守护神是劳伦斯和马克思：他认为共产主义——就像肉体上的爱——是一种"宗教"，它"寻求兄弟情谊，是绝望者和穷困者们的活跃集合体"。他的许多朋友都加入了革命作家和艺术家联盟（Liga de Escritores y Artistas Revolucionarios, LEAR）。联盟成立于墨西哥，效仿了法国由纪德、巴比塞和马尔罗（André Malraux）领导的同类组织。帕斯参加了联盟于 1937 年 1 月召开的创始会议，并听到了对于"纯粹艺术""资产阶级分子""外国化"等几种文化的批判，还听到了危地马拉诗人路易斯·卡多萨－阿拉

---

* 该诗集另有中文译名为《人之根》。

贡（Luis Cardoza y Aragón）孤单的捍卫之言，他认为诗歌并不是革命的仆人，而是要表达"人类永恒的颠覆"。他还听到，更激进的发言者拒绝接受温和的"革命民族主义"，转而拥抱无产阶级国际主义，反对墨西哥政府向列夫·托洛茨基（当时刚刚抵达墨西哥）提供庇护。此时，帕斯已经与奎斯塔结交，并开始阅读他的作品。他了解到当时的紧张局势，例如苏联对持不同政见者的镇压，镇压在欧洲知识分子间引起的论战，以及第三国际对无政府主义者和托洛茨基主义者的攻讦。他同时还注意到了安德烈·纪德，纪德所写的《访苏联归来》（Retour de l'U.R.S.S.）已经于 1936 年底在墨西哥翻译出版。"无产阶级专政，"纪德写道，"是一个人对整个无产阶级的专政。"这本书揭露了斯大林主义的个人崇拜、苏联的食物匮乏与其他必需品短缺、宣传洗脑、恐怖、屈从、告密者盛行，以及对于知识分子自由的打压。这本书帮助许多共产主义信徒擦亮了眼睛，但是帕斯并不在其中。奎斯塔自 1932 年起便在批评纪德的共产主义倾向，预言纪德日后肯定会为此失望。但是他并没能成功说服自己年轻的朋友帕斯。帕斯依然坚信他的事业是正义的。"我和共产主义者站在一起，"帕斯回忆道，"在那个时候，我满怀热情地确信，全世界的反抗斗争，包括墨西哥在内，均将在共产主义中得到实现。"

* * *

墨西哥新任总统拉萨罗·卡德纳斯在全国范围内开启了土地改革，为三百万农民分配了一千七百万公顷的土地。1937 年 8 月 4 日，《国家报》（El Nacional）用了八栏的版面宣称："革命将重新分配龙舌兰种植园。"在卡德纳斯所统治的墨西哥，成为一名共产主义者并不容易，也没有什么必要。支持总统是更好的做法。伴随着这场从 1937 年开始的大规模所有权转移运动的是教育事业。具有传教士精神的奥克塔维奥·帕斯于 1937 年 3 月前往尤卡坦（Yucatán），成为一所联邦初级中学的校长。

此时，帕斯像他的父亲在萨帕塔的土地上一样成了一位平民知识分子*，和农民们一起工作。"白色之城"的梅里达（Mérida）——在玛雅原住民之中的一片始终为"血统神圣"的大庄园主占据的土地——唤醒了帕斯对墨西哥历史深层的敏感以及他饱含愤怒与诗意的马克思主义情感。帕斯认为："如果只看到事物的表象，在某种意义上就等于没有理解这些事物。"因此，帕斯以诗的形式开始在梅里达审视现实，理解事物背后的本质："这里的底层社会受到了玛雅文化的深刻影响。这样的影响在所有的生活行为中都会突然出现，不管是儿时的生活习惯，还是生活中不知道缘何而来的行为举止，或是对于颜色或者形状的偏好……亲切的待人方式、敏感的心性、友善的态度，平易简洁的礼节，都是玛雅式的。"这座州府之城†风景和美，但是"有那么一瞬间，这座城市会摘掉面具，将生活中内在、勇敢和沉默的一面赤裸裸地显示……于那些罢工和集会的大日子里。"底层印第安人与梅斯蒂索人以及革命，是他那身为萨帕塔主义者的父亲的老话题。然而此时，帕斯还不是墨西哥精神的挖掘者。他还只是一个有"理想"的诗人。"在这里，如同在所有资本主义政权下，一些人以另一些人的死亡为生。有时候在夜间，人会在瓦砾和鲜血中醒来。无人察觉却司空见惯的龙舌兰掌控着人的觉醒。"关于这个主题，他受到《荒原》的启发，写了一首长诗，命名为《在石与花之间》（Entre la piedra y la flor）。这是他第一次尝试将诗歌嵌入历史，创作革命的诗歌，但不是革命的宣传语。多

---

* 指俄国 19 世纪到 20 世纪政治派别"民粹派"的知识分子参与者。

† 梅里达市是尤卡坦州的首府。

年之后他回忆说："我想表现农民的具体生活和资本主义社会客观、抽象的结构之间的扼杀式关系：一群想尽力满足自己基本生活需要并遵循传统规则劳作的男女，却受到一种外来机制的压迫。他们被这种机制折磨着，却忽视了它的运作和存在。"

> 在沉默之毒的拂晓，
> 我们像蛇一样醒来。
>
> 我们像石头一样醒来，
> 顽固的根，
> 赤裸的渴，矿物的唇。
> ……
>
> 金钱，伟大的魔术师！
> 在白骨上升起，
> 在人类的白骨上升起。
>
> 你像花一样拂过贫瘠的地狱，
> 由束缚的时间所形成，
> 机械轮转，
> 空轮将我们挤压和驱离，
> 我们的鲜血被榨干，
> 泪水之地将我们杀害。
> 因为金钱无限，又创造无限的沙漠……

在尤卡坦，帕斯给工人和农民讲文学课，发表关于西班牙内战的文章，举办相关的讲座。拉丁美洲对于这场战争的热情要比欧洲更为深厚：拉美的知识分子像 1898 年一样在西班牙身上找到了认同感。那一次是反对古巴的帝国主义，而此时是反对西班牙的法西斯主义。帕斯将经历自己首次的伟大激情。正是在尤卡坦半岛，他惊讶地收到了第二届国际作家保卫文化大会的邀请，该会议于 1937年 7 月初在巴伦西亚召开。他的诗歌《不准通过》再次成名。他不得不仓促地动身，几乎半强迫地让不情不愿的埃莱娜和他结婚，在1937 年 5 月 25 日举行了婚礼，一起返回尤卡坦待了一段时间，随后就登上了历史之船的甲板。他用言语和行动书写历史的诗歌。他的爱与革命结合在了一起。又一个浪漫的诗人踏上了拯救一个英雄民族的征途。这正是他所做的。

五

他们于 1937 年 7 月初抵达西班牙。墨西哥代表团的成员包括诗人卡洛斯·佩利赛尔，他从高中时期起就是帕斯的朋友和老师；小说家胡安·德·拉·卡瓦达（Juan de la Cabada）和历史学家何塞·曼西西多（José Mancisidor），二人都是革命作家和艺术家联盟的活跃分子；此外，还有何塞的兄长、著名音乐家西尔韦斯特雷·雷韦尔塔斯（Silvestre Revueltas）。而帕斯在杂志、诗歌和文章中反复提及的西班牙"九八一代"几乎全部缺席了本次大会：奥特加·加塞特此时流亡于布宜诺斯艾利斯，乌纳穆诺在公开谴责"死亡万岁"的口号后不久就去世了，马查多则委顿在家中。但是接下来的几代作家仍保持着活跃，尤其是《西班牙时刻》（Hora de España）杂志汇集了一代卓越的诗人、剧作家、散文家和哲学家，他们在年龄和思想境界方面都与墨西哥《当代》杂志的作者群体非常相似。其中，帕斯接触了曼努埃尔·阿尔托拉吉雷、路易斯·塞尔努达（Luis Cernuda）、玛丽亚·桑布拉诺（María Zambrano）、拉斐尔·迭斯特（Rafael Dieste），包括拉法埃尔·阿尔维蒂和何塞·贝尔加明（José Bergamín）等最激进的几位。在一众作家当中，他看到了海明威、多斯·帕索斯（Dos Passos）、西洛内（Ignazio Silone），以及大会主席安德烈·马尔罗。

在大会上，何塞·贝尔加明对刚刚出版了《〈访苏联归来〉之补充》（Retouches à mon Retour de l'U.R.S.S.）的安德烈·纪德提出了谴责动议。《西班牙时刻》杂志的作家们恪守人文主义传统，反对这项动议，其中来自加西亚的诗人和剧作家拉斐尔·迭斯特宣称这是一个"左派自由人民阵线，但并不是宗派分子"。来自拉丁美洲的代表除了佩利赛尔和帕斯，都支持这样的动议。但是持反对观点的二人都没有公开表示抗议，事后帕斯一直自责此时的沉默。马尔罗拒绝通过此项动议。在闭幕式上，安东尼奥·马查多（后来帕斯夫妇曾经到他位于巴伦西亚的荒凉之家参观）警告大家不要使用"全部"一词。他曾用异名胡安·德·迈雷纳（Juan de Mairena）写道："我费尽心思，也找不到一种方式可以将个体合并。"

在西班牙，帕斯与英国诗人斯蒂芬·斯彭德（Stephen Spender）结为好友，他们的友谊将持续一生。当时乔治·奥威尔（George Orwell）曾经和威斯坦·休·奥登（W. H. Auden）批评斯彭德是"客厅里的布尔什维克"。奥威尔对于斯彭德的批评——在1940年的《在鲸腹中》（Inside the Whale）中变得柔和——是否适用于大会的其他作家？奥威尔和斯彭德其实只有一个区别：是否真正参与斗争。奥威尔将他们叫作"永远的少年"，那些中产阶级的知识分子们可以踊跃地讨论战争，是因为他们生活在自由的国度，并没有参与战争："大清洗运动、秘密警察、即时处决、不审而判等这样的行为，对于他们而言过于遥远，从而不会引起恐惧感。"对于奥威尔而言，西方共产主义似乎完全是一种知识分子现象，很少有工人参与。知识分子的这种信仰，就像是皈依了新的宗教一样。

他曾问道：在那些日子里，传统的行业和才能有什么吸引力呢？并没有。大家所讨论的那些词汇，爱国主义、宗教、帝国、家庭、婚姻、荣誉、纪律等又有什么意义呢？也没有。"英国知识分子的'共产主义'是背井离乡者的爱国主义。"

从这个意义上说，埃莱娜·加罗的感受也是如此。加罗写过一本有些不礼貌却很有趣的书《1937年西班牙回忆》(*Memorias de España 1937*)，对于当时意识形态和道德上的混乱表达了愤怒之情：

> 在明格拉尼利亚（Minglanilla），市政厅又有一场宴会。我们被城里的一群农妇包围，请求我们将一会儿在宴会上剩下的食物分给她们。我当时深受震撼。在那里，尽管同胞们不让我们太过引人注目，斯蒂芬·斯彭德和其他的作家还是请我们去了市政厅的阳台。我在阳台上看到了那些哀伤的妇女和祈求面包的孩子们，顿时放声痛哭。我感到非常疲惫，非常想回家……在宴会上，诺达尔·格里格（Nordahl Grieg）提出应该把宴会桌上的食物分给外面的人们，但是并没有成功……

在自己的回忆录中，诗人斯蒂芬·斯彭德证实了这件事：

> 有些荒诞的是，这个知识分子代表团受到了王室级别或者是部长级别的待遇，我们乘坐劳斯莱斯穿行数百英里，欣赏沿途优美的风景，享受村庄被战乱所毁的人民发出的欢呼声。我们参加宴会和派对，唱歌跳舞，拍摄照片。但是在明格拉尼利亚小镇突发了一起意外事件……在宴会上，我们像往常一样被精心招待，在享用了西班牙海鲜饭之后，还有甜点和美味的红酒。当我们希望从市政厅的阳台上观看风景时，在热闹的广场上明格拉尼利亚的孩子们为我们载歌载舞。突然间，帕斯夫人——

她是一位美丽的女人，她的丈夫、年轻的诗人奥克塔维奥·帕斯也同样英俊——歇斯底里地哭了起来。这是一个揭示真相的时刻。（出自斯蒂芬·斯彭德的自传《世界中的世界》[*World Within World*]，241—242 页）

奥克塔维奥·帕斯在某种程度上，也是一个背井离乡的人。但是他并不是以游客而是以有勇气、有诗情的鼓动者的身份前往西班牙的。他的西班牙朋友们就是这么看他的："今天，奥克塔维奥·帕斯的西班牙之歌问世了，它正适合我们英勇的战士们满怀激情地念诵！"他在西班牙停留了将近四个月，除了没有亲自参与战争（帕斯是认真地想要参战），几乎没有错过什么：参加革命兄弟会，录制电台节目，勇敢地慰问前线。他忘不了流离失所的家庭和孩子们、食物配给以及陆上海上的狂轰滥炸。枪林弹雨吓坏了埃莱娜，但是奥克塔维奥却惊呼："这太棒了！"尽管他没有亲自参加战斗，或者像画家西凯罗斯一样带着伤痕回到墨西哥，但他确实想申请成为特鲁埃尔（Teruel）前线的政委。他的西班牙朋友劝阻他：他用笔比用步枪能更好地为事业服务。他处在高度的兴奋当中，他阅读并写作革命诗篇，参与关于西尔韦斯特雷·雷韦尔塔斯的会议，在巴伦西亚文化之家（Casa de la Cultura de Valencia）宣布自己要成为一名"新人"："我们渴望这样的人，要从骨子里进行革命，一次次获得新生。"他坚信着革命，认为革命是一种"人类的新创造"，是"新生命"的源泉，是一种"总体现象"，是一个"有能力囊括生死的诗歌世界"的到来。

在巴塞罗那，帕斯朗诵了他的《致一位牺牲在阿拉贡前线的战友的挽歌》（Elegía a un compañero muerto en el frente de Aragón）。这是一首他在墨西哥写就的诗，为他的名声做出了很大贡献：

同志，你牺牲在
世界火红的黎明。

你的目光、你蓝色的英雄服，
在硝烟中吃惊的面孔，
还有你那没有触觉的双手
正从你的牺牲中诞生。

你死了。无可挽回地死了。
声音停滞，鲜血洒在地上。
土地若不把你颂扬，怎么会生长？
血液若不将你呼唤，怎么会流淌？
我们若不表明你的牺牲、
你的沉寂和失去你的无言痛苦，
怎么会有成熟的力量？ *

他提到的这位战友是无政府主义者何塞·博施，是帕斯从高中时期就熟识的好友，他的死亡消息据信是可靠的。但帕斯后来却惊讶地发现博施又在公开场合出现了。后来他听博施描述了一场与他见到的截然不同的战争：共产主义者和马克思主义统一工人党（Partido Obrero de Unificación Marxista，中文简称马统工党）的无政府主义者之间的死斗。"他们杀死了我们的同志！……他们，他们那些共产主义者！"奥威尔作为马统工党军队的成员，数月以来也在前线见证了这样的残酷现实。事实上，此时距离马统工党开始与共产党人在巴塞罗那街头对抗还不到三个月，该党最重要的领

---

* 译文引自《帕斯选集》（上），奥克塔维奥·帕斯，赵振江等编译，作家出版社，2006，32 页。

导人安德烈斯·尼恩（Andrés Nin）被逮捕并神秘消失也才过去了两个月。大约在同一时间，内务人民委员部（NKVD）发现了马统工党人和托洛茨基主义者与法西斯"合作"的证据。这一说法被西方媒体取信，但被奥威尔戳穿。他在 1937 年 6 月离开巴塞罗那，并开始写作《向加泰罗尼亚致敬》（Homage to Catalonia）。至于博施，他只是想要一本去墨西哥的护照。但是他又不可能得到它。据埃莱娜说，帕斯"十分痛苦地"经历了这些事：西班牙笼罩着特务的气氛，许多"同志"以审问的口气说话，间谍和契卡特工大摇大摆地公开露面，红军英雄图哈切夫斯基（Mikhail Tujachevski）元帅于 1937 年 6 月 12 日被处决。但是，在弄清楚这些不同的说法前，他认为他必须前往苏联（用埃莱娜的话说）"亲眼看看这个玩弄世界命运的国家"。但他没能成行。

而在十月，这对夫妇返回墨西哥的船在古巴停了下来，古巴共产党的老牌领导人胡安·马里内略（Juan Marinello）和年轻的领导人卡洛斯·拉斐尔·罗德里格斯（Carlos Rafael Rodríguez）将他介绍给从西班牙流亡至此的胡安·拉蒙·希门内斯。埃莱娜写道："他给我的印象就像是个难民，如同在阳光灿烂的沙滩上看到一幅埃尔·格列柯（El Greco）*的画作。"

有着同样经历的还有诗人莱昂·费利佩（León Felipe）和他的墨西哥妻子贝尔塔·甘博亚（Bertha Gamboa），她的西班牙文名字是"贝尔图卡"（Bertuca）。五十三岁的莱昂·费利佩在西班牙已经是一位受人尊敬的长者。他有药剂师的从业资格，曾到各处旅行，在墨西哥和美国任教，是加西亚·洛尔卡（García Lorca）的朋友，翻译过惠特曼、艾略特和布莱克作品。他的长诗充满一种奇怪的宗

---

* 西班牙文艺复兴时期的画家、雕塑家与建筑家，由于出生于希腊而得此别名（El Greco 在西班牙语中意为"希腊人"），擅长肖像画，作品中人物多颀长佝偻，色彩怪诞。

教色彩，有的天真，有的严肃，有的是祷告诗、讽刺诗、赞美诗，有的是寓言故事和隐喻。"他是一位愤怒的神圣先知。"阿尔维蒂曾这样形容他。阿尔维蒂说得没错：莱昂·费利佩在声音、外形、道德激情和感染力方面都有着圣经式的先知色彩。战争爆发时，他人在巴拿马，感到非常震惊，不过他还是回到了西班牙。在他身上，聂鲁达发现了尼采主义者的影子："在他众多的魅力之中，最吸引人的是无纪律的、嘲讽的、叛逆的无政府主义情怀……他常常出现在无政府主义者的前线，宣传自己的思想，朗读自己嘲弄传统的诗歌作品。这些作品反映了一种模糊的无政府主义和反教会的意识形态，混合着祈祷与亵渎。"此时他和妻子贝尔图卡、奥克塔维奥·帕斯、埃莱娜生活在一处。他"脸色苍白，双手交叉放在手杖的握柄，把下巴搁在手上"。"您怎么了，莱昂·费利佩？"埃莱娜问道。"我为西班牙感到悲痛，姑娘，我很悲痛……"帕斯也是同样悲痛。西班牙是革命的家园，也是他母亲的祖国。在 1937 年的诗歌《西班牙颂》（Oda a España）中，他写道：

> ……
>
> 这不是爱，不，不是。
> 然而你的呼喊，噢，土地，
> 勤劳的西班牙，
> 万物的故土西班牙，
> 撼动了我的根，
> 是支撑我基础的土壤，
> 你侵略性的声音穿透了我的喉咙，
> 你呼出的气息深埋在我的骨头里……

西班牙内战将为他的政治意识留下持久的印记。他最著名的诗歌之一是 1957 年的《太阳石》(Piedra de sol)，许多墨西哥人都能够背诵其中的诗句。在这首诗中，他忆起了自己在西班牙生活中关于爱和历史的双重体验：

> 马德里，1937 年，
> 在安赫尔广场，妇女们缝补衣裳
> 和儿子们一起歌唱，
> 后来响起警报，人声嘈杂喧嚷，
> 烟尘中倒坍的房屋，
> 开裂的塔楼，痰迹斑斑的脸庞，
> 和发动机飓风般的轰响，
> 我看到；两个人脱去衣服，赤身相爱
> 为捍卫我们永恒的权利，
> 我们那一份时间和天堂……*

　　一方面，帕斯看到了"革命的创造性和自发性"以及"人民直接的和日常的干预"。他看到了希望，他不会忘记这一点。但他也看到了革命的另一面，虽然不是亲眼所见。他对于这样的现实心怀拒斥，但保持了沉默；随着时间的流逝，这样的态度成了对他的一种折磨。

六

　　帕斯于 1938 年初回到墨西哥，他在公开活动中热情讨论了西班牙的文化、年轻人以及战地诗歌。他认为希望可以替代天主教神

---

*　译文引自《帕斯选集》(上)，奥克塔维奥·帕斯，赵振江等编译，作家出版社，2006，70 页。

学的道德：相信未来世界可以实现博爱、正义和平等。但是对另外一种神学道德——信仰的替代也开始在他身上有所体现。这种苗头发生在西班牙这个弥漫着无处不在的间谍和迫害气氛的地方。根据他的画家朋友胡安·索里亚诺（Juan Soriano）的说法："帕斯从西班牙内战中归来以后，对于左翼的幻想就破灭了。左翼有些问题：他们太教条了，太狂热了。"他这段时期发表的作品并没有显示出这样的变化，但是埃莱娜·加罗指出，在 3 月中旬，帕斯受到了令他绝望的一击："我看到奥克塔维奥·帕斯有一次吃早餐时流着泪喊道：'布哈林……！不！布哈林，不！'""我读了读报纸，"埃莱娜·加罗说，"发现他被枪毙了。"这是约瑟夫·斯大林（Joseph Stalin）对老共产主义者的第三次主要清洗。1938 年 3 月 13 日，《国家报》的周日版刊登了布哈林的"供词"并描述了他的死刑判决。面对这些事实，帕斯心中的政见开始变化了，但他仍然没有流露出来。虽然多年以后他表达了对托洛茨基的钦佩，但是此时他并没有在公共空间留下任何有关这种情感的记录。尽管他是俄国革命相关文章的忠实读者，他和布哈林一样是托洛茨基的同志，但他从未试图在墨西哥城，这座他和托洛茨基共同生活的城市中，去见一见这位布尔什维克主义的主要角色。

当超现实主义之父、斯大林的公开批评者安德烈·布勒东到墨西哥探望托洛茨基的时候，年轻的帕斯只是"悄悄地"参加了他的一些讲座。在迭戈·里维拉和弗里达·卡洛等一些屈指可数的托洛茨基主义同情者的护卫之下，布勒东在墨西哥一直从 1938 年 4 月待到了 8 月。他走遍了墨西哥全国，并与托洛茨基共同在《党派评论》（Partisan Review）上签署了著名的"独立艺术宣言"，但他们的活动不仅受到强硬派共产党人的严厉批评，也受到了帕斯朋友们的批评。其中就有阿尔韦托·金特罗·阿尔瓦雷斯（Alberto Quintero Álvarez），曾经担任过《栏杆》杂志的合作编辑。他谴责道，超现实主义的"自动程序"存在"无法解释的黑暗区域",他们的"实验"对他而言"缺乏柔情,缺乏活力,缺乏我们喜爱的行为中妙不可言的部分:我们所有创造性的、坚持的、秘密的行为"。

金特罗·阿尔瓦雷斯的文章被发表在《人民报》(*El Popular*)上,这是墨西哥工人最高领袖比森特·隆巴尔多·托莱达诺当时刚创办不久的报纸。隆巴尔多在20世纪20年代是天主教徒,30年代转变为马克思主义者,曾经在1936年前往苏联,出版了一本名为《未来世界之旅》(*Un viaje al mundo del porvenir*)的书,身边聚集起一群年轻的追随者,后来创办了这份报纸。奥克塔维奥·帕斯并没有进入隆巴尔多的核心人际圈,但是他开始为这份报纸担任版面编辑,接收文章,撰写匿名文章和署名文章。以他当时的工作,他不可能去拜访布勒东,更不要说托洛茨基了,因为这份报纸和莫斯科的观点一致,认为托洛茨基是希特勒的公开盟友。杜威委员会(Comisión Dewey)曾澄清托洛茨基不是通敌分子,但《人民报》无视了这一消息,仍然持续不断地攻击他。于是托洛茨基反过来指责隆巴尔多是斯大林的人。但是帕斯一代选择了相信正统派。

这样做是可以理解的。这时候更大的敌人是希特勒,他日益走向国际对抗,在墨西哥不乏支持者。爆发矛盾是顺理成章的事。这个国家正处于民族主义狂热的边缘:1938年3月18日,卡德纳斯查抄了英国、荷兰和美国的石油公司。在那儿个月中,从西班牙流亡而来的首批作家开始抵达墨西哥。帕斯与民族主义者殷勤接纳了这些西班牙作家,对他们极度友善。1938年7月17日,帕斯在《人民报》上向"敬爱的老诗人莱昂·费利佩、伟大的预言精神和为了人性而战的整个民族"致以问候:

　　我们想用这些话表达这位诗人对全世界革命运动的真实而深切的感受:"这样我们的眼泪才会有更高贵的泉源。"这样,当人类的革命消灭了所有恶棍和资产阶级分子时，"我们的快乐、我们的痛苦才会变得更加纯洁。"通过这位诗人之口，我们想说，我们不会放弃我们的人性、痛苦和快乐，我们要努力完整地赢得它们。

帕斯本人绝非资产阶级分子。他出身于中产阶级，但是家道已经衰落。他依靠在报社当编辑维持生计，并一直领着教育部的一份薪水。为了能多一些收入，他还在 1938 年年中担任了全国银行委员会（Comisión Nacional Bancaria）的监察员。1940 年，埃莱娜开始在《如是》（Así）杂志担任记者。他们曾和帕斯的母亲居住过一段时间，后来母亲卖了米斯科瓦克的房子，搬入了孔德萨区（Condesa）的新居民区。1939 年 5 月至 1940 年 7 月，他们夫妇二人在工业街漂亮的隔离带对面租了一套小公寓。最后，他们回到了萨尔蒂约街 117 号，搬进了一处更大一些的住所。1939 年 12 月，他的女儿劳拉·埃莱娜（Laura Elena）诞生了，小名"查蒂塔"（Chatita），意为"小宝贝"。

帕斯是墨西哥文学界的推动者，是数代西班牙文学和墨西哥文学之间的桥梁。之后若干年，所有这些活动的聚会将在墨西哥城历史中心区的"巴黎咖啡店"举行。1937 年，帕斯出版了《在你清晰的影子下及其他关于西班牙的诗》（*Bajo tu clara sombra y otros poemas sobre España*）。1938 年，他出版了他的第一部《西班牙之声：当代西班牙诗人作品选》（*Voces de España : Breve antología de poetas españoles contemporáneos*）。同年，他在革命作家和艺术家联盟成员创立的文学会刊《路线》（*Ruta*）表露出关于西班牙的绝望的消息，如今这对他而言不只是一桩"政治事业"，而是一场"巨大的形而上学戏剧"，是"孤独的人、孤独的民族的国度，坚守着最后的孤独"。何塞·曼西西多同志对此回应说："他是一个不好的榜样。他的悲观很危险。"但是很快，何塞·雷韦尔塔斯也同样看待西班牙："历史选择它的民族，它的弥赛亚式的民族，它的先知式的民族。西班牙就是如今的这个民族。"1938年底，帕斯创办了《工坊》(*Taller*)*杂志，为实现经济自足迈出了坚实的一步，他和祖父选择了同样的路，在一定程度上和父亲也很相似。这份杂志是双月刊，从1938年12月一直发行到1941年的2月，共发行了十二期。杂志售价为一比索，每期印刷数量是一千册，杂志里会不定期刊登一些财政部、出版社和学术机构的广告。杂志最大的投资人是爱德华多·比利亚塞尼奥尔(Eduardo Villaseñor)。他为人慷慨，是一名出色的商人和诗歌爱好者，很热爱文学，曾经在1938年至1940年间担任墨西哥财政部的副部长，于1940年至1946年间担任墨西哥银行的行长。这本杂志收入微薄，1939年11月帕斯花一百五十比索雇用了阿方索·雷耶斯。雷耶斯和巴斯孔塞洛斯齐名，是墨西哥20世纪前半叶最著名的作家，帕斯承诺"将回报他以最好的机会"。

1939年3月31日——那天也是帕斯二十五岁的生日——西班牙共和国覆灭的消息传来。帕斯会继续为它辩护，而且不仅仅是停留在言语上。事实上，4月10日，在墨西哥市中心的一家餐厅里，他和一群高喊"佛朗哥万岁！"的食客们发生了肢体冲突。"几个宪兵，"当时的新闻写道，"把人带出来的时候，女人们在流血，还有一些人衣服都扯碎了。"奥克塔维奥，他的妻子和一些姻亲参与了这场争斗。这条新闻还配上了一幅埃莱娜挑衅的照片："两名勇敢的女性在同一场争斗中被捕了。"

在1938年4月出版的第二期《工坊》中，帕斯发表了一篇文章，以礼貌而坚定的态度否定了《当代》一代人的文学立场，同

---

* 另有译名为《车间》。

时表述了他这一代人的纲领。他为这篇文章起名为《存在的理由》（Razón de ser），在提及他的老师时，他写道："智慧是他们最好的工具，但是他们从未用它看透现实、构建理想，而是悄然逃离了日常生活……他们创造了美好的诗歌，但是这些诗歌常常是无本之木。"年轻的一代从他们那里继承了一种现实的"工具"，但是他们应当将这种工具用于人类的救赎：

> 他们最后的革命意识，具备了抒情、人性和形而上学的关联性……以我们的痛苦，换来一片充满生机的土地和活生生的人……构建人类秩序，公正和我们自己的秩序……在这个空间里，我们可以塑造墨西哥人的品质，并将其从不公正、文化无知、轻浮和死亡中拯救出来。

尽管这些文章被视为是"摧毁性的"，但西班牙移民作家的逐渐增长，也让《工坊》的文风逐渐变得谦逊平和："巴黎咖啡馆"里的畅谈还在继续，来参加的有埃弗拉因·韦尔塔、金特罗·阿尔瓦雷斯和拉斐尔·维加·阿尔韦拉（Rafael Vega Albela）等年轻人，有比利亚乌鲁蒂亚、佩利赛尔等《当代》一代的人，有莱昂·费利佩、何塞·贝尔加明、何塞·莫雷诺·比利亚（José Moreno Villa）等流亡至墨西哥的西班牙人，后来还有玛丽亚·桑布拉诺、胡安·希尔-阿尔韦特（Juan Gil-Albert）、拉斐尔·迭斯特、拉蒙·加亚（Ramón Gaya）、桑切斯·巴尔武多（Sánchez Barbudo）等人。这本杂志就像是一个混合的墨西哥版的《西班牙时刻》。就这样，从1938年9月份开始，由奥克塔维奥·帕斯担任社长，胡安·希尔-阿尔韦特担任主编。这本杂志体现出了历史敏感性：墨西哥有两位伟大的巴洛克文学、艺术家——索尔·胡安娜·伊内斯·德拉克鲁兹（Sor Juana Inés de la Cruz）和胡安·鲁伊斯·德·阿拉尔孔（Juan Ruiz de Alarcón ）——就曾经出现在杂志的页面上，《工坊》刊登了他们的作品选集和介绍性的文章。而《工坊》发表的先锋文学并不比《当代》杂志少，曾经发表过大量的艾略特作品，由塞尔努达、费利佩、乌西利（Rodolfo Usigli）、希门内斯等人进行翻译。这本杂志还散发着浪漫主义的气息，曾经发表过兰波（Rimbaud）的《地狱一季》（ *Una temporada en el infierno* ）第一个西班牙语译本，此外还有荷尔德林（Hölderin）和波德莱尔（Baudelaire）的作品。

　　虽然这本杂志很想具备革命性，但是许多外部因素影响了其革命精神。对于这本杂志的作者而言，无论是墨西哥人和西班牙人，希特勒和斯大林在 1939 年 8 月 23 日签订互不侵犯条约给他们带来的震惊，要比随后而来的第二次世界大战的爆发更加强烈。尽管这个条约因 1941 年 6 月希特勒入侵苏联而作废，但是它的影响是致命的。极少有马克思主义者可以正确地评判或者理解这件事。然而，《人民报》以极大的热情对这个条约进行了辩护。"苏联的胜利对于世界和平是有益的，"这份报纸在 8 月 23 日用八栏的篇幅谈论了这件事，"这是精准的一击。"8 月 25 日，该报的编辑赞扬了斯大林的勇气、清晰思路、透明度和和平主义："作为一个不劫掠土地、不伤害弱小人民的国家，苏联向我们展示了只有社会主义和无产阶级政权才会拒绝将战争当成生存和扩张的手段。"这些言行让帕斯离开了《人民报》。他一定是觉得，托洛茨基的观点终究是有一定道理的。后来，1940 年的 5 月，画家西凯罗斯策划了一场针对托洛茨基的袭击，后者最终死于 8 月的另一场谋杀。在托洛茨基的身边，有一位年轻的尚不出名的美国作家索尔·贝娄（Saul Bellow）为其发声，还有很多北美社会主义人士在《党派评论》上集体对托洛茨基的去世表示哀悼。而《工坊》这份墨西哥最大的文学和知识分子杂志却并没有涉足这些事件。帕斯也没有撰写相关的文章。

　　他面对苏联行为的沉默可能反映出他内心正处于困惑之中。在

战争期间，他对苏联的信仰动摇了，对革命也不再抱希望。应该转
向哪里呢？像奥登或者艾略特一样回归宗教是不可能的。帕斯曾经
一直服膺祖父和父亲的雅各宾自由派思想，不会向母亲的天主教虔
诚信仰倾斜。埃兹拉·庞德（Ezra Pound）和巴斯孔塞洛斯选择的
道路也行不通：帕斯痛恨摧毁了西班牙共和国的法西斯主义；而且，
出于他的马克思主义的观点，在考虑到纳粹对犹太人的态度之后弃
绝了纳粹主义。他认为，纳粹主义是资本主义和帝国主义的产物："我
们可以列出导致希特勒所作所为的各种可能原因，但是所有的理由
都包含在这两点之中——资本主义和帝国主义。希特勒是它们结出
的最终果实。"

因此，"背信弃义的英国佬"（la Pérfida Albión，18 世纪西
班牙出现的说法，莱昂·费利佩经常提及），以及其他的自由民主
国家都不会是他的选择：这些国家坐视西班牙的死亡，背叛了其
革命的初衷。"资产阶级伪民主主义者的虚伪言论"已经忘记了要
在其出生的人民水域里"焕发青春"，它具有深刻的大众性和民族
性，沾染着赞美、鲜血和民主。现在所有的门都对他关闭了，在帕
斯心中早已存在的孤独感更加深重了。他并没有注意到像乔治·奥
威尔或与《党派评论》相关的年轻美国作家所偏爱的反斯大林主义
的民主社会主义的可能性。帕斯专注于西班牙和法国文化，甚至都
不知道这样的作品出现。在墨西哥，除了维克托·塞尔日（Víctor
Serge，著名作家和编辑，被斯大林驱逐的布尔什维克主义的领袖，
1941 年抵达墨西哥）之外，没有人能代表这样的潮流。

1954 年，帕斯为《工坊》写了一篇辩护文章，继续思索孕育一
份未来的杂志。他想纠正杂志仅仅"拥抱社会事业"的印象，他想
更进一大步：做一本改造人类、改变社会和世界的杂志。对于《工坊》
的作者而言，"诗歌本质上是一种行动，具有革命性"。他们觉得"有
一种迫切的、诗的和道德的需要去摧毁资产阶级社会，创造完整的、

诗意的、能够掌握自己命运的人"。对于团队中的大部分人,他补充说:"爱、诗歌与革命是三个激烈的同义词。"这样的目标实现了吗?在《工坊》中,读者可以轻易看到前两个要素(如在帕斯的诗作中),但是关于革命和建设一个"完整的人"的主题却凤毛麟角,或者只存在于莱昂·费利佩的文章中,他的诗歌在50年代启发了拉丁美洲最为激进的革命者切·格瓦拉。

革命精神在《工坊》如此罕见还有另外一种解释,帕斯是在多年之后的1981年才发现这一点的,亦或许他早就发现了,就像他经历之中的许多类似情况一样:他们这一代体现了"真实而黑暗的,但是并非天然的宗教抱负",这代人曾期待未来的"革命友谊",信奉"大变革的紧迫性",原本想"回归万物之主,让原初之元重归统一",并浪漫地使两个词汇恢复统一:诗歌和历史。他们缺少了什么?在他看来,他们缺少的是"与超现实主义的结合",与勇气,与想象力和自由的结合。但是这一发现尽管曾被奎斯塔这位布勒东的研究者和仰慕者称赞,却由于意识形态的原因成了禁区。"我们对于诗歌自由和艺术自由的维护,"他总结道,"是完美无瑕的,但是从道德和历史的角度来讲是失败的,我为此感到脸红。《工坊》本来可以宣扬所有的想法,并把它们表达出来,却由于一条沉默而严厉的禁令,没有能够真正地批评苏联。"

七

1941年初,《工坊》杂志停刊。帕斯在墨西哥银行谋得了一份无聊的工作:他得手动数出一捆捆不再流通的货币,然后将它们烧掉。他没能逃脱这样一个悖论:他曾经在1935年的一个"不眠之夜"写道,"钱这个东西是没有尽头、没有目的的,简单来讲,钱是一个巨大的机制,这个机制除了流通循环之外没有任何规律……

它没有任何尘世的味道。它没有任何用处，因为它没有任何目的"。
这段话被他发表在了《工坊》上。在尤卡坦半岛，他创作了一首诗，
反对奴隶庄园主的儿女们从父辈手中继承财产。现在钱却要反过来
为难他，改变他的生活方式。

除了西班牙共和国失败带来的消沉情绪，《工坊》杂志 1941 年
2 月的停刊还包含其他的影响因素：部分人感到倦怠了，以及墨西
哥人和西班牙人因相互误解和嫉妒而不合。埃弗拉因·韦尔塔曾在
回忆中怀疑，杂志的停刊是由于"西班牙的影响"而造成的。但是
杂志停刊的决定性因素可能是物质结构的变化和墨西哥文化的转
向。墨西哥在 40 年代初期的时候，像《工坊》这样的小杂志面临
着与新的机构、杂志和文化项目机构竞争的局面，而它们常常有官
方背景。墨西哥的文化放弃了革命性，变得体制化。这样的转变遍
布于学术机构、图书、杂志、报纸和大型的出版社。这些机构当中，
像西班牙之家或者经济文化基金会做得挺不错，但是它们的资金来
源是国家政府。

这种文化机制的改变与墨西哥政治和经济的转变是分不开的。
20 世纪 30 年代的墨西哥沉浸于意识形态的、两极化和革命性的氛
围中。这一阶段从 1929 年的美国经济危机开始，至第二次世界大
战的爆发结束，并受到了《苏德互不侵犯条约》的影响。虽然墨西
哥在 1942 年曾经对轴心国宣战，但 40 年代的墨西哥对处于冲突
之中的人们来说是一个安静的避难之地，向他们敞开了大门。尽
管墨西哥的新任总统曼努埃尔·阿维拉·卡马乔（Manuel Ávila
Camacho，1940—1946 年在任）曾在卡德纳斯手下做事，但是他的
倾向是较为温和的。根据他和前任之间的约定，"骑士总统"缓和
了阶级之间的争斗，公开宣称自己信仰宗教，重新分配了土地，集
中建设和巩固公共机构，如社会保险和墨西哥石油集团（Petróleos
Mexicanos）。墨西哥因世界大战而在经济上获益，开启了初期工业

化的进程。旅游业得到了蓬勃发展。

当时的墨西哥社会已经开始讨论"革命的终结"这样的话题，一些人认为"新波菲里奥主义"的新时代已经来临：电影产业开始将前革命时代的庄园生活理想化，怀念"波菲里奥时期"。墨西哥的电影业进入了"黄金时代"，国内的电影、歌曲和艺术家闻名于整个拉丁美洲乃至西班牙。此时的奥克塔维奥·帕斯由于经济上的困窘，未能逃过电影这一波历史的潮流。1943 年，帕斯为墨西哥著名演员豪尔赫·内格雷特（Jorge Negrete）的电影《反抗者》（*El rebelde*）撰写了一些对白和歌词。这部电影改编自托派作家、纪德的挚友让·马拉奎斯（Jean Malaquais）的小说，此时帕斯刚刚与这位作者成为朋友。在电影的一个场景里，内格雷特将这首歌唱给他的情人，他的情人不能与他相见，默默聆听他的吟唱。这首歌的歌词有着明显的帕斯风格：

> 我不是用我的眼睛看你，
> 当它们闭上，我就能看见你。
> 我用叹息的门闩，
> 把你牢牢囚在胸膛里。
>
> 我的双唇从来讲不出你的姓名，
> 你的名字是心跳，
> 它的音节是鲜血，
> 来自我破碎的心。

这样的风格，和情爱的苦虐正是帕斯诗歌的标志性特征。

但是帕斯适应不了这种新型的"和平、有序和进步"。墨西哥的资产阶级令他感到厌恶。在他看来这是在背叛历史。他仍然浪漫

地植根于农民革命和萨帕塔革命，在意识形态上，他仍相信马克思
预言的世界革命。根据预言，这场革命会于战争最后在欧洲爆发。
对于帕斯而言，马克思主义不仅是"我们的热血和命运"的一部分，
还是一种开放的思想，这样的思想需要继续发展。就个人而言，他
的前途并不明朗。他在事业上依然不得志，他的生活——就如同他
祖父和父亲一样——既离不开出版和公众，也离不开阅读和写作。
他擅长的是杂志出版，不是学术相关的出版，而是政治与诗歌相关
的出版，但是当时做这类出版的可能很小。

　　在这样的情况下，他从未放弃自己的创作。帕斯继续在像
《墨西哥人文》（ *Letras de México* ）这样一息尚存的杂志中发表文
章。这是一本年轻的文化杂志，由奥克塔维奥·巴雷达（Octavio
Barreda）在 1937 年创办，持折中主义立场，不涉及政治。发表他
文章的还有另外一本杂志《新土地》（ *Tierra Nueva* ），这本杂志昙
花一现，同样不过问政治，由两位年轻人何塞·路易斯·马丁内斯
（José Luis Martínez）和阿里·丘马塞罗（Alí Chumacero）创办。
1941 年年中，帕斯的《在你清晰的影子下》（ *Bajo tu clara sombra* ）
一书曾作为这本杂志的增刊出现。1942 年，他发表了《世界之滨》
（ A la orilla del mundo ）。何塞·路易斯·马丁内斯在那时已经是非
常出色的文学批评家和文学史专家，这本书出版以后，他向帕斯致
意道："他有着强烈而个性的腔调，他的诗歌丰富性异同寻常，他
的抒情诗只有少数的墨西哥大诗人才能与之媲美，奥克塔维奥·帕
斯在他最新的作品中又向着他的诗歌之路迈出了坚实的一步，而且
他肯定还会走得更加长远。"除此之外，帕斯也不忘在当时最好的
文学杂志《南方》（ *Sur* ）上发表文章，这是维多利亚·奥坎波（Victoria
Ocampo）在布宜诺斯艾利斯办的一份杂志，后来杂志主编何塞·比
安科（José Bianco）也和帕斯成为挚友。

　　但是失去了自己的杂志这件事还是折磨着他。杂志与诗歌一样，

是他进行革命的方式，是他在这个世界上的立身之本。并非巧合的是，他曾经在《工坊》的最后一期（1941 年 1—2 月刊）这样问道："什么时候我们才能没有烦扰地做出版呢？什么时候才能不受官僚的干涉，不受文化独裁者的影响？噢，墨西哥……这个国家，是由知识分子、将军和饿殍组成的吗？"做出版很难，马丁内斯在 1942 年底就曾说："如今在墨西哥想要从事文学出版活动是不可能的。"在这一年的 11 月，帕斯将他的失意倾泻于对西班牙诗人米格尔·埃尔南德斯（Miguel Hernández）的缅怀之中，这位诗人不久前在家乡的监狱中去世了。在 1937 年的巴伦西亚，帕斯曾经听他吟唱民谣，从中感受到了"真正的激情"。他此时想把一切抛诸身后："就让我忘了你们吧，因为遗忘真实而纯粹的事物、遗忘最好的事物，会让我们有勇气继续生活在这充满责任和礼节、问候和仪式、腐烂和恶臭的世界上。"

* * *

他的反叛该去往何方？在那些日子里，他绝非巧合地和胡安·索里亚诺成了朋友，索里亚诺是一位非常年轻的哈里斯科画家，因为行为乖张、酗酒胡闹被称为"小兰波"。很难找到像他这么特立独行、追求自由的人。索里亚诺作为肖像画家很快就脱颖而出，他的画风可以在墨西哥西部民间找到古老的根源。帕斯在 1941 年发表于《新土地》的文章中，说他的这位肖像画家朋友是个"老顽童，持久不变，没有岁月的痕迹，尖酸，愤世嫉俗，天真，狡猾，铁石心肠，无依无靠；呆滞而又热情，聪明绝顶，充满幻想，真实无比"。在胡安·索里亚诺作品的背后，"有着怎样悲惨的童年、泪水和孤独呢？"帕斯曾经在 1941 年这样问起。通过索里亚诺无助的童年——"孤单的孩子们从楼梯的扶手间和长廊中跑过，几乎总是要摔倒在院子里"——帕斯如同从镜子中看到了自己。那幅画揭示了：

> 一段童年，一处天堂，既有刺也有花，它迷失于感觉和智慧中，但总是在流动，不像泉水那样流淌而出，而像脏腑中的鲜血一样喷涌而出。这幅画向我们揭示，同时也向它自己揭示，它是我们私密的一部分、我们存在的一部分。它是最隐秘的东西，微小而隐秘；也许是最有力量的东西。

他们在巴黎咖啡馆中共同度过了很多时光，也一起参加了很多难忘的聚会，同饮同醉。他们还有许多其他的共同语言。他们父亲的生活十分相似，都沉迷饮酒，放荡不羁。帕斯曾经在火车站收集父亲遗体的碎片，但是连为他守灵都没做到。他心中一直有一种痛苦，这种痛苦有些后知后觉，他强忍悲伤，直到他朋友的父亲去世才得到了释放。"当奥克塔维奥见到我生病的父亲的时候，"索里亚诺回忆，"他联想到了自己，因为他的伤痛记忆一直存在，在一瞬间爆发了出来。"在索里亚诺父亲的弥留之际"帕斯会一动不动地看着他一整天……当我父亲去世的时候，这位诗人陪伴着我，并和我一起在墓地用肩膀扛起了父亲的棺椁，因为对于他来说，他的父亲和祖父在心中是至关重要的"。

对于奥克塔维奥和埃莱娜之间的关系，胡安·索里亚诺也所知颇多。"她是这个时代里少有的耀眼女性！"他这样评价道。索里亚诺当时以画女性为主，他的精神动力在于捕捉每位女性独一无二的灵魂。他在那几年给埃莱娜画过一幅神情错乱的画像。"埃莱娜·加罗的画像，"他写道，"会吸引住看到它的人。"而事实上，这幅画就如同它该有的样子一样，焕发着金色、神秘、智性的美。画中的她坐在一处露台上，身后是一扇关上的门——这门正如索里亚诺所回忆的那样——在无数个夜晚都向奥克塔维奥·帕斯关闭着。他为

这幅画像赋了一首诗《致肖像》(A un retrato)，诗句在柔情和热切
的画面和近似于恐怖的威胁间流动：

> ……她苍白的头发反射的
>
> 是一条河上的秋天。
>
> 在沙漠的走廊中，荒凉的太阳，
>
> 在逃避谁，在等待谁，
>
> 在恐怖和渴望之间犹豫不决？
>
> 是否看到她的镜子里长出污秽？
>
> 是否将蛇盘在她的股间？……

在胡安的记忆中，埃莱娜折磨着帕斯："就其本身而言，她是
非常出色的；但是她执着于和他竞争，和他在一起简直是要杀人。
这是多么可怕的感受！"帕斯则与之相反，"认可她的聪慧"，供养
着她。索里亚诺经常去拜访他们。"在那些年里，'查蒂塔'劳拉·埃
莱娜诞生了；我记得她很小。他们都很爱她。"

＊　＊　＊

1943 年最初的几个月，帕斯说服了《墨西哥人文》杂志的编辑
奥克塔维奥·巴雷达参与一本"高级"杂志的出版工作。这本杂志
的名字叫《浪子》(El Hijo Pródigo)。和《工坊》不同，这是一份
激荡着各种年代、传统和流派的杂志。在目录之中，帕斯巧妙地使
用四个含有"时间"的双关词汇将杂志分成了四个部分*。这本杂志

---

*　这四个部分分别是时辰（Tiempo）、非时辰（Destiempo）、恶时辰（Contratiempo）和轻松
　　时辰（Pasatiempo）。

会刊登西班牙和墨西哥作家的诗歌，以及一些小说和优美的散文，例如艾略特的《诗歌的音乐》(The music of poetry)；杂志缅怀了一些人们铭记于心的作家，例如约翰·多恩（John Donne）、圣十字若望（San Juan de la Cruz）、拉蒙·柳利（Ramón Lulio）、普罗提诺和普鲁塔克；与顽固的文化民族主义实践者和"社会主义现实主义"的激烈争论是无法避免的。这本杂志在版式设计等方面非常有吸引力，并以前所未有的严肃态度刊登书评。杂志发表了很多戏剧作品，例如乌西利的名作《冒名者》(El gesticulador)，并为雕塑艺术开辟了一块重要的版面。《浪子》为公共部门和私营公司刊发的广告数量也颇为可观。虽然一开始帕斯看起来只是杂志的编辑之一，实际上他一直到 1943 年 10 月都在领导这本杂志。他在杂志中发表自己的诗歌、诗歌评论，还有一篇在他的人生中很重要的文章：《孤独的诗歌和团体的诗歌》(Poesía de soledad y poesía de comunión)。他还努力积极寻求与《南方》杂志中像阿道弗·比奥伊·卡萨雷斯（Adolfo Bioy Casares）和豪尔赫·路易斯·博尔赫斯这样的大作家合作，然而并没有获得成功。

随着时间的推移，帕斯会记得对《浪子》的感情，但不会像对《工坊》的感情那样强烈，后者才是他真正的战壕。他曾想印制一份《明确的知识分子政策》(política intelectual definida)，后来不了了之。这也是为什么他喜欢引用自己在 1943 年 8 月写的一篇社论："作家、诗人、艺术家并不是工具，他们的作品也并不像许多人想象的那么麻木不仁。能够击败希特勒以及他代表的普遍邪恶的唯一的方式，是在文化领域夺回评论和批判的自由……极权主义并不是某些民族天生的恶：什么地方把人当作手段、工具或者控制对象，极权主义就会在什么地方诞生。"

这篇社论的写作有一个重要的背景，至少帕斯已经悄然看出极权主义并非德国独有。墨西哥的文学圈虽然很小，但是却纠纷不断，

此时聂鲁达和帕斯正好有一桩公案，后来成了一段奇谈。自 1940
年以来，聂鲁达担任智利驻墨西哥使馆的领事。帕斯曾经和他有过
交往。但是后来不和谐的导火索出现了：在出版西班牙诗歌选集《桂
冠》（*Laurel*）时，帕斯并没有挑选令聂鲁达满意的作品。这位智
利诗人厌恶那些"天国诗人、纪德主义者、理智主义者、悲催的里
尔克主义者、同性恋超现实主义者"。之前他们就有过这样的口角，
二人最终在一家饭馆里动起手来。不久之后，聂鲁达在离开墨西哥
之前表示，墨西哥诗歌界普遍存在"完全迷失方向""缺乏公民道德"
的情况。帕斯和他在《新土地》的年轻朋友们对其进行了严词回应。
在这篇"答领事"的文章 * 中，帕斯写道：

> 巴勃罗·聂鲁达先生，智利领事和诗人，也是一名出色的
> 政治家、文学评论家、一些走狗的慷慨金主，而且他把这些走
> 狗称为他的'朋友'。参与这样浪费的活动挡住了他的视野，歪
> 曲了他的判断：他的文学被政治污染，他的政治也被文学污染，
> 他的评论往往是不痛不痒。因此，很多时候人们不知道他是作
> 为官员说话还是作为诗人说话，也不知道他究竟是朋友还是政
> 治家。

在美学层面上与聂鲁达的这种决裂，使帕斯与苏联的意识形态
潮流更加疏远。他仍然相信马克思主义并钦佩列宁，但是从国家和
世界的新视角来看，他并不完全清楚自己拥护的是什么，特别是对
他自己意味着什么。

---

* 文章题为《对一位领事的回答》：Respuesta a un cónsul，*Letras de México*，1943-8-15，90。

＊　＊　＊

　　20 世纪 40 年代的墨西哥文化不仅在体制和物质结构方面发生
了转变，关注的焦点也已经发生了变化。大家的集体兴趣已经不再
是"革命"一词，而是"墨西哥"这个词。就像 1915 年一样，墨
西哥在第一次世界大战中被孤立，使得墨西哥人在第一时间进行了
自省；在第二次世界大战来临的时候，墨西哥文化又上演了同样的
一幕。有一个术语开始变得时髦——"自我诊断"。这个说法，是
由哲学家塞缪尔·拉莫斯（Samuel Ramos）在其重要著作《墨西
哥的文化与人》（*El perfil del hombre y la cultura en México*）中第
一次提出来的。这位哲学家是阿尔弗雷德·阿德勒（Alfred Adler）
的读者，他以社会诊断者的姿态断定墨西哥文化有着天生的自卑情
结。这股内省的潮流尤其受到西班牙"跨境者"＊群体的推动。西班
牙"九八一代"的哲学家、历史学家和作家——乌纳穆诺、加塞特、
马查多、阿索林（Azorín）——曾发表关于探寻西班牙人特性的作
品《沉思集》（*meditaciones*）。此时，他们的继承者将这种反思转
移到了他们的新家园。第一个这么做的人也许是诗人、画家何塞·莫
雷诺·比利亚，他在 1940 年发表了一本小而美的作品《墨西哥的
丰饶角》（*Cornucopia de México*），记述了在他旅行至这个新祖国
之后了解到的行为、举止、习惯、态度和语言特质。而最具代表
性的是哲学家何塞·高斯（José Gaos），他是马德里大学的前任校
长、奥尔特加·加塞特的门徒。自 1938 年起，高斯便在墨西哥扎
根，主持了对墨西哥"思想史"的初步修订。他有两个学生在这一
项目中做出了卓越的贡献：莱奥波尔多·塞阿（Leopoldo Zea）出

＊　跨境者（Transterrado）是何塞·高斯提出的一种说法，意为虽然与流亡者一样背井离乡，
　　但是进入了一个相同的文化圈内，感觉自己与原生文化圈间并无隔阂，反而有与此前相
　　同的文化压力与束缚。

版了著名的《实证主义在墨西哥》(*El positivismo en México*) 一书,
埃德蒙多·欧戈尔曼(Edmundo O'Gorman)则撰写了《美洲思想》(*La idea de América*)。这种内省的氛围鼓励了本土资深作家阿方索·雷耶斯,令他第一次敢于回顾自己这一代人的生活轨迹,据此发表了文章《即刻的过往》(*Pasado inmediato*)。

但是当墨西哥文化开始自我审视的时候,年轻的帕斯至少在两个方面是超前的:他的诗歌见解和艺术评论。在1938年8月与《南方》杂志的第一次合作中,他将哈维尔·比利亚乌鲁蒂亚的《死亡的怀恋》(*Nostalgia de la muerte*) 介绍到墨西哥,觉得这部作品就像是"墨西哥精神"的一面镜子,"尤其是对我们而言"。

> ……照亮着——或诗意地遮蔽着——所有的这些征服,我遇见到的、我触碰到的墨西哥性。他身上的墨西哥性,和我们所有人身上的如出一辙,散发着无形的、不可战胜的气息:如同落在我们嘴唇上的、不可触碰的温热空气,或是我们话语中略带伤感的、舞动的、羞怯的颜色。我们甜蜜的墨西哥词语,被卡斯蒂利亚的口唇塑造成型,在我们之中失却了它整个身体,失却了它全部光辉的轮廓。

另一篇同样主题的文章发表在《人民报》上,是于1941年10月28日发表的。文章题目是《关于墨西哥文学》(*Sobre literatura mexicana*)。帕斯提出了一些并非绝对学术性的问题:墨西哥人是什么时候拥有了自己的表现力,又是什么时候失去了表现力(或是说他们的感觉,他们的存在)? 如何去修复? 会是谁来修复? 这或许是帕斯第一次提出,他对墨西哥革命的愿景是墨西哥人与他自己相遇的时刻。保持这种鲜活的对话本应是作家和政治家的使命,但是他们都放弃了自己的人民:

在墨西哥人第一次觉醒之后，他们又让其回到了沉默和麻木之中。如今，我们重返孤独，这种对话已经被破坏，如同那些困窘虚弱的人们……但是，这场对话应当被重新开启。因为必须要有某种方式、某种措施可以打开双耳、解放唇舌。

而起到"打开双耳，解放唇舌"作用的便是诗歌。在文章中，帕斯意识到"诗人的道德"应该是"神秘且好斗"的，就像他在《栏杆》杂志中所论述的那样。但是他已经不再关注世界革命，而是专注于墨西哥这片充满奥妙的土地。"就如同人民滋养了诗歌一样，诗歌同样也在滋养着人民。这是一种痛苦的交流。如果民族给诗歌以养分，诗歌也会给民族以回响。如果一个民族不发一言，既不想聆听也不想发声该怎么办呢？而用虚无和孤独培养出来的诗歌，又该如何自处呢？"为了走出这样的迷宫，诗人想起了西班牙语作为工具的丰富性："一种成熟的语言……经受了西方所有的影响，历经了西方所有的经历。"墨西哥人不得不使用这样的语言表达"最为模糊的事物：一个曙光中的民族"。

表达一个民族是为了"创造"这个民族："因为我们的国家是破碎的，或者说尚未完全诞生。"因此诗歌要从文学的角度来"创造"墨西哥。要做到这一点，对于普遍性总是充满好奇和渴求的墨西哥文学必须"面向自我，这样做并不是为了寻求新奇性或原创性，而是追寻更深层次的东西：真实性"。所有人都寻求的"墨西哥性"并不是民族主义的、"不可靠的或先入为主的"。它是什么呢？只有与人民心心相通的诗人才能找到它。该如何做到呢？这要靠神秘和梦发挥作用："当我们梦到自己在做梦的时候，就是快醒来的时候了。""墨西哥性"这个"无形的特质"是这样一种东西：

我们不知道它是由什么构成的，也不知道怎样才能找到它；

我们隐约知道它到现在还没有被揭露出来，目前它的存在只是一股香气，一种淡淡的苦味。我们要小心一点，不要因过度的关注将它赶跑；当我们遇到真正的真实性，也就是我们存在的基础时，它会自然而然地从内心深处萌生。爱来自梦和热情，来自放弃和渴求。让我们梦想成真。

* * *

没有谁比帕斯更适合寻找这种"无形的特质"了，他有多种有利的条件。他的"墨西哥性"拥有多种根源：与墨西哥文化之树的深刻羁绊、完美的革命血统、帕斯家族几代人与墨西哥革命斗争的联系、他对过去和现在的墨西哥作家给予的清晰、详尽和准确的文学批评，以及他人生中不可磨灭的记忆。

在三十岁时，他开始了解埋藏于他一生中的奇迹：他的根不仅深埋于墨西哥的时间长河中，也延伸到了他的神圣空间。一切都像是用密码书写的文本。米斯科瓦克——这座城镇和它的名字就是墨西哥的缩影，是停滞了数个世纪的隐喻。米斯科瓦克的圣胡安广场位于伊雷内奥的故居之前，是这个迷你墨西哥的精神核心所在。广场的一侧是 16 世纪的自由主义者巴伦廷·戈麦斯·法里亚斯（Valentín Gómez Farías）的家。他被埋在自己的花园里，因为教会剥夺了他在基督教墓地下葬的权利。在不远处，有六所为小孩子提供教育的世俗学校和宗教学校。豪雷吉广场上每年都会举办独立日纪念活动。正前方有一座建于 17 世纪的小教堂，教堂会举行庆祝瓜达卢佩圣母节的活动：

> 塔上的钟声敲响。时间一点点
> 过去，不知何处冒出来的飞蛇、

> 轰鸣的火箭，在到达黑夜的中心时，
> 在闪耀光芒之后逐渐熄灭……
> 小商贩们推销着糖果、水果和汽水……
> 在庆典到达一半时，教堂沐浴在
> 另一个世界的白光之中：那是漫天的焰火。
> 口哨声在圆形的天井之中回响……
> 一阵呢喃在黑夜间摇曳：而常常，在心醉神迷的
> 低语中，有个声音放浪而痛苦地
> 喊道："墨西哥万岁！狗崽子们！"

这些文字写于 1943 年，但是对应的景象是他的童年和青年时期。

令人惊讶的是，在年轻的帕斯生活的米斯科瓦克，不仅过去的殖民文化依然鲜活，前西班牙时期的元素也保留了下来。帕斯回忆家中的印第安厨师"是一个女巫，也是一位巫医，她会给我讲故事，送我护身符和圣衣，为我吟唱对付魔鬼和鬼魂的咒语"。通过她，他了解到印第安蒸汽浴的奥秘："那不是洗澡，而是一次重生。"这个男孩不仅成长于活生生的印第安文化当中，还对这些文化进行了挖掘。这个"挖掘"不仅是比喻，也包含字面含义：挖掘了那些已经死去的文化，或者说是将那些地下的、潜在的文化展现了出来。他和堂兄弟们在镇子外面游荡的时候——其中包括后来成了天文学家的吉列尔莫·阿罗·帕斯（Guillermo Haro Paz）——有过一次奇妙的经历：这群孩子们发现了前殖民时期的一座小丘（如今可以在墨西哥城环城高速的路旁看到）。20 世纪 20 年代，巴斯孔塞洛斯时期墨西哥现代人类学的创始人，同时也是帕斯家老朋友的曼努埃尔·加米奥（Manuel Gamio）得知这一发现后验证了其真实性。这是一个真正的发现！这是一座米斯科瓦特尔（Mixcóatl）神庙，他是阿兹特克人的狩猎之神，米斯科瓦克的创始神！

　　这就是失去的秩序，是"原初之元"，"万物之主"会在某一时刻诗意地回到人们身边。在不断的守护之中，在他孤独的迷宫之中，帕斯梦想着自己的梦想成真，梦想着自己未来的作品。

＊ ＊ ＊

　　1943 年 4 月至 11 月期间，他在《新闻报》(*Novedades*) 上发表了一系列关于"墨西哥性"的文章。这一系列作品中还没有《孤独的迷宫》中的那种启示，但是这本书是多年之后他在巴黎写作该书的前奏。诗人以自由、直接、犀利的言辞对他的墨西哥同胞进行了广泛而全面的心理评估。他的视角主要在道德层面：他试图探索墨西哥人的典型态度，以便将他们从其中解放出来。他研究了"取笑"(vacilón)、"鄙视"(ninguneo) 等各种流行词的深层含义。在《为跳蚤穿衣的艺术》(El arte de vestir Pulgas) 中，这位墨西哥天才解释，这些渺小的东西是墨西哥除那些宏伟永恒的风景之外所拥有的东西。这篇文章原原本本地描绘了墨西哥政坛上的一群群小丑（没骨气的、行贿的、走私的、拍马屁的等等），以及怎样绕开一些社交和政治词汇（走私、贿赂、跟风、暗中斡旋等）。有一句话是这么讽刺墨西哥研究者的："蒙田要比大多数革命小说家更了解墨西哥人的灵魂。"帕斯试图从普遍的视角找到能够揭示墨西哥灵魂的平衡点，成为墨西哥的蒙田。

＊ ＊ ＊

　　在经历个人危机和酝酿诗歌的那些年里，帕斯以独特的批判视角撰写的文章中涉及的墨西哥艺术家范围更大了。这种对墨西哥史上和当代艺术事件的全面关注将始终存在于他的作品中。帕斯知道自己已经是墨西哥文化之树上一根坚固的枝丫，感觉自己有义务承袭这一传统。他重拾这个传统，评估它，并置身其中。帕斯在他的朋友西尔韦斯特雷·雷韦尔塔斯于 1940 年 10 月去世的时候为其撰写了讣告。他还为胡安·索里亚诺发表了一幅悲伤温暖的漫画，阅读了诗人佩利赛尔的诗作，解读了墨西哥谷的风景画家何塞·马里亚·贝拉斯科（José María Velasco）的作品。在阐释作品时，帕斯会留下他欣赏的艺术线索。他像雷韦尔塔斯一样，"不喜欢混乱无序，也不喜欢放荡不羁，他所向往的是有序、守时精确的精神"。有着反叛精神和孤单无依的经历的索里亚诺简直就像是帕斯的兄弟。他从佩利赛尔那里学会倾听和欣赏大自然的诗歌，这样的元素一直存在于他的作品中。即使是冷淡的贝拉斯科，热衷于描绘荒凉的风景，不喜人文元素，帕斯也点出了他的重要性："他作品中的严谨、反思和结构提醒我们纯粹感性和单调想象的危险。"他不仅以墨西哥作家为镜，也以他钦佩的西班牙诗人为镜。关于塞尔努达，他指出："我们在他的文字中看不到自作聪明、伪哲学的难题或者浮华空洞的巴洛克主义……透明、平衡、客观、思想和语言清晰是他的思想和文章的外在优点。"

但是在他所有的出版物当中，有一份比较突出，那就是他主持的《工坊》的最后一期（1941 年 1—2 月合刊）。这一期收录了一份何塞·巴斯孔塞洛斯的近期文选。帕斯没有忽视，也没有宽恕巴斯孔塞洛斯在意识形态方面的转变。自从 1940 年 2 月以来，巴斯孔塞洛斯领导的杂志《方向舵》一直受到德国使馆的资助。但是，帕斯发现他具有非凡的浪漫主义情怀，尤其是他和他的作品在墨西哥引发的"激烈"论战是非常重要的。在帕斯眼中，巴斯孔塞洛斯"忠于他的时代和他的土地，尽管他的激情已经破碎"。首先，帕斯认为他是一位伟大的作家，"美洲的伟大诗人；也就是说，他创造或再造了美洲的自然和人"。他的作品"在同时代的作品中独一无二，有着宏伟而不朽的雄心"。巴斯孔塞洛斯曾想"使他的生活和作品成为一座伟大的经典纪念碑"：

> 冲动、秩序和平衡的激情同时在他身上跳动着；他关于美学最好的篇章是讨论节奏和舞蹈的那部分：他将秩序和比例看作和谐、音乐或韵律。他的作品有一种对于构筑音乐的眷恋……时间会流逝，但他的作品将长存，也许会变成巨大的废墟，使人的精神成为伟大的激情，为什么不呢？也会成为一些不起眼的小条纹，一些纯净、鲜活而永恒的水滴：如他的柔软，如他的仁慈。他的真实和他的伟大是他阳刚、温柔和热情的证明，而他的这些特质是我们最钟爱的。

两年之后，帕斯在巴斯孔塞洛斯的故乡瓦哈卡召开的一次会议中进一步完善了后者的"伟大"使命，他没有夸张地称其为"巴斯孔塞洛斯主义"。巴斯孔塞洛斯如同一面巨大的镜子，他曾在《克里奥约尤利西斯》的开头几页就预见性地写道：

> 巴斯孔塞洛斯式的奥德赛完全是一次精神旅行，是归返旅人的旅行，不是像希腊人一样是为了管理家园，而是为了重新发现它……因为一种先驱的幻象，巴斯孔塞洛斯在半途以西语民族的方式停住了脚步。这没有关系，他的作品依旧会光芒万丈。我们不怎么在乎他的所见所闻与行进路线。它是一次教训。他向我们揭示了，不需要等到墨西哥成熟就可以大胆表达。

现在轮到帕斯再次踏上这条道路，跨过黎明，抵达正午，面向墨西哥表达：

或许将我们国家所有的冲突凝结成一位神话英雄的诗人，不只表达了墨西哥，更重要的是为创造它做出了贡献。

巴斯孔塞洛斯的作品是一道"曙光"，但是他自己却已经迷失了。现在，帕斯成了正午的太阳："为什么许多人都犯过错，就意味着诗歌一定不能正确揭示墨西哥的秘密，展示它命定的真实，净化它的命运？"

帕斯进一步确立了自己的特性。诗人必须是一个有远见的民族先知，他通过揭示民族来救赎它，甚至创造它。诗人不会寻求"通过模仿已知和未完成的现实来发明，而是寻求创造现实"。诗人帕斯将遵循兰波的格言："诗歌不会为行动定调，它将先于行动。"诗人会发现："神话不仅表达现实，以想象和玄妙的方式呈现现实，还预示和塑造现实；通过揭示现实，它强迫现实遵从其神秘灵感的启示，迫使现实达成向往的目标……按照最高、更好、最原初和最真实的标准塑造现实。"帕斯在《孤独的诗歌和团体的诗歌》中概括了自己的使命：

> 所有诗歌都游荡于天真与自觉、孤独和群体的两极之间。现代人没有能力做到天真无邪，生来就处于社会之中，社会使我们天生虚伪，剥夺了我们的人性，把我们变成商品；我们徒劳地寻找失去的人性，寻找无邪的天性。自18世纪末以来，我们文化的所有宝贵尝试都是为了恢复它，渴望得到它。与其他浪漫主义者相似，卢梭曾经在历史中追寻它；一些现代诗人在原始人中追寻它；卡尔·马克思走得最远，他用自己的一生构建和再造它。

他明确主张浪漫主义和革命性的传统："诗人表达了人类和世

界的梦想……在夜晚我们心有所梦，我们的命运也会显现出来，因为我们梦想着我们能够成为什么样的人。我们就是那个梦想，我们生来就是为了实现它。这个世界——所有现在在受苦或享乐的人——也有梦想和渴望，希望将自己的梦想变成现实。诗歌通过表达这些梦想，激励我们反抗，激励我们以梦想的方式度过一生。它向我们展示未来的黄金时代，让我们争取自由。"很少有墨西哥作家——也许只有巴斯孔塞洛斯、帕斯和雷韦尔塔斯，尽管他们在意识形态上有分歧——曾经或者会这样认为。

* * *

这种观点必然与周围的"新波菲里奥主义"相冲突。尽管他有着深刻的感悟、丰富的诗作、深厚的个人学养和雄心壮志，对于帕斯而言1938年至1943年这五年是危机时期。他越来越无法在这个国家继续待下去了。他不仅被官方文化、经济方向和革命政治的"热月"*所困扰。他的职业生涯也陷入了困境。他不愿加入国家领导的文化机构或学术机构，但在这些机构之外并没有真正的谋生机会，除非他拥有丰富的个人财富，但他没有。对于墨西哥作家来说，还有一种选择是从事外交工作，但是当时帕斯没有看到这条路。最严重的是，他在私人生活中饱受折磨。他觉得自己被"一个谎言的世界"包围着：

> 墨西哥人的生活充满了谎言：政治选举舞弊、只知印钞的经济谎言，教育系统的谎话、工人运动的闹剧（脱离了国家的帮助便无法存活）、土地政策的二次撒谎、恋爱里的欺瞒、思想

---

* 此处指"新波菲里奥主义"的逆潮。

和艺术的欺骗。谎言无处不在，所有人都在说谎。反动派撒谎，革命者也撒谎；我们装腔作势，外表光鲜，内里空无一物，甚至连艺术都不能面对真相。

他用同样的口吻在 1943 年发表了其他文章。其中尤为激烈的是《群氓》(La jauría)。他在这篇文章中将矛头对准墨西哥文化危机。（他认为）墨西哥是一个不真实的国家。没有任何东西能够逃脱他清晰而不留情面的批评。他的批评都是有的放矢。这是来自一位对当代人不再抱幻想的革命者的批评，这些人只是想通过革命飞黄腾达。当时受到国际高度赞扬的墨西哥电影"下作地利用了墨西哥人的宗教感情和人民的珍贵情感"。报纸更喜欢刊登笑话而不是批评，更喜欢幽默而不是论战。这样的现象也蔓延到了文学领域，"无法进行创造性和真诚的批评"，一些新晋"评论家"会侮辱谩骂对"新文学领袖"有异议的人。"信口胡说的土著传说被披上了小说甚至马克思主义的外衣；画家更喜欢写文章而不是画画。"学术界也已经歪曲了真正的、自由的文化。关于当时非常流行的何塞·高斯历史学派，他隐晦地提道："中产阶级的各位先生和女士掩饰了自己对公正的怯懦、对自恋的伪善和对文学的消遣，他们用在大学文哲系的商店里购买的哲学标签装点旧殖民主义，想再次让我们买账。"

"孤独的诗歌与团体的诗歌"，最终以一封真正反对诗人的信结束：

> 那么那些政治演讲呢，那些报纸编辑用诗歌的面具遮挡的陈词滥调呢？怎么能毫无廉耻地谈着所有这些将他们的癫狂和不幸混同于爱情的被爱妄想文学？不可能将所有这些一一列举出来：那些由于地球是圆的而装作孩子哭泣的人；那些喜悦之冢和干瘦忧郁的掘墓人；那些贪玩鬼、逃学顽童、马戏演员和

平衡技巧演员，那些卖弄学识的驼子；那些辩才无碍的高人、那些空洞机械的诗句复读者和那些鼓吹道德的风琴手；那些神秘的手淫者；那些洗劫了神父的橱柜，为自己的赤裸的诗行穿上长衫、系上腰带的新天主教徒们；那些唱着歌、吹着口哨劫掠悲伤的墨西哥革命的民族主义的鹦鹉和蛇；那些部委和法伦斯泰尔*中的占卜师；那些只因为他们也叫嚷，也喝醉，就认为自己是革命者的暴徒们；那些在四维空间里放焰火的先知和玩骰盅的骗子，骰子上面做着记号；那些馋嘴的面包师、蛋糕师和糖果点心师；那些有着记者灵魂的诗歌之犬，那些动物园里的假野兽；那些飘荡于泛美和洲际地区的释迦和芒果的香气；那些孤独的猫头鹰和秃鹫；那些西班牙语世界的走私犯……

这不仅仅是一次批评，这是一种猛烈的文学社会学。问题在于墨西哥正开始成为一个肆无忌惮的资本主义国家，帕斯厌恶这种变化。这个国家"金钱、娱乐、演出、工业和商业泛滥"，失去了革命的朝气、诗意的灵感和批判的精神。这样的氛围使文化和文学自鸣得意、装模作样、平庸虚假。于是，帕斯需要离开墨西哥，实现自己的目标。1943 年 11 月，帕斯获得了古根海姆奖学金，准备离开墨西哥。他的第一个目的地是旧金山（San Francisco）。这原本是一次短暂的旅行，结果却变成了长期的居留。除了 50 年代有几年中断之外，他在国外持续待了三十多年，直到 1976 年。他独自前往旧金山，几个月后，他的妻子和女儿也赶来和他团聚。但是他年轻时候的一个朋友没有离开——拉斐尔·维加·阿尔韦拉选择了自杀。评论家豪尔赫·奎斯塔也结束了自己的生命。"我之所以离开，"他有一次在给埃弗拉因·韦尔塔的儿子戴维（David）的信中说，"是

---

* 法国空想社会主义者夏尔·傅立叶（Charles Fourier）幻想建立的社会主义社会的基层组织。

因为我既不想活在满纸荒唐的新闻中，也不想在酒精里醉生梦死。"

* * *

在旧金山，帕斯除了爱上一个美丽的爵士乐歌手之外，还几乎不由自主地开始了外交官的职业生涯，直到 1968 年这都是他的主要职业。这样的知识分子外交是墨西哥古老文化传统的一部分。帕斯担任的是墨西哥外交部的文书，略有些闲散，负责参加联合国国际组织会议（Conferencia de San Francisco）并撰写官方报告和新闻文章。

在街头，帕斯再次感受到作为墨西哥人的陌生感。他看到那些已经美国化的墨西哥人（帕丘卡人）并"在他们身上看到了自己"，写下了《孤独的迷宫》最初的几句话："我就是他们当中的一员。我们发生了什么？我们的国家发生了什么，现代的墨西哥发生了什么？因为发生在他们身上的也发生在了我们身上。"他根据自己的这些观察写成了书的第一章。就他从年轻时期就开始参与的事情而言，革命活动似乎开始变得越来越远，越来越模糊。很明显，革命活动与他的正式职业是不相容的。但是，在那篇关于墨西哥、具有远见卓识的重要文章里，在某种程度上可以看到革命的影子。

1944 年 10 月，他在写给维克托·塞尔日的信中表达了他的追求，这也是当时伟大诗人的共同追求。身处伯克利的帕斯对苏联文化机构迫害塞尔日的行为表示遗憾（奥威尔在他的《战争日记》[Diario de guerra] 中也曾经为塞尔日辩护），同时也对战后时期表示悲观（"我们正走向一种新的神圣同盟，我不知道教皇是不是会为此高兴，但是斯大林肯定会"）。但最重要的是，他对欧洲作家和艺术家的态度特别感兴趣。也许这让他想起了 30 年代墨西哥在宗教和意识形态方面的曲折发展：

这是再令人沮丧不过的消息了：得知季奥诺（Jean Giono）以及其他许多作家和画家成了通敌分子还不够，《时代》杂志宣布毕加索也加入了共产党。这种现象（精神投降）在我这里也可以看到：英语诗歌界最鼓舞人心的诗人奥登刚刚出版了一本书，否定了他之前出版过的全部作品。他夹在遭背叛的革命和我们面临的"被指引的"世界之间，投入了圣公会的怀抱，将它当作最后的救命稻草。他不是唯一一个这么做的人，但因为他的才华与地位，他是最引人注目的一个。可笑的是，当这些人"放弃世界"的时候，他们正处于世俗成就的巅峰。对其他人来说，从另外一个角度来看，奥登的书充满力量，在我看来是真实体验的结果。我不想否认他的真诚，甚至不想否认他的道德勇气。

他并不想"放弃自己的精神"，和共产党员结盟，或者成为天真的自由主义者。应该还有别的选择。待在旧金山对他的观察很有帮助，这是他第一次完全身处于盎格鲁—撒克逊文化之中。他终于读到了《党派评论》，这是一份多元民主的左派机关刊物，1944 年刚好刊登了艾略特关于他的朋友马拉奎斯的一本书的评论文章，并激励了同时代的卡尔·夏皮罗（Karl Shapiro）和缪丽尔·鲁凯泽（Muriel Rukeyser）：

> 年轻的诗人几乎总是受到艾略特的影响，也受到史蒂文斯的影响，虽然比较小，他们倾向于更直接、更自由的诗歌。但不幸的是，他们的意图并不总能转化为真正的艺术。但是，看到所有这些新的价值观使用一门鲜活通俗、未退化为俚语的语言，令人印象深刻，这门语言似乎比当今法国和西班牙诗人使用的语言更有效。

帕斯觉得在这样的国家生活"很刺激","因为美洲的思想危机并不能通过驯化墨西哥的修辞来解决教堂或虚无,常常比公共教育部受欢迎"。他依然觉得自己对墨西哥文学负有责任:

> 如果说我们写的东西是以另外一种语言、在另外一个星球上写就的,是因为没有什么东西将我们和我们的人民联系在一起。仅仅像一些人认为的那样,使用自己的语言,穿自己的衣服,甚至教授进步的思想,是不够的。我们需要共同的信念。我认为,几乎所有的国家(至少这个国家)的情况都是一样的……由于构成共同信仰的天主教理想破灭了,自由主义革命或是失败或是腐化,拉丁美洲各国人民过着盲目、物质的生活,而他们的知识分子却在舞弄虚空。知识分子与人民的距离不算太远,但确实存在。在我看来,文化形态(首先是政策)从来没有像现在这样远离人民的需要和梦想。有太多东西没有被表达了! 可怕的是,我们很难表达自己的痛苦,自己的无能……

在信的最后,他亲手写上了"我们的孤独"。五年后,在巴黎,他终于找到了表达它们的合适方式。

谁又能想到呢? 在他的外交生涯中,他父亲的老朋友帮到了他。父亲在 1911 年认识的一位朋友弗朗西斯科·卡斯蒂略·纳赫拉(Francisco Castillo Nájera)设法帮他搬到了纽约。另外一位保护他免受官僚主义之害的守护天使是令人尊敬的诗人何塞·格罗斯蒂萨。帕斯参加了明德学院(Middlebury College)的暑期课程,并为《南方》杂志采访了罗伯特·弗罗斯特(Robert Frost)。而当埃莱娜不情愿地为美国犹太委员会(American Jewish Committee)工作时,帕斯则参与了一部电影的译制工作,甚至计划加入一个商业船队。但是,1945 年 10 月,卡斯蒂略·纳赫拉有如神助般地当上了外交部部长,并给了帕斯一个正式的职位，将他调往巴黎工作。

<h1 style="text-align:center">八</h1>

"巴黎就是一场派对"，对于奥克塔维奥·帕斯而言也是如此。他在巴黎的生活是多面的。他的个人生活很艰难：和妻子的恶劣关系如暴风骤雨，和女儿的关系则比较亲密。女儿在瑞士居住期间，他曾向她分批寄出一部连载小说，讲述一群孩子通过一个神奇的胡萝卜穿越到了过去的玛雅世界。现在，这本超现实的考古文学将在巴黎结集成一本书，里面收录了帕斯与该题目有机结合的作品，这些作品的主题都是他在新文本中曾探索过的。他有着紧张的外交工作，就国际政策、欧洲政策和法国政策向外交部提交了扎实的报告。他的生活中不乏友谊，既有与墨西哥人之间的，也有与国际友人之间的；他和一群艺术家、哲学家和知识分子欢聚一堂，比较有名的如阿尔贝·加缪（Albert Camus）、让－保罗·萨特（Jean-Paul Sartre）和布勒东，过从甚密的如希腊哲学家科斯塔斯·帕帕约安努（Kostas Papaioannou），他们曾共同讨论俄国革命和墨西哥革命。这些都没有影响他的文学生活。1949 年，帕斯出版了诗歌选集《言语下的自由》（*Libertad bajo palabra*）*。1948 年 5 月，他向当时自己最亲密的朋友之一、作家和《南方》杂志的主编何塞·比安科坦言："我写作、修正、誊清和整理这些文本的日子是我一生中最充实的时光。"他的编辑生活则别无选择，只能等待，但是比安科不停地收到帕斯从远方送来的建议，仿佛他是《南方》的编外编辑一样。他的政治生活此时也停滞了，也可以说是被他的外交生活驯化了。

他的爱情生活如同战场。从旧金山开始，帕斯就开始有一些婚

---

* 另有译名为《假释的自由》。

外关系，他并没有向妻子隐瞒这些关系，出于公平的考虑，他甚至建议妻子也寻找情人。在巴黎的文化活动上，因为外交人员身份带来物质优势，这对夫妇与查蒂塔共同享受着有趣的社交生活、短暂的假期和快乐的时光。但是帕斯并没有找到和平、和谐或是爱情。埃莱娜并没有为自己的才华找到用武之地，这位"女将军"总是将此归咎于帕斯并与他竞争。奥克塔维奥可能有些不耐烦和易怒。埃莱娜在她未发表的日记中认为他是一个控制者和自恋者，坦陈自己对他有生理上的厌恶。帕斯经常想起岳父说过的话，真的觉得她已经疯了。他们经常会讨论离婚这件事。1949 年年中，当"革命诗人正在整理一系列文章"的时候，她在日记中写道："（1935 年的）6 月 17 日是奥克塔维奥第一次吻我的日子……而 1949 年的 6 月 17 日则是我生命的终点——我和奥克塔维奥结束了。"此时，一场"疯狂的爱情"已经闯入她的生命，那就是来自阿根廷作家阿道弗·比奥伊·卡萨雷斯的爱。

但是 1943 年被激发出革命责任感的"革命诗人"在 1949 年年中的时候正忙于一本文集。这本书谈论的是"一个挺时髦的话题"——他有点不屑一顾地向他的另外一位守护天使阿方索·雷耶斯这样描述——"这是一本小书"，"一本关于一些墨西哥主题的小书"。这本"小书"，这本"简简单单"的著作，指的就是于 1950 年由《美洲纪要》（*Cuadernos Americanos*）杂志出版的《孤独的迷宫》。

有关这本书所受的影响已经说过写过很多了。帕斯已经提到过阅读弗洛伊德的《摩西与一神教》（*Moisés y el monoteísmo*）和戴维·赫伯特·劳伦斯的出现。关于劳伦斯，他曾写道："他比任何人都更绝望地寻找人类最黑暗、最古老和最不可言喻的自然性和一致性的秘密来源。他并没有解释，而是靠直觉、神交和间接交流——鲜血和自然的神秘。"但是这本书最主要的来源并不是外在的，而是内在的。

他在墨西哥追寻自我，也在自我中寻找着墨西哥。孤独的迷宫的入口——同时也是出口——《孤独的迷宫》可以看作是他自传性质的罗塞塔石碑。在"墨西哥的面具"（Máscaras mexicanas）一章中那个"与世隔绝"的男人是谁？他"扎根在自己离群索居的孤独里，既粗鲁又有礼貌，对于亲密之人心怀猜忌，不仅守口如瓶，而且墨守成规"。他个性上"疑神疑鬼，对陌生人彬彬有礼，关闭了沟通的道路"。他是高原上的墨西哥人，或是虚伪的梅斯蒂索人，自称西班牙人却被深肤色出卖。他是装腔作势、营私舞弊的墨西哥政客或公共官员。但是他也是奥克塔维奥·帕斯，他想在这字里行间摘掉面具，看到真实形象，他自己的形象，同时也尤其是"墨西哥人"的形象。把他从复制、模拟、诠释、谎言之中解放出来。做他自己。做一个人，做一个真实的人。

他描述的聚会——那个可以让男人们平等、放纵和解放的聚会，会爆发出转瞬即逝的快乐——首先是一个普遍现象，这是安东尼奥·马查多在回忆安达卢西亚人民时的描述。但是如果我们更细心地观察章节的标题，就会发现帕斯笔下的节日与此有所不同，是向死的聚会。老百姓"吹口哨、喊叫、喝酒、胡闹"。有一种"回归混乱或者原始的自由"。伴着人群的是喧闹和轰鸣。在他文字的背后有什么样的聚会是能够与他产生共鸣的呢？那就是米斯科瓦克的丰富多彩的聚会，他自己的聚会。但是他的另外一些聚会，一些激烈的、有普奎酒和枪声的聚会，还有圣玛尔塔阿卡蒂塔的聚会，那些男子汉的、父亲奥克塔维奥·帕斯·索洛萨诺的聚会，也能引起他的共鸣。这是没有黎明的聚会，是死亡的聚会。

墨西哥人并不是唯一一个迷恋死亡的民族；地中海的人民也有这个癖好。墨西哥人对待死亡的态度也有所不同。然而，诗人揭示了死亡的共同面目：事实上，即使在今天，墨西哥人也经常庆祝死亡，会"调侃死亡，拥抱死亡，与死亡共眠，庆祝死亡；这是他们最喜欢的玩具，也是他们永恒的爱之所在"。自己的死亡和他人的死亡。值得注意的是，在《孤独的迷宫》发表的几年之前，《在火山下》(*Bajo el volcán*) 的作者马尔科姆·劳里（Malcolm Lowry）曾经和帕斯一样用自己的身体和一部出色的作品，重现了这种派对、畅饮和死亡的地狱式天堂。更让人吃惊的是，他居然是在萨帕塔主义者的土地上得到的上述经历。

"我们对死亡的冷漠，"帕斯写道，"也是我们对人生冷漠的一面。"这句话指的就是"某些人"。对于"某些人"而言死亡并不是人生的"另一回事"，死亡就是人生。某些人会"追寻死亡"，还有一些在他身边的人会"寻找那些杀死我们的厄难"。这就是为什么诗人将那句流行的说法改成了："告诉我你是怎么死的，我就告诉你，你是谁。"他在写下这样的文字时有没有想起他的父亲？他隐瞒了自己的记忆吗？或者它就是他身体的一部分，以致他对之熟视无睹，但在多年之后却突然写出了一首挽歌？

> ……
> 曾经是我父亲的，
> 如今装在这个帆布袋里，
> 一个工人帮我打开，
> 我的母亲划着十字。

"Chingar"*这个词在奥克塔维奥·帕斯·索洛萨诺的生命中有几重含义？将帕斯的母亲视为女人、痛苦、暴力、被伤害者的化身，这么想是不是有些过分了？女性的维度在这本书的另一部分中。在

---

* "Chingar"一词是墨西哥地区普遍使用的脏话俚语，包含有性交、伤害、酗酒等多重含义。

该书的人类学章节中，他所写的"玛林琴（Malinche）的子孙"或许是最不与他自身经历相关、最自主的，或许因为它的主题是语言。而帕斯在语言领域比在其他任何领域都要机敏、精练和有效。

＊＊＊

在这本书的第二部分，也就是讲述历史的部分，主体不再是"墨西哥人"（也就是帕斯），而是墨西哥。该部分一开始写的是被西班牙征服的阿兹特克人民的悲惨遭遇，这个民族陷入了彻底的孤单之中。他们不仅"失去了自己的偶像崇拜"，而且也为诸神所抛弃，失去了庇护。幸运的是，在此前的宇宙真理因墨西哥被西班牙征服而瓦解之后，一种基于宗教、"意在长久"的秩序出现了。它"不仅仅是新的历史形式的重叠"，甚至不是一种调和主义，而是"鲜活的有机体"，"所有的人和种族都在这一秩序下找到了自己的位置、理由和意义"。这种殖民地的天主教秩序持续了三个世纪。这是墨西哥的文化母体。"由于天主教的信仰，"帕斯补充说，"孤儿一般的印第安人断绝了他们与古老文化的联系，他们的诸神已经死亡，他们的城市也不复存在，他们终于在世界上找到了一个立足之地……天主教寻回了他们在地球上存在的意义，燃起了他们的希望，并为他们的生命和死亡辩护。"墨西哥的历史诗歌逐渐从孤独进入融合。在帕斯的概念中，宗教所以能在墨西哥持续存在，也是因为在它被征服之前就有这样的背景："没有任何东西能够扰乱墨西哥与上帝之间的父子关系。这是一种持久的力量，使我们的民族永久存在，让被剥夺权利者的感情生活有了深度。"写下这段话的并不是某个西班牙语言文化学者，而是激进的《科沃斯神父报》的创造者、19 世纪最后一位伟大自由主义者伊雷内奥·帕斯的孙子。从他身上可以看出这种观念的价值：在追寻过程中，他敢于触碰另一种正统

（天主教），来修正官方的正统（自由主义）。并非偶然的是，在这本书出版后随即出现的评论文章里，何塞·巴斯孔塞洛斯本人对于这位"思想斗士家族"的后裔大加褒扬，称他"勇于下笔书写光明正义"。帕斯并没有忽视三个世纪的殖民有其黑暗面，特别是思想和宗教的闭锁，但墨西哥在其中找到了它的面孔、血统和真实性。

征服中的孤儿，殖民地的秩序，独立运动中的决裂。帕斯把 19 世纪看作历史的一段弯路，几乎可算作一次脱轨。从传记的角度来看，这一章的最后一段很重要，它通向《孤独的迷宫》的第二部分，在那里，帕斯第一次将自己对诗歌的反思和个人经历投射到墨西哥历史上：

> 改革运动是与"母亲"的重大决裂。这种分离是一种命中注定的、必要的举动。因为一切真正的独立生活都从与家庭和过去的决裂开始。然而这种决裂仍然使我们感到痛苦。我们还在为创伤而叹息，我们的孤独感便由此而来。这大概就是我们在政治的尝试中、在私人的冲突中常常体验到的感情的实质。墨西哥和她的每一个孩子都很孤独。所谓墨西哥人以及墨西哥性，就是对历史与个人孤独的鲜活意识。*

随着墨西哥独立，殖民秩序随之崩溃。短命的圣餐礼在孤独中土崩瓦解。"谎言几乎是在宪法的支持下扎根于我们的人民中的。"几年后，对改革的"三重否定"（否定土著、天主教和西语世界）"造就了墨西哥"。帕斯并不否认三重否定的"伟大"，但是他果断写道："可以肯定的是，这种巩固了欧洲的自由主义原则的否定是一个华

---

* 译文引自《帕斯选集》（下），奥克塔维奥·帕斯，赵振江等编译，作家出版社，2006，60 页。略有改动。

而不实的徒劳想法。"波菲里奥·迪亚斯的时代只会极端地延续这种趋势：一副不真实的面具，一种已成为第二天性的伪饰。而官方的哲学，即实证主义，"它赤裸地展示了自由主义的原则：华而不实的言辞。我们已经失去了历史的关联"。在字里行间，帕斯在无意之间与祖父伊雷内奥背道而驰："自由主义计划的长期存在及其传统的权力划分——在墨西哥是不存在的——其理论上的联邦制和对现实的视而不见，再次打开了谎言和不实之门。因此毫不奇怪，我们的许多政治思想仍然旨在隐藏和压抑我们的真实身份。"但就在不久之后，帕斯拯救了一个更脆弱甚至更受人爱戴的人：他自己的父亲。因为他们在自由主义世纪失去的这层父子关系将在革命中恢复，革命"引起了母鸡的喧闹，让小鸡离开他们的家园：革命是一个神奇的词，它将改变一切，给我们带来巨大的快乐和迅速的死亡"。

　　不止奥克塔维奥·帕斯一直认为墨西哥在革命之中找到了自己的道路。除了波菲里奥的追随者之外，整个墨西哥知识界都对此达成了共识。但是找到自己的道路是一回事，找到"父子关系"是另外一回事，这是帕斯书中的一个关键词。因此，墨西哥虽有多次革命，但对于帕斯而言真正的革命只有一个：那就是夺走他父亲的那场革命，那场"将要改变一切，给我们带来巨大的快乐和迅速的死亡"的革命，即萨帕塔革命。

　　这本书中最有力、最激情的部分是关于萨帕塔主义的福音——阿亚拉计划——的内容，这一计划要求恢复对土地和公共权利，以及"我们国家最古老、最稳定、最持久的部分：原住民历史"。帕斯和与他在巴黎建立了深厚友谊的希腊哲学家科斯塔斯·帕帕约安努谈论到了马克思和托洛茨基，谈到了"萨帕塔和他的马"，就像是他曾帮父荣誉清的稿件中的一篇。萨帕塔曾是他父亲的英雄，也是他的英雄：

　　萨帕塔的传统主义反映了他深刻的历史意识，他被自己的人民和种族所孤立。他的孤立……如尘封的种子般孤独，赋予他接触简单真理的力量和思想深度。因为革命的真谛很简单，它包含墨西哥的现实反抗，这种反抗既受到自由主义模式的压迫，又受到保守派和新保守派滥用权力的压迫。

这一章的最后一部分是整本书的核心：革命是一场圣餐礼的历史场地。这一部分里包含了所有宽慰、秩序与和解的词语，它发现、揭示、回返、表达、治愈和解放了这场革命。读者几乎能听到作者撰写到最后几行时的激动心跳：

　　革命是墨西哥突然深陷于自我之中……它是现实的爆发：是争吵也是交流，是唤醒沉睡的旧事物，是释放激越、柔情和被生存的恐惧压抑的细腻。在这场血腥的盛会中墨西哥将与谁交谈？与它自己。墨西哥敢于直面自己。革命是一场非凡的盛会，墨西哥人陶醉其中，最终在致命的拥抱中发现了另一个自我。*

那么，奥克塔维奥·帕斯·洛萨诺和谁志同道合？在这种近乎显灵的描述中，他拥抱了谁？是和奥克塔维奥·帕斯·索洛萨诺，"他过了几个小时就离开了 / 没有人知道他去往了怎样的沉寂中"。他拥抱了奥克塔维奥·帕斯，另一个奥克塔维奥·帕斯。他的形象已经很清晰了：墨西哥式的节庆，自饮自醉，将父子联系起来的死亡拥抱。这对父子拥有同样的名字：奥克塔维奥·帕斯。

---

* 译文引自《帕斯选集》（下），奥克塔维奥·帕斯，赵振江等编译，作家出版社，2006，104 页。

九

对于帕斯而言，墨西哥在历史上是一部圣书，他希望有一位文学英雄来解开它、揭示它。这样的人是一个矿工，是炼金术士，是拥有墨西哥身份的诗意救赎者。用他自己的话来说，他想"破开面纱看看"：撕下面纱来看看。在这些作品中，不同年代的读者撕开了面纱，看到了墨西哥身份中宝贵的部分。在这种程度上，这位诗人信守了他的英雄承诺。他模仿甚至超越了何塞·巴斯孔塞洛斯。

值得注意的是，1950 年年中，巴斯孔塞洛斯发表了一篇《孤独的迷宫》的书评。在这篇书评中他回忆了帕斯"出身于知识分子家族"："他的父亲曾是一名反对派记者，是萨帕塔集团中的革命分子，是一位敏于思想、善于行动的人。奥克塔维奥的父亲继承了伊雷内奥·帕斯最出色的特性，作为波菲里奥主义统治下的反对派记者，他的祖父曾经直面逮捕令和痛苦的过往。这样的个人品质通过血统得以传承，造就了如今的奥克塔维奥·帕斯。他是这个时代最杰出的诗人，如今是一名驻巴黎外交官，一位从宇宙的高塔上俯瞰大地，致力于反思和研究墨西哥的思想者。"

巴斯孔塞洛斯在文章中称赞了帕斯从诗歌向散文的过渡，并肯定了他的"理智与审慎"：在面对 19 世纪自由主义和雅各宾意识形态造成的分裂时，主张西班牙和墨西哥天主教秩序的真实性、深度和持久性。当时已是一位顽固的西班牙通的巴斯孔塞洛斯充满惊恐地警告说："我们仍需要记得，奥克塔维奥·帕斯如今依然是一名带有反西班牙偏见的革命青年。"

但是巴斯孔塞洛斯接下来对他的批评同样令人吃惊：他指责帕斯忘记了墨西哥革命最初的民主成分，即弗朗西斯科·马德罗的思想体系和榜样："1910 年的墨西哥革命并不是以一个'呼声'开始的，而是在一本书中开始筹备，并在一项计划中确立的，两者都是

由马德罗写就的。"写下这些内容的并不是一位自由主义者，而是
法西斯主义和拉丁美洲独裁政权的支持者。而突然之间，他像人生
中的许多其他时刻一样十分矛盾地怀念起青年时代加入马德罗 1910
年民主革命，并于 1929 年领导推进了墨西哥第二次民主进程的激情。

帕斯在 1968 年才开始理解这一批评的深意。后来，他将成为
墨西哥民主的捍卫者。他的思想和他的文字工作为 2000 年的民主
做出了很大贡献。不幸的是，帕斯没能亲眼看到那一天。

对于帕斯而言，《孤独的迷宫》有解放的效果，尤其是对他的
个人作品而言。他在给阿方索·雷耶斯一封信的结尾承认已经"开
始承担"有关"墨西哥性"的主题：

> 一个（在战争或革命中）自我陶醉的国家可能是一个健康、
> 物质丰富或追求物质的国家。但这种对和平的执着揭示了扭曲
> 的民族主义，如果它强大，就会导致侵略行为；如果它像我们
> 一样悲惨，就会导致自恋和受虐。如果智慧的民族耽溺于排他
> 主义之中……它就不再那么智慧了。或者更明确地说，我担心
> 一些墨西哥人的极端排他性甚至剥夺了我们成为人的机会。

然而，在默然拥抱了父亲之后，他追求的墨西哥性在少数几
位艺术家的作品中呈现出了相似的脉络。其中最知名的一位是鲁菲
诺·塔马约（Rufino Tamayo）。1950 年 11 月，在巴黎成功举办墨
西哥艺术展之际，帕斯写了一篇关于墨西哥绘画的文章，阶段性地
总结了墨西哥壁画三杰的艺术，同时为瓦哈卡（墨西哥最为传统的
印第安地区）的画家进行了辩护。帕斯欣赏里维拉作品中包含的唯
物主义色彩，但是批评了其中雄辩的鼓动性。如果说里维拉的风险
来自"国家主义"，西凯罗斯这位运动和斗争的画家则有所不同，
他表现的是"对戏剧性效果的追求"和"绘画的文学"。在这三位

当中，在精神上离他最近的是奥罗斯科，没有那么多意识形态，最叛逆也最孤独。但是，他在这三人之外强调了自己这一代人的集体作品：玛丽亚·伊斯基耶多（María Izquierdo）、阿古斯丁·拉索（Agustín Lazo）、赫苏斯·雷耶斯（Jesús Reyes）、卡洛斯·梅里达（Carlos Mérida）和弗里达·卡洛等等。这一代艺术家不再追求和向人们宣扬社会功绩，或者宣布社会主义乌托邦即将到来，而是以自己的虚构、幻想和表达方式（色彩、腔调、强度、表情）诠释对激烈、甜蜜、庆典、死亡的理解。这种绘画作品表现出的自省能够和《孤独的迷宫》相媲美，其中以塔马约的作品为最。他的作品没有中立立场，而是微妙地批评了时代现实及历史影响，被帕斯视为"一处交流的场所"，像帕斯的作品一样是一场发生于墨西哥历史深处的祝圣仪式：

> 塔马约不需要找回纯净；他只要沉入自己的内心深处，就能发现古老的太阳，发现喷涌着影像的泉水……塔马约的画作中之所以存在着古老和纯真，是因为它的脚下是一个民族，它身处没有确切日期的过去，而这过去就是现在。

然而，除了这种寻求身份认同的过程中隐含的排他主义之外，帕斯还认为有必要打开"成为人的可能"，"成为所有人的同代人"（《孤独的迷宫》的最后一句话）。为此，他在巴黎毫无保留地认同了超现实主义运动，他年轻时曾反对这场运动，但他的作品自20世纪30年代起就已经预示了这场运动。于是，他最终赢得了安德烈·布勒东的友谊，并与另一位超现实主义者邦雅曼·佩雷（Benjamin Péret）加强了旧日的联系，他曾在墨西哥接待过佩雷。帕斯最终相信，超现实主义强调通过潜意识直接通向情感和对非欧洲文化的兴趣，可以成为面对墨西哥在诗歌、艺术和思想方面的复杂现实的理想工具。凭着这把钥匙（他在 20 世纪 30 年代和 40 年代的许多诗歌中就有所设想），帕斯开始探索古代墨西哥的景象和宗教仪式，审视墨西哥人民的欲望和神话，这样的探索导致了《鹰还是太阳》（ ¿Águila o sol? ）这本书的诞生，这是一部散文诗，是拉美魔幻现实主义的直接先驱。从那时起，他笔耕不辍，以超凡的自由想象力和体验，在多元的文化和传统下，不断拓展作品。

  1951 年 4 月，路易斯·布努埃尔(Luis Buñuel)的《被遗忘的人们》（ Los olvidados ）在戛纳电影节首映，面对民族主义者对这部电影的批评，帕斯决定为其辩护。"我很自豪能够为您和您的电影而战。"他在给布努埃尔的信中这样写道，此时布努埃尔从佛朗哥统治下的西班牙流亡到了墨西哥生活。1938 年布勒东访问墨西哥期间，他的朋友们曾批评和嘲笑《黄金时代》，他也许为此而感到懊悔，但他也回顾了自己在西班牙内战中激情燃烧的经历。"感谢《被遗忘的人们》，"他对布努埃尔说，"让人回到了英雄的年代。"为了给电影营造出一个"期待的气氛"，能够有利于布努埃尔斩获西班牙文学批评奖，帕斯不遗余力地支持和联络，他和佩雷、让·科克多（ Jean Cocteau ）、马克·夏卡尔（ Marc Chagall ）、毕加索都进行了谈话，动员了"记者部队"，还动笔写了一篇关于"诗人布努埃尔"的雄文，并在首映开始前二十四小时亲自散发：

> 《被遗忘的人们》不仅仅是一部现实主义电影。那些生活中的孤独、梦想、欲望、恐惧、妄念、侥幸，也得到了表现。它给我们展示的现实是如此沉重，以至于我们都觉得并不存在，难以忍受。而事实就是这样：现实是"无法忍受的"；正因为无法忍受，人类才会杀戮和死亡，相爱和创造。

  或许是主人公孤独的童年令他想到了自己，也许电影中那种孤单、无助、被遗弃的、被伤害的母亲的悲剧，悄然启发了他在《孤独的迷宫》中写下相关主题的内容。*无论如何，布努埃尔的杰出作品以持久的美学和道德的力量触及了墨西哥社会现实的根本。

同样是在世纪之交的巴黎，在法国作家达维德·鲁塞（David Rousset）揭露苏联存在集中营之后，帕斯在意识形态上获得了解放。《法国文学》（*Les Lettres Françaises*）污蔑鲁塞在敏感问题中做伪证，鲁塞因此决定起诉他们。"这些报纸根本不会谈论……其他的东西"，帕斯对比安科说：

> 或许在《南方》杂志发表一些探讨这起对某些人口中的"无产阶级祖国"的恐怖指控的文章也是合适的。你知道吗？在鲁塞列出的证人中，就有那位"农夫"，那个阿尔维蒂和斯大林的其他御用诗人曾献诗歌颂的将军。现在他们要再吐一次，吐出他们那些赞美诗。

那位"农夫"指的是巴伦廷·冈萨雷斯·冈萨雷斯（Valentín González González），安德烈·马尔罗以他为人物原型创作了《人的希望》（*L'espoir*）。他被认为是西班牙共和国的英雄。他是最成功、最无情的指挥官之一。他在苏联流亡，曾当着斯大林的面批评个人崇拜，被斯大林关进了劳改营。根据他女儿的回忆，埃莱娜·加罗和冈萨雷斯建立了友谊，及时出席了鲁塞控诉《法国文学》的审判，并收集了所有相关资料。帕斯根据这些信息和鲁塞的证词撰写了第一篇公开批评斯大林主义的文章。他在墨西哥找不到出版社出版，但是比安科在《南方》杂志刊登了这篇文章。在拉丁美洲，特别是在冷战初期，帕斯处于一种尴尬的地位，他的情况也并不多见：

---

* 此处疑为作者笔误。《孤独的迷宫》出版于 1950 年，先于《被遗忘的人们》之首映。

一个自由的社会主义者。除了帕斯，拉丁美洲同时期仅有的另一个引人注目的人就是写了《人和齿轮》（*Hombres y engranajes*）一书的埃内斯托·萨巴托（Ernesto Sabato）。

帕斯解释道，苏联劳改营的存在并不是为了矫正或刑罚，而是苏联官僚制度的产物，令人怀疑其社会主义性质和替代资本主义的能力。"这一政权中官僚政治的罪行，"他总结道，"是这个政权造成的，并不是社会主义的责任。"数月之后，他在西班牙内战十五周年纪念安东尼奥·马查多的讲话中重申了他对"人民的革命和创造性"能力的希望，认为只要能够"消除"那些"职业的救赎者"，人民就始终有"自救"的可能。总之，他的社会主义信念依然坚定，但并没有坚定到忽视萨特的观点。帕斯、加罗夫妇常常在他的酒吧"皇家桥"与萨特叙谈。萨特建议他忽略鲁塞披露的真相，因为他是支持帝国主义的。帕斯选择的是与之相反的一条路。他的立场接近于托洛茨基主义。实际上，他与托洛茨基的遗孀纳塔利娅·谢多娃（Natalia Sedova）的立场相似，谢多娃从第四国际辞职时曾否认苏联仍然是一个工人国家：

> 任何一个捍卫这个压迫和野蛮政权的人，无论其动机如何，都背弃了社会主义和国际主义原则。

这封信于1951年5月9日写于墨西哥，发表于《第四国际》（*Quatrième Internationale*）的第五十七期，即当年的5—7月刊。帕斯当然读过这封信。

* * *

帕斯在外交部门度过了低调而高效的职业生涯。1952年起，他曾先后担任墨西哥驻印度大使馆二等秘书，开设墨西哥驻日本大使馆，担任墨西哥驻瑞士使团的秘书，担任墨西哥日内瓦国际机构常驻代表团团长。到了 1954 年，他在墨西哥定居了五年，担任外交部国际机构司司长。在这一职位上，他主张为 1956 年苏联镇压叛乱后的匈牙利难民提供庇护。1959 年，他被调到法国，负责大使馆商务工作并担任临时代办，1962 年成为墨西哥驻印度大使。每一任都为他带来重大的知识影响。在日本，他开始对东方文学产生兴趣，自从在纽约暂住以来，他一直在探索这种文学；他在日内瓦会见了奥尔特加·加塞特，奥尔特加建议他"学习德语，开始思考。忘记其他事情"。奥尔特加最喜欢的弟子、帕斯的朋友玛丽亚·桑布拉诺在听到这些话后，曾经反驳她的老师"奥克塔维奥的小脑瓜一直在思考，一直在思考"。她常常这么说。关于阅读他写的书，他说："想要实现思想，需要的不是哲学，而是诗意的态度。进入地狱需要天恩眷顾的智慧。故而，《孤独的迷宫》给我们带来的是纯粹的透明。"

让帕斯感到遗憾的是，在这个解放创造性的时代，他放下了杂志编辑的职业。何塞·比安科经常收到他关于作者、文本和主题的意见和建议：将古巴的优秀杂志《起源》（Orígenes）的作者引介至《南方》旗下，出版墨西哥剧作家、《冒名者》的作者乌西利的作品，制作一期关于新意大利文学的专刊。回到墨西哥之后，帕斯写道："我有一种感觉，只有采取具体行动，我才能摆脱我在这里毫无用处的痛苦感觉。当然，我想不出比办杂志更好的方式了。当作家们想拯救世界时，总是会想到创办杂志。但我没有成功。"然而，在他逗留墨西哥的五年期间，他一直是墨西哥城文学活动的中心，推动了各种文化活动，如戏剧小组、"朗声读诗"（Poesía en Voz Alta）项目，并一直在亲自挖掘墨西哥的新人才。相比于巴斯孔塞洛斯、雷耶斯以及《当代》的作家等前几代人的衰落，帕斯就像一颗新星，才四十岁就已经交游于国际知名人士之中，闪烁着耀眼的光辉。

在他周围聚集起一批出生于 20 世纪 20 年代和 30 年代的新一
代作家、哲学家和艺术家，他们具有和帕斯一样的批判勇气、创造
性的自由和实验的意愿，其中一些人则直接受到了帕斯的影响。诗
人和小说家们厌倦了民族主义的言论，他们通过他的作品开阔了世
界性的视野。50 年代，胡塞尔主义哲学家开始沿着《孤独的迷宫》
中的道路探索"墨西哥哲学"。雕塑艺术家也在他的影响下突破了
僵化的壁画运动传统。从 1955 年起，许多年轻作家的作品出现在
了《墨西哥文学杂志》（*Revista Mexicana de Literatura*）上，该杂
志最初由卡洛斯·富恩特斯（Carlos Fuentes）领导，他无疑是和
帕斯走得最近的年轻作家，在为人和观念方面都受到了帕斯的影响。
虽然读书的人数有限（图书印数不超过三千册，《孤独的迷宫》直
到 1959 年才再版），但当时墨西哥的文化活动活跃热闹，隐隐成为
一股先锋潮流。帕斯总是和法国走得比较近，那些新锐小说家则青
睐美国。在这一趋势的影响下，胡安·鲁尔福（Juan Rulfo）一鸣
惊人。他的短篇小说集《燃烧的原野》（*El llano en llamas*，1953 年）
和小说《佩德罗·巴拉莫》（*Pedro Páramo*，1955 年）将表达主义
和超现实主义（都是帕斯喜欢的流派）结合了起来，帕斯认可作品
的完成度与深度，尽管他的意见或许有失中肯。

* * *

虽然作为伊雷内奥的孙子、奥克塔维奥·帕斯·索洛萨诺的儿子，
这个编辑世家的一员等待着创办杂志的时机，但是他却第一次借机
象征性地展示了他的革命推动力。作家何塞·德·拉·科利纳（José
de la Colina）回忆起这样一幕：

> 那是在 1956 年。一支抗议公交车票涨价的学生示威游行队

伍正在穿过改革大道和布卡雷利街的街口，走向胡亚雷斯大街和埃希多街的街口。我当时非常兴奋，用浪漫的无政府主义的口吻讨论此事。帕斯从他位于"小黄马"（El Caballito）雕塑对面的办公室*走出来，加入了这场游行。

这个插曲很重要，但却是一次例外。他在公共服务部门工作，不能完全自由地对外批评内政。当时还存在一些物质上的限制。帕斯后来在 1978 年创作了《慈悲的妖魔》（El ogro filantrópico）来形容墨西哥这个国家。他和大多数知识分子一样，见证了并享受着国家福利的发展。除了在外交部工作获得的薪水之外，他还会从他的文人朋友——墨西哥学院院长阿方索·雷耶斯，墨西哥铁路公司职员何塞·路易斯·马丁内斯——那里得到资助，借以完成这一时期的作品《弓与琴》（El arco y la lira）。加塞特的另外一位弟子哲学家何塞·高斯从 1938 年至 1969 年去世的这段时间在其研究领域中是墨西哥的权威学者，他认为这部作品"是哲学结出的最丰饶的果实之一，换言之，也是我们的语言（结出的硕果）"。帕斯还出版了《奥之细道》，日本古典诗人（或称俳谐师）松尾芭蕉作品的第一部西班牙文译本，以及一本名为《榆树上的梨》（Las peras del olmo）†的关于传统和当代艺术家、作家和文学家的文集。

帕斯在这个时期的文章总是出言果断、消息灵通，但是就当时的背景而言，这些文章有两个问题：它们几乎被以罗素（Bertrand Russell）、奥威尔和波普尔（Karl Popper）为代表的英国马克思主义批评界忽视了，且有着明显的抽象化倾向。这些作品缺少立足点。还有怎样的道路可以走呢？他认为，墨西哥仍然在寻找属于自己的

---

* 　此处应该是指墨西哥外交部位于胡亚雷斯大街的办公地点。

† 　西班牙语谚语，意为所求为不可能。——英译本注

独特道路，一条可以和拉丁美洲的其他国家共享的道路，一个能够促进增长和发展的项目，它与苏联模式不同，能够"解放人"，这是革命唯一的正当理由。帕斯渡过了一片因马克思主义而形成的困惑区域。他在书中以诗的形式复原了萨帕塔主义农民的伊甸园，这是他唯一不变的信念。从这一角度来看，尽管墨西哥的城市在发展，有着稳定的增长数据，但是农村的状况绝不说谎。他在一些令人难忘的诗中表达了自己的悲伤和希望。

1955 年，帕斯写下了最令人难忘的一首诗：《破碎的瓦罐》（El cántaro roto）。十年后，在墨西哥的激情和叛乱时期，这首诗会产生巨大的影响；而在 50 年代，在革命制度党政权平和有序、持续进步的治理之下，这首诗打破了共识，动摇了人们的满足之心，并由于其"共产主义内核"遭到了批评。他在去墨西哥北部的圣路易斯波托西（San Luis Potosí）和新莱昂两州开会的旅途中受到了一些启发。这首诗不是从政治或社会角度解读当代墨西哥。它与《孤独的迷宫》一脉相承，是一种神话式阐释。后来帕斯批评了这首诗"语言上有炫技之嫌"，但没有否认它的内容。这位诗人当时已经熟悉纳瓦特语诗歌，对墨西哥过去的辉煌做了一番幻想：

> ……
> 风！水流在漆黑的山隘中无尽的峭壁之间奔腾，
> 煤玉，
> 骏马、彗星、焰火，精准地刺入暗夜的心脏，
> 羽毛，
> 喷泉，
> 羽毛、突然绽放的火炬、蜡烛、翅膀、白人的入侵，
> 岛上的鸟在做梦的人眼前歌唱！

但是睁开眼睛，景色却是大相径庭。墨西哥，另一个墨西哥，是一片荒芜之地：

> 只有平原：仙人掌、金合欢、在阳光下爆裂的岩石。
> 蟋蟀没在唱歌，
> 有一股石灰和烧焦种子的味道，
> 村落中的小路曾是干涸的小溪。
> 而如果有人喊叫，空气会碎裂成千块：
> 谁还活着？

幽灵提出了一连串痛苦的问题：

> 玉米神，花神，水神，血神，圣母，
> 全都死掉了吗？都成了盲目之泉旁边破碎的瓦罐了吗？
> 只有蛤蟆还活着吗？
> 这只墨绿色的蛤蟆只在墨西哥的夜晚熠熠生辉吗？
> 只有塞博阿拉的胖酋长是永生的吗？

这片荒原是现世的作品。更准确地说，是历史压在现在身上的重担。这是过去发号施令、未来继续发号施令者的作品；这是权力的作品，而历史人物"塞博阿拉的胖酋长"是权力的象征。他曾经是埃尔南·科尔特斯的盟友，却穿越历史，化身为阿兹特克的神巫、天主教的主教或教廷审判官、19世纪的考迪罗、革命中的将军和如今的银行家：

> 他躺在鲜血浇灌的碧玉神树下，
> 两位年轻的奴隶给他扇着风，

> 在全民面前游行的大日子里，
> 他倚靠着火枪和权杖组成的十字架，
> 身着战袍，燧石雕刻的面孔一呼一吸，
> 像是枪决处刑时美妙的烟雾，
> 每个周末他都在海边的装甲房子里，
> 和他被霓虹的珠宝包裹的爱人一起度过，
> 只有蛤蟆是不朽的吗？

诗人仍然期待着"最终会有火花、呐喊和言语"，他把这种期待写进了诗歌：

> ……
>
> 要把失去的语言挖出来，心里做着梦，身体也做着梦，
> 解读黑夜的文身，在正午中面对面，扯下他的面具，
> 在阳光中沐浴，吃黑夜的果实，拼读星星与河流的文字，
> 铭记鲜血和潮汐，大地和身体的言语，回到起点。

后来他写下了最著名的诗作之一《太阳石》（Piedra de sol）。帕斯认为，它标志着一种自1935年开始的循环结束了。那片荒原不仅是墨西哥，它就是被困在历史和神话中的整个世界。就像《破碎的瓦罐》中所说的，人们对话语、梦想、友谊和爱情仍有期望。

十

尽管前景黯淡，但事实上在四位总统的几乎全部任期——米格尔·阿莱曼（Miguel Alemán，1946—1952年在任），阿道弗·鲁伊斯·科尔蒂内斯（Adolfo Ruiz Cortines，1952—1958年在任），阿道弗·洛

佩斯·马特奥斯（Adolfo López Mateos，1958—1964 年在任），古斯塔沃·迪亚斯·奥尔达斯（Gustavo Díaz Ordaz，1964—1968 年在任）——内，帕斯认为墨西哥的总体方向是非常值得赞扬的，尽管存在社会不平等、国家对工会组织的束缚、农村地区的贫困、对美国资本的日益依赖等问题。1959 年，他在《孤独的迷宫》第二版中写道，革命民族主义的精神财富和国家对经济的干预让"我们成为美洲发展最快和最稳定的国家之一"。帕斯并不是唯一在这个乐观主义时期赞颂国家发展的成熟知识分子。甚至历史学家、著名编辑和杂文作家科西奥·比列加斯——墨西哥 20 世纪最尖锐的自由评论家——也持同样的观点，并软化了他在 1947 年发表的著名作品《墨西哥危机》（La crisis de México）中表达的观点。科西奥·比列加斯是在美国和英国高校任教的经济学家，墨西哥经济文化基金会的创办人和负责人，同时也是 19 世纪的自由派学者，他和帕斯一样始终认为墨西哥革命是一场正当和真正的历史运动，其适度的社会理想和民族主义于卡德纳斯执政期间在一定程度上得以实现，但从 20 世纪 40 年代起开始偏离正轨，转向资本主义占主导地位的模式，抛弃了原本的社会使命，剥夺了农民群体的优先地位。不过他仍然像帕斯那样认为墨西哥明显的经济发展和体制进步是不容忽视的。

但是，当时的科西奥·比列加斯和帕斯之间存在着巨大的差异：第一，按照比列加斯自己的定义，他是一个"自由派博物馆"；第二，他是一个向自由社会主义过渡的温和托洛茨基分子。对于科西奥·比列加斯来说，在阻碍墨西哥的民主走向成熟的众多原因中，权力集中在总统手中是症结所在。与此相反，帕斯仍在且仍将长期使用马克思主义的分析工具。"马克思主义，"他在《变之潮流》（Corriente alterna，1967 年）中写道，"仅仅是一种观点，但是它是我们的观点。它是不可放弃的，因为我们没有其他选择。"这个"观点"经久不衰。

帕斯继续使用阶级划分理论，将"自由企业"斥为"遗物"，坚持批判帝国主义。多年来他蔑视政治自由主义的遗产，始终坚信（当时和将来都是如此）墨西哥能够建成一个像萨帕塔主义黄金时期一样的平等社会。他对苏联不再抱有幻想，开始对中国"文化大革命"怀有一定程度的同情（可实际上并不了解），他赞扬南斯拉夫的独立自主。尤其是，他相信在西方边缘国家的民族主义革命的前景。

为什么他那时候没有拥护古巴革命呢？当时墨西哥年轻一代的知识分子和大学生，包括他的朋友例如富恩特斯，都坚定不移地支持古巴革命。对他们而言，墨西哥革命已经消亡，古巴革命才是"真正的"革命。几乎每个人都热情地欢迎古巴革命。像科西奥·比列加斯这样的自由主义者从一开始就与古巴革命保持了距离，他在一篇著名的文章中曾指出美国对古巴向共产主义的"遗憾"演变负有主要责任。帕斯的怀疑要更少一些，他在给罗贝尔托·冈萨雷斯·雷塔马尔（Roberto González Retamar）的信中微妙地暗示道："我有极大的兴趣去古巴看一看，去看看它的新面孔，它的古迹，看看它的大海和那里的人，也想看看诗歌和树木。"但是这种"极大的兴趣"很快就消失了，这在他写给何塞·比安科的信中可以看出来。因为《南方》同情古巴革命，帕斯后来和比安科分道扬镳。写信的日期是 1961 年 5 月 26 日，在猪湾事件之后：

> 虽然我理解你的热情（甚至有些羡慕），但我并不完全赞同你。我不喜欢卡斯特罗的敌人使用的语言，也不喜欢他们的行为、道德，以及他们代表的东西。但是我也同样不喜欢卡斯特罗的革命。我不希望我们拉美国家发生这种事……不希望我们拉美国家会像非洲和亚洲的国家那样，选择卡斯特罗的道路。那些国家没有其他的路可走。这样的革命除了会引发战争和灾

难之外，如果民众运动被摧毁，便只能产生右翼独裁者；如果革命胜利，则会导致像卡斯特罗那样的极权独裁。因为发达国家没有社会主义革命，全球社会才会走向这种荒谬的演变。马克思主义对于"发达"国家的工人阶级革命使命的失败预言（只有发达国家才可能存在社会主义），使得马克思主义成了一种"意识形态"（依照马克思对这个词的理解）。我相信在我们的世纪中将能够看到"马克思主义意识形态"的胜利；我们可能看不到的，至少我们这一代人可能看不到的，是社会主义的胜利。

帕斯曾经三次收到来自美洲之家的邀请，请他作为评审前往古巴，但是他从来都没有去过。1964 年，他拒绝参与美洲之家提出的向超现实主义致敬的写作计划，并在给雷塔马尔的信中写道：

> 我很快意识到，东欧的政权与诗歌中的解放者幻想完全相反。这种迥异不仅是因为斯大林主义给我们这一代人（在西语美洲则是我们这一代中的一些人）的噩梦，而且与事物的本质相关。我不想再说什么了，我不想再告诉你什么了。我太热爱古巴了……太热爱拉丁美洲，不想挑起一场新的论战。

1967 年，他仍然在写给雷塔马尔的信中声称，他支持马蒂倡导的古巴革命，不支持列宁式的革命。他与古巴革命的公开决裂还要再过几年。

十一

他在墨西哥受到了普遍的喜爱、追随、阅读和尊重，他的主要作品被译介到法国后，这种欣赏也逐步延伸到了那里。但是他并不快乐。一方面是因为他的职业并不稳定。在洛佩斯·马特奥斯（1958—1964年担任墨西哥总统）执政的第六年年初，他的外交生涯遭遇了困难。他们会按照他的意愿把他派往巴黎吗？他们会信任他，派他去联合国教科文组织任职吗？但最重要的是，他的文章在拉丁美洲并没有市场，他甚至考虑要搬到阿根廷或者委内瑞拉居住。在1959年3月满四十五岁时，他给比安科写了一封信：

> 在过去的几年里，我的生活也是相当悲惨（实在让我自怨自艾）。虽然生活可能一直是这样的，只是现在……我看得更清楚，更加不抱希望。过去十五年来，我一直在做我不喜欢的事情，一直在推迟或者扼杀我的愿望，即使是最合理的愿望，比如写作，或者什么都不做，或者谈恋爱。我希望有一天一切能够得到改变。最后唯一改变的就是我自己，而我的生活没有任何变化：在一间可笑的办公室里没完没了地工作，担任国际机构的总干事，收入微薄，而且我必须遵守和实行千里之外的官僚们制定的规定……

他之所以坚持了下来，是因为"有益健康的天生愚钝——这种愚钝建立在对生活的信任、顺从（无疑来自安达卢西亚农民）和随时准备接受变化的基础之上"。幸运的是，他未卜的职业前景很快就确定下来了：他最终被调到了巴黎。他曾一度想过退休，转向学术工作。他在巴黎生活了两年，发表了新的诗集《火蝾螈》（Salamandra）。同年，他被任命为驻印度大使。《当代》杂志作者之一、担任过若干行政部门的公务员和墨西哥教育部部长的海梅·托雷斯·博德特建议他继续从事外交工作："他将有60%的时间可以用于写作。"

　　他用写作来应对他的私人生活。"为什么奥克塔维奥·帕斯和埃莱娜·加罗会分开呢？"玛丽亚·桑布拉诺曾经和他们共同在巴黎生活过一段时间，她写道："他们之间拥有的是最难的东西——人间地狱。"他们处于分居状态，帕斯常常考虑离婚，但又总是拖延。1959 年，他向比安科承认婚姻状况已经到了极限。他很快就会离婚，并给了一个充分的理由："我想我正在、已经、将要谈恋爱了。这让我的日子更难过了，但是给了我活力。至少能让我做规划，对未来充满渴望。"那个帕斯当时没有提及的女人是美丽的画家博纳·蒂贝尔泰利·德·皮西斯（Bona Tibertelli de Pisis），安德烈·皮埃尔·德·芒迪亚尔格（André Pieyre de Mandiargues）的分居妻子。帕斯夫妇是在巴黎处于"开放式婚姻"的状态中与他们结识的。1957 年《鹰还是太阳》的法文版就附有博纳的五幅蚀刻版画。1958 年，安德烈和博纳去了墨西哥的海岸地区和塔苏克（Taxco）和特波斯特兰（Tepoztlán）等殖民地风情城市旅行，见证了那些古老的民间节日，陪同他们的是一位最好的导游：《孤独的迷宫》的作者。

　　奥克塔维奥和埃莱娜维持了二十二年的痛苦婚姻关系终于破裂了。他向比安科坦言，"海伦娜是一个永远无法愈合的伤口，是溃烂，是缺陷，是疾病，是一种执念"。然而，尽管二人相互厌恶，帕斯还是成功寻回了他对埃莱娜（他仍然称她为海伦娜）在智识上的欣赏。在他的鼓励之下，她于 20 世纪 50 年代在戏剧作品和短篇小说方面获得了成功，她的作品与胡安·鲁尔福的梦幻和精神宇宙有关。随着《未来的回忆》（Los recuerdos del porvenir）的出版，她的文学地位得到进一步巩固。帕斯在给比安科的信中，承认她的成功名副其实，但心中也怀有一丝敌意：

　　　　你收到海伦娜的书了吗？你觉得怎么样？我觉得非常吃惊，真是不错。何等的生命力！何等的诗意！一切就像一个旋转木马、一枚火箭、一朵神奇的花！海伦娜是一个"魔术师"。她重新轻装前行。她是仙女，也是女巫，是阿耳忒弥斯，狩猎的女神，佩刀的圣母，男人的对手。现在我可以客观地判断她了。

加罗的小说使他大吃一惊。不久，在比安科用溢美之词回应之后，他又说："至少，关于这一点，我没有错。"他一直相信"她的敏感性和精神洞察力，相信她是一个真正的创造者、一个诗人，哪怕在最糟糕的时刻和最不堪的情况下，我也从未否定过她"。他最后说："认识她，爱她，和她生活了这么多年，现在我要以将她作为作家称颂来结束这一切！难道在我们之间只剩下所谓的'作品'了吗？"他还说了一句令人惊讶的话："我对自己说，你可以安睡了，你认识了一个非常了不起的人。"

1960 年，他与博纳的事情发展到了这样的地步：在和埃莱娜离婚后，他就向比安科宣布他要再次结婚了："博纳是德·皮西斯的外甥女，皮西斯是基里科（Giorgio de Chirico）那一代的画家，你或许认识她。关于博纳和她的画作，温加雷蒂（Giuseppe Ungaretti）、蓬热（Francis Ponge）、芒迪亚尔格等人都曾写到过。总之，博纳很快就要成为我的妻子了。我们要结婚了。"但 1962 年在印度，与博纳的关系给他带来了新的失望。

这事情像是命中注定的：他虽在诸多方面（创造力、敏锐、坚定）得上天赐福，却唯独缺了爱情。1963 年，在何塞·路易斯·马丁内斯真诚而不懈的倡议下，帕斯在比利时获得了国际诗歌大奖。墨西哥新闻界对他赞不绝口。他发表在大学杂志上的文章（后来在《变之潮流》中结集出版）受到了推崇。哲学家何塞·高斯在给他的信中写道："我预测西语界的诺贝尔文学奖将由您获得。"他的老伙计埃弗拉因·韦尔塔也是这么想的，韦尔塔亲切地写道："这就是奥克塔维奥，他的精准没有极限……他提升了一切，丰富了一切——

他是把诗歌这个蛋糕做大的人……他是同时代诗人中的诗人。"但是帕斯在他五十岁的时候又回到了最初的状态：孤独。在他于1964年7月在巴黎写就的感人肺腑的段落中，他勇敢回顾了自己的感情生活：

> 埃莱娜就是一场病——如果我继续和她在一起的话，我会死掉，会疯掉。但是我找不到"健康"。也许现在……不会太迟吧？最近几年，在经历了一些打击和残酷的意外之后（并不是指我与埃莱娜的爱情病症中缓慢而强烈的精神分裂，而是博纳带给我的斧劈刀刺和晴天霹雳），我渴望得到一些智慧。不是顺从，而是平静的绝望——不是死亡，而是学会面对死亡，面对女人。性欲令我厌倦，令我心生恐惧。它就像宗教一样，一个人要么是供奉者，要么是圣徒——我既不是卡萨诺瓦也不是萨德，既不虔诚也不神秘。我真挚地相信爱。"我们无法证实所想，但又不愿相信已经验证的事情。"*

* * *

但是就在写这封信的那一年，天空奇迹般地为他永远放晴了。五十岁时，他终于在印度认识了一位非常年轻的女子（他在一首诗中称她为"姑娘"），她非常美丽，才华横溢，性格开朗，乐于助人，为人忠诚，她将在一生中全心全意地爱着他。她是科西嘉人，名叫玛丽·何塞·特拉米尼（Marie José Tramini）。她曾经和一名法国外交官有过一段婚姻。奥克塔维奥和玛丽的生活曾经有过短暂的交集，但只是擦身而过。突然（"突然"这种说法在帕斯的创作中常

---

* 该句原文为法语，引自 Ernst Jünger, *Le Mur du Temps*, Gallimard, 1963。

常作为"机会制造者"出现），超现实主义诗歌掌控了他们的生活，
创造了一个"偶然的机会"，正如帕斯早在 1954 年的一场关于超现
实主义的演讲中所说的："这场重大的、决定性的相遇注定将用它
金色的指尖在我们身上留下永远的印迹，它叫作'爱情，爱人'。"
如果当时在巴黎，他们未曾在该时该地相遇，他们后来就不会再见
到对方了。"我当时遇到了他，就再也没有离开过他。"玛丽回忆道。
他们一起回到印度，于 1966 年 1 月 20 日在新德里结婚。帕斯说："认
识她是我一生中最美好的事情。"

　　作家阿古斯丁·亚涅斯（Agustín Yáñez）的妻子在印度看到
他们在一起时说道："你们这么相爱，一定很开心吧。"那个时期
的帕斯非常高产，他在《东山坡》（*Ladera este*）里发表的诗歌就
是这个时期的产物。诗中到处都是他在印度温暖空气中的忘年恋
的瞬间：

> 世界拔出它的根，
> 我们躺着的躯体
> 不比黎明沉重。

——《完整的风》（Viento entero）*

> 你身着红衣，
> 你是
> 被烧红的年的印记，
> 没有烧尽的肉体，
> 结水果的天体，

---

* 译文引自《奥克塔维奥·帕斯诗选》，奥克塔维奥·帕斯，朱景东等译，河北教育出版社，
　2003，288 页。

> 仿佛太阳
>
> 在你身上似的。
>
> ——《山顶和重力》(Cima y gravedad) *

对于帕斯这个时常心怀渴望的诗人而言，"女人是与世界和解的大门"。在经历了几十年的苦恼和不安、痛苦和枯燥、短暂和无意义的爱情之后，玛丽·何塞打开了他的"和解之门"。她一直是他的灵感来源。她把他从孤独的迷宫里拯救了出来。

＊　＊　＊

在印度和玛丽·何塞在一起的那几年是一段甜蜜的时光，或许还是他人生中的头一次。但是帕斯是一个忠实于记忆的人，从《栏杆》时代起，他就有一件未竟之事萦绕于心。他的生活中缺少了什么东西。于是他开始研究创办一份拉丁美洲的文学批评杂志的可能性。1967 年，在墨西哥，21 世纪出版社著名的阿根廷左翼编辑阿纳尔多·奥尔菲拉·雷纳尔觉得这个想法非常好，但提醒说他的存在是必不可少的。1968 年初，帕斯与富恩特斯想要和安德烈·马尔罗领导的法国文化部合作以支持这一计划的愿望也最终落空。

他还缺乏一些更深刻的东西。他最期望的并不是自我的革命，而是历史的革命。他一直孜孜不倦地追求革命，最终在一个领域找到了革命，那就是在诗歌创作方面不断颠覆、自由试验。他虽命运多舛，但却怀着崇敬和热情追求革命：他曾在尤卡坦长着龙舌兰的荒野农村担任乡村教师，为墨西哥革命报纸撰稿，参与西班牙内战，

---

* 译文引自《奥克塔维奥·帕斯诗选》，奥克塔维奥·帕斯，朱景东等译，河北教育出版社，2003，294 页。

因为他在内战中看到了潜在手足之情的难忘面孔，看到了"人民的自发创造与日常直接的参与"。但是最重要的是他在思想上寻求革命：在深受俄罗斯文学影响的思潮中，在马克思主义的正统文本中，在托洛茨基的异端篇章中，在加缪和萨特的争论中。因为以上种种，他不会放弃革命。在《变之潮流》中，他把最鼓舞人心和最诗意的一页留给了他那个时代的核心神话——革命：

> 受观念的熏陶，它成了行动的哲学、化为行动的批判和明显的暴力。它如反抗一样深入人心，如叛乱一般慷慨激昂，反抗与叛乱寓于革命之中，受革命指引。革命意味着新的美德：正义。所有其他的美德——友爱、平等、自由——都建立在这种美德的基础上……它像理性一样普遍，不允许有任何例外，同样无视专横与怜悯。革命，一个代表公正和秉持公正者的词语。对革命者来说，邪恶不在对秩序的滥用之中，而在秩序本身之中。

在他涅槃的"西方间歇"中，帕斯写下了他的《墨西哥之歌》。在诗中他缅怀了祖父和父亲，他感觉自己像是历史和革命的孤儿。他的祖父和父亲喝着咖啡或酒，和他谈论着国家大事和真正的英雄，"桌布散发着火药的味道"：

> 可我，现在只有沉默，
> 又能将谁诉说？

十二

又是"突然间"，西方的一阵风给帕斯带来了火药的味道。1968 年夏天，在喜马拉雅山脉的一家旅馆里，帕斯和玛丽以"难以置信的心情"知悉了巴黎学生反抗运动*的消息。他看到了学生运动和工人运动合流的可能性，看到了马克思的预言得到实现的希望，看到这次合流成为西方世界革命的起始。最后，他认为，这场革命是在西方青年一代的"豪迈的姿态"中诞生的，他们是工业时代的新游牧民族，是新石器时代的重塑者；他们蔑视未来，崇拜当下；而同样怀着希望的东方青年则对马克思主义丧失了信心并感到厌烦。6月6日，他从印度的卡绍利（Kasauli）给何塞·路易斯·马丁内斯写信道："青年人的反抗是我们社会最可靠的变化之一——有时候在我看来就像是回到了30年代。"六天后，英国诗人查尔斯·汤姆林森（Charles Tomlinson）收到了一封帕斯热情洋溢的来信，信中他重申了重回初心的感觉，他和无政府主义者的朋友博施的谈话，以及他以前对马克思主义的解读。这也是一个新的开始和方向的转变：

> "发达"世界的平庸秩序正在摇摇欲坠。我很激动也很兴奋地看到旧日的导师们又出现了：巴枯宁、傅立叶还有西班牙无政府主义者们。布莱克、兰波等诗人也与他们一起回归了。德国和英国的浪漫主义的伟大传统转向了超现实主义。这个是我的传统，查尔斯，"诗歌进入行动"†。我认为我们即将走出隧道，这条隧道始于西班牙的沦陷、莫斯科的进步、希特勒的崛起，这条隧道是由斯大林挖的，艾森豪威尔、约翰逊以及资本主义和共产主义的官僚告诉我们，这是一条通向进步和富裕的道路。无论如今法国危机的结果如何，我相信，巴黎已经开启了一个将决定性地改变欧洲乃至世界历史的进程。马克思说得对，真

---

* 即1968年春巴黎"五月风暴"事件，学生罢课、工人罢工，对戴高乐政府造成巨大冲击。
† 该说法来自帕斯的作品《向着诗歌·起点 II》。

正的社会主义革命只能在发达国家进行。他没有说的是（尽管在他生命的后期，在巴黎公社之后他部分地接受了这一点），这种革命应该是社会主义和自由主义的。此后，我们将迎来的不仅是资本主义的危机，以及苏联与其卫星国和敌对国的社会主义讽刺漫画，也是人类自新石器时代结束以来所知的最古老、最坚实的压迫工具——国家——的危机。

1968 年 7 月 28 日，墨西哥爆发学生运动。学生中的一起小事件引发了墨西哥城警察的镇压，该运动于是扩展到了全国范围。军队在一次行动中愚蠢地发射了一枚"火箭弹"，摧毁了国立高级中学有数百年历史的古老大门。许多人在混乱中受了伤，各个公立的自治大学为了捍卫自治权，带头组织了最初的几场游行。数十万人几十年来头一次走上街头，呼吁反对僵化、腐败、蛊惑人心和专横的政权。显然，墨西哥的政治制度既没有集中营，也没有国家意识形态，但是它却行使着绝对权力，因为几乎只有一个政党——革命制度党（它如同一个私相授受、腐败和权力寻租的集中中介，一架选举机器），一位对国库、自然资源、国有企业、军队、议会、法院和政府拥有专制权力的领导人，类似于总统-君主的混合体，对他的唯一限制就是任期：执政满六年后不能再次参加选举。

墨西哥的政体既不设立集中营，也不奉行国家意识形态，但是却行使近乎绝对的权力，这种权力建立在印第安和西班牙政权对于一切基本自由的钳制范例之上。从传统来说，知识分子以思想家、教育工作者、顾问或大使的身份介入国家机器，参与所谓的"国家建设"。当他们偶尔想成为哲人王，建立反对党或发起独立批评时，革命制度党的国家机器便会镇压他们的努力。但是，在这场学生运动之后，最受尊敬的知识分子之一、历史学家、编辑和散文家科西奥·比列加斯在七十岁时结束了他在公共服务部门的职业生涯，开始每周在《至上报》（*Excélsior*）上发表文章，重新开始发挥他从1947 发表了著名的《墨西哥危机》以后就再未施展过的批判能力。与帕斯一样，科西奥·比列加斯曾作为外交官和财政顾问供职于革命制度党历届政府；他知道，尽管墨西哥存在各种缺点，但还是实现了显著的物质发展：7% 的持续经济增长，没有通货膨胀，汇率稳定。国际社会在 1968 年 10 月选择在墨西哥举办奥林匹克运动会，就像是对该国长期稳定发展的奖励。但对于比列加斯来说，当局对学生的不容忍是不能原谅的。在此情境下，知识分子的责任是"让公共生活真正公共化"；知识分子不再一味与权力媾和，而应对权力提出批评；随着读者人数的显著增加，这些行动会变得更有意义。虽然帕斯曾与科西奥·比列加斯因为取消他的墨西哥学院奖学金有过争执，但这次他们的目标是一致的。两个人最终的选择都是坚持批评的自由。

身处新德里的帕斯大使越来越不安地关注着事态发展，并认真考虑过辞职的可能。8 月 3 日，他写信给汤姆林森：

> 墨西哥的镇压似乎相当"野蛮、残酷"……我担心这些骚乱会进一步加强右翼势力。革命的遗产正在消失……我早就打算辞去我的职务，现在发生的事情打消了我最后的疑虑。我将于 11 月前往墨西哥，届时一定会解决我的问题。也许我能在大学或者墨西哥学院里做点什么。

一个月后，在有四十万人参加的"沉默示威"活动和 9 月 1 日的总统报告发布（迪亚斯·奥尔达斯在报告中明确威胁要使用武力镇压抗议活动）之后，帕斯给外交部部长安东尼奥·卡里略·弗洛雷斯（Antonio Carrillo Flores）写了一封信：

虽然学生的用语有时……使人想起法国、美国和德国其他年轻人的用词，但是问题是截然不同的。这不是一场社会革命——尽管运动的许多领导人都是激进的革命者——而是对我们政治制度的改革。如果现在不开始，墨西哥的下一个十年将充满暴力。

9月18日，军队暴力地占领了墨西哥国立自治大学。当时冷战正处于白热化阶段，迪亚斯·奥尔达斯深信墨西哥可能落入共产主义者手中。1968年9月27日，帕斯在写给汤姆林森的信中，为自己之前没有采取行动而感到后悔：

我继续留在墨西哥外交部门，在道义上和情感上都是不合适的。我已经开始办理离职手续。现在发生的事情告诉我，我应该早点动手。这一切令我感到遗憾、羞愧和愤怒——对其他人，但尤其是对我自己。

1968年10月2日，古斯塔沃·迪亚斯·奥尔达斯政府在特拉特洛尔科广场（Plaza de Tlatelolco）屠杀了数百名学生。第二天，帕斯针对这场集体罪行写了一首饱含耻辱和愤怒的诗：《墨西哥：1968年奥运会》（México: Olimpiada de 1968）。10月4日，在经过"良心的审视"之后，他给卡里略·弗洛雷斯写了一封谴责政府暴力政策的长信，并提出辞职："我绝对不赞同（当局）这些解决（实际上是压制）我们的年轻人提出的需求和问题的方式。"很明显，这是他在西班牙内战后的第一次政治行为。他的这一次反抗既基于他的血脉传承，也基于心中的自由精神。通过这一行动，帕斯完成了一次内心的轮回，践行了他的家族誓言——走向革命。帕斯在与学生运动的联合中突破了僵化的革命，开始走向自己的革命道路。

奥克塔维奥·帕斯以一首诗和一封辞职信成为自己的"墨西哥之歌"的主角。这是他最好的作品，是墨西哥历史上前所未有的行为。这种自由行为将对墨西哥的政治和文化生活，以及在某种程度上对拉丁美洲的政治和文化生活产生特殊影响。

为了理解这一暴行，帕斯在神话或尘封的历史中探寻着。在这些事件的"背后和深处"，他感到一个神话式的现实在拨动琴弦。他认为今天发生的一切，无论是从现实还是诗意的角度来说，都是一种人类的牺牲。他于 10 月 6 日给汤姆林森的信中概述了这一点，并提到他在《破碎的瓦罐》中对陈旧过时的权力的看法："那些古老的神祇又被释放了出来，我们的总统成了维齐洛波奇特利的大祭司。"他补充说："我决定不再继续为蒙特祖玛一世（Moctezuma I）这位以在神庙祭祀中杀人如麻而闻名的帝王担任代表。"

奥克塔维奥和玛丽·何塞很快就找到了栖身之所，先是在英国剑桥大学，后来又在德州大学奥斯汀分校度过了迪亚斯·奥尔达斯总统的剩余任期。在这几个月里，帕斯写了一本名为《拾遗》（Posdata）的杂文集，从书名可以明显看出这是《孤独的迷宫》的续作。令人惊讶的是，他在书中断言墨西哥"没有本质，只有历史"。但是，他将继续在神话中探索历史的本质。他总结了那场学生运动，赞扬了这次运动中的民主化要求。但是在篇幅较长、引发争议的一章中，他重申了阿兹特克人的世界观，认为屠杀是一种返祖行为，几乎是因神谕而注定、不可思议、不可避免的事情。这一观点也令他得出了更有说服力的结论：革命制度党就像是一座"金字塔"——既有"有形的现实，也有潜意识的前提"——而处在"金字塔"顶端的就是墨西哥总统（迪亚斯·奥尔达斯以及他的前任们），他们不再是 19 世纪那种魅力超凡的典型考迪罗，其合法性并非来自个人人格。总统是一个"体制化"的角色，几乎像阿兹特克的帝王"特拉托阿尼"（tlatoani）一样拥有神权。这个国家在政治结构和社会

进步道路等方面须听命于他。帕斯认为，这样的政治发明使墨西哥
摆脱了无政府主义和独裁统治，但是到了 1968 年，这个制度变得令
人感到压抑与窒息。帕斯认为，需要警醒的是，革命制度党官僚的
僵化程度已经和苏联的官僚作风有些相似。他的结论是："在墨西哥，
没有比革命制度党更有权势的独裁统治，任何混乱都比不上该党强
行延续的政治垄断造成的风险……无论是什么样的纠正或者转变，
首先都需要对这个政权实施民主改革，这是一个必要的先决条件。"

* * *

在帕斯写他的这本书时，在墨西哥莱昆贝里（Lecumberri）监
狱中，一位老同志正因被指控煽动叛乱而在服刑。他是这场运动的
知识分子领袖之一。他就是何塞·雷韦尔塔斯，他在五十五岁时依
然有足够的力量和信念相信革命，敢于谴责斯大林主义的罪行，反
对苏联入侵捷克斯洛伐克。他在政治犯中年龄最大。他在监狱里
待了九个月，似乎永远也不可能被放出来了。他的身边聚集着许
多参加运动的年轻人。他的室友是一位名叫马丁·多萨尔（Martín
Dozal）的年轻教师。1969 年 8 月，在给他的朋友和同志帕斯的一
封信中，雷韦尔塔斯描述了诗人和囚犯们之间的一种诗意联系：诗
人为了声援年轻人所受的痛苦，放弃了自己优渥的职位。

雷韦尔塔斯写道："奥克塔维奥，马丁·多萨尔读了你的诗和
文章，他反复阅读，沉思了很久；他深深地爱着你，想着你。这座
监狱里的每一个人都在想着奥克塔维奥·帕斯，墨西哥所有的年轻
人都在想着你，奥克塔维奥。他们在重复着你的梦想。"马丁·多
萨尔是谁？他是一个年轻人，他的命运就写在《破碎的瓦罐》里："他
今年二十四岁……他教授诗歌和数学，顶着一头乱发，挥着两条手
臂，他就在这个国家干裂的石头间，就在一堆又一堆的森森白骨间，

就在皮包骨头的饿殍间，就在这个被邪恶的塞博阿拉酋长占领的国度里穿行。"阅读奥克塔维奥·帕斯的年轻囚犯们是谁？"他们不是外面那些大腹便便、不苟言笑的年轻人……那些脑满肠肥的、未来的赛博阿拉胖酋长，那些不死的蛤蟆。"他们"来自墨西哥的另一面，来自真正的墨西哥。你看，奥克塔维奥·帕斯，这些年轻人正在和我们的国家一起被囚禁"。看到多萨尔等年轻囚犯阅读奥克塔维奥·帕斯，雷韦尔塔斯感到了"深刻的希望"：

> 不，奥克塔维奥，蛤蟆并不是永生的，它只是碰巧活着而已。神奇的是，马丁·多萨尔，这位老师，这位年轻的囚徒，这位自由和纯洁的男孩，确实认真读了你的诗，其他牢房也是这样；奥克塔维奥·帕斯，在其他的街道上、教室里、学校中，还有成千上万双手在捧读你的诗歌，就在我们觉得失去了所有时，就在你惊恐地看着脚边破碎的瓦罐时。

这就是希望，但是 1969 年的墨西哥正处于漫漫长夜之中。权力机关和舆论都误解了这些囚犯们的意见。事实上，迪亚斯·奥尔达斯执政的最后几个月是一个沉默、阴谋、恐惧、谎言和死亡的长夜。就像年轻人们反复阅读的《破碎的瓦罐》中预见那一夜，它就像是一个在生活中应验了的无情预言。

> 喔，墨西哥的黑夜，塞博阿拉酋长的黑夜，特拉特洛尔科的黑夜，燧石雕刻的面孔，呼吸着处刑时分的烟雾。你这气势磅礴的诗作，这道绚丽的闪电，奥克塔维奥，还有那些被告者们，媒体们，神父们，编辑们，富贵、肮脏和缄默的诗人—顾问们虚伪的尊敬、假装的惊愕和卑劣的悔恨。他们扯着嗓子贼喊捉贼，同时迅速藏好自己的脏钱，好掩盖自己曾经说过的话，让

别人忘记这件事，装聋作哑让人注意不到自己。与此同时，马
丁·多萨尔——当时大概是十五岁或是十八岁——读到了这首
诗，因愤怒而哭泣。我们所有人都向自己问出了诗句中同样的
问题："只有蛤蟆是不朽的吗？"

即使在西班牙内战中，帕斯的诗歌也没有像《破碎的瓦罐》一
样完成革命的使命。这首诗就像是莱昆贝里监狱的一份集体读物，
正如雷韦尔塔斯向他的朋友所说的那样：

> 从那时起，我们了解到了唯一的真理。在所有的党派、英雄、
> 旗帜、石碑、上帝微不足道的真理之上，唯一的真理、唯一的
> 自由就是诗歌。这是黑暗中的歌声，这是光明的歌声。

古斯塔沃·迪亚斯·奥尔达斯总统在一次电视采访中不屑地表
示帕斯就是个诗人而已。雷韦尔塔斯在信的最后一段提到了这件事：

> 你预示的那个夜晚来了，狗群、尖刀出现了，"碎瓦罐落在
> 尘土中"。既然这真相轻视你，侮辱你，既然你和我们一起出现
> 在广场上，对于颤抖的塞博阿拉酋长而言，你就已不再是一个
> 诗人了。现在，和我在莱昆贝里监狱的同一个牢房里，马丁·
> 多萨尔就在我身旁读着你的诗。

诗歌已经进入了行动。

＊　＊　＊

1970 年 12 月 1 日，路易斯·埃切维里亚（Luis Echeverría）

就任墨西哥总统。尽管迪亚斯·奥尔达斯曾表示将亲自对 10 月 2
日的事件负责，但是很少有人认为埃切维里亚在这些事情中没有责
任，因为他是迪亚斯·奥尔达斯完全信任的继任者。早在 1969 年
上半年总统竞选期间，埃切维里亚就表示打算彻底改变墨西哥的政
策，他大谈"自我批评"，提出"民主开放"一词。曾经支持 1968
年运动的大学生被邀请参加他的竞选活动。就任以后，他的内阁组
成显示出代际更替，且有左转迹象，和智利人民的团结阵线（Unidad
Popular）同声相应。埃切维里亚本质上想要成为"新的卡德纳斯"，
而卡德纳斯于 1970 年 10 月去世，就在埃切维里亚上任两个月前。
他宣布重新开始墨西哥革命：进行土地再分配，分割被隐瞒的庄园
田产，鼓励发展独立工会，整治"右派"企业，弘扬反帝言论，加
入不结盟运动，扩大教育覆盖面，增加高校（特别是国立自治大学）
的预算等等。为了实现这样的转变，他与所有知识分子，特别是自
己这一代的知识分子，以及科西奥·比列加斯和奥克塔维奥·帕斯
等对公众影响巨大的人建立了直接和坦率的联系。

　　在最初的几个月，这种手段是奏效的。帕斯回到了墨西哥。此
前由于被选入国家学院，他曾在 1967 年短暂地回到墨西哥发表入
院演讲。他称赞了新政府倡导的"自我批评"和释放 1968 年政治
犯的决定。被释放的人当中就有他的朋友雷韦尔塔斯，他们正在讨
论要成立一个政党。文学和文化领域，帕斯主要关注三种出版物：
《永远！》（*Siempre!*）杂志的每周增刊《墨西哥文化》（*La Cultura
en México*）、《至上报》的周日增刊以及《大学杂志》（*Revista de
la Universidad*），文学和文化界也在等待着帕斯回归和领导，重执
文学牛耳。

　　但是，一起意外事件令前景变得暗淡：1971 年 6 月 10 日，政
府刚释放不久的 1968 年政治犯组织了一次示威游行，政府利用一
支名为"猎鹰"（Los Halcones）的秘密军队残酷镇压了这场示威游

行。这件事就像是 10 月 2 日事件的一次"安可",虽然规模变小了,但是血腥程度未减分毫。医院和红十字会里的学生们遍体鳞伤。死亡人数达到数十位。当晚,埃切维里亚出现在媒体上,承诺要迅速进行调查,以查明和审判肇事者。第二天,帕斯写了一篇文章支持他,认为埃切维里亚"恢复了言论透明"。但是事实上,正如在他给汤姆林森的信中所预见的那样,即将到来的十年将是暴力的十年。由于这起新的凌辱,很多 1968 年这一代(大概出生于 1935—1950 年间)的年轻大学生的意识形态立场变得激进,许多人效仿切·格瓦拉参加城市或者农村的游击队,想要"就在现在,就在这里"加速开展社会革命。相比之下,上一代最具代表性的人物(这代人被称为"半世纪"一代)决定支持政府,认为是"右翼的黑暗势力"组织了镇压,意在将进步的政府逼入绝境。有影响力的记者和编辑费尔南多·贝尼特斯(Fernando Benítez)提出了一个口号:"不支持埃切维里亚,就是犯下历史的罪行。"卡洛斯·富恩特斯也提出了一个响亮的口号:"要么选埃切维里亚,要么选法西斯主义。"

但埃切维里亚的调查承诺并没有兑现,且从未兑现。墨西哥城的治理者因屠杀行为被撤职,但年轻人并不买账。多年以后,这位官员说他是奉上级命令行事的。阵营划分变得清晰起来。青年左翼——他们常常在大学教室、咖啡馆、报纸、出版社活动,并出现在游击队的行动中——是革命性的;上一代知识分子(埃切维里亚那一代知识分子)与现任政府站在一起,全力支持政府,最终加入了政府队伍。知识分子队伍中的长者丹尼尔·科西奥·比列加斯于 1971 年秋天被总统授予国家文学奖。但比列加斯很快就与总统划清界限,批评通货膨胀政策、民粹主义*行为和他所谓的"埃切维里亚

---

* 中国拉美研究界多译为"民众主义",以区别欧美民粹主义的习惯说法。本书为方便理解,统一用"民粹主义"指代。

的个人作风"。他的著作畅销数十万册。而奥克塔维奥·帕斯会怎
么做呢？

十三

　　和许多拉丁美洲的作家一样，帕斯可以靠写书和讲座为生。他
可以加入墨西哥的学术界。他也可以永久定居海外。在去过剑桥和
奥斯汀之后，他收到了不少来自美国和英国大学的邀请。哈佛大学
邀请他担任诺顿讲座的主讲人。但是在奥克塔维奥·帕斯的内心深
处有一种渴望，那就是在《栏杆》《工坊》《浪子》之后重新办一
本杂志。这是他回归家族根源的最好办法，也是最终回到墨西哥的
最好办法。但是要实现这个计划并不容易。在墨西哥，没有哪一本
文学杂志能单靠销售维持生存，而私人广告商并不愿参与文化生
意。《至上报》的负责人、德高望重的记者胡里奥·谢雷尔（Julio
Scherer）为他提供住所和资金，邀请他基于《至上报》现有的订户
和销售渠道为报纸创办一份杂志。帕斯当时没有固定收入，不管是
墨西哥国立自治大学还是墨西哥学院都没有为他提供学术职位。他
欣然接受了邀请。《至上报》是一家合作出版的机构，担心一本"精
英"杂志不会为工人阶层喜欢，但是谢雷尔最终说服了他们，这件
事让帕斯得以在墨西哥安顿下来，不必再向外国大学寻求庇护。谢
雷尔给帕斯以完全的自由，且一直遵守这样的承诺。
　　这本杂志有一个美丽的西班牙语刊名，名字是帕斯起的，体
现了诗人对墨西哥公共生活和文化生活在精神上的要求：《多元》
（Plural）。这是一份月刊，从 1971 年 10 月 1 日办到 1976 年 7 月。
帕斯邀请诗人和散文家托马斯·塞戈维亚（Tomás Segovia）担任
编辑顾问，他觉得塞戈维亚多年来和他在学识、审美和文学方面都
很接近。不久之后，该职位由杰出的视觉艺术家和作家酒井和哉接

任，他为杂志设计不少精彩的封面；在杂志刊行的末期，该职位由乌拉圭散文家达努比奥·托雷斯·菲耶罗（Danubio Torres Fierro）担任。编辑委员会包含《墨西哥文学杂志》的多位资深编辑，如何塞·德·拉·科利纳、萨尔瓦多·埃利松多（Salvador Elizondo）、胡安·加西亚·庞塞（Juan García Ponce）、亚历杭德罗·罗西（Alejandro Rossi）、托马斯·塞戈维亚和加布里埃尔·扎伊德。有一段时间，它采取了与《纽约书评》（The New York Review of Books）类似的开本尺寸。

这本杂志来自国内和国外的投稿人都是非同凡响的，这要归功于帕斯二十年来建立的庞大关系网。在哈佛大学的经历令他得以把这些撰稿人介绍到墨西哥《多元》的编辑室。当时，来自美国的撰稿人有贝娄、豪（Irving Howe）、贝尔（Daniel Bell）、加尔布雷斯（John Kenneth Galbraith）、乔姆斯基（Noam Chomsky）、桑塔格（Susan Sontag），来自欧洲的有格拉斯（Günter Grass）、艾柯（Umberto Eco）、列维−施特劳斯（Lévi-Strauss）、雅各布森（Roman Jakobson）、米肖（Henri Michaux）、齐奥朗（Emil Cioran）、罗兰·巴特（Roland Barthes）、阿隆（Raymond Aron），西班牙的有希姆费雷尔（Pere Gimferrer）和戈伊蒂索洛（Juan Goytisolo），东欧的有米沃什（Czesław Miłosz）、柯拉柯夫斯基（Leszek Kołakowski）、布罗茨基（Joseph Brodsky），拉美的有博尔赫斯、比安科、巴尔加斯·略萨、科塔萨尔（Julio Cortázar）。好像唯一缺席的大作家就是加西亚·马尔克斯。但是主力军当然要数墨西哥人。《多元》发表了科西奥·比列加斯的最新作品。帕斯这一代人虽确实有些怯懦，但依然活跃，他们很少出现在这本杂志的版面上。1968年一代的年轻人也几乎没有出现过。但是"半世纪一代"一度在《多元》中有着最高的参与度，且极富创造力。几乎所有在1920—1935年间出生的墨西哥作家都在杂志上露过面。首先当然有卡洛斯·富恩特斯，另外还有费尔南多·德尔帕索（Fernando del Paso）、何塞·埃米利奥·帕切科（José Emilio Pacheco）、拉蒙·希劳（Ramón Xirau）、路易斯·比略罗（Luis Villoro）、胡列塔·坎波斯（Julieta Campos）、埃莱娜·波尼亚托斯卡（Elena Poniatowska）。《多元》最成功的文学成就之一是发表了哲学家亚历杭德罗·罗西的作品。自 1973 年 10 月开始，杂志开辟了一个固定栏目"奇趣集"，收录一些难以分类但微妙新奇的作品，这些作品成了墨西哥和拉丁美洲下一代作家的推崇对象。

　　《多元》是一份名副其实的杂志，反映了创办人帕斯宽广的智识光谱。杂志以文学为主，包括诗歌、短篇小说、评论文章、文学理论和文学论文，有关于马拉美（Mallarmé）等帕斯认为具有象征意义的人物传记，以及帕斯感兴趣的日本、西班牙和墨西哥青年文学选集。同样重要的是，他还通过论文或圆桌会议关注一系列学科的学术进展，如社会科学、经济学、人口统计学、教育学、人类学、哲学和语言学。该杂志曾一度办过一份内容丰富的增刊，内含雕塑艺术、关于展览的报道和评论等。这本杂志还有一个荐书的小栏目，栏目附带书评。帕斯会在这个栏目里像意气风发的年轻人一样发表尖锐的言论，有时候会隐去自己的名字。

　　帕斯是这本杂志的负责人，因此杂志体现了他的品位和标准，但是《多元》无意于做智识的垄断者或者成为霸道的机构，而是想发出不同的声音。《多元》一方面反对革命制度党的正统派思想，它的官僚文化、意识形态谎言、对自身和历史的夸夸其谈，另一方面还以求新与无畏的姿态批判在墨西哥占主导地位的左翼文化。帕斯一直都是一个左派人士。他的杂志、他接受的教育以及他的思想都是左派的。但是面对 20 世纪的社会主义历史，帕斯认为左派需要思想和道德上的改革。墨西哥的其他杂志、文学增刊和出版物对此持不同看法。《多元》并不是想标新立异，而是想和它们展开讨论。

如果帕斯要批评墨西哥的政治垄断，他就不能在文化中做出同样的
垄断行为。最好的方式就是百花齐放。《多元》的价值就在于打破
了墨西哥长期以来文化一致的传统。

＊ ＊ ＊

从 1971 年 10 月到 1976 年 7 月，共刊行五十八期的《多元》
杂志体现了帕斯政治思想转变过程中的重要一步。帕斯在《给阿道
弗·吉利的一封信》（Carta a Adolfo Gilly，《多元》，1972 年 2 月刊）
中表明了自己的立场。这封信回应了阿道弗·吉利（Adolfo Gilly）
最近出版的书《被打断的革命》（La revolución interrumpida），吉
利是一名阿根廷托洛茨基主义者，曾参与 1968 年的学生运动，此
时仍被关押在墨西哥监狱中。帕斯认为，他们的共识多于分歧。他
同意书中的社会主义观点，认为有必要迎回卡德纳斯主义，要保护
村社（土地的集体所有权），要与工人、农民、中产阶级和持不同
政见的知识分子开展一场独立的人民运动。但是他们在自由意志方
面存在分歧。帕斯拒绝承认苏联及其附属国家为"工人国家"，他
请吉利设想其他替代方法，这样的方法可以在前马克思时代对资本
主义的传统批判中找到。帕斯指的是傅立叶，因为他是生态保护主
义的先驱，主张尊重妇女，赞颂爱情与快乐，强调生产和消费的和
谐关系，他认同这些观念，并把它们刊登在一期杂志上（1972 年 8
月刊）：

> "乌托邦社会主义"的传统之所以具有现实意义，是因为它
> 不仅把人看作生产者、劳动者，而且把人看作是有愿望和梦想
> 的存在：激情是每个社会的主轴之一，因为它是一种同时具有
> 吸引和排斥的力量。从这种来自人的激情的观念出发，我们可

以设想出由某种理性主导的社会，这种理性并非仅仅是 20 世纪剥夺一切的技术理性。对发展的两个方面——西方和东方——的批评导致人们寻求可行的共存和发展模式。

帕斯主要是为左翼人士写作。他们是他唯一关心的人，在某种程度上，他认为他们是唯一存在的人。"右派没有思想，只有利益。"帕斯曾再三说道。他很少提及教会，蔑视国家行动党（Partido Acción Nacional）。这是天主教职业人士组成的党派，其中许多人在 40 年代与轴心国有过联系，他甚至不承认该党自 1939 年成立以来是在为争取民主斗争。他同样也蔑视民族资产阶级，这些人认为可以和军队与准军事组织达成协议，最终取代而非仅仅掌控革命制度党。帕斯对于美国生活的拒绝令人想起了罗多和达里奥在 19 世纪末的观点："我们"虽然卑微，但是"精神丰富"，"他们"虽然强大但是空虚，因此双方在本质上难以兼容。"纽约或者美国任何一座大城市的景象，"他在 1971 年 6 月谈到，"都表明这种发展最终将导致广泛的社会危机。"

他希望对话的是左翼，尤其是左翼青年。1968 年的青年一代曾经读着《孤独的迷宫》长大，读着《太阳石》恋爱：

> ……
> 爱是战斗，如果两个人亲吻
> 世界就会变样，欲望得到满足，
> 理想成为现实，
> 奴隶的脊背上
> 生出翅膀，
> 世界变得实在，
> 酒是酒，水是水，

面包又散发清香……*

但是在 1972 年 8 月，意想不到的事情发生了。一群年轻的作家以著名评论家卡洛斯·蒙西瓦伊斯（Carlos Monsiváis）为中心在《永远！》的增刊《墨西哥文化》（*La Cultura en México*）发表了一些批评帕斯和《多元》的文章。他们的口号匪夷所思："狠揍帕斯。"是什么事惹恼了他们呢？首先是帕斯在《拾遗》的最后一章对于超现实主义的解读。他们认为，借助古老的传说和神话解读特拉特洛尔科大屠杀是完全错误的，不仅在政治上不负责任，而且减轻了凶手的罪责。为什么他写的是一篇文章而不是一首诗呢？这些年轻的评论家开始瞄准帕斯的文章，批评他对历史的美学化、抽象化和概括的倾向。另一方面，他们对帕斯的政治"改良主义"感到不满。对于他们而言，帕斯突然莫名地放弃了革命道路。虽然他们都不是武装革命分子，但是他们同情在格雷罗州的游击队并对其抱有希望；他们也在各种罢工或者游行示威当中找寻蛛丝马迹，以证明人民即将揭竿而起。

1972 年 8 月，这些年轻人，包括戴维·韦尔塔、埃克托尔·曼哈雷斯（Héctor Manjarrez）、埃克托尔·阿吉拉尔·卡明（Héctor Aguilar Camín）、卡洛斯·佩雷拉（Carlos Pereyra）以及我本人，在蒙西瓦伊斯的带领下制作了一期名为《在墨西哥 70 年代自由主义的周围》（En torno al liberalismo mexicano de los setenta）的专题。我们认为"自由主义的"这个形容词是明显的耻辱，我们批评指责了形式上的自由、言论自由和民主。这些价值只有光鲜的外表。我们确信，在 70 年代革命的墨西哥，不合潮流的思想是站不住脚的。

---

* 译文引自《帕斯选集》（上），奥克塔维奥·帕斯，赵振江等编译，作家出版社，2006，72—73 页。

我们想把"纸上谈兵的自由主义者驱逐出去"。

在一篇题为《鹦鹉们的批评》（La crítica de los papagayos）的匿名文章中，帕斯以"迎头一击"回应了他们的批评。他提醒他们，从马克思、恩格斯，到柯拉柯夫斯基和科希克（Karel Kosik），再到罗莎·卢森堡，即使是这些伟大的马克思主义理论家都从未诋毁过"言论自由"和"民主"的概念。他还提醒他们，他们能够自由发表意见这件事本身就反驳了他们的论点。他在反对体制的时候，他们还在路上。他的"观点"是"马克思主义"，他们希望的则是彻底的改变。帕斯已不再抱有许多年轻人的幻想。这次思想交锋也许是帕斯与 1968 年一代分道扬镳的第一个迹象。

* * *

帕斯确实已经成了改良主义者。但他并不是自由派，而是一个特殊的自由派社会主义者。他从来都没有停止过对他所效力的政治制度的称赞。如果否认这段历史，就是否认墨西哥革命。不管是从生物还是文化的意义上来说，他都是墨西哥革命之子。所谓的"体制"在经济、教育、文化和社会方面取得了"非常重要的"成就。在政治领域，这一体制结束了拉丁美洲在无政府状态和军事强权之间的长期摇摆，实现了"在考迪罗主义与独裁之间的妥协"。这是革命制度党的核心承诺，尽管它存在种种缺陷，但它不是"帝国主义和资产阶级的附庸"。但是，如果想要"在我们的历史基础上建设社会主义民主"，就必须在革命制度党之外寻求出路。它的口号就是"民主化的人民运动"。

"民主化"（而不是"民主"）一词经常出现在他当时的文章中。"民主化"是 1968 年运动中的一个关键声音。帕斯曾经在《拾遗》中写下了它。

民主化这个词是想寻求什么？首先是充分的自由：游行、言论、政治参与和批评的自由。这正是现代墨西哥所要求的自由，但是革命制度党几十年来一直在侵犯（或收买）这种自由，直到1968年的镇压将其彻底碾碎。"民主化"意味着开放批判革命制度党的自由空间。有意思的是，帕斯从来不使用"投票"这个词。他从来不提选举，甚至不批评政府对选举的控制。他根本不相信西方民主。他认为，美国和欧洲青年拒绝传统代议民主制和议会是合理的。但是，帕斯想要实现"民主化"：促进政治表达的多元性、思想的辩论和其他替代性选择的产生。

为了保证思想辩论真实有效，作家们必须"与君王保持距离"。与科西奥·比列加斯一样，帕斯认为，他个人对官方事业的依赖限制了他的批判能力。墨西哥和拉丁美洲必须要对权力进行批评。那是我们时代的主题。1971年5月，他在谴责诗人赫伯托·帕迪利亚（Heberto Padilla）被迫做出的虚假"供述"时指出：

> 我们的时代是专制瘟疫的时代：我们需要像马克思批判资本主义一样批判国家政府和庞大的当代官僚机构，无论它们是在东方还是西方。我们拉丁美洲人应该以另一种历史和政治秩序来完善这种批判：即通过批判特殊的人管理的特殊政府，即对考迪罗这种西班牙—阿拉伯遗产的批判。

这项任务是艰巨的。但要完成这个任务，就必须将"文字和权杖"分开（帕斯还借用中国文化中的一些著名典故来说明他的观点）。作家必须从事政治，独立的政治。作家——帕斯更喜欢"知识分子"一词，因为作家更多的是从事文学活动——仅仅抵制权力的诱惑是不够的。还存在一种更具煽动性的力量："正统观念的魅力。"作家应该不要总想着"在博士论文中的章节里留名"。因此，在回顾作家与权力的关系时，帕斯第一次（在 1972 年 10 月的《多元》中）对其所在的世纪及其生活的核心神话——革命——提出了直接批评：

> 现代文学的历史，从德国和英国的浪漫主义者到现在，是一段长期对政治怀有不满情绪的历史。从柯勒律治到马雅可夫斯基，革命对诗人和小说家来说一直是崇高的女神、永恒的挚爱、伟大的娼妓。政治在马尔罗的脑袋里注了水，破坏了塞萨尔·巴列霍的睡眠，杀掉了加西亚·洛尔卡，把年老的马查多抛弃在比利牛斯山脉的小村落，把庞德关进了精神病院，让聂鲁达和阿拉贡名声扫地，让萨特变得可笑，拖慢了布勒东获得理性的脚步……但我们不能拒绝政治，这比向天空吐口水更糟，这是在向我们自己吐口水。

《破碎的瓦罐》中提出的批评成了运动、行动。一名作家批判政治的最好形式莫过于批评已经人格化的权力，批评轮流出现的"胖酋长"——特拉托阿尼、总督、军阀、牧师、总统、银行家、腐败的领导人——秉持不同政见批评革命本身、意识形态和正统观念。

* * *

帕斯并没有谈到对权力的系统性反对，更不用说武装反对暴力了。他不赞成加西亚·马尔克斯宣称的"此时此地的革命"。这样，作家和权力之间的距离应当怎样才算合理呢？经由一篇题为《作家与权力》的文章，帕斯的想法在同一期的《多元》之中得到了一次实践检验。这是加布里埃尔·扎伊德写给卡洛斯·富恩特斯的一封信。

扎伊德1934年出生于蒙特雷，是一位工业工程师，他与帕斯相识于那次去东北部开会的旅途中。帕斯曾惊叹于这位年轻诗人的才华、智慧与独创性。在20世纪70年代，除了创作诗歌，扎伊德也开始在《永远！》杂志的增刊《墨西哥文化》上发表一些短篇批评文章。他的文章像是些定理：读者读完之后会说"这已经得证"。他在声名卓著的前辈面前也不会望而却步：他会赞扬佩里赛尔的十四行诗或是帕斯在诗作《空白》（Blanco）中的大胆；但同样自然地，他也会觉得帕斯的诗集《交流电》（Corriente alterna）混乱难解，将自己的想法发表了出来。或许是受到了赖特·米尔斯（C. Wright Mills）的影响，扎伊德发现了应用于文学的社会学想象力。不仅仅作品成了合理的主体，也包括作者、出版社、书店、传播方式、读者、书籍乃至"太多的书籍"。如此，他开始对文化机构、文化应用和文化习俗进行批判：研究者们的卖弄学识、作家间的卑鄙攻讦、大量的空心奖项、主角癖、表面化、空洞的抗议诗、糟糕的文学选集、虚假的批评以及马克思口中"文学流氓"的其他行为。

对文化的批评将扎伊德导向了对文化中意识形态的批评。当墨西哥和其他拉丁美洲知识阶层中的一些人梦想着进行"武器的批判"或向古巴革命的统帅上缴"批判的武器"时，扎伊德——发表了一首反对迪亚斯·奥尔达斯的诗——成了一个孤独的异见者。他最明显的特征是形式上的实验性：设计一首讽刺性的十四行诗，模拟一条报纸上的广告、一份官僚文件或是法庭辩护词，可能会得到比最激昂的抨击更致命的效果。有时候，一句话就已经足够。就像他在1971年6月10日的屠杀后驳斥费尔南多·贝尼特斯的那句（这位《永远！》杂志的总编甚至不敢将其发表）："埃切维利亚是唯一的历史罪人。"在这次指责后，扎伊德离开了《永远！》杂志，在几个月后加入了《多元》杂志的撰稿人委员会。

时间到了1972年10月。自1971年6月10日已经过去了十六个月，埃切维利亚承诺的调查迟迟没有进行。然而，卡洛斯·富恩特斯（以及大批作家和知识分子）继续给予他公开支持。扎伊德辩称，富恩特斯将作家有限的公共权力服务于总统的专制权力，对前者造成了损害。由于富恩特斯本人暗示他的支持是以承诺的调查为条件，扎伊德建议他给自己的耐心设一个期限。富恩特斯拒绝了。这场调查从未进行，时间表明了他的政府（至少）是那些流血事件中的共谋者。富恩特斯的支持则一如既往。1975 年，他成了墨西哥驻法国大使。

奥克塔维奥·帕斯提出了对于墨西哥政治金字塔批评的必要性，以及对于替代性发展模式的必要追寻。扎伊德对这两个主题都发表了意见。月复一月，他在《多元》中的专栏"莫比乌斯环"提出了一种对于墨西哥政府无可超越的分析（得益于他的深度和原创性），在 1979 年结集为《无收益的进步》（*El progreso improductivo*）。与常规知识相反，扎伊德认为持续的贫穷显示出国家现代化建设的失败，并通过对进步文化（尤其是墨西哥的进步文化）的精准批判支撑了自己的论点：他们常规观念的扭曲和前后矛盾；他们救赎承诺的不可能实现、煽动性与不切实际；推动他们神话的挫败、不公与无节制。此前没有人思考过墨西哥的政治生活，例如像是一种服从性的垂直市场，或类似于通用汽车的特殊集团；也从没有人量化过墨西哥的官僚、企业、工会和学术金字塔的不经济性。扎伊德做了。抛开墨西哥政府的理论意图，他将自己作为企业顾问的经验与大量统计数据的阅读和分析结合起来，评估了它在政治制度、行政部门、下属组织以及经济和社会政策等数个方面的实际表现。结果并不喜人。

接下来是设计一个新的计划。这是帕斯的第二项倡议。扎伊德为满足城市和农村贫民具体、真实的需求提供了新鲜的视角。例如，应当将计划放归档案柜，撤销那些只为自己服务或增加政府编制的机构，代之以设计一种方案：能够将廉价、适合的生产方式推广到农村和贫民社区。在《多元》杂志的专栏中，他提出了许多想法：支持微型企业；建立穷人银行（孟加拉乡村银行的直接雏形）和在最需要的人群中分派现金（这个想法后来被90年代的墨西哥政府采纳，成了该政府最为成功和得到国际认可的社会计划）。一旦被采纳，扎伊德的这种想法似乎变得顺理成章。这不禁让人想起康德的一句话："只要告知该去哪里看，从来不缺能将一切看得很清楚的人。"

＊ ＊ ＊

帕斯的另一种政治批评是对于教条的批评。在经受了1968年和1971年的双重打击之后，一部分墨西哥青年被切·格瓦拉的形象和理论吸引，越来越急不可耐地拿起了武器。帕斯在这些年轻人身上看到了30年代他的中学同学的影子："中产阶级的男孩们将他们的个人执念和幻想转换成了意识形态的幻想，在这些幻想中'世界末日'被以一种荒谬的形式呈现了出来：没有无产阶级参与的无产阶级革命。"他想警告他们，这样的企图是不现实的，甚至无异于自杀。

帕斯借助马克思主义思想批评了拉丁美洲的游击战争，认为这是"布朗基主义"的过时做法，早已为马克思和恩格斯摒弃。在他看来，游击队在拉丁美洲的泛滥和殉道般的流血牺牲都源于一个彻底的、悲剧性的错误——切·格瓦拉的思想和行为：

> 把拉丁美洲的激进分子称为"布朗基主义"可能并不完全准确。路易斯·布朗基（Luis Blanqui）是一个浪漫的革命者，属于前革命时代，尽管他的一些想法与列宁主义有相似之处。无论如何，拉丁美洲人的意识形态是一种无意识的"布朗基主

义"。但是更像是对马克思主义的一种恐怖主义式的理解。

　　帕斯认为，托洛茨基也不会认可拉丁美洲的布朗基主义。为了证明这一点，他引用了《被背叛的革命》（La revolución traicionada，1936 年）中的话："假设苏联的官僚机构被一个革命党取代……该党将首先恢复工会民主和苏维埃民主。**它将且必定将恢复苏维埃政党的自由**……"粗体字是他自己加的。他请读者将这些文字与"拉丁美洲和墨西哥的恐怖分子们的言行"做个对比。

　　与 20 世纪 30 年代的情况一样，墨西哥新左派不包括工人工会、共产党、政权内的进步团体（这样的团体在卡德纳斯总统的治下为数不少），也不包括艺术家和知识分子。墨西哥的新左派主要是由受过大学教育的中产阶级年轻人组成的，这是它的新奇之处。有关他们，帕斯在 1973 年以某种方式写道：

　　　　墨西哥左派是 1968 年运动的天然继承人，但是近年来他们并没有致力于发展民主组织，而是把大学当成剧院，将革命演成了戏剧甚至闹剧。他们长年受到斯大林主义的污染，后来又被卡斯特罗式的考迪罗主义和格瓦拉式的布朗基主义影响，并未重拾最初的民主使命。此外，他们最近几年展现出的政治想象力平平无奇：对于墨西哥人（而不是古希腊人）来说，他们的具体计划是什么？他们没能组织起自己的队伍，也没能发起全国性的运动。自 1970 年以来，他们提出的大规模独立人民联盟仍然是一个模糊的概念。他们没有能力制定可行的改革计划，他们在虚无主义和千禧年主义、行动主义和乌托邦主义之间挣扎，反复无常，满口空谈，逃避现实。通往现实的道路是通过民主组织铸就的：搞政治该去的地方是公共广场，而不是修道院或地下墓穴。

* * *

1973 年 10 月，帕斯发表了《圣地亚哥的百夫长》(Los centuriones de Santiago)，抗议智利的军事政变。他对拉丁美洲军国主义怀着明确彻底的反对态度。《多元》之前一直密切关注着智利的事态发展，声援民主制度。这段时期，《多元》除了表达对事件的谴责，还分析了极左派在萨尔瓦多·吉列尔莫·阿连德（Salvador Guillermo Allende）倒台中的责任：疏远中产阶级和小企业家是错误的。拉丁美洲的黯淡前景走向了激进化：一方面，智利有"反动军事独裁"，秘鲁有民粹军国主义，巴西有技术军事独裁；而另一方面，格瓦拉游击运动在不断发展。"拉丁美洲，"他写道，"是一个充斥着喧嚣和暴力的大陆。"尽管智利发生了悲剧——或者说由于发生了这场悲剧——帕斯仍然相信："没有民主的社会主义不是社会主义。"

1973 年圣诞节，在哈佛大学评论家哈里·莱文（Harry Levin）家中的一次会面催化了他自己的思想革新。他的朋友丹尼尔·贝尔几年后会写道，20 世纪所有左翼知识分子都找到了他的喀琅施塔得（Kronstadt）[*]。帕斯的喀琅施塔得就降临于那个夜晚，那天他遇到了苏联流亡诗人约瑟夫·布罗茨基[†]。他的心中早有疑虑，这种担忧或许从 1937 年就开始了：当时帕斯想去苏联亲自看看社会主义实践。1951 年，他谴责了苏联的集中营。他的失望是逐步增长、日益加深的，但是他随后发表的文章虽是批判性的，但是他的意见是基于资料分析的就事论事。突然，布罗茨基为他带来了苏联迫害作家的现

---

[*] 俄罗斯港口城市。曾于 1921 年发生反布尔什维克政府暴动"喀琅施塔得事件"，在同类事件中具有标志性。

[†] 布罗茨基出生于列宁格勒，于 1972 年被苏联取消国籍，后移居美国，于 1987 年获诺贝尔文学奖。

实。他所代表的并不是持不同政见的理论，而是一位持不同政见者的现实生活。他们的谈话指向了这个政权独裁统治的根源。

那段时间，他正在读《古拉格群岛》(*Archipiélago Gulag*)。这本书终结了变革的循环，开启了悔恨的循环。到 3 月 31 日他就满六十岁了。2 月，他用了四个晚上写了一首短诗，题为《虽然是在夜晚》(Aunque es de noche)。这是一首反对斯大林主义的诗歌，之前当奥西普·曼德尔施塔姆 (Osip Mandelstam) 写下这样的题材时，帕斯就曾想要自己写一首。"斯大林没有灵魂：只有历史 / 是没有面孔的空心元帅，是虚无的仆人。"帕斯用一句话描述他的时代"已被摧毁"："这个世纪是一场对其阴谋的错爱。"阅读解放了他，"亚历山大·索尔仁尼琴 (Aleksandr Solzhenitsyn) 在书写。我们的曙光是道德：在火苗之中书写，在烈焰之中开放，开放出真理之花"。但是，帕斯自责道："懦夫，我从未当面见证邪恶。"

这些诗刊登在 3 月份的《多元》杂志上，并附有一篇重要的文章：《那些淤泥的碎屑》(Polvos de aquellos lodos)。这篇文章是对布尔什维克主义和马克思主义的审判，是对他的传统"观点"的审判，最终是对他自己的严厉审判。"那些淤泥"是他自己的淤泥，是他青年时代的阅读经历，是他的坚定信仰，是从未被看到和说起的真理。这篇文章以蒙田的一句名言开始："我经常听到有人说懦弱是残忍之母。"他非常清楚地记得——就像是向自己或者向历史法庭申辩一样——他在 1951 年谴责过斯大林集中营，并从 20 世纪 40 年代开始一直受到正统斯大林主义者的声讨，当时的《工坊》和《浪子》批判过社会主义美学，帕斯和聂鲁达也有过争论：(他们称他为) 世界主义者、形式主义者、托洛茨基主义者。后来他们又给他戴上了新的帽子：中央情报局特工、"自由主义知识分子"、"为资产阶级服务的结构主义者"。但是历数这些事件似乎并不能令他得到安慰。因为与布罗茨基深谈，为了从思想上将索尔仁尼琴置于异见传统中，也为了将自己置于这一传统中，帕斯回顾了"俄罗斯精神"的传统：从索尔仁尼琴（以及布罗茨基），到舍斯托夫（Lev Chestov）、别尔嘉耶夫（Nikolai Berdiaev）、陀思妥耶夫斯基（Fyodor Dostoievski）和索洛维约夫（Vladimir Soloviev），这些都是近代的基督教评论家。他被布莱克、梭罗和尼采的评论代表的这一传统的道德力量感动了，特别是那些"不可征服、不可玷污的人——布勒东、罗素、加缪还有少数的几个其他人，有的已经去世，有的仍然活着——他们没有屈服于共产主义和法西斯主义的极权诱惑，也没有耽于消费主义社会的逸乐。"帕斯会认为自己是"少数的几个其他人"中的一员吗？只有在文章结尾他才能找到答案。

这或许是帕斯第一次引用罗素的话。他还首次大面积提及安德烈·萨哈罗夫（Andrei Sajarov）一部关于苏联精神自由的著作（由伽利玛出版社于 1968 年在法国出版），以及于 1951 年出版了《极权主义的起源》（*Los orígenes del totalitarismo*）的汉娜·阿伦特（Hannah Arendt），还有最近的两位美国作家詹姆斯·贝灵顿（James Billington）和罗伯特·康奎斯特（Robert Conquest），他们了解俄国革命激情的发展历史和结果。帕斯很清楚索尔仁尼琴这位伟大的俄裔作家有种族主义倾向，但仍然坚决为他批判苏联的作品辩护，驳斥了一些墨西哥评论家的意见：索尔仁尼琴的作品是反动的，甚至有亲帝国主义倾向。对于帕斯而言，这已是一种宗教意义上的完美证词："在这个满是伪证的世纪里，作家成了人类的见证人。"

在自己的文章里，帕斯的审判仍在继续。他把自己曾非常欣赏的经典作品推上了被告席，首先是列宁的《国家与革命》，它一度是他的睡前读物。他仍然欣赏列宁有关半无政府主义的讨论，但是无法忽视列宁创立契卡和实施恐怖的行为。（文章此处提供了引用来源以作证明。）托洛茨基和布哈林"杰出优秀，但不幸犯了错"，绝对不能和"斯大林这样的恶魔"相提并论。那马克思和恩格斯呢？

能为他们辩护吗？一定程度上是可以的。帕斯在这两位人物的成熟思想中找到了"专制的萌芽"，但是其程度要比列宁和托洛茨基弱很多。这篇文章最终以伯纳德·罗素的观点结尾，他反对马克思，因为马克思放弃了民主。另一件新奇的事是，尽管帕斯引用了罗素的话，帕斯却用了"民主"这个词。不是"民主化"，而是"民主"。他指出，拉丁美洲左派对"形式自由"采取双重标准，他们在智利反对形式自由，却容忍苏联和捷克斯洛伐克（他没有提到古巴）的形式自由。的确，我们必须打击美国帝国主义、种族主义和不公正的资本主义制度，也必须谴责专制制度。因为这种制度，乌拉圭作家奥内蒂（Onetti）身陷囹圄，智利出现政治谋杀，巴西人则遭受着酷刑虐待。"内萨瓦尔科约特尔（Netzahualcóyotl）城的存在，以及数百万过着非人生活的墨西哥城居民，让我们不能有任何虚伪的自满。"但我们同样必须捍卫形式自由。没有这种自由，就没有"意见和言论、结社和运动的自由，没有对权力说不的自由——就没有博爱、正义或平等的希望"。与布罗茨基的会面和阅读索尔仁尼琴使他第一次可以回到比他度过的无政府主义书籍更古老的传统：他祖父的自由派传统，就像在帕斯邀请丹尼尔·科西奥·比列加斯在《多元》撰写文章为该传统所做的辩护。

然而，现在还没有到帕斯确信并认同这一传统的时候。在帕斯将近六十岁的这一时期，他正沉浸在自我分析和忏悔之中。他想到阿拉贡、艾吕雅（Paul Éluard）、聂鲁达等著名的斯大林主义诗人和作家，"读到一些地狱般的段落时，我感到不寒而栗"。他为最初慷慨声援受害者和反对帝国主义的冲动辩护。但他警告说："不知不觉中，从一个承诺到另一个承诺里，人们被谎言、虚假、欺骗和伪证所包裹，直到失去了灵魂。"

还有一名被告必须受审：奥克塔维奥·帕斯。他能拯救自己吗？不，他无法拯救自己，至少不能完全做到：

我要补充一点，我们在这个问题上的政治观点并不是单纯的错误，也不是缺乏判断的能力。从古老的宗教意义上来说，这种政治观点是一种罪孽，一种影响着整个存在的东西。我们中很少有人能正视索尔仁尼琴或是娜杰日达·曼德尔施塔姆（Nadezhda Mandelstam）。这种罪恶玷污了我们，也致命地玷污了我们的著作。我是带着悲伤和谦卑的心情写下这些话的。

* * *

就在同一时期，在他六十岁前不久，帕斯写了他最著名的诗歌之一：《圣伊尔德方索的夜曲》（Nocturno de San Ildefonso）。这是一首关于自己回到墨西哥城青年时代的长诗：

> 思想的风，
> 语言的风，
> 将我们席卷而去，
> ……
> 善念，我们喜爱的善念：
> 用它来纠正这个世界。

但是帕斯已不再像1968年那样充满快活和希望。他不再因为回望三十岁的时光而感到快乐，因为他已经目睹了那股革命激情导致的现实。他已经知道了接下来的故事，他自己的故事：

> 情节在不断重演：
> 在肮脏的大剧院中，
> 我们全都是；

法官、刽子手、受害者、证人，
全都是。

我们都提供了虚假的证词
反对其他人
也反对我们自己
最糟糕的是：我们是
在座位上鼓掌或打哈欠的众人。
不知晓错误的罪责，
那种无辜，
是最大的错误。
每年，白骨如山。

谈话、否认、逐出教会，
重归、叛教、发誓放弃，
拜鬼和信人之间的反复，
鬼迷心窍与误入歧途：
我的故事。

这首诗的每一行，每一个字都代表了一个事实、一个角色、一个特定的事件。每个版本的曲折反复都让他想起一个朋友。"在座位上打哈欠"指的是西班牙内战期间纪德在被判决之前在巴伦西亚举办的第二届作家大会吗？在这次会上，曾有人提议谴责纪德对苏联的批评。他有罪吗？能不能因为他不知道、知道一半、不想知道、觉得自己无辜，于是就认为他是一个无辜的人呢？无辜也是一种罪："现在我们知道，那种我们以为是曙光的光芒，实际上是血淋淋的篝火。"他相信那种光芒，相信曙光。他相信它太久了。他在生命的最后三十年间都致力于消除这种"罪孽"。在谈到这些问题时，他的话语总是带有一种深刻宗教冲突的严肃。

十四

在 1975 年初的时候，帕斯长期受到自己悔恨心绪的影响，同时因为批判左派的文章而饱受墨西哥知识界的中伤。他给《多元》的前主编托马斯·塞戈维亚写了一封忧虑痛苦的信。对于俄罗斯和苏维埃东正教传统的了解，使得他越来越用批判的眼光看待墨西哥的天主教会的不包容和教条主义。《多元》一直在坚持这两桩批判事业，反对革命制度党，反对教条主义。在《多元》中，科西奥·比列加斯不仅系统地批判了革命制度党的反民主手段，如通过选举实现了"六年一次的绝对君主制度"，而且揭露了登基"皇帝"的"个人作风"：夸夸其谈、穷奢极欲、狂妄自大。扎伊德则解释了国家经济政策由总统乾纲独断而造成的严重经济后果：货币几乎贬值一倍，外债增至六倍，通货膨胀达两位数，经济失去稳定性和增长能力。同时，《多元》还刊登了柯拉柯夫斯基、吉拉斯（Milovan Djilas）、布罗茨基、阿隆等人的作品，以及帕斯本人发表的文章，对抗墨西哥主流意识形态，包括被帕斯斥为"教条的流氓护卫，打扮成时髦的游击队员，留上大胡子，就成了格瓦拉式的革命者"。这是《多元》发表异见的双重使命，但是除了"两三个独行者"（比如科西奥·比列加斯、扎伊德，某种程度上还有罗西和何塞·德·拉·科利纳），《多元》的墨西哥作者几乎对政治批判和意识形态批判毫无兴趣，他们"不想理会这些东西"。

他确实是独自面对两种霸权文化：亲政府的民族主义和左翼教条主义。在墨西哥，成为"左派"和"亲政府者"并不是罪过。理想的情况是只成为"左派"而不"亲政府"，但只要是成为左派，就有成为亲政府者的可能，例如富恩特斯、贝尼特斯就是如此。问题的关键是没有改正教条。令帕斯感到遗憾的是，"教条"是"蹩脚诗人和山寨文学家进行文学复仇的极好工具"。凭借教条这把尚方宝剑，左翼青年可以说帕斯已不是"左翼"，可以指责他是"亲政府者"（实际上并不是）或是"右翼人士"（实际上也不是），甚至指责他是"自由主义者"（这么说也不对，帕斯甚至连经济上的自由主义者也算不上）。这种随意指摘和扣帽子使得帕斯在信中认为墨西哥知识分子的生活"吝啬"而"卑鄙"。在他看来，这要比"佛朗哥治下的西班牙"更让人难以"呼吸"："在西班牙，人们要忍受的是独裁统治，在墨西哥，我们要忍受的是我们自己。"

他的解决方法一如既往：

> 应该写作，写作——白纸黑字——当总统们、高官们、银行家们、教条者们和卑鄙者们躺倒在如山的三色或红色垃圾堆上的时候。他们高谈阔论、相互倾听、指手画脚，一通排泄之后又开始口若悬河。

最主要的是，《多元》杂志处处和主流趋势相左，甚至连《至上报》也被它批评过，导致胡里奥·谢雷尔不得不出来为它说话，驳斥那些认为《多元》杂志不盈利、具有精英主义色彩的人。即使是帕斯的最新作品——在西班牙出版的一本关于先锋派运动的书《淤泥之子》（*Los hijos de limo*）——也只得到了一点消息报道："（书）不够全面，而且漫不经心，有失精准，还带着点不友好的小细节。"很久以前，他就对朋友汤姆林森诉过苦：

> 墨西哥令我痛苦，但我是为了墨西哥人而痛苦。我有时候觉得他们不爱我，但是我夸张了：我并不存在，并不属于他们，

不是他们的人。雷耶斯有过相同的经历，塔马约亦是如此。墨西哥人的画家是西凯罗斯——他们喜欢他。他们真正的诗人应该是聂鲁达……他们有我这样的诗人，我有他们这样的人民，是多么的不幸！

墨西哥的生活几乎让他窒息。但是奥克塔维奥·帕斯知道，在不久的将来，他还是要回去。他在 1954 年至 1959 年期间居留墨西哥的五年不是一次回归，而是一次中转，是二十五年流亡生活的一段插曲。他曾如此生活，不久他便要恢复这种生活了。

十五

他的诗歌开始转向，从先锋和实验风格回到了更古典却不失自由的风格，回归到初始的信念，回归到它的本源。1975 年，帕斯在写下《圣伊尔德方索的夜曲》的同时，还写了一首流传更广、更受欢迎的诗：《往事清晰》(Pasado en claro)。这首诗并不是怀念过去的某个地方，而是以神奇的方式"寻找自我"。他的诗作里第一次令人惊奇地出现了米斯科瓦克的"大房子""在时光中静默""庭院、墙壁、白蜡树、水井"、花园和树木、广场的细节（味道、颜色、店铺）和熙攘人群，出现了"无花果树，他的谎言和智慧"，而他，奥克塔维奥·帕斯，也第一次出现在深夜的图书馆中：

> 灯光下——黑夜
> 已是房屋的主人而祖父的幽灵
> 是黑夜的主人——
> 我深入寂静，
> 身躯没有实体，时间

> 没有钟点。每个夜晚，
> 梦呓透明的机器，
> 书籍将一幢幢楼房
> 建在我心中的深渊。
> 一缕精神的气息使它们耸立，
> 眨眼间又将它们夷为平地。

他是孤独的迷宫中最外圈的孩子：

> 在郁郁寡欢的成年人和他们
> 可怕的幼稚举动中间的孩子，
> 高高的门道里的儿童，
> 挂着肖像的房间，
> 已故者黄昏般的教友弟兄，
> 没有记忆的一面面明镜
> ……

"在我的家中，死人比活人还要多。"诗人描绘了这些逝者。他的母亲何塞菲娜，"一千岁的女孩，/ 世界的母亲，失去我这个儿子的女人"，他的姑姑阿马利亚，"梦呓的圣女"，教他"闭上眼睛观看，/ 透过墙观看"。对伊雷内奥爷爷的回忆甜蜜温柔，而对父亲奥克塔维奥的回忆则凄凉孤苦：

> 从呕吐到口渴，
> 捆在酒精的马驹上，
> 父亲在火焰中来来往往。
> 一天下午我们沿着

> 苍蝇和灰尘的车站的枕木和铁轨
>
> 收拾他的碎片。

寥寥数语，道出了他们之间令人心碎的羁绊，活着与死去的羁绊。活着时他们沉默不语，死去后才开始对话，但对话却避开了死亡这一核心主题：

> 我从来无法与他交谈。
>
> 如今我与他在梦中相见，
>
> 在那死者的朦胧的家园，
>
> 我们总是谈论其他的事情。[*]

1975 年 11 月，帕斯接受了一次题为《回到孤独迷宫》（Vuelta a El laberinto de la soledad）的长篇采访，关于父亲的问题再次出现，这一问题总是与政治相关。在这篇采访中，他提到了这本书不为人知的来龙去脉，比如乌纳穆诺和奥尔特加的影响，罗歇·凯卢瓦（Roger Caillois）关于神话的作品，这本书的治疗学特点，以及阅读弗洛伊德《摩西与一神教》的事，但随后便从个人和历史的角度披露了这本书的起源。谈到萨帕塔主义时，帕斯提高了声调，强调了他和父亲之间的父子、历史和个人纽带："从那以后，我父亲认为萨帕塔主义就是墨西哥的真理。我认为他是对的。"他在访谈中回想起父亲与墨西哥城南部印第安农民的友谊，他帮助他们保卫土地，一起品尝前殖民地时期的美食"叫花鸭"。将传统和革命相结合是萨帕塔主义的特点，它使他"充满激情"。"萨帕塔主义揭示

---

[*] 本组诗歌译文引自《帕斯选集》（上），奥克塔维奥·帕斯，赵振江等编译，作家出版社，2006，137—157 页。

了某些隐秘和压抑的现实。"它不是一场革命或反抗,而是一场巨变,一个新的转折,从墨西哥的最深处来,到墨西哥的最深处去。他总结说,"萨帕塔超越了自由派和保守派、马克思主义者和新资本主义者之间的论战:萨帕塔过去存在——如果墨西哥不灭亡,它将来也许还会存在。"

诗歌、访谈、历史回忆和家庭根源、童年情景和青年游历、悔恨行为、良心自省、忏悔,这些都让往事清晰起来。这是他回归的先兆。

十六

1976 年 3 月 10 日,丹尼尔·科西奥·比列加斯在墨西哥去世的消息令帕斯震惊不已。帕斯曾经在 50 年代左右和他有过冲突,他们私下一直不是朋友,但是针砭时弊的激情拉近了他们的距离。科西奥·比列加斯既不是"亲政府派"也不是"左派"。按他自己的话说,他是"博物馆自由派"和温和的民族主义者。他在公众间享有极高的声望。帕斯孤身一人去了他的墓地,在那里沉思良久。几天后,他在第五十五期《多元》杂志(也就是当年的 4 月刊)上对科西奥·比列加斯致以缅怀与敬意。他写了一篇真诚的文章《幻觉和信念》(Las ilusiones y las convicciones),历数了科西奥·比列加斯一生中的观念:比列加斯认为 1857 年《联邦宪法》所体现的 19 世纪政治自由主义是现代墨西哥的基石。他还认为,在波菲里奥·迪亚斯的长期独裁统治之后,历届革命政府都放弃了这一宪法的自由主义规划,致使墨西哥变成了一个中央集权和一元化的国家。尽管这种政策使该国于 1970 年之前在物质上实现了显著的现代化发展,但严重限制了政治方面的进步。科西奥·比列加斯认为,土地改革、劳工立法或教育普及等革命的社会目标并不与民主和自由相矛盾。他的一系列文章都表示，墨西哥的核心问题是政治改革：限制总统权力的集中，建立一个更加开放、自由和负责任的制度。有趣的是，科西奥·比列加斯并没有真正讨论过选举民主问题。

帕斯徜徉于墨西哥历史之中，就像徜徉于自己的人生中一般充满热情，但是就关注点和知识结构而言，他不是一位历史学家，而是一位身处历史之中的哲学家和诗人。帕斯和科西奥一样是墨西哥革命之子，赞同他对墨西哥政权的"建设性"观点，但他仍然认为宪法自由主义下的 19 世纪是一个"肮脏"的时期，一种历史性的"堕落"，它将欧洲理论强加于另一个遥远的社会现实，可悲地否定了这个国家的印第安和西班牙根源。帕斯并不是想回到这些不可能再寻回的根源上去，而是要求创造性地将三种墨西哥合为一体：印第安墨西哥、天主教（西班牙）墨西哥和现代墨西哥。但不知为何，他从未谈及墨西哥文化上最有特色的综合体：梅斯蒂索（混血）。他认为，这三种墨西哥应该进行对话，但 19 世纪保守派的高压政策（胡亚雷斯改革的产物）导致他们代表的深刻现实悄悄渗入墨西哥的政治生活，将谎言奉为圭臬。通过这种近乎弗洛伊德式的解释，帕斯揭示了本是自由主义正式继承者的革命制度党的保守主义，实际上却继承了集权制甚至保守派的君主制思想。

因此，科西奥·比列加斯和帕斯对历史怀有两种截然不同的态度，但是他们都同意这样一个前提：要自由地讨论问题、根源和计划。自由民族主义者科西奥·比列加斯希望革命制度党能够自己引领政治和道德改革。而自由社会主义者帕斯则希望出现一个新的政党和一个左翼计划，但是他的幻想破灭了。现在他看到了科西奥·比列加斯在公共生活中选择的路线，对这位半个世纪以来的编辑、杂文家、历史学家、外交官和评论家的坦率和勇敢表示钦佩："科西奥·比列加斯微笑着走过了我们公共生活中的化装舞会，却片叶不沾身……他聪明正直，针砭时弊，清白坦荡。"正如叶芝（Yeats）在《斯威夫特的墓志铭》（Swift's Epitaph）中所写的："他为了人类的自由而献身。"

同年7月，墨西哥的言论自由受到打压，证实了科西奥·比列加斯之前的批评：必须在体制、立法和言论批判层面限制总统的权力。埃切维里亚受够了《至上报》中对自己的抨击，联合反对胡里奥·谢雷尔的人一起对他展开攻击。几个月后，谢雷尔离开了《至上报》的领导岗位，创办了一份独立的政治杂志:《进程》（Proceso）。这本杂志将开创一个新时代。为了声援谢雷尔，帕斯和《多元》杂志的写作者团队也宣布辞职。不久后，他们决定创办一份独立的杂志。为了筹集所需的小额启动资金，他们举办了一次募捐抽奖活动，七百六十三位参与者捐助了数额不等的资金。募捐的奖品是鲁菲诺·塔马约捐赠的一幅画，获奖者是毕业于牛津大学的青年哲学家乌戈·马加因（Hugo Margáin）。

合作者们讨论了杂志的名字。奥克塔维奥·帕斯此时即将出版一本与《往事清晰》风格类似、具有深刻反省意义的诗集，他把它命名为:《回归》（Vuelta）。里面有一首同名的诗，其中一段问道：

> 我回到了开始之处，
> 我是赢抑或是输？
> **（你追问，**
> **如何界定成败的标准？**
> **渔人的歌声悠悠，**
> **飘荡在静止的岸前** *

---

* 括号中的前半部分为王维《酬张少府》诗句"君问穷通理，渔歌入浦深"，与下面后半括号诗句为同一段。

其中粗体部分的诗句取自王维的一首诗。这位中国古代画家和诗人生命的秋季不再"急于返回",而是远离"尘世和斗争","坐忘于林间"。十二个世纪之后,帕斯提出了同样的问题。他将这个问题墨西哥化,在自己生命的秋季选择了另一条道路,写下了括号里的后半段:

> 然而我却不愿意
> 住进知识分子的桃花源,
> 在圣安赫尔［San Ángel］或是科约阿坎［Coyoacán］）

事实上,对知识分子来说,他创办的杂志并不是桃花源,而是坚固要塞。阿莱亨德罗·罗西提出以这首诗的名字作为杂志名,虽没能完全说服帕斯,但他还是接受了。于是,这本杂志便被命名为《回归》（*Vuelta*）。

十七

《回归》杂志的编辑部设在帕斯从小长大的米斯科瓦克区离伊雷内奥的"大房子"很近的地方。这座位于列奥纳多·达·芬奇街17号的房子,后来成了新杂志的办公地点,使用了许多年。这是一幢两层的小房子,一层很小,但足够举行会议,二层有一扇采光良好的窗户,可以供编辑和校对人员使用。这条街旁边有一座老市场和一家普奎酒酒吧。

首期杂志于1976年12月发行。办杂志似乎并不意味着帕斯必须待在墨西哥。他不在的时候,副主编阿莱亨德罗·罗西会在编辑部主任何塞·德·拉·科利纳的协助下管理杂志。他们会找一个"经理人或者发行人"执行扎伊德为杂志所做的经营筹划。帕斯为自己的归来和《回归》杂志而深感幸福。而且，1977 年初，他完成了诗歌选集的编纂工作。1977 年初，他写了一首意义深远的诗。他把它命名为《不在碑石上的墓志铭》（Epitafio sobre ninguna piedra）*：

> 米斯科瓦克曾是我们家乡：这是黑夜的三个音节，
> 阴影的面具笼罩着太阳的脸庞。
> 我们的圣母，沙暴陛下来了，
> 来了并吞食了我们的家乡。我便在世界各处游荡。
> 语言是我的家，空气是我的墓碑。†

　　不久，境况变得困难起来。帕斯回到了剑桥，于 3 月份接受了尿路癌手术。手术很成功，但不免会有一些后遗症。当时扎伊德和罗西提议以一名候选人接替他为"这条小船"（罗西的话）掌舵，帕斯接受了这个提议，因此从 4 月开始就由我担任杂志主编负责管理工作。手术成功后，帕斯回到了墨西哥。他还是经常出国，但不会再像以前一样在国外高校长期停留。现在，他第一次有了自己的杂志。这本纤薄朴素的杂志不像《多元》一样是一本副刊，比起《栏杆》《工坊》《浪子》和《多元》，它更能体现他的风格。这是属于他的杂志，是一本独立的杂志。

　　《回归》在第一期中宣称它忠于诗歌和批评，并公布了它的原则："我们放弃了《多元》，因为我们不能失去独立性；我们创办《回归》是为了保持我们的独立。"要独立，首先就要做到财务独立。完全依赖政府（这曾是墨西哥的传统）等于将编辑的红线拱手让人。完全依靠读者和订户倒是可以，但不现实：《回归》杂志的读者从未

---

* 另有译名《不在任何碑石上的墓志铭》。
† 译文引自《帕斯选集》（上），奥克塔维奥·帕斯，赵振江等编译，作家出版社，2006，169—170 页。

超过一万名。必须要在这两种收入来源之间寻求平衡——承认政府可以帮助推广杂志，同时努力吸引读者——但是也必须找到一个之前无法想象的来源：吸引私营资金。《多元》并不需要这么做，因为《至上报》为它提供了运营资金。但是《回归》没有这个条件。它开启了吸引私营广告的艰苦、长期和系统的工作。渐渐地，国内外多家公司开始在杂志上刊登机构广告。国内和国外的订户纷至沓来。杂志有了微薄的盈利。这是一条可行的道路。

在接下来的二十三年里，《回归》将成为他的堡垒和文学工坊。他在位于墨西哥城改革大道的公寓里开辟了自己的书房，每天他都会在这里打电话讨论文章、评论、翻译、故事、诗歌，发表小型评论，在这里度过了那二十三年中近二十年的时光。阿方索·雷耶斯（1889—1959）是一位多产的作家，并预言过帕斯会是墨西哥文学的守护者，他曾经不无遗憾地说"拉丁美洲是世界文化盛宴的迟到者"。帕斯在很年轻的时候就决定参加这场宴会，而半个世纪过后，《回归》终于出场了；奥尔特加·加塞特、萨特、加缪、布勒东、聂鲁达、布努埃尔等人成了这场宴会的常客。但是人们不能仅仅听到过去的声音，因为《回归》要举办一场自己的宴会，博尔赫斯、米兰·昆德拉（Milan Kundera）、欧文·豪、丹尼尔·贝尔、约瑟夫·布罗茨基、米沃什、柯拉柯夫斯基等来自多个大陆、多个世代的无数作家悉数登场。这份名单完整囊括了《多元》的作者池，规模远超于它。

在他六十三岁的时候，他似乎第一次拥有了在个人层面所希望的一切：浪漫的爱情、新朋老友的友情、稳定的物质生活，还有独立性。他的作品销量很好，在欧洲尤其受欢迎，《语言下的自由》和《孤独的迷宫》等作品已经成为墨西哥的经典著作。因此，他有足够的时间和精力写一篇关于17世纪的女诗人索尔·胡安娜·伊内斯·德拉克鲁兹的鸿篇巨制。

　　回到墨西哥后，他愉快地重温了过去的日子。一位安达卢西亚的朋友、佩德罗·多梅克（Pedro Domecq）集团主席安东尼奥·阿里萨（Antonio Ariza）邀请他去特斯科科（Texcoco）的农场聚餐，此处距离他父亲以前经常造访的地方很近。他非常惊讶地吃到了已经五十年没有吃过的那道菜："叫花鸭"。他的许多场叙旧是在《回归》的办公室进行的。在那里他和老朋友们谈天说地。也就是那时他发表了豪尔赫·奎斯塔在自杀之前的最后一封信，几篇关于比利亚乌鲁蒂亚的文章（索里亚诺配了插图），并再版了他自己在尤卡坦写的诗《在石与花之间》，新的版本去掉了意识形态和华丽修辞，但是感情更为强烈。

　　但是当他回顾 30 年代时，他提起的是一种论争和好斗的性格，与自己曾经的信仰争辩，自然也是与当年的自己争辩。如果没有 30 年代帕斯的意识形态热情，就不能理解他在 70 年代对于这种热情的批判。因此，他也借《回归》与多位来自东欧的、持不同政见的主要作者，如布考斯基（Bukovski）、昆德拉、米奇尼克（Michnik），为了捷克斯洛伐克的"七七宪章"＊发声，发表一些苏联的无政府主义者对新模式的预期（巴枯宁在与马克思论战中的辩护）；广泛为早期马克思主义†的批评者正名（苏瓦林［Souvarine］、莫洛亚、塞尔日）；发掘托洛茨基遗孀 1951 年在巴黎留下的那份被遗忘的遗嘱，巩固和他一样具有需要反思的马克思主义者过往的同代人（柯拉柯夫斯基、傅勒［Furet］、贝桑松［Besançon］、贝尔、豪、让·丹尼尔［Jean Daniel］、卡斯托里亚迪斯［Castoriadis］、恩岑斯贝格尔［Enzensberger］）的广泛存在，以及他们的反思和救赎；吸引曾经批评过共产主义的左翼西班牙语批评家（豪尔赫·森普伦［Jorge

---

＊　"七七宪章"为捷克斯洛伐克反体制运动的象征性文件，于 1977 年公布。主要内容是要
　　求捷克斯洛伐克政府遵守 1975 年《赫尔辛基协约》中的人权条款、公民权和人权尊严。
†　实为斯大林主义的批评者。

Semprún]、戈伊蒂索洛、巴尔加斯·略萨）；同时为了警醒墨西哥
知识界，帕斯不仅为在法国与萨特分道扬镳、自称加缪追随者的"新
哲学家"（伯纳德-亨利·列维［Bernard-Henri Lévy］、安德烈·格
卢克斯曼［André Glucksmann］）发表文章，也将他们带到墨西哥，
在电视节目中倾谈。

他似乎拥有了一切，但只有一样福祉是他没有的，这样东西就
在他名字里，就像伊雷内奥和奥克塔维奥所缺少的一样：和平。

＊ ＊ ＊

帕斯处于一种持续的兴奋状态当中。他就像是一头鬃毛浓密的
狮子，像狮子一样等待投入他的意识形态战斗。他的祖父伊雷内奥
和父亲奥克塔维奥在他的童年时期、在米斯科瓦克餐桌上讨论的那
些话，不时在耳边回响。但是如今角色已经发生了变化：他坐在祖
父伊雷内奥的椅子上，而那些愤怒的或者是理想主义的年轻人，则
坐上了父亲奥克塔维奥的位置，甚至也可以说是帕斯自己曾经的位
置。他年轻时也是一个布尔什维克，梦想过成为英雄或者烈士。他
回到墨西哥是为了消除一些误解，但是却遇到一个更大的错误：革
命。这场革命既不是自由主义革命也不是自由意志革命，同样也不
是墨西哥革命或者马克思主义革命。但是它吸引了1968年的一代人，
和紧随其后的继承者。

除了许多青年作家对帕斯本人和《回归》表现出的弑亲动机之
外，帕斯否定了自己在1968年公开声援学生运动的行为，这在双
方之间造成了误解。帕斯之所以与墨西哥左翼代表（学生、学者、
知识分子、工会、其他支持者）发生争论，正是因为他仍然是左翼
人士，而且将继续相信社会主义："（社会主义）也许是摆脱西方危
机的唯一合理办法。"但年轻人们不再相信帕斯公开宣布的这些信

仰：帕斯，而不是他们，已经变了。

奥克塔维奥·帕斯确实发生了变化，但并没有转向支持资本主义或市场经济，甚至都没有转向支持自由民主。他改变了青年时期的信仰，对共产主义的信念破灭了，至少在欧洲，他并不孤单，许多人正在走在相同的路上。到 1977 年为止，法国、意大利和西班牙的"欧洲共产主义"都出现了变化；葡萄牙、西班牙民主转型中涌现出的一批人物也持有相同看法，尤其是在西班牙，工人社会党（Partido Socialista Obrero Español）放弃了"无产阶级专政"的原则。此外，在法国的主要知识分子中，不仅有像雷蒙·阿隆这样的历史评论家，很快还有萨特和拉丁美洲新马克思主义之父路易·阿尔都塞（Louis Althusser）本人，他们都加入了帕斯的行列。在《回归》发表了关于古巴革命诗歌《泰坦尼克号的沉没》（El naufragio del Titanic）的汉斯·马格努斯·恩岑斯贝格尔（Hans Magnus Enzensberger）也加入其中。还有苏联、波兰、捷克斯洛伐克、罗马尼亚、东德各国的异见者。昆德拉称这些国家为"被绑架的欧洲"。一部分西方人终于明白，1968 年东方的异见者革命比巴黎、伦敦或伯克利的革命更危险、更极端。但是，墨西哥的学生和教师没有和帕斯站在一起。他们无法忘记 1968 年的那场屠杀，6 月 10 日事件更是让特拉特洛尔科广场的耻辱雪上加霜。1973 年，学生们震惊于奥古斯托·皮诺切特（Augusto Pinochet）针对萨尔瓦多·阿连德发动的军事政变，对智利人的痛苦感同身受。这三重明证都让他们觉得，社会革命是唯一的出路。

当时帕斯的文章和公开声明确实流露出了命令性和不耐烦的语气。因为他害怕拉丁美洲国家——特别是墨西哥——走上暴力的下坡路，这有可能导致残暴的军事独裁或者极权统治。第一种可能性已经在智利、乌拉圭和阿根廷相继发生了。而第二种情况，至少在游击战运动方面，已经在哥伦比亚、委内瑞拉的部分地区和一些中美洲国家发生。这两个结果在墨西哥都不是不可能的。如果 20 世纪 30 年代在两个极端之间找不到民主空间的话，那么 70 年代或许值得一试。于是帕斯找到了自己的使命：改写 30 年代的剧本。

帕斯年轻的批评者们所想的正好相反：他们想要重温老剧本。他们是谁呢？他们主要是大学生，在埃切维里亚统治时期，这样的群体成倍增多，而且越来越激进。1977 年的墨西哥国立自治大学已经不再是 1968 年的样子。总统埃切维里亚有意洗刷自己在 1968 年大屠杀中的重大过失，因此他发布了一些优惠政策来吸引教师和学生群体，因为在他看来，他们并没有那么大的革命潜力。拨付给墨西哥国立自治大学的补贴增长了 1688%（当时的通货膨胀率，特别是 1971 年以后的通货膨胀率，达到了 235%）。在经历了 1968 年和 1971 年的双重打击之后，一批急躁的学生做出了极端选择：他们仿效切·格瓦拉，在格雷罗山区参加游击队，或者参与城市恐怖主义活动。政府对他们施以猛烈的镇压，即所谓的"肮脏战争"（guerra sucia）。另一批人加入了多个支持工人罢工的组织，奔赴工厂或者与正在和军国主义做斗争的危地马拉游击队建立了联系。大多数人最终加入了学术机构，进入了国立自治大学、墨西哥大都会自治大学（Universidad Autónoma Metropolitana）、墨西哥科学和人文学院（Colegio de Ciencias y Humanidades）、墨西哥中等教育学院（Colegio de Bachilleres）等高等教育机构，所有这些机构都是在 20 世纪 70 年代成立的。

高等教育机构，特别是墨西哥国立自治大学，在经济、社会和人员组成方面不断扩大规模，使得墨西哥共产党（Partido Comunista Mexicano）在校园中的影响力不断提高，不仅对教师和学生，而且对强大的大学工会的影响力也有所增强。和其他政党和左派群体一样，墨西哥共产党在数十年来属于边缘组织，并在一定程度上扎根于铁路、教育等公共部门的工会。但在 20 世纪 70 年代，他们发现大学是自身发展的理想场所。

此时，马克思主义正在退出西方，而在墨西哥首都和各州的大学课堂上，马克思主义却正在兴起。墨西哥传统的马克思主义者是比森特·隆巴尔多·托莱达诺等工会领导人，里维拉、卡洛、西凯罗斯等雕塑艺术家，维克托·曼努埃尔·比利亚塞尼奥尔（Víctor Manuel Villaseñor）、里卡多·塞瓦达（Ricardo J. Zevada）等众多古怪的百万富翁和浪漫主义革命者（反抗者）。学术群体和知识分子群体是新生力量，他们的兴起可以追溯到 20 世纪 60 年代，主要归功于萨特作品的影响力和古巴革命的巨大声望。许多墨西哥高校教师都曾在巴黎的学校里接受政治学教育，多次前往古巴并经常撰写声援古巴革命的文章。《大学杂志》和《墨西哥文化》等《多元》之前的文化杂志和文化增刊一直都是古巴革命的支持者，即使在赫伯托·帕迪利亚"认罪"之后，它们也依然支持古巴革命。在古巴革命取得的教育和社会成就以及挑战帝国的勇敢行为面前，对于古巴的任何批评都显得苍白无力。

马克思主义的兴起也反映在课程设置中。甚至连建筑和理科等"非政治"的学院或学校也开始大量开设马克思主义课程。经济学和政治学的课程以马克思主义为主。哲学系略显抗拒，少数分析哲学家希望坚守阵地，但马克思主义依然吸引了许多追随者。像墨西哥大都会自治大学这样新成立的大学甚至在平面设计专业都开设了马克思主义课程。该专业的一位优秀学生写了一篇关于阿尔都塞的论文，他的名字叫拉斐尔·塞瓦斯蒂安·纪廉·比森特（Rafael Sebastián Guillén Vicente）。和许多年轻人一样，他后来去了古巴和尼加拉瓜接受游击战的训练。1983 年，他进入了恰帕斯丛林，并在多年后成为传奇的"副司令马科斯"（Subcomandante Marcos）。

这些课程需要一家出版社出版马克思主义的相关作品。它就是 21 世纪出版社（Editorial Siglo XXI）。出版社的负责人是阿纳尔多·奥尔菲拉·雷纳尔，他早年曾是阿根廷的爱丽儿主义者，1948—1965 年间曾领导墨西哥经济文化基金会，自 1965 年开始与古巴的美洲之家建立了密切联系，并提议系统出版马克思主义经典文集。这家出版社出版了切·格瓦拉的全部作品，售出了几十万册玛尔塔·阿内克尔（Marta Harnecker）的作品，为普兰查斯（Nicos Poulantzas）、阿尔都塞等法国新马克思主义者吸引了数万读者。促进这样的激进化进程的另一个因素是来自南锥体的移民。一些来自智利、阿根廷和乌拉圭的受人爱戴的教授和知识分子受到政府的种族灭绝迫害，激愤于美国干预智利政变的行为，于是加入了墨西哥的大学。他们是墨西哥的新"跨境者"，鼓励激进思想。最后，天主教会的新态度也起到了举足轻重的作用。在第二次梵蒂冈大公会议之后，教会思潮开始左转。许多在耶稣会读中学的年轻人热切地看到，他们的教会不再坚持传统的精英教育，转而集中精力关注和照顾墨西哥的穷人。

1977 年以来，石油业的爆发式发展促进了大学的繁荣，大学开始成为高薪工作的提供者。这种企业和学术机构的大规模合作稀释了大学中的暴力革命氛围，但是并没有削弱教室、咖啡馆、出版物、艺术以及集会歌曲中的"反抗精神"。1978 年，扎伊德统计发现，政治和意识形态正在随着收入的增加而日趋激进化。这是为什么？扎伊德本人在《多元》杂志中曾初步给出答案。墨西哥的大学师生们生活在"社会主义"的幻象之中。他们批评资产阶级不明白"经济基础决定上层建筑"，但是事情到了他们自己身上时，他们同样对学术工作的物质基础在世界观中的反映模式一无所知，这种工作远离财富生产活动，完全依赖国家，而他们认为这种特殊的物质基础是可以普遍推广的。这种状况使他们对政府期待过高，认为未来的革命政府会让所有的墨西哥人……都成为大学生。

面对这样的世界，奥克塔维奥·帕斯成了伟大的异教徒。这种处境深深地冒犯了他，也使他处于兴奋和警戒的状态。自从回到墨西哥后，他就一直生活在剑拔弩张的环境中。

* * *

1977 年 9 月，在一次亲近墨共的大学工会组织罢工令国立自治大学瘫痪时，帕斯指责墨西哥共产党只是一个"高校政党"，呼吁该党停止"挑衅性行为"，进入公共广场开启竞争，就像其西班牙、法国、葡萄牙和距离更近的委内瑞拉同志——特奥多罗·佩特科夫（Teodoro Petkoff）的争取社会主义运动（Movimiento Al Socialismo）一样。但是他对于左派最常重复的指责是"智识上的不育"。在这部分,应当承担责任的是被他称为"乌里玛和法基赫"(伊斯兰教的教条者与法学家）的群体：知识分子。

他撰写了大量文章来阐述这一问题。他为其"奇怪的意识形态"感到遗憾，"现实是为了观念服务，观念是为了历史服务"。所有与这个观念相符的都受到欢迎。所有与这个观念相左的都会被抵制。左派实行了明显的双重标准：对巴西、阿根廷和智利的独裁罪行理所当然地感到愤怒和痛心，而对于在捷克斯洛伐克、保加利亚、古巴或阿尔巴尼亚发生的事情却令人费解地保持沉默。如果像胡安·戈伊蒂索洛、豪尔赫·森普伦或费尔南多·萨瓦特尔（Fernando Savater）这样无可挑剔的左派知识分子敢于放弃或收回他们旧日的信仰，为什么正统派在墨西哥依旧不容置喙？"派系作家的沉默和服从，"他评判道，"是拉丁美洲左派思想僵化和道德麻木的原因之一。"

在 1977 年年底，左派知识分子中最杰出的代表之一（理所当然地）感觉遭到了影射，发表了一篇反对帕斯的文章。这个人就是作家卡洛斯·蒙西瓦伊斯，是一个极擅讽刺、文化底蕴深厚的人，在学生间声望卓著。在形式上，他批评帕斯趋于"笼统空泛""武断教条"。在内容上，他争辩道：帕斯对革命制度党、右派和帝国主义都很温和，而对左派的工会和群众运动不屑一顾；帕斯对墨西哥宗教传统主义做出了可疑的赞美；帕斯企图用"发达和不发达墨西哥之间的斗争"来替代"阶级斗争"的概念；帕斯要求作家群体与意识形态做出不可容忍的切割；帕斯沉迷于对国家的批评；帕斯拒绝承认"建立中华人民共和国的史诗般的努力，建立了越南人民声望的英雄主义，以及古巴革命在拉丁美洲已经累积的和正在累积的影响总和。对社会主义扭曲的批评应该伴以对不可忽视的成绩的激烈捍卫"。

帕斯的回答是激烈的："蒙西瓦伊斯不是一个有思想的人，只是在卖弄口舌。""在他的散文里，"他补充道，"有这三种不祥的东西：混乱、过多、冗长。*"在蒙西瓦伊斯的方法中，帕斯发现了一种消解的修辞：扭曲论据；忽略掉没有说服力的部分；含沙射影、大惊小怪；一切都是为了更好地给反对者扣上"代表右派的"或"属于右派的"帽子；对于具体事实的分析，让位于抽象意识形态站队的争论。帕斯对受到的批评做出了针锋相对的回应：他指出了政党，尤其是左派政党的弱点，不是一种幸灾乐祸，而是一种责之切的批评，希望墨西哥左派可以向他们的西班牙或委内瑞拉同志看齐。记录墨西哥人民对于瓜达卢佩圣母的忠诚，并不意味着他自己是一个传统主义者。关于衰落的墨西哥和发达国家的思考（是包括马克思主义者在内的当今社会学家普遍使用的方式）并不意味着否定阶级斗争。如同纪德和奥威尔，作家们并没有要求过一种意识形态上的决裂，而是一种倾听自己良心声音的责任感。不得不要遗憾地提醒

---

* 此处帕斯使用的三个词混乱（confuso）、过多（profuso）、冗长（difuso）都含有"令人反感的东西"（fu），为双关语。

蒙西瓦伊斯,《多元》和《回归》曾经对于德不配位的私人官僚机构、公会和其他政治、经济垄断所做出的批评。为什么要忽视这些批评呢？因为目的是让诗人名誉扫地。在最后,帕斯感谢了蒙西瓦伊斯提及那些"所谓的社会主义国家"时的坦率：

> 在同一段文字中，您指责我是威权主义者，也竟然将"承认他们的伟大成就"作为我批评官僚社会主义的前提条件。您是否曾经追问过，这些"伟大的成就"属于人类解放的历史还是属于人类压迫的历史？从莫斯科大审判*开始,乃至更早之前,大量心怀良知的人想要知道，这样一个旨在改变人类社会、解放全人类的伟大事业，究竟是为什么、如何戛然而止的。对统治的新形势——无论是在资本主义国家，抑或是在"社会主义"国家和不发达国家——的分析和谴责是当代思想最急迫的任务，而不是对极权主义帝国"伟大成就"的辩护。

这场交锋又进行了一个回合。帕斯对墨西哥左派提出了他的愿望："必须寻回它的合法遗产。"这份合法遗产源自 18 世纪,叫作"批评"，开始于自我批评的行为。这些就是帕斯的立场。能够将这些立场当作"右派立场"吗？

那时和之后的修正主义和社会民主思想主流都会说"当然不能"，但许多左派大学生和他们的知识分子发言人则坚持要让它看起来像是这样。历史学家和散文家阿吉拉尔·卡明发表了一篇题为

---

*　在 20 世纪 30 年代大清洗时期，苏联进行了三次著名的审判，史称"莫斯科大审判"：1936 年 8 月审判"托洛茨基—季诺维也夫联合总部"，季诺维也夫、加米涅夫等十六人被判死刑；1937 年 1 月审判"托洛茨基反苏平行总部"，拉狄克、皮达可夫等十七名被告中的十三人被判死刑；1938 年 2 月审判布哈林、李可夫为首的"托洛茨基和右派集团"，所有被告全部被处死。

《奥克塔维奥·帕斯的启示录》（El apocalipsis de Octavio Paz）的文章，他只是简单地重复了帕斯的几个论点，就好像是将它们逐一驳斥了一样。在文章中，阿吉拉尔·卡明认为帕斯的问题是"糟糕的衰老"：

> 他在二三十岁时曾是一位像亚当一般具有开创性的诗人，到了七十岁却成了对自己过去毁灭性的阐释者；由一个健康的民族主义者、《孤独的迷宫》的建造者，变成了一个游吟诗人，只会唱诵社会意义上的空洞神话与《拾遗》中循环的图景；由过去十年间毋庸置疑、惊才绝艳的思想者，由一代人的榜样和符号，变成了近世的耶利米。帕斯已经远远不如旧日的自己，如今在政治上已经站在了昔日奥克塔维奥·帕斯的右边。

随着时日的推移，蒙西瓦伊斯逐渐靠近了帕斯的立场。阿吉拉尔·卡明在这条路上甚至走得更远。

总之，这些攻击都是在个人间，以文字的方式进行。一个被称为"现实以下主义者"的写作者团体在公开活动中对帕斯进行了抵制。他们是一群年轻的反偶像崇拜者，真正地热爱诗歌。他们中的一些人出身寒微，敬重的诗人是埃弗拉因·韦尔塔（这种敬重有着充分的理由）。韦尔塔是帕斯的老朋友，持左派立场，尽管意识形态不同，但是他从未与帕斯交恶。一次，帕斯与同样是杰出诗人的戴维·韦尔塔共同朗诵诗歌。在朗诵时，帕斯数次提起了单词"光"，一位年轻的现实以下主义者讽刺地重复道，"许多的光，多么多的光，太多的光。"他喝醉了。"来这边，告诉我，"帕斯对他说，"您用什么来反对我呢？""太多事了。"帕斯告诉他，他们可以在外面讨论这件事。"挑衅者"离开了房间。"酗酒，"诗人评判道，"不是犯蠢的理由。"在现实以下主义者群体中较为突出的是智利作家罗贝托·波拉尼奥（Roberto Bolaño），他在《荒野侦探》（*Los detectives salvajes*）中为帕斯绘制了一幅自我崇拜的画像。

* * *

　　但反对帕斯和《回归》的并非只有文人。1978 年 8 月 29 日，墨西哥人的代际冲突波及了《回归》的撰稿人圈子，但这次不再限于语言暴力，而是实际的暴力行为。其中一位长期撰稿人、年轻哲学家乌戈·马加因·查尔斯（在《回归》成立时举办的捐助活动中赢得了塔马约的画作）被一个游击小队绑架，再出现的时候已经因失血过多而死，膝盖中了一颗子弹。没有人声称对此负责，罪犯也没有出现。几天后，杂志编辑部收到一封匿名信，署名为"J. D. A. 武器之诗"，信中威胁道："你还会再次听到我们的消息。"信的标题是《有关乌戈·马加因·查尔斯之死的信》（Epístola en la muerte de Hugo Margáin Charles）。它谴责《回归》杂志对马加因之死的公开声明：在拉丁美洲和墨西哥，每天都有农民"在玉米田中或在回家路上死于枪弹"，有工人"在下水道里被分尸，身上带着二十处刀伤"。接下来文章为那起谋杀辩解：为了消灭这场狂犬病，马加因是那只必须要被杀死的狗。

　　奥克塔维奥·帕斯觉得属于他的最后时刻已经到了，他勇敢地面对死亡的威胁，写了一首诗回应这位匿名者，几乎是在呼唤舍生取义。杂志的编委会，尤其是加布里埃尔·扎伊德阻止了他。这首诗没有刊登，但是当年 11 月刊发了一篇题为《狼的动机》（Los motivos del lobo）的社论，它引用了匿名信中的大量内容，并指出：

　　　　除了发出威胁和怯懦地躲在阴影里朝尸体吐口水之外，这封信充满循环论证的逻辑，散发着恋尸癖的味道，很是可悲。

它宣扬谋杀无辜者，因为如果"是资本主义而不是狗造成了狂犬病的脓疮（狗只是狂犬病的传播者）"，"杀光狗群，时间长了就能让狂犬病无处遁形"。这匹狼关心起了羊群的纯洁，为了终结死亡而杀人："谴责死亡自然就包含终结死亡的意涵，即使这种终结须靠死亡本身完成。"杀人不应该遭到谴责，凶手的动机应当被理解："耶和华谴责该隐的行为"却"从未考察过该隐行为背后的动机"；他的动机自然就是终结狂犬病。

《回归》杂志编委会明确指出：并不是所有的死亡都有同样的意义，镇压行为和恐怖主义选择他们的受害者是有某种理由的，"随随便便杀死一个人"并不能像费德里科·加西亚·洛尔卡、切·格瓦拉或者曼德尔施塔姆的死亡那样引起（民众的）震惊；此外，如果要通过杀一个有价值的人来让他的朋友们感到痛心，那就太可怕了。《回归》并没有指控任何人，因为没有指向某个人的证据。但是它谴责这场谋杀，无论谁是始作俑者，是恐怖分子还是当局，是左派还是右派，无论它是愚蠢的冒险还是精心的算计：

> 我们反感涅恰耶夫（Sergey Nechaev）式的民粹主义……也反感某些不拿武器却骑墙为杀人辩护的知识分子，某些哲学家、教授、作家、神学家。最后，不论这些毁灭天使，不论索摩查（Somoza）、皮诺切特或是红色旅（las Brigadas Rojas）的动机如何，首先他们的杀人行为都应当受到谴责。

* * *

墨西哥的游击队最终并不是被军队打败的，而是被1978年的一场政治改革所制服的。这场改革由杰出的自由主义政治家赫苏斯·雷耶斯·埃罗莱斯（Jesús Reyes Heroles）策划实施，他曾经在何塞·洛佩斯·波蒂略（José López Portillo）政府（1976—1982年）执政的前几年担任内政部部长。在这场改革中，他向共产党员和其他左翼组织的成员开放了议会，从此他们可以公开参与墨西哥的政治生活。从那时起，墨西哥的左翼开始转向。而左翼真正的团结要到1988年才能实现。当年，一群革命制度党的异见分子——由夸特莫克·卡德纳斯（Cuauhtémoc Cárdenas）领导，他是传奇总统拉萨罗·卡德纳斯的儿子——脱离了老卡德纳斯参与创立并因之出任总统的政党，次年，这些人实现了一件拉萨罗曾经可以实现但是未敢实现的事情：成立一个统一左派的政党。这一政党高举墨西哥革命的旗帜，但是和共产主义没有关系。

尽管这项政治改革符合帕斯自《拾遗》以来关于左派和政府的民主设想，但是意识形态的战争并没有平息。1979年，《回归》对桑迪诺主义表示欢迎，并且一直在发表关于阿根廷、智利和乌拉圭的种族灭绝式独裁的评论和分析文章。事实上，从1980年起，该杂志在智利、阿根廷和乌拉圭便遭到了封禁。而帕斯和他的杂志一直在遭到抨击。70年代后期（在马加因被暗杀之后），帕斯倍感困扰和孤立。帕斯回应了对他的批评，提升了在媒体界的存在感。他不仅负责《回归》的出版工作，还开始在他的两个朋友何塞·德·拉·科利纳和爱德华多·利萨尔德（Eduardo Lizalde）负责的《宇宙报》上发力，为该报主持编辑一本每周文学增刊：《文字和意象》（*La Letra y la Imagen*）。不久，他开始在哈科沃·萨布洛多夫斯基（Jacobo Zabludovsky）主持的墨西哥主流晚间电视新闻《24小时》（*24 Horas*）中出现，发表国际评论。他决定不让任何人"无视"他。而这一决定为他招来了新一轮的攻击。随着时间的推移，几乎所有抹黑他的人都出现了在电视上。

十八

　　他花了好几年的时间写了一本关于索尔·胡安娜·伊内斯·德拉克鲁兹的书。这本书标志着他已明确回到对天主教秩序的研究中，正如他在《孤独的迷宫》解释的那样，天主教在西班牙征服墨西哥之后安抚了印第安孤儿，使他们获得一种庇护感和归属感。但是 20世纪 70 年代的帕斯已经不是创作《孤独的迷宫》时的那个帕斯。对 20 世纪社会主义秩序的批评使帕斯得出了一个令人不安的结论：19 世纪和 20 世纪天主教秩序的存在在一定程度上阻碍了现代化的发展，但是这一点并未得到充分的考虑。在《孤独的迷宫》中，他确实曾经提及过这方面：僵化的经院哲学。"殖民地的天主教义显得相对贫瘠，"他写道，"'墨西哥的伟大'是一个岿然不动的太阳的伟大，这是一个早熟的如日中天的时刻，没有任何东西需要征服了，除了分崩离析。"* 哪里才是健康的？他立即就做出了回答：在室外的广阔天地中……"那些最优秀的人"毫不犹豫地脱离了教堂的母体，呼吸"新鲜的思想空气"。帕斯对于殖民世纪的观点曾经有着一种无可逃避的二重性，它是真实的、历史的。但是如今他必须面对这种二重性，他所书写的传记女主人公无疑是"最好的"，但是他在生命的尽头却又说她是"最坏的"：索尔·胡安娜。

　　从 40 年代起，帕斯就已经开始接近这个灵魂伴侣。他们是两条平行的、相向的道路；帕斯与索尔·胡安娜，两个孤独的人。他们隔着三个世纪，都曾经历过一场追寻。他从小生活在战乱的世界，但又是一个自由的国度，他追求秩序、和解：那是她的世界。她生活在封闭且安静的秩序当中，一直在寻找开放和自由：那是他的世

---

* 译文引自《帕斯选集》（上），奥克塔维奥·帕斯，赵振江等编译，作家出版社，2006，73—74 页。

界。帕斯在《孤独的迷宫》中写道:"这个由肯定和否定组成的世界无视怀疑与实验的价值,因此修女胡安娜孤寂的身影益发显得孤独。而她自己——还有谁呢?——也无法创造一个能让自己独自生活在其中的理念世界。她(这一代人)的放弃——这和宗教上的皈依没有任何关系——以沉寂而告终。他们没有臣服于上帝,但是却否定了自己。"*

这是自我否定还是自我肯定?在《修女胡安娜或曰信仰的陷阱》(Sor Juana Inés de la Cruz o las trampas de la fe,1982 年)中,帕斯认为这种存在的裂痕反映了 20 世纪对于意识形态的不宽容。他无法接受一些天主教评论家告诉他的,索尔·胡安娜否认这种生活是为了证实另外一种生活,真正的生活。帕斯坚决拒绝接受这一点。他相信天主教和马克思主义这两种正统派观念间是有交集的。双方都感觉自己"占有真理"。帕斯改变了对于索尔·胡安娜的忏悔的思考,他追问道:为什么她顺从了忏悔牧师的命令,卖掉了自己的图书馆?如果知识分子的求知欲从小就是她的食粮,为什么她还要在信仰的祭坛上牺牲掉这些?如果她已经达到了那个时代文学、哲学和思想的最高水平,为什么还要将自己的自由精神在短短的时间内献祭出来?他想,索尔·胡安娜应当和他面对来自莫斯科的指控时一样,感到了无端的负疚。因此,她屈服了。但是他与她不同,不会放弃他的自由,也不会在两种正统观念面前放弃见证真理。在天主教的守护者面前,他写了一本书,要求恢复修女作为自由殉道者的身份。面对新的左翼神职人员,他将继续指出他的罪行。在他看来,信仰是不应该存在陷阱的。

---

* 译文引自《帕斯选集》(下),奥克塔维奥·帕斯,赵振江等编译,作家出版社,2006,77—81 页。

* * *

　　自由与天主教正统无法兼容，但与基督精神也无法兼容吗？伊万·卡拉马佐夫（Iván Karamazov）——他枕边书的核心主角——相信确实如此。而"宗教大法官"（El gran inquisidor）*的作者陀思妥耶夫斯基不这么认为：基督本人因为要求自由而被宗教法庭囚禁。1979 年，帕斯写了一篇短小精悍的文章，写的是墨西哥最陀思妥耶夫斯基式的人物：他的朋友何塞·雷韦尔塔斯。

　　在雷韦尔塔斯获释前，帕斯曾于 1971 年 5 月前往莱昆贝里监狱探望他。"上个星期天，奥克塔维奥·帕斯来看我。"雷韦尔塔斯在给他的朋友爱德华多·利萨尔德的信中提及了此事，他和爱德华多·利萨尔德是亲密的战友，两人曾被共产党和其他共产主义组织排挤。"了不起的奥克塔维奥，一如既往的优秀、纯粹、正直……我们的话题当然离不开赫伯托·帕迪利亚。"帕斯非常钦佩雷韦尔塔斯，他可能也用过同样的词汇来描述这位朋友。关于谈话的主题，他们有分歧，这并不奇怪。不久之后，在监狱之外，他们曾一起探索成立政党的可能性。6 月 10 日大屠杀那天他们在一起。雷韦尔塔斯在他耳边低声说："我们所有人一起去查尔马的基督（Cristo de Chalma）面前跳舞吧。"据帕斯说，这种源于民间宗教信仰的念头是一种"变相的忏悔"：雷韦尔塔斯，这位虔诚的无神论者，是一位基督教马克思主义者。

　　帕斯笔下的雷韦尔塔斯是一个对最初信仰感到失望的人，但他终究还是一个基督徒，因为父母、童年还有整个墨西哥民族的天主教影响。他放弃了最开始的信仰，转而投向马克思主义，怀着基督

---

*　伊万·卡拉马佐夫是陀思妥耶夫斯基作品《卡拉马佐夫兄弟》核心人物，"宗教大法官"为小说第五卷的一个章节。

受难般的革命激情。在这条道路上他经历了各种各样的痛苦（如牢狱之灾），他经常与信奉正统观念的人发生冲突。他不服从党的教条、准则和纪律，并对之表示怀疑。但是"有一点不同于雷韦尔塔斯的怀疑与批评：语气、宗教激情……雷韦尔塔斯反复提出的问题没有意义，无法解释清楚，只能从宗教的角度来看待。不是从任意宗教的角度，而是从基督教的角度"。他作为一个原始基督徒，面对着世界的邪恶（资本主义、贫困、压迫、不公正），有时候还会直面教会的力量。

雷韦尔塔斯深信一条真理：历史是一个考验之所，证明灵魂在这个世界上的输赢。这是基督教还是马克思的真理？应该说既是基督教的，也是马克思主义的。帕斯认为，马克思主义者雷韦尔塔斯继承了基督教的遗产："人类历史的重担。"但是与基督教不同，马克思主义者认为救赎并不在彼世，而是在此世，在历史之中。为了理解这种无神论的"并非天国的天国"，帕斯将雷韦尔塔斯与犹太马克思主义哲学家恩斯特·布洛赫（Ernst Bloch，帕斯误以为他信仰基督教）联系了起来。在这两个人身上，宗教神性的体验消失了，但是它仍在"通过革命行动暗中运作"。在这两人身上，"不是上帝被人格化，而是人被神格化"。

雷韦尔塔斯凭借自己的直觉和激情，回到了自己最古老的存在，寻求宗教方面的答案，将千禧年主义的思想与革命运动的希望结合在一起。他的宗教气质将他引向了共产主义，他认为共产主义是通往牺牲和大同的道路；这种气质与对真理和善的热爱密不可分，使他终身坚持对官僚社会主义和马克思主义的教权主义（Marxist Clericalism）的批判。

帕斯总结道，在天主教会内部，雷韦尔塔斯"也会像在正统共

产主义中那样成为异端……他的马克思主义不是一种系统思想，而
是一种激情，不是一种信仰，而是一种怀疑，用布洛赫的话来说，
是一种希望"。

帕斯对雷韦尔塔斯的描绘就像是一幅间接的自画像。他们二人
有着迥异的人生。虽然帕斯在内心和外界承受的痛苦无法与雷韦尔
塔斯的肉体承受的痛苦相比，但帕斯还忍受着信仰的折磨。他们都
生于 1914 年，都有诗人的情怀和浪漫气质，有同样的世俗信仰，
同样违背了各自的信条，但是都依然相信"希望"的可能性。雷韦
尔塔斯始终心怀基督教的博爱精神，不崇尚暴力，不是游击队员或
武装僧侣，而是一位马克思主义的方济各会员。而帕斯直到 20 世
纪 70 年代仍认为马克思主义让自己受益良多。雷韦尔塔斯已经去
世了（像帕斯的父亲一样，"绑在酒精的拉肢刑具上"），现在轮到
帕斯踏上异端之路。因为，就像他喜欢的一些苏联作家一样，他持
有的不是政治异见，而是异端思想，它起源于 20 世纪 30 年代以及
此后多年人们或有意或无意的沉默和盲目。在宗教意义上，尤其是
在基督教意义上，这种异端思想是罪恶和忏悔的产物。

＊ ＊ ＊

帕斯很少谈到上帝。在宗教方面，比起虔诚的母亲何塞菲娜，
他更接近于自己雅各宾派的祖父。在三个一神论宗教中，他看到了
不宽容的遗产，这遗产与他的多元态度不能相容。他喜欢说起一位
狂热的穆斯林的逸事，后者曾经在喜马拉雅地区与帕斯和玛丽·何
塞"倾谈"，几近手舞足蹈：

"摩西，已朽；耶稣，已朽；只有穆罕默德生存！"帕斯认为
最近世的先知也"已朽"，唯一超脱的是勘破生死奥义的佛教。奥

克塔维奥——终究是拉丁语的名字*——追寻着苏格拉底的而不是所罗门的智慧；重读着卢克莱修，而不是圣经；不仰慕君士坦丁大帝，而是"叛教者"尤利安（Juliano el Apóstata），异教万神殿的修复者，乃至为他献诗。由于在艺术、思想和科学上的普遍好奇心，他成了文艺复兴时期的人；由于确认无视宗教的自由精神，他成了一位18世纪的哲学家；由于他创造性的勇气、政治性与诗意的激情，他成了一位19世纪和20世纪的浪漫革命者。

然而，他写了一本关于一个宗教的集萃。一位多米尼加人，胡里安神父常常请他去讨论一些神学问题，另一位列席者则是更为激进的异教徒路易斯·布努埃尔。他希望《回归》重拾关于圣十字若望的非凡辩论，《哲学与神秘主义》，曾经刊登于《工坊》，除了他自己、巴斯孔塞洛斯、西班牙神父、哲学家何塞·马里亚·加列戈斯·罗卡富利（José María Gallegos Rocafull）和何塞·高斯都参与了这次论辩。在1979年帕斯撰写了有关雷韦尔塔斯生平的文章，将他描述为仿效基督的无神论者。1980年，他的母亲去世。加布里埃尔·扎伊德安排了一场祭九礼†，让他非常感动。

十九

马克思主义已经成为一种意识形态，马克思创造了这个词并赋予它功能："如果对西方和拉丁美洲的许多知识分子而言，马克思主义意识形态发挥了双重的宗教作用，既'表达'了我们世界的苦难，又'对抗'了这种苦难。那么，要如何为这些知识分子解毒呢？"马克思本人曾指出："通过哲学良心的检验。"这场主要体现在中美

---

* 奥克塔维奥的拉丁文词源为"Octavius"，为古罗马父母常用的个人名。

† 一种基督教传统祷告活动，又称九日敬礼。由公开或私人祷告者参加，连续举办九天。在拉美部分地区，这种活动也是守灵仪式的组成部分。——编注

洲游击运动中的马克思主义意识形态检验将在 20 世纪 80 年代的《回归》中进行。但这项工作是由加布里埃尔·扎伊德而非帕斯来完成的。

扎伊德在《回归》中的两篇文章在国内外引起了巨大的反响，这两篇文章分别是《敌对的同路人：萨尔瓦多悲剧的解读》（ Colegas enemigos. Una lectura de la tragedia salvadoreña，1981 年 7 月刊 ）和《尼加拉瓜：选举之谜》（ Nicaragua：el enigma de las elecciones，1985 年 2 月刊 ）。它们及时解读了革命集团内部物质利益和权力的纷争。扎伊德认为这些冲突是大学生引起的，属于大学生之间发生的内战，但却以民众的苦难为代价。解决两地事件的方法都是民主：在萨尔瓦多，孤立"死亡中队"*和死亡游击队，举行干净的选举；在尼加拉瓜，举行桑迪诺主义者执政下的全民投票。

有超过六十多份国际杂志和报纸转载或评论了这两篇文章，包括《异见》（ Dissent ）、《时代》（ Time ）、《精神》（ Esprit ）、《新共和》（ The New Republic ）、《新闻午报》（ Jornal da Tarde ）、《30 日》（ 30 Giorni ）等等。默里·肯普顿（ Murray Kempton ）在《纽约书评》上盛赞了他的文章。但是在墨西哥，有不少于二十位反对者在各种出版物，尤其是在《联结》（ Nexos ）杂志中谴责扎伊德：说他的文章是"缴枪投降"，"胆大包天"，"莫名其妙"，蔑视了"人民意识在革命道路上的变化"，开辟了"支持白宫的阵线"。还有人指责扎伊德怂恿人民相信"古巴正在操纵萨尔瓦多境内的暴力行为"，"在每一点上都与美国国务院的步调保持一致"，提出把暴力分子赶出去，"以便其他人能够参加选举，结束他们的悲剧"这种"粗俗荒谬"的解决办法。

---

* 萨尔瓦多内战期间的极右翼准军事团体，由军人和便衣警察组成，负责打击政治反对派。

帕斯出来为扎伊德辩护，指出在法国、墨西哥和俄国革命等几乎所有革命之中，少数暴力群体的意志都会压倒多数群体的意志，暴力群体内部自己也常发生对抗。萨尔瓦多就发生过类似的情况："人民在掌权之前，对右翼极端分子和左翼极端分子表现出同样的厌恶。数年来，人民夹在两股残暴的武装少数群体之间。"批评扎伊德的人挥舞起意识形态的大棒。他们认为，扎伊德未能看到"组织的复杂性，也未能从整体上看待社会现象"。对于帕斯而言，这种说法"啰唆空洞、自命不凡"。具有"历史意义"的理论和意识形态主张不应被用来逃避事实："扎伊德的批评并不排斥群众，是精英、革命分子或反动分子强行将群众排除在武装之外，却又声称代表他们行事。"

1984 年 10 月，帕斯在法兰克福获得德国书业和平奖时，在一段讲话中提了尼加拉瓜。他含蓄地谈起扎伊德的文章，简述了索摩查"在华盛顿阴影下出生和成长"的"世袭独裁"的故事。他解释了导致桑迪诺主义起义和当局垮台的一系列因素。他还补充说："在取得胜利后不久，古巴的故事再次上演了：革命成果被革命领导者中的一位精英分子窃取。"

他们几乎所有人都来自本地寡头集团，大多数已经从天主教转向了马克思列宁主义，或将这两种理论进行了奇怪的混合。从一开始，从古巴寻求启发的桑迪诺主义领袖们已从苏联和它的盟国得到了军事和技术援助。桑迪诺主义政权的行为，展示出其仿效哈瓦那范本在尼加拉瓜建立官僚—军事独裁的意愿。如此，革命运动的初心已经遭到了歪曲。

帕斯提到了各式各样的反桑迪诺主义团体，例如中美洲土著民族米斯基托人，并警告说，美国的技术和军事援助正在受到美国参议院和公众舆论越来越多的批评。无论如何，他认为萨尔瓦多最近在枪林弹雨中举行的选举表明了人民的和平与民主意愿，树立了值得效仿的榜样。

在墨西哥，帕斯的演讲引发了前所未有的暴力事件。一群人举着罗纳德·里根（Ronald Reagan）和奥克塔维奥·帕斯的肖像在位于改革大道的美国大使馆门前游行示威，这里距帕斯家只有几步之遥。一些人大喊，"贪婪的里根，你的朋友是奥克塔维奥·帕斯"，并点燃了诗人的肖像。第二天，著名漫画家阿贝尔·克萨达（Abel Quezada）创作了一幅名为"信仰的陷阱"的漫画，画面上的帕斯吊在绳子上，被熊熊烈火灼烧，如同宗教裁判所的火刑，同时还在重申演讲中的话："民主的溃败意味着无论谁获胜，不公和身心痛苦都将永远存在。"克萨达对此指出："共产主义者烧毁了奥克塔维奥·帕斯的画像，猛烈批评他的发言……如果最优秀的墨西哥作家站在他们的对立面会遭到如此对待，那么一旦他们上台，他们就不会让任何人说话了。"

对帕斯不着痕迹的长期迫害行为在此次事件中达到了顶点。何塞·德·拉·科利纳是少数几位为帕斯辩护的作家之一，他指出，焚烧画像是"左翼教会"庆祝奥威尔年的独特方式，并强调这一事件很像《1984》中老大哥审判"人民的敌人"戈尔茨坦（Goldstein）。此时，帕斯给他在加泰罗尼亚的编辑佩雷·希姆佩雷尔（Pere Gimferrer）写了一封信：

> 我的第一反应是发出了难以置信的笑声：一次相当温和的讲话怎么会引发如此严重的暴力？很快，我又感到了一种忧郁的满足感：他们之所以这样攻击我，是因为我戳到了他们的痛处。但我承认我也很痛苦。我感到（我仍有感觉，只是不再受影响）自己遭遇了不公和误解。首先，正如扎伊德和他的朋友们（也

包括头脑敏锐的玛丽·何塞）认为的那样，这是由某个团体组织和领导的行动，目的就是为了恐吓我，恐吓所有像我一样想要并敢于发声的人。这种政治讹诈找到了容易操控的工具，利用了许多知识分子狂热的意识形态，并得到了一些政客、许多记者和二流作家的阴谋串通。最后，还有一个遍布全国的助燃剂：嫉妒和怨恨。在我们这个时代，这样的情绪支配着整个知识阶层，在我们的国家尤为如此。在墨西哥，这是一种慢性疾病，其影响是非常可怕的。我们认为它主要是因为文人缺乏产出。这是一场悄无声息的霍乱，只在人们偶尔一瞥时才会显现——一种隐秘的、黄色的、金属色泽的光线……在我的印象中，很少能见到不满情绪与狂热意识形态以如此险恶的方式结合在一起。

* * *

1979年，帕斯将自己反对教条和谎言、批判天主教和马克思主义的文章进行了编纂，出版了《仁慈的妖魔》。这本书的名字显现出了帕斯二重性的另外一面，涉及1945—1968年他服务的政治系统。他在这本书中的评论要比《拾遗》更为温和。他在书中回忆了1968年那起不可饶恕的事件。但是他得出了一个相对温和的结论：鉴于左翼力量没有能力形成一个具有现实性和负责任的现代政党，鉴于国家行动党面临的危机（他认为这个右翼政党正在解体），革命制度党已经成功施行了渐进的墨西哥民主政治改革。虽然帕斯既与右派不和，又和左派争执，但他对现行政治的态度却相当乐观。他相信墨西哥会向民主和自由过渡，两个世纪以来，民主和自由的结合"是西方现代社会的伟大成就"。于是，帕斯认为，这个制度本身正在瓦解自己的双重性：它将不再是一个妖魔，在不放弃博爱的同时进入自由的框架。

这本书是在 20 世纪墨西哥的石油热潮中问世的。对于洛佩斯·波蒂略总统的盛世（1976—1982），人们的口中几乎全是赞誉，批评者只有寥寥数人。其中一位是工程师埃贝尔托·卡斯蒂略（Heberto Castillo），拉萨罗·卡德纳斯的朋友和他儿子夸特莫克的老师；另一位就是扎伊德，他也是一位工程师。在他们看来，新油田的狂热开发以及庞大公共部门的大规模举债都隐藏着很大的风险。这段时期内，一块脆弱的砖头支撑着整个建筑：石油价格。如果油价下跌，那么一切就会土崩瓦解。果然，在 1982 年 9 月，整个局面崩溃了。

金融崩溃引发了政治制度危机。宣布要对该国进行“财富管理”的洛佩斯·波蒂略总统在国会的告别演说中痛哭，并对墨西哥银行进行了国有化。左翼的意见称赞这一措施是一种勇敢的革命性行为。而《回归》批评这是一种分散注意力的民粹主义姿态，指出墨西哥唯一合理的选择是完全的民主制。1984 年 1 月，我在《回归》发表了一篇文章《为了没有形容词的民主》（Por una democracia sin adjetivos），建议墨西哥立即向民主过渡。马克思主义的惯用形容词“形式”和“资产阶级”已不再适用于民主。必须立即从严格定义上，即从选举意义上转向真正的民主。

一部分左翼知识分子，甚至一部分革命制度党员都支持这样的想法。这群人中的杰出成员阿道弗·吉利称其为“适度的乌托邦”；墨西哥劳工党（Partido Mexicano de los Trabajadores）领袖埃贝尔托·卡斯蒂略则公开拥护这种想法。在此期间，波菲里奥·穆尼奥斯·莱多（Porfirio Muñoz Ledo）和革命制度党的其他斗士开始形成一股民主力量，它将成为 1988 年夸特莫克·卡德纳斯总统竞选联盟的雏形，并从 1989 年起最终将墨西哥左翼统一为一个政党，即民主革命党（Partido de la Revolución Democrática）。

帕斯陷入了犹疑：不，这一制度始终没有能力解决、化解二重性问题。路究竟在哪里呢？

* * *

帕斯一直对日期很敏感。他人生中的各个时期，就像他一本书的书名所说的，是"转动的符号"（Signos de rotación）。1984年，年满七十岁的他出版了《乌云密布的时代》（Tiempo nublado）。这是一部关于国际形势的著作，帕斯在书中错误地认为苏联军事力量会加强，但也预言了伊斯兰暴动。此后，除了像通常一样准备几本书的出版之外，他还尝试承担了至少两项重要任务：组织位于布宜诺斯艾利斯的南美版《回归》，这一尝试持续了许多年；筹划一个公开的电视节目《不拘于时，不拘于人》（Más allá de las fechas, más acá de los nombres）。他把《回归》杂志的国内外撰稿人召集起来，一起讨论文学、历史、哲学、政治等他们一直感兴趣的话题。在其中一期专门讨论如何看待墨西哥历史的节目上，他提到了对1968年学生运动的看法，指出了这场运动中的自由精神：

> 最根本的是——这就是为什么墨西哥人民会倾听学生们的声音——他们谈论的是民主。不管大家有没有注意到，他们都举起了马德罗往昔的自由大旗。为什么？因为这是墨西哥未竟的革命。我们经历了现代化革命、萨帕塔革命等许多革命，但还有一场前所未有的革命。

帕斯所谓的"前所未有的革命"就是民主革命。从帕斯的口中并不能常听到对弗朗西斯科·马德罗的赞美。马德罗，"民主的使徒"。帕斯这是回到自由主义了？

帕斯之所以被认为是自由派，是由于他的家庭传统，他与教会保持距离的举动，他对法国大革命的认识，以及他阅读了贝尼托·佩雷斯·加尔多斯的作品《国家演义》（*Episodios nacionales*）等等。对他而言，自由主义者（liberal）——在西班牙语中它本来是一个名词——这个词暗指一种勇气、态度，一个形容词。对于帕斯而言，自由主义是文学上的概念，而不是历史、法律和政治概念。他认为自由主义具有和天主教相同的二重性，或者说，是由相反一端衍生出的同一种二重性。现在是时候来面对它了。

《孤独的迷宫》并没有否定 19 世纪自由主义者的"伟大"，但认为他们的运动促成了历史性的"堕落"。随着国家的独立，尤其是随后的改革，帕斯认为，墨西哥失去了传承。帕斯一直指出，18 世纪的墨西哥缺少批评，这种批评其实在 18 世纪末开明的耶稣会修士间已经存在，虽然并不成熟和成功，而到了 19 世纪，这种批评已经更稳固地存在于自由主义者的法律、体制和著作当中。尽管有了这种"空心改革"*和它唯一的继承人弗朗西斯科·马德罗，在 1984 年的墨西哥依然几乎看不到宪政民主秩序。帕斯在其中并没有发现二重性，他看到的是矛盾。但在 20 世纪高压封闭的政治秩序下，帕斯重新评价了他曾在自己的经典作品中蔑视的自由主义传统，就像他重新评价了胡安娜一样。他在电视镜头前表示："墨西哥的拯救取决于能否践行胡亚雷斯和马德罗的革命。"科西奥·比列加斯，那位"博物馆自由主义者"，在天国莞尔一笑。

但自由民主不能使帕斯得到满足。它过于枯燥乏味和形式化，且不包含先验性的内容。因此，帕斯在节目中再次提及墨西哥革命的历史—诗意景象，将它描述为对墨西哥来源的回归和对该民族隐藏面貌的揭示。他再次试图维持革命的有效性，而正是这场革命夺

---

* 指西班牙耶稣会修士缺乏自由主义内核的改革。

走了他的父亲：

> 我认为萨帕塔主义的遗产在墨西哥仍然存在，尤其是在道德层面。它体现在三个方面。首先，它是一场反威权的起义：萨帕塔对总统宝座感到真正的厌恶。这是至关重要的。我们必须寻回萨帕塔主义的自由传统。其次，这是一场反集权的起义。从特奥蒂瓦坎时代算起，面对两千年的集权主义，萨帕塔主义对抗首都，肯定了各州和地区的独特性，肯定了每个村镇的独特意义。这种反集权主义也值得我们寻回。最后，萨帕塔主义是一场传统主义的起义。它不笃信现代化和未来，而是承认深厚、古老和永恒的价值观的存在。

自由派的胡亚雷斯和马德罗应该得到澄清。但是，也必须"用萨帕塔主义来纠正自由主义"。这就是他的救世之道。

"墨西哥人必须与他们的过去和解。"帕斯重申。在《孤独的迷宫》中，帕斯已经与父亲和他的萨帕塔起义和解，在其中看到了一个"墨西哥与自身的融合"：与它的印第安和西班牙根源的融合。但在最近的几十年里，另一个人也走近了他，那就是爷爷伊雷内奥。面对腐败低效、高压蛮横的墨西哥政府，必须恢复民主和自由的价值观。通过拥抱民主和自由，帕斯完成了人生的轮回。现在，三位帕斯——伊雷内奥爷爷、老奥克塔维奥和小奥克塔维奥——可以共同坐在桌前。桌布闻起来有火药的味道，也有自由的味道。

* * *

1985 年，帕斯在《回归》上发表了一篇题为《革命制度党：时间到了》（El PRI：hora cumplida）的文章。这是他最后一次向墨西哥的政治体系发出呼声，要求开放选举投票的自由竞争。帕斯没有预见到也并不希望革命制度党下台。但是他提出可以设置一个缓慢过渡期，即革命制度党在议会和各个州向反对派提供一定的席位。他并没有谈到行政部门的轮替问题，更没看到革命制度党的终结（扎伊德在同期的文章中预见到了这一点）。他只是简单地说明，墨西哥确实需要"没有形容词的民主"。

在这几个月里，国家行动党（自 1939 年成立以来一直是中右翼反对派）在该国北部各州的势力得到了壮大。帕斯不承认它具有哪怕一点民主的性质。他认为这是一个落后的天主教民族主义政党，承袭了 19 世纪的保守主义，尤其是思想家卢卡斯·阿拉曼（Lucas Alamán）的观点。事实上国家行动党过去在社会道德方面一直持保守态度，主张一种近似于天主教等级制度的秩序，一些成员还在 40 年代对轴心国表示过好感。但是它的政治表现（立法提案、内部制度）是民主式的；它的经济意识形态与保护主义和国家主义相比较，是自由主义的。帕斯一直与国家行动党保持距离，经常批评它，但是在 1986 年革命制度党于奇瓦瓦州（Chihuahua）针对国家行动党实施了一次影响巨大的舞弊之后，他同意和墨西哥的主要知识分子（包括一些旧日的论敌）共同签署一份文件，呼吁令该次选举结果作废。这一行动是墨西哥民主过渡的催化剂。此次事件令国家行动党和一些左派政党认识到，民主的道路要比革命的道路更为可取。

二十

1987 年 6 月，帕斯来到了西班牙的巴伦西亚，与多位作家和一些西班牙内战幸存者一起参加相关活动，纪念半世纪前举办的第二届国际作家保卫文化大会。帕斯于 15 日在开幕式上致辞。这是一场感情饱满的讲演，他谈及了那个时间、地点对他生命的意义和对

20 世纪的生活的意义。他将这篇致辞命名为《试验场》（Lugar de prueba）："历史不仅是偶然性和意外事件的主宰者，还是一个试验场。"这是基督徒的话，抑或是马克思主义者的话？帕斯所谈的不是信仰的陷阱，而是历史信念中的陷阱。他这一代人亵渎了历史，但是深受伤害、多灾多难的历史拒绝透露自身的意义。"历史是错误。"他曾经在《圣伊尔德方索的夜曲》中这样写道。在巴伦西亚，他说道："我们注定是要犯错误的。"他像一位严厉的法官一样历数自己犯下的错误。他承认革命思想遭到了严重的破坏，它所受到的致命打击并非来自对手，而是来自革命者本身："当他们获得了权力，人民便被迫保持缄默。"但他的话题和语气很快就开始染上宗教色彩：

> 我们想成为受害者的兄弟，却发现自己是刽子手的帮凶；我们的胜利变成了失败，而我们的巨大失败也许为一场我们不能亲眼见证的巨大胜利种下了种子。我们的谴责是现代性的标志，是现代知识分子的耻辱。这是双重意义上的耻辱：神圣的标志和丑行的印记。

谴责、耻辱、神圣和丑行。这种忏悔——也就是这篇演讲——追忆了那次大会的伟大道德精神：爱、忠诚、勇气和牺牲。但也追忆了它的弱点："革命精神的堕落。"谈到对纪德（即所谓的"西班牙人民的敌人"）的攻击，对于这样的卑劣行为，帕斯感到有必要为自己的错误赎罪。他用一番再精准不过的话表达了自己的忏悔："虽然我们许多人相信这些攻击是不公正的，许多人都仰慕纪德，但我们却一言不发。我们为我们的沉默找了冠冕堂皇的借口……我们助长了革命的僵化。"

那次大会还有一种价值：批评。"批评在两种秩序之间建立了沟通渠道,它检视我们的行为,使我们避免走向绝对的致命倾向……也将其他人带入我们的视野。"帕斯在演讲的最后几段重点讲了他在西班牙内战中认识的那些"其他人"。这些"其他人"是他见过的西班牙人民、士兵、工人、农民和记者的面容:

> 我从他们身上了解到,博爱这个词的价值不亚于自由:它是人类的面包,可以共享的面包。

这句话讲的是一件帕斯经历过的具体事件:在一次轰炸中,一位农民"从他的花园里摘下一颗甜瓜,拿出一块面包和一瓶红酒同我们分享"。但帕斯使用这种基督教风格的比喻并非偶然。在 1937 年的西班牙,在人与人的兄弟情谊中,在西班牙人民之中,帕斯找到了圣餐仪式中的面包和酒。因此在关键时刻,潜藏的基督教主题常常会在诗歌的表面浮现出来。就像《太阳石》一样,基督教思想突然在其中出现,直指生命本身和其中的奥秘:"存在的饥饿,啊,死亡,所有人的面包。"

* * *

更具体地说,1988 年在墨西哥举行的选举就是帕斯的民主信念的"试验场"。选举的结果震惊了所有人。左翼联盟的候选人夸特莫克·卡德纳斯赢得了大量选票,以至政府(也就是当时的法官和选举系统)声称计票系统出现了奇怪的"崩溃",这大概是为了拖延选举结果的发布。广大民众则怀疑其中存在暗中舞弊的行为,而官方发布的选举结果证明民众的担忧不无道理:官方统计显示,革命制度党的候选人卡洛斯·萨利纳斯·德·戈塔里(Carlos Salinas de Gortari)不可思议地赢得了 50% 的选票,因而胜选。尽管国家行动党候选人曼努埃尔·J. 克鲁希尔（Manuel J. Clouthier）承认自己败选，却同时发起了一场绝食抗议，而卡德纳斯则认为，要么发动起义反对这种他所谓的强取豪夺，要么谋求建立一个统一的左翼政党。几个月的紧张局势过后，卡德纳斯选择了第二条路。这是墨西哥政治历史上头一次，左翼在国会中有了实质性的代表，有了一个强大、统一、现代化的政党：墨西哥民主革命党。

　　奥克塔维奥·帕斯不相信舞弊的说法。他相信，任何人只要不偏不倚、不带个人感情地审视这件事，就能得出自己的结论。"这次选举当然有不规范的地方，也存在过错和失误。"但是，必须要考虑到这是墨西哥第一次举行"这样的"选举，真正有竞争性的选举。对选举进程的回顾可能有失偏颇，但绝不能按照左翼反对派的要求撤销选举。在这种愤怒情绪里，帕斯看到了危险的最高纲领派[*]倾向：要么都有，要么没有。这个国家需要的是过渡而不是急剧的变化。接受了选举结果，就回到了制度化的轨道上，国家就需要制定新的选举法。革命制度党必须接受在任何议会中失去多数席位的现实，国家行动党则会重拾保守派传统，而被称为"新卡德纳斯主义"的左翼，需要面对组建一个真正的政党和提出一个现代计划的艰巨任务。

　　加布里埃尔·扎伊德认为存在舞弊行为，公开发表了自己的观点。但是，他认为事情必须向前推进，同意萨利纳斯担任总统，因为暴力的危险是真实存在的。与其向暴力敞开大门，不如努力实现不可逆转的民主进程。帕斯同意这一结论，但反对它的前提：（对舞弊的）指控毫无根据，动乱"不仅有害，而且无异于自杀"。

　　他不仅反对左翼运动对大选的反应，也不满于左翼群体缺乏思

---

[*]　主张一举实现政党纲领中全部目标的派别。

想和规划、结构混乱复杂：

> 新卡德纳斯主义并不是一种现代运动，虽然它成分复杂，有些很有价值，有些则令人厌恶和有害：民众的不满情绪、对民主的渴望、一些领袖的野心、空头支票和民粹主义，对于"国家"这个糟糕的父亲的崇拜，对一种可敬历史传统的怀恋，但革命制度党及其政府在过去三十年间将这个传统粉饰为一个令人膜拜的传奇：拉萨罗·卡德纳斯。

墨西哥左翼其实是有所规划的。他们的计划与帕斯在 1972 年给吉利的信中所说的"必需"相类似：回到卡德纳斯主义。左翼的确是在朝着帕斯从 20 世纪 70 年代开始主张的方向前进：放弃武装斗争，整合独立的民众运动，朝成立一个政党的方向迈进。那么帕斯在批评什么呢？他认为，左翼不是缺少规划，而是缺少对规划的认识。在 80 年代后期，帕斯认为，卡德纳斯主义是一种倒退，这种倒退不仅会阻碍经济发展，甚至还会阻碍民主进步。在他看来，它的胜利意味着依靠选票支持迎回更古老的"仁慈妖魔"。他显然更喜欢曾经是他在哈佛的学生和《多元》杂志撰稿人的卡洛斯·萨利纳斯提出的计划：经济开放和现代化。

一部分公众认为他的说法与他捍卫民主的立场背道而驰。帕斯不接受这种质疑，因为他不相信有舞弊的存在。也可能是因为他像伊雷内奥在 1880 年所笃信的那样，相信新的现代化计划将为一个需要变革的国家带来进步。

* * *

1989 年，在法国大革命二百周年之际，法国政府授予了他托克维尔奖。在获奖演讲中，帕斯提出结束革命的神话周期：

> 　　我们参加了一系列的改变，或许是一个崭新时代的奇迹开
> 始显现。首先是革命神话在其出生地——西欧的衰落。如今的
> 西欧已经从战争中恢复过来，在共同体中每一个自由民主政权
> 的国家都实现了繁荣和稳固。马上民主也会回到拉丁美洲，尽
> 管仍然在民粹主义与军国主义的幽灵——本地区常见的两种顽
> 疾——的蛊惑间犹豫不决、负债累累。最后是在苏联等国家发
> 生的改变。无论这些改革的范围如何，都明确昭示了威权社会
> 主义神话的终结。这些变化是一种自我批评，相当于一种忏悔。
> 因此我谈到，这是一个时代的终结：我们亲眼目睹了革命思想
> 最后的和不幸的化身——布尔什维克版本的黄昏。

　　1989 年柏林墙倒塌后，拉丁美洲又出现了不那么喧闹的历史奇
迹：全球范围内大规模的民主化转型。随着新时代的到来，帕斯感
觉到历史证实了他近几十年来的斗争和信念。不少过去的对手离开
了"真正的社会主义"这条船，并没有给出许多解释。在历史和良
心的法庭前，他奉献了太多。一向以最大的恶意猛烈攻击《回归》
的出版物也已经默认了该杂志的许多立场，并表达了无声的敬意。
它们的这一转变悄无声息，尴尬窘迫，没有公开承认，几乎一点动
静都没有。

　　1990 年，《回归》在墨西哥召开了一场名为"自由的经验"的
会议，试图不带感情色彩地分析讨论当前历史分水岭——东欧共产
主义崩溃的光明和阴影。参会者群体多种多样，令人瞩目：切斯瓦
夫·米沃什、诺尔曼·马尼亚（Norman Manea）、莱谢克·柯拉柯
夫斯基、亚当·米奇尼克（Adam Michnik）、布罗尼斯瓦夫·盖雷
梅克（Bronisław Geremek）、阿格妮斯·赫勒（Agnes Heller）、让—

弗朗索瓦·何维勒（Jean-François Revel）、豪尔赫·森普伦、伊凡·克里玛（Ivan Klíma）、叶礼庭（Michael Ignatieff）、卡斯托里亚迪（Cornelius Castoriadis）、休·特雷弗－罗珀（Hugh Trevor-Roper）、休·托马斯（Hugh Thomas）、丹尼尔·贝尔、欧文·豪、里昂·维瑟提尔（Leon Wieseltier）、马里奥·巴尔加斯·略萨、豪尔赫·爱德华兹（Jorge Edwards）、卡洛斯·弗兰基（Carlos Franqui）、雅诺什·科尔奈（János Kornai）等等。《回归》坚持邀请了最具代表性的左翼作家，最终有十几人参会，从老马克思主义者阿道弗·桑切斯·巴斯克斯（Adolfo Sánchez Vázquez）到卡洛斯·蒙西瓦伊斯。这次会议由私营公司联合赞助，在电视台公开播出。大家共同讨论了开放社会的未来、宗教和民族的紧张局势、知识分子和作家的角色、21 世纪的世界蓝图，以及市场经济的作用。同时出版方出版了多部书籍，尽数收录了本次会议的讨论内容。

这次会议引起了公众的兴趣，但是有一些顽固左派指责与会者们是"法西斯主义者"，激怒了参会人员，尤其是那些从纳粹集中营幸存下来的年长者。在参加会议期间，帕斯再次强调了他对"真正的社会主义"的批评，详细叙述了墨西哥知识分子六十年来的共同志向，但同时也着重批评了私人垄断、"盲目的市场机制"和"金钱和商业对艺术和文学的主宰"。会议中有一个特别紧张的时刻，马里奥·巴尔加斯·略萨将墨西哥政治制度描述为"完美的独裁"，而帕斯反驳说："我们遭受的是一个政党的霸权统治，这与独裁统治有着本质性的重要区别。"彼时彼刻，他再一次作为墨西哥革命之子站出来说话。

同年，他获得了诺贝尔文学奖。此后，在西班牙语的世界里，他在整个世纪中占据了一个仅有奥尔特加·加塞特才能与之匹敌的位置。在一些欧洲国家，特别是法国，他被公认为是 20 世纪最伟

大的"思想导师"之一。他已经走出了孤独的迷宫,消解了墨西哥
人在西方人心目中的古怪形象。

* * *

有一次,在朋友的晚宴上,帕斯谈到了革命这个 20 世纪的核
心话题。他的老朋友何塞·路易斯·马丁内斯以一种无意冒犯的亲
切低声揶揄说:"奥克塔维奥,你实际上从来都不是革命者。"帕斯
站起来,几乎是愤怒地大声说:"你说什么?我不是革命者?"马
丁内斯指的当然是革命行动,既包括游击队和军事行动等暴力行动,
也包括像雷韦尔塔斯参与的那种激进活动。但对帕斯而言,他是通
过诗歌和思想实践了革命,但这并不意味着他就不够革命。而且,
他已经因身为革命者而付出了痛苦和内疚的代价。

这桩逸事意义重大,不仅因为它关系到帕斯的过去,而且因为
它揭示了一场活生生的革命火焰。1994 年 1 月 1 日,帕斯——以及
整个墨西哥——被墨西哥东南部发生印第安人起义的消息惊醒。这
支队伍由"副司令马科斯"领导,他自称是萨帕塔主义者。

对于帕斯来说,这一次历史倒车使他深感困惑。起初,他对"知
识分子的故态复萌"表示遗憾,因为他们对该运动立刻表现出了热
情。他也对这场运动使用暴力手段的做法进行了批评。但是随着时
间的推移,帕斯的文章开始对恰帕斯发生的事情表示微妙的同情。
他难道没有为反抗行为书写过赞歌吗?他没有主张过回归到土著时
代的墨西哥吗?他不是终其一生都在批评市场的价值吗?他怎么能
谴责一个打着萨帕塔旗号的运动呢?他怎么能对马科斯的文学连载
无动于衷呢?"他创造的'游侠骑士'小甲虫杜里托(Escarabajo
Durito)令人难忘;而他的武装斗争,只能算半征服了我。"他征
服了帕斯,即使只有一半,也是征服。"为什么你写的关于马科斯

的文章比关于我们任何人的都多呢？"《回归》的年轻文学评论家之一克里斯托弗·多明戈斯（Christopher Domínguez）曾向他抱怨道。"因为你们没有拿起武器。"他回答。

这些是对他的青年时代的遥远回响。然而，帕斯毫不怀疑："民主自由主义是一种文明的共存方式。对我来说，这种方式是所有政治哲学的设计中最好的一种。"接着，他为自己长期以来对历史和政治的热情做了一个最终的简单总述：

> 我们必须重新思考我们的传统，更新我们的传统，在两大现代政治传统——自由主义和社会主义之间寻求协调之道。我敢说，这就是"我们时代的主题"。

* * *

在最后的几年中，历史和其中的偶然使他困惑不解：人们对致力于现代化的萨利纳斯政权期望过高，对转向传统的恰帕斯起义又毫无耐心。他和祖父一样，对于墨西哥似乎要面临的无政府状态感到担忧。甚至他的面相也和祖父越来越像。他本来想像祖父一样平静地、迅速地死去，来不及"涂抹圣油、扶上灵床"，但是最终却没有得到这样的恩典。他出生于1914年那场历史性的大火中，他的父亲"在火焰中进进出出"；而他自己的结局也始于一场大火，这场大火发生于1996年12月，吞噬了他的书斋和住所的一部分。在这场火灾之后，医生诊断出他的脊柱部分存在癌细胞，这是1977年癌症手术后转移的癌细胞。在此后的一年间，他饱受病痛折磨。他对身体的自我修复能力失去了信心。"我只是一个幻影，"他低声对我呢喃，转而又痛苦地问我，"恰帕斯以后会发生什么事呢？""墨西哥将来会怎么样？"他于1998年4月19日去世。两年之后，墨西哥将彻底走向民主。

　　在一场公开的告别仪式上，他最后一次回归到一副强大而睿智的长者形象。他重复了最喜欢的比喻，称墨西哥为"太阳之国"，但会立即回忆起我们历史上的黑暗，提到这个国家"光明和残酷"的双重性，这种双重性早就存在于墨西哥诸神的宇宙观中，他从小就醉心于此。他希望能有一位苏格拉底出现，驱散他同胞脸上的阴霾，将他们从同族间的争斗、破坏性的激情中解救出来，指引他们走上正确的道路。这位苏格拉底会保护"我们墨西哥"的男男女女，劝说他们不要为了任何事情牺牲生命，而要与同胞、朋友和邻居一起享受生活。这对他而言并不寻常，他是在说教，"就像我爷爷一样，喜欢在饭后说教"。突然，他转向遍布云彩的天空，似乎想用手去触碰它："那里有云和太阳，云和太阳是一对姊妹词汇，让我们配得上墨西哥谷的太阳。"（刹那间天空放晴，太阳驱散了云彩。）"墨西哥谷，这个词照亮了我的童年、我的中年、我的老年。"

　　在接下来的几周，父亲和祖父都从他的记忆中消失了。"桌布闻起来有火药的味道。"而此时在桌上只有对母亲的回忆和妻子的存在。有一天，我突然听到他喃喃低语："你是我的墨西哥谷。"

第三部分

革命的圣像

埃娃·庇隆

无衫者*的圣母

一

不管是日本的幕府将军，还是古希腊的煽动家，他们都知道政治是不过是一场大戏。但是当罗纳德·里根在 1980 年的电视辩论中击败吉米·卡特（Jimmy Carter）之后，古巴作家卡夫雷拉·因方特认为，权力和电影的相似程度远比我们看到的要高。他被菲德尔·卡斯特罗从古巴流放。在他眼中，卡斯特罗是一个完美的演员、一位独白大师——"简直像希特勒一样出色，擅长将群众动员起来加入群众运动"。说起里根的表现，卡夫雷拉认为他是"B 级片里的埃罗尔·弗林（Errol Flynn）"，他认为当政治家只会表演是不够的，但是会表演是很有用的。在那个辩论之夜，里根表达自然、沉着冷静，给人以安全感，甚至充满仁慈：看起来这个直率的美国人在冷战正酣之时将会拯救所有美利坚合众国可以拯救的东西。"那是他职业

生涯中的最好表现，"卡夫雷拉·因方特写道，"他应该拿奥斯卡奖，但他们只给了他一个安慰奖：美国总统。"

20 世纪的舞台上出现了许多演员型的政治人物。有些让人敬重，但大多数受人轻蔑。而涉足政治的演员虽没那么常见，但在专横扰民方面却不落下风。江青这个演低成本电影出身的失败女演员就绝非巧合地利用表演天赋和经验成功扮演了一连串重要的历史角色，她是那位湖南农民运动领袖的坚定支持者和长征引路人的热情追随者，后来迎来了一个圆满的（虽然并非是最终的）结局——无所不能的领导人毛泽东的妻子。有意思的是，在同一时期，相似的一幕也在地球另一端的阿根廷上演。另一位著名的领导人胡安·多明戈·庇隆将军曾经宣称："在阿根廷，谁能够像银幕上的卡洛斯·加德尔（Carlos Gardel）一样在政治演讲台上收放自如，谁就能把整个阿根廷握在手中。"他所说的卡洛斯·加德尔是一位传奇演员和探戈歌手，1935 年死于一次飞机事故。历史的舞台正在虚位以待——但是那个把阿根廷握在手中的人并不是庇隆将军，而是他的伴侣，另一个演低成本电影的平庸女演员：埃娃·杜阿尔特。

* * *

整个故事开始于好莱坞对阿根廷布宜诺斯艾利斯省治下的小城——胡宁（Junín）的影响。一个小女孩读到了《调谐》（Sintonía）杂志，将瑙玛·希拉（Norma Shearer）的照片齐齐剪下来。她还在同一本杂志里看到了希拉扮演玛丽·安托瓦内特（María Antonieta）的定妆照。她梦想着可以和希拉一样成为美国的电影明星，饰演同样的角色，在监狱牢房中倾听断头台上的鼓声。这个小女孩既没有资源，也没有什么文化，甚至除了像雪花石膏一样半透明的光滑皮肤之外，在肉体方面也没有太多资本。虽然她曾经努力练习学校的诗歌朗诵，可她的发音却不尽如人意。但是，这个小姑娘始终无所畏惧。家乡的小镇对她来说实在太小了，她立志成为一名演员。1935 年新年伊始，也就是在十五岁的时候，她离开了胡宁，来到首都布宜诺斯艾利斯。

在随后的十年中，在她选择并钟爱的演艺生涯里，她的好运气实在是少得可怜：舞台剧中缄默的龙套，电影中无关紧要的小角色，为娱乐杂志或者明信片拍拍照片。在这十年间的每一步中，都有不同的企业家为她提供支持和保护，而女孩付出的代价则是让这些大人物一亲芳泽*。那段时期与她共事的一个女人曾回忆道：

> 她是一个透明的小东西，纤细、瘦弱，有着乌黑的头发和狭长的小脸……她实在太瘦弱了，以至于你都分不清楚她是在向你走来，还是正在离开。由于饥饿、贫困和疏于保养，她的手摸起来总是湿湿的、冰冰的。作为演员她看起来也是冷冷的：就像是一个冰美人。她温顺而又胆怯，并不是一个激情四射的姑娘……她吃得特别少，我甚至觉得她从来都没吃过什么。

多年以后，埃娃坦言："在剧院的经历是挺糟糕的，在电影中我倒是知道怎么做，但如果说我在哪一方面实现了价值的话，那就是在广播里。"她这么说不无道理。广播剧曾经在整个拉丁美洲非常流行，搅动着人们的情绪。每天晚上，从墨西哥到巴塔哥尼亚，各个社会阶层的女人们都会预留出一段时间，不约而同地收听第 N 个版本的《灰姑娘》。纤弱的埃娃开始在这些广播剧中脱颖而出，逐渐成为女主角，这里也成了可以让她通过声音表达戏剧情感的唯一舞台，强烈的、虚弱的、坦诚的、痛苦的情感。然而，1943

---

* 原文意为"获得初夜权"。

年的第一个季度对她来说就像噩梦一般：她真的成了一个失意且失业的"灰姑娘"。1943 年 6 月，军事政变突然爆发，这是阿根廷自 1930 年以来的首次政变，由此开启了漫长的军事霸权。政变使她从萎靡不振中走了出来。在阿尼瓦尔·因贝特（Aníbal Imbert）上校的支持之下，她与贝尔格拉诺电台（Radio Belgrano）签订了合约，出演有关十八位著名女性的系列广播节目，这些女性大概分为两类：像莎拉·伯恩哈特（Sarah Bernhardt）和伊莎多拉·邓肯一样的艺术家，以及更适合这个节目的皇室贵妇们，例如英格兰、爱尔兰女王伊丽莎白一世（Isabel de Inglaterra），法国王后欧仁妮·德·蒙蒂霍（Eugenia de Montijo），墨西哥的卡洛塔皇后（Carlota de México），奥地利公主安娜（Ana María Mauricia de Austria），俄国女皇叶卡捷琳娜二世（Catalina la Grande de Rusia）。这时，《天线周刊》（Atena）对她的介绍已经是"著名演员埃娃·杜阿尔特"。

她与真命天子胡安·多明戈·庇隆的相遇发生于 1944 年 1 月23 日，这件事不仅立即改变了她的生活，甚至也改变了阿根廷的命运。"谢谢你的存在。"她对他说。在广播剧中才会出现的皆大欢喜的剧情，在现实中真的发生了。最初，她的身份是这位权倾一时的庇隆将军的情人。这位大人物此时正担任劳动部部长，而埃娃也继续着自己的广播事业，同时开始进军大银幕。她在电影中塑造的最后一个角色，是电影《荡女传》（La Pródiga）的主角。这是一部具有典型宗教劝喻色彩的西班牙剧作：一位女罪人通过行善来救赎自己放荡的人生。穷人们将这个人物神话成"那位女士""穷人之母"和"苦难者的姐妹"。在掌权之后，埃娃派人全面销毁了《荡女传》的拷贝。这并不是一个简单冲动的自我批评，也存在一些更为深层的原因：这位诸多女艺术家和女皇的广播扮演者为自己未来人生谋划的剧本与《荡女传》的故事不谋而合。这一次并非电影来源于生活，而是恰恰相反：电影情节从银幕中跳了出来，变成了真实的生活。

她的角色已经日益清晰，同时她也需要一种外在形象的改变。在几年前，她就告诉理发师说："亲爱的胡里奥，把我的头发剪得像贝蒂·戴维斯（Bette Davis）*一样。"托马斯·埃洛伊·马丁内斯（Tomás Eloy Martínez）在色调阴沉、引人入胜的小说《圣艾薇塔》（*Santa Evita*）中曾经描述了这一场景。她的理发师胡里奥·阿尔卡拉斯（Julio Alcaraz），后来又按照电影《乱世传人》中的奥莉薇·黛·哈佛兰（Olivia de Havilland）的样子来给她打理头发。她的新形象（不是电影形象，而是历史形象）需要的不只是风格的转变。那时，她决定放弃过去的生活，放弃普通阿根廷褐发女人的形象，开始染发，把自己打造成一个金发女郎。"这种金黄色具有戏剧性和象征性，"创作《埃娃·庇隆》（*Eva Perón*）的传记作家阿丽西娅·杜霍夫内·奥迪兹（Alicia Dujovne Ortiz）写道，"这种颜色与中世纪宗教绘画中的光环和镀金背景有着同样的功能——孤立而神圣的人物。"

"穷人们喜欢看到我漂漂亮亮的样子，不希望被一个既老又衣着不得体的女人保护。他们对我有着美好的幻想，我不能让他们失望。"为了不让他们"失望"，她遵循着名媛们关于穿衣打扮的建议，雇用威尔士亲王的御用裁缝，还在欧洲购买了迪奥的时装与巴黎罗莎的香水。珠宝令她欣喜若狂，更准确地说，珠宝滋养着她，安慰着她；她也不排斥真金白银。到去世时，她拥有一千两百块金银条，三个铂金锭，七百五十六件金银器物，一百四十四根象牙别针，一颗四十八克拉的祖母绿，一千六百五十三颗钻石，一百二十副手镯，一百块金表，以及项链、白金别针、宝石等等，还有一些股票和不

---

* 美国女演员。

动产，总价值达上千万美金。如果翻看当时的《人物》(*People*)、
《巴黎竞赛画报》(*Paris Match*)、《你好》(*Hola*) 等杂志，你会发
现杂志的内容和广告展现的和埃娃拥有的别无二致。她不仅是灰姑
娘的化身，也是善良而神奇的仙女教母，是上帝救赎并赐予名望、
权力和金钱的前罪人。与任何一个百万富翁都不同，她是新版本的
"浪荡女"，是"希望之女"，是"最仁慈的阿根廷撒玛利亚女人"。
她将阿根廷握在手中其实只花了短短数月的时间，但是她很快发现
阿根廷对她来说太小了。于是她将目光投向了欧洲。1947 年，记
者将她的欧洲之行赞誉为"彩虹之旅"。她的绝代风姿令西班牙人
心醉神驰，而在意大利等国则未能取得如此巨大的成功。但是在巴
黎，当看到她迈入巴黎圣母院时，主教隆卡利（Angelo Giuseppe
Roncalli），也就是未来的教皇若望二十三世（Papa Juan XXIII）感
叹道："欧仁妮皇后又回来了！"

当感觉到已经把欧洲握在手中时，她的野心膨胀了："我想名
垂青史。"突如其来的疾病令她想到了一个更为宏大的梦想：不朽。
为了实现这个目标，她下达了在自己死后对尸体做防腐处理的详细
命令。由于罹患子宫癌，埃娃在三十三岁那年香消玉殒。大约有
五十万人参加了她盛大的葬礼，为她献上了一百五十万枝黄玫瑰、
紫罗兰和菊花。然而这具美丽的木乃伊却并未得到真正的休息，仿
佛她的生命依然在激荡，导致她的遗体保管者受到了诅咒一般，随
着她一起在阿根廷和欧洲进行了近二十年的奇幻旅行。在这二十年
间，埃娃的遗体曾经多次被隐藏、复制、入葬和挖出，之后遭到了
损伤，最终以回到流亡中的庞隆将军身边结束。这种对尸体的亵
渎后来成了埃洛伊·马丁内斯小说的中心议题。最后，在 1973 年
的阿根廷，在庞隆将军重临权力巅峰之后，要求她的遗骸返回祖
国的压力日渐增长。庞隆将军逝世后，他遗孀伊莎贝尔（Isabelita

Perón）*宣称要继承埃娃的遗志。她将埃娃的尸骸带回阿根廷，并在雷科莱塔（Recoleta）墓地依照基督教传统下葬，她也得以安息至今。但是，她真的得到安宁了吗？

二

如果说将尸体涂满防腐剂的那段历史属于恐怖小说的范畴的话（与德拉库拉的系列小说不谋而合），人们长期以来痴迷于关于埃娃的记忆则出于另两方面的原因：宗教和神话。在她去世前很久，阿根廷人对埃娃的敬仰就几近于对圣母玛利亚的崇拜。这种盲目的偶像崇拜日益极端化，甚至达到了歇斯底里的程度。人们不断地给她写信，只为了"在她的思想里占有一席之地"。"就像是在上帝的思想中一样。"一位小儿麻痹症患者曾写道。许多阿根廷人认为向这位圣母表达爱慕的最好方式是不断创造纪录：不懈地工作、禁食、跳探戈、在台球桌上实现连击。马丁内斯将这些几乎超越了吉尼斯纪录的场景记录了下来：为请求上帝保佑埃娃身体康健，一位皮匠踏上朝圣之旅，徒步走了上千公里，来到安第斯山脉脚下的救世基督像†前。陪伴这段朝圣之旅的是他的妻子和三个孩子，其中一个还在哺乳期。有人询问他的动机，他回答说："如果埃娃去世了，将有成千上万的人被抛弃。像我们这样的人随处可见，但是圣洁的埃娃只有一个。"她去世后的数月内，阿根廷的广播电台每天晚上8点25分都会中断正在播出的节目，告知听众现在是"埃娃进入不朽的时刻"。梵蒂冈收到了四万封信，请求把埃娃封为圣徒，结果遭到了教廷的拒绝。这种盲目崇拜的对象从她本人延伸到了与她相关的

---

* 胡安·庇隆的第三任妻子，后成为阿根廷首位女总统。
† 该圣像位于智利与阿根廷交界处，于1904年为和平解决两国间边界争端而建立。

物品，就连曾经被随意挥霍的比索纸币在印上了埃娃的头像之后似乎也生出了"神性"。这种集体狂热难以解释。博尔赫斯观察到："阿根廷没有天主教徒，但是大家都必须假装成天主教徒……天主教义已经被阿根廷的历史取代。"或许埃娃就是因为这种双重动机填补了阿根廷人的宗教信仰空白。

埃娃具有宗教性质的影响力随着时间的推移而慢慢减弱，但是有关她的传说则无穷无尽：关于她的文章、报道、各种图书和解密文章不计其数，讲述她的纪录片和电影也层出不穷。人们对于埃娃的崇拜或者贬损都非常极端。她在一些人眼中是圣母，在另一些人眼中是娼妓。她身上的光环一直闪耀着，直到百老汇将她搬上舞台，令埃娃最初的梦想真正得以攀上顶峰。一切始自好莱坞，也终于好莱坞。

三

庇隆将军曾经建议埃娃阅读卡莱尔和他有关伟大人物的理论。她尤其醉心于卡莱尔的《论英雄、英雄崇拜和历史上的英雄业绩》（*On Heroes, Hero-Worship and the Heroic in History*），这本书成了她最欣赏的作品之一。但是她大海一样的雄心并非提炼自书本之中，而是源自她的生活。其中首要的影响因素就是她的出身：她是一个私生女，不仅在身份上属于非婚生，更糟糕的是在文化上算通奸生育的子女。埃娃的生父胡安·杜阿尔特（Juan Duarte）是一个中等规模庄园的管理者，在奇维尔科伊市（Chivilcoy）有一个合法的家庭。他在多年前抛弃了埃娃的母亲胡安娜·伊瓦古伦（Juana Ibarguren）和五个孩子，其中有一个男孩叫胡安，剩下的四个都是女孩。胡安娜自己也是一个私生女，她的生活非常贫困，连抚养子女都很困难。她住在自己经营的小旅社，和四个孩子挤在一间房间里生活。在这间屋子里，她用自己的胜家牌缝纫机帮助别人缝制衣物来贴补家用。性情凉薄的胡安·杜阿尔特甚至没有参加埃娃的洗礼。在他看来，女儿的出生"并不是爱情的结晶，只是习惯使然"。这是他亲口对胡安娜所言，后来被埃洛伊·马丁内斯记录在了自己的作品里。"胡安娜回忆，这位生父对埃娃毫不关心，如果他们在人群中相遇，他很可能认不出哪个是埃娃。"直到父亲下葬的那一天，埃娃才见到躺在灵柩中的父亲。甚至在这次见面中，埃娃和她的家人也遭到了胡安·杜阿尔特合法家庭的排斥和驱逐。

埃娃对父亲的怨恨持续了很多年。但有一件耐人寻味的事：在与庇隆结婚之前，埃娃回到了她的出生地洛斯托多斯（Los Toldos），找到自己的原始出生记录；在这份记录中，她的姓氏是伊瓦古伦，她在胡宁用父亲拒绝赋予她的姓——杜阿尔特重新登记了出生证明。在执政期间，她不遗余力地为失足的妇女们寻找未婚夫，积极为育有子女的同居者们证婚。仅在1951年，她就为一千六百零八位新婚夫妇在婚礼上担任教母。

她的怨恨还有其他源头，例如她的性史。关于这一点，奥迪兹的说法与马丁内斯的作品略有不同。奥迪兹认为，埃娃年轻时曾被一位富裕的庄园主骚扰和鄙视，而且奥迪兹不像马丁内斯，她认为电影里浓墨重彩地描写的埃娃勾引歌手奥古斯丁·马加尔迪（Agustín Magaldi）的故事纯属想象和虚构。坊间长年流传着说她是妓女的流言或笑话。很讨厌她的博尔赫斯就曾反复跟人讲这样一个笑话：她想把拉普拉塔城（La Plata）*更名为埃娃庇隆城。庇隆对此犹豫不决。而他的一位副手给出了解决方案："不如叫拉普鲁塔（La Pluta）†。"其实，说她是荡妇是错误的。埃洛伊·马丁内斯说：

---

*　该词在西班牙文中意为银子，金钱。

†　由西班牙语单词"La Plata"（拉普拉塔河；银子、金钱）和"La Puta"（娼妓）拼成。

"认识她的人都知道，她是这个世界上最不性感的女人。"和她一起拍过电影的一位英俊小生曾说："即使和她一起身处荒岛，你也不会变得火热。"杜霍夫内·奥迪兹认为，埃娃除了对她喜爱的《调谐》杂志主编、智利人埃米利奥·坎图洛威茨（Emilio Kantulowitz）和庇隆先生本人怀有特别的爱之外，大部分情况下她的爱情都是短暂、不幸抑或卑微的。埃娃并不怎么像"蓝天使"*，不如麦当娜†所表现的那样风情万种，也从来没有"谢谢，晚安，来者不拒"的放荡形象。托马斯·埃洛伊·马丁内斯通过她在1943年最低潮时认识的两位朋友在《圣艾薇塔》中再现了她的形象："她是一个虚弱无力、病恹恹的小生命……她的乳房小小的，使她看上去显得卑微。她就像是一只在寒冷、饥饿和冷酷的人类中幸存下来的流浪小猫。"

"大侦探"埃洛伊·马丁内斯还证明埃娃曾在1943年2月至5月间用玛丽亚·埃娃·伊瓦古伦（María Eva Ibarguren）的名字住进了布宜诺斯艾利斯的奥塔门迪－米洛利（Otamendi y Miroli）医院：

> 她怀孕了……不管是孩子的父亲还是母亲，都不希望将这个孩子生下来……她的流产手术就是一场灾难，像屠宰场现场。他们撕裂了她的子宫颈、韧带和输卵管……半个小时过后，她躺在了血泊之中，患上了腹膜炎……在随后的几个月中，她生不如死……甚至想开枪自杀，一死了事。

这样的危急困窘在埃娃经受过的挫折和侮辱中只是冰山一角，就像漫长目录中的一个小章节。埃娃把这些都埋在了自己的记忆当

---

* 指代1930年的德国电影《蓝天使》（Der Blaue Engel）中的女主角，风情万种的歌女劳拉。
† 麦当娜曾经在艾伦·帕克的音乐电影《艾薇塔》中饰演埃娃·庇隆。——英译本注

中，等待着有朝一日能够复仇。"埃娃之所以能够成为一个大人物，"一位知情者对埃洛伊·马丁内斯说，"是因为她永不原谅的决心。"有人曾经对麦当娜说过这样一句话："埃娃的血管中流淌着甜蜜的复仇之血。"

与庇隆的羁绊拯救了她。他将她提升到了权力的高位，扭转了她的命运，允许她向过去经受的所有羞辱复仇。但是庇隆也同样需要她。庇隆曾经在意大利做过墨索里尼的军事观察员——他敬仰墨索里尼，"在每一个角落为他竖起了丰碑"——知道掌控阿根廷的关键所在："管理男人是一项技术……也是军队必不可少的一门艺术。这是我1940年在意大利学到的。那些人确实懂得驭人之术。"他是《我的奋斗》的忠实读者，曾在战争期间访问柏林。他视戈培尔为导师，重新认识到了演讲和广播媒体在群众政治操控中的重要性。埃娃无疑是他完美的搭档。她的演讲将使"无衫者"们俯首帖耳，使成千上万流浪于乡村和城市之间的工人如中魔咒，她将是"正义党"运动的副统领。

"是我创造了埃娃。"多年以后，庇隆如是说，那时他正在马德里过着舒适的流亡生活。他这么说其实不无道理。别忘了，这匹老狼比埃娃大了足足二十五岁。庇隆是一位体育健将，创作过有关军事史和马普切*地名学的著作，勉强算是一位犬儒主义哲学家。他天生懂得操控别人，具有超凡的演讲能力。他不仅是一位军人，更是一位政治家。庇隆夫妇相爱吗？在某种意义上说是的，至少从他们来往的一些信件上来看是如此，虽然这些信件常被认为为了给后世读者看而有所伪饰。

从1945年10月17日庇隆在五月广场（Plaza de Mayo）受到三十万人欢呼拥戴的那天开始，埃娃迎来了人生中的最高峰。很

---

* 智利南部的印第安部族。

快，她就成了阿根廷共和国总统夫人，搬入了温苏埃宫（Palacio Unzué），那里的房间不计其数，足够充当埃娃的衣帽间。身居高位之后，她得以从最开始重新构造自己的履历，就像是重放一部有关她人生的电影，并按照自己意愿进行修改。她重新登记了自己的出生记录，使其合法化。然后她开始敛财，只要是觉得自己值得拥有的，都会收入囊中。但仅仅这些并不能令她满足，因为她对社会的怨恨实在是太深了。她通过展示财富和权力来挑战和蔑视这个曾经瞧不起她、贫富悬殊、麻木不仁的社会。这也是一个丑陋的种族主义社会，白皮肤的上等人认为他们更加"英式"，鄙视深色皮肤的底层同胞。她从小缺钙，孤苦伶仃，就像是某个圣诞节母亲送给自己的残缺玩偶。所以，当她改变了自己的命运之后，她会为穷人们做同样的事情。

在1947年的圣诞节，她送出了五百万份玩具作为礼物。年复一年，她分发了数以万计的鞋子、裤子、连衣裙、锅、食物、奶瓶、洋娃娃、足球、三轮车，等等。她最爱送的是缝纫机和假牙。1951年的上半年，排名首位的基金会一共捐出了两万五千座房屋，三百万个医疗包，以及自行车和家具。她甚至下令放火烧毁穷人们挤在一起居住的用木料搭建的"棚户区"，为他们建造了新的住所。穷人们并不懂得爱惜，经常糟蹋房子，她便以个人名义下令重建。"你们有权利提出要求！"她向那些为她痴迷的受益人们呐喊。她为他们提供免费的面包，同时还提供有形有效的社会服务：学生俱乐部、迪士尼乐园式的儿童乐园、综合诊所、养老院、火车上的移动诊所。这些社会福利由谁买单？当然不是埃娃本人，而是阿根廷数十年来积累的财富，是工人们的"自愿"捐献。当然，还包括后人为之付出的代价：负债、贫困以及吞噬一切的通货膨胀。

埃娃打破了民粹主义历史上的所有纪录。她每天接待二十个代表团，疯狂地访问工厂、学校、医院、工会、体育俱乐部、社区和小城镇，出席桥梁、道路、乡村学校乃至足球比赛的落成或开幕仪式。当没有别的什么东西可以赠送的时候，她会直接赠送纸币，或者送出自己的忠告。她还是一个事实上的女权主义者，尽管当时女权主义这个词还未出现。她为阿根廷的妇女提供了选举权和被选举权。重要的是，对于这些她都会亲自执行或者监督执行（众所周知，仙女从来都是亲力亲为）。她会亲自询问每一个人的个人状况："你有几个孩子？他们有床睡觉吗？"她在耶稣会的忏悔神父贝尼特斯（Benítez）曾写道："我曾经看见她亲吻麻疹病人、结核病人和患有癌症的人……拥抱那些衣着破烂、身上有虱子的穷人。"虽然她表达仁慈的方式颇具表演意味，但是毫无疑问，她与人类经受的痛苦产生了共鸣。这成了一种使命。

四

但是这位广施恩惠的仙女也隐藏了一个小秘密，一个看起来没那么圣洁的小秘密。这是阿丽西娅·杜霍夫内·奥迪兹撰写的埃娃传中的重头戏，一段丑恶的猛料。

据传闻说，埃娃为了打击她的反对者，曾经下令拷打若干名在电话局工作的女性。显然，埃娃和她丈夫实施的酷刑尚不能和70年代末80年代初阿根廷的"肮脏战争"相提并论。然而，在第二个庇隆主义时期末段，他们从纳粹顶级专家那里获得了亲传的刑讯手段。这些纳粹党人处在阿根廷的庇护之下，得到了庇隆的热情收留。

从19世纪开始，阿根廷军队就对德军表现出了钦佩之情，在1929年阿根廷经济危机时期变得愈发明显。当时阿根廷的出口非常依赖英国，这对阿根廷来说是一种屈辱。希特勒崛起后，阿根廷与德国的关系更加紧密和牢靠。庇隆曾加入一个秘密军事组织，这个组织于 1943 年 3 月曾写下一份秘密宣言，坚定地表达了对纳粹德国的忠诚："今天，德国为人的生命染上了英雄的色彩，它值得效仿……希特勒的斗争，不管是在和平时期，还是战争年代，都将引领我们前进。"阿根廷政府将宝压在轴心国身上，直到最后一刻依然支持它们。1945 年 3 月 27 日，阿根廷对德、日宣战。按照庇隆将军的说法，这是为了拯救纳粹党人的生命。他成功了。据杜霍夫内的记述，在 1947 年仍有九万名纳粹分子在阿根廷过着无忧无虑的生活。

与庇隆相恋之后，埃娃搬到了一所豪宅之中。这所宅邸是庇隆将军的一个朋友、德国富豪鲁道夫·路德维希·弗莱德（Rudolf Ludwig Freude）所赠，他也是生活在阿根廷的纳粹代理人之一。这位富豪与另外三个分别叫道奇（Dörge）、冯·洛伊特（Von Leute）和施陶德（Staudt）的德国人将在一个至今仍然模糊不清的历史谜团中出现。杜霍夫内指出，他们的所作所为并没有完全被证实，但是她提供了基于数十个消息源和相关调查的大量证据，揭示了纳粹将财富转运至阿根廷的内幕。该行动发生在 1945 年纳粹德国崩溃的时候。两艘满载货物的德国潜艇将财宝运至拉普拉塔的码头上。至少有两份文件标明了这些货物的内容，其中重叠的部分有：数千万的美元及其他货币，两千五百一十一公斤黄金，四千六百三十八克拉钻石和不计其数的珠宝、艺术品和珍贵物品。这些财宝和艺术品都是从欧洲的犹太人手中掠夺而来，一度保存在德意志帝国银行。据说纳粹德国二号人物马丁·博尔曼（Führer Martin Bormann）将这项任务交给了希特勒的将领奥托·斯科尔兹内（Otto Skorzeny）执行。（按照杜霍夫内的说法）与往常一样，这项行动得到了梵蒂冈的后勤支持和掩护。据说，博尔曼本人亲自负责管理这批财富。但是难以了解这些传闻是否属实，因为也存在着相反的说法。就当时而言，据称弗莱德、道奇、冯·洛伊特和施陶德四人均为这笔财富的保管人。而根据多个信源，其中也包括斯科尔兹内自己的说法，这笔财富到达阿根廷的时间是 1948 年，而它们真正的监管者正是庇隆和埃娃夫妇。在整个事件中，庇隆都扮演着至关重要的角色。他对于纳粹的同情是众所周知的：根据一些说法，他曾经向德国驻阿使馆武官发送了八千本阿根廷护照和一千一百张阿根廷身份证。对于前来避难的纳粹德国空军成员，庇隆将军称之为"空中的正义党人"。为了回报他的慷慨帮助，纳粹在瑞士为他设立了账户，并在开罗赠送了他一座豪宅，庇隆曾于 1960 年在那里居住过一段时间。

到这里为止，埃娃的角色都是无足轻重的。但是随后，在她欧洲的"彩虹之旅"过程中发生了一系列奇怪的事情。在意大利的拉帕洛（Rapallo），她会见了一个梵蒂冈的高层人物。几乎在同一时间，一艘阿根廷籍的货船满载小麦在热那亚卸货。船上装载的只是小麦吗？埃娃继续着一段莫名其妙的混乱行程：里斯本—巴黎—蓝色海岸—瑞士—里斯本—达喀尔。她在瑞士停留了五天。在里斯本，她与被废黜的意大利国王翁贝托二世（Umberto II）有过一次长谈。杜霍夫内收集了各种线索，进行了一些专题性的研究，基于斯科尔兹内的证言做出了可信的推断：在梵蒂冈和翁贝托国王的协调之下，埃娃将一部分来自纳粹的财富存入了瑞士。埃娃的哥哥在她去世后一年也离世了，死因至今不明（据说是自杀，但是也可能是谋杀），这或许可以说明他是这个秘密账户的保管人。此前几年，1948—1952 年间，道奇、冯·洛伊特、斯陶德和弗莱德这四个德国人就已经去世了，很可能是纳粹高层下令处决的，以便于对这笔财富行使绝对使用权。据说，庇隆将一部分财富归还给了斯科尔兹内，但是历史的真相依然迷雾重重。杜霍夫内甚至推测，1994 年在布宜诺斯艾利斯犹太社区发生的爆炸案与汇集了纳粹在阿根廷人员网络和相关行动的文件有关。

有些事情则并不如此神秘，比如由于希特勒的关系，克罗地亚的种族灭绝行动得到了埃娃的直接帮助。1954 年，阿根廷克罗地亚社区的《选择》（Izbor）杂志写道："我们从欧洲的一个国家流浪到另一个国家，直到有一天我们的伤痛叩响了世界上最高贵的心门。她是埃娃·庇隆，我们在罗马遇见了她。"在被梵蒂冈庇护的、受到埃娃帮助获得国际红十字会护照或签证的战犯中，就有克罗地亚领袖安特·帕韦利（Ante Paveli）。他本应对罗伯尔（Lobor）、穆拉卡（Mlaka）、亚布拉那茨（Jablanac）等地的集中营中八十万死难者负责，却用假名顺利到达了布宜诺斯艾利斯，摇身一变成了一名神职人员。与他一道的还有他的同胞弗兰契奇（Vrančić）——希特勒曾授予他一枚勋章，表彰他的大规模种族驱逐计划。此外还有布兰科·本宗（Branko Benzon），他成了庇隆的私人医生。杜霍夫内说，这些流亡阿根廷的乌斯塔沙（ustachis）*与民族主义解放联盟（Alianza Libertadora nacionalista）和庇隆主义警察展开合作。他们不仅贡献了刑讯技术，甚至还在阿根廷完成了他们想做而没能做的事情。

杜霍夫内认真思索：埃娃可能因为她那与深不见底的野心一样夸张的无知而被原谅吗？一份尘封的证言排除了这种可能性。"我只是说出我亲眼看到的事情，"这位知情者说，"1955 年（推翻了庇隆统治的）解放者革命曾展示了庇隆和埃娃的个人财产。在这些物品当中，我发现了一个白银镶嵌的豪华首饰盒，它的盖子上是珍珠母材质的大卫之星。"很明显，这曾是纳粹的战利品。这位仙女教母再怎么无知，也不可能不明白这个东西有着怎样的含义。

---

* 克罗地亚法西斯团体。

五.

埃娃·庇隆的批评者们曾经说她"好事干得非常糟糕，坏事却做得非常好"。前半部分的说法是错的：埃娃出身贫寒，她设法和许多贫苦大众真诚地沟通，并短暂地帮助了他们。后半部分说的则没有错：庇隆主义的政治统治在各个方面都为拉美国家树立了反面典型，任何一个想对未来负责任的政府都应当引以为戒。

庇隆主义是一个反民主的完美教材。不管是激进公民联盟（Partido Unión Cívica Radical）这种自由主义反对派、社会主义和共产主义团体，还是持不同政见的工会组织，均受到了系统的压制迫害。官方和民族主义报纸，包括有纳粹倾向的《德意志拉普拉塔报》（Deutsche La Plata Zeitung），都可以享受慷慨的免税政策。而自由媒体离消失只有一步之遥，政府虚伪地宣称是因为资源稀缺，向这些媒体限量供应新闻纸，强迫它们接受亲政府派的收购或是征用，在一些情况下甚至直接将其粗暴关停。一位企业家曾为埃娃收购了海恩斯（Haynes）出版集团（拥有十家报纸和杂志）51%的股份，剥夺了集团在全球范围的独立发行权。布宜诺斯艾利斯大学曾经多次被干预，并被逐步剥夺了自治权。历史学家图略·埃尔珀林·唐希（Tulio Halperín Donghi）回忆："庇隆英武的形象和他妻子天使般的形象包裹在精致的粉红色云朵之中，开始在小学的阅读课本中出现。"一个叫劳尔·阿波尔德（Raúl Apold）的戈培尔仰慕者打造了一架庇隆主义的宣传机器。他的办公室喊出了这样的口号："庇隆履行诺言，埃娃给你尊严。"他们发明了公共竞赛和群众参与的游戏，其中的恶人总是反庇隆主义者。

阿根廷当时最具法西斯做派的行为是成立调查委员会，专门调查"反阿根廷活动"（实质上就是反庇隆主义活动），审查文章，关押作者。知识分子受到迫害：《南方》杂志的杰出编辑、作家维多利亚·奥坎波被投入监狱。这本杂志曾经在几十年间出版了西班牙语世界最优秀的文学作品。博尔赫斯的母亲也遭遇了同样的不幸。*博尔赫斯自己则先是从国家图书馆被开除，继而被任命为布宜诺斯艾利斯市场的禽类检查员。即使对政府的一点点批评，广播电台也不允许播出。贝尔格拉诺广播电台，那个埃娃曾经扮演知名女性的地方，后来成了她的私人财产。当时的音乐家、舞蹈家、歌唱家如果没有表达政治热情，都会受到压制。而那些御用文人则享受着前所未有的飞黄腾达。

庇隆和埃娃夫妇准确地遵循着西班牙古老的权力传统，表现得像是阿根廷唯一且合法的主人。整个杜阿尔特家族都因为埃娃的庇护而发迹：兄长胡安成了庇隆麾下有权有势、腐败透顶的秘书；她的姐夫们一人当了参议员，一人当了海关署长，还有一位当了法官。国会成了庇隆和埃娃的附庸，他们可以轻易撤销国会的议员豁免权。有一次埃娃到访最高法院，首席大法官礼貌地请求她不要坐在他身边，因为那是给法官预留的区域。他请埃娃坐在公共区域，和他的妻子坐在一起。作为报复，埃娃将他逐出了最高法院，随后还清洗了司法系统。在她的人生末期，她谋求参选共和国副总统职位。但是这一次庇隆迫于军方压力拒绝支持她的诉求。如果她能够活得久一些，会不会有可能策划推翻她的丈夫？也许，她扮演过叶卡捷琳娜二世并非只是一种巧合。

* * *

民粹主义本身是一个中性词汇：无论意识形态如何，任何体制只要宣称为大多数穷苦人服务，由权力机关的最高层直接向民众发

---

* 博尔赫斯母亲被软禁在家中，妹妹被投入监狱。

出呼吁，都可以利用民粹主义。庇隆主义应该是拉丁美洲第一个民粹主义政权，它至少有三个特点：对大众的垂直动员；透支国家生产能力以满足社会需求（在经济上会带来灾难性后果）；除此之外，最突出是对领袖的个人崇拜，在阿根廷即对胡安和埃娃·庇隆的崇拜。庇隆主义将社会大众引入了国家政府的堡垒之中。从这个意义上讲，它与墨西哥政权在 30 年代提出在组织结构中引入工人组织的做法并没有很大不同。但是庇隆主义并不借助任何意识形态或是左派倾向，它是一种垂直的分配行为，由官方的宣传和社会仇恨推动。它扭曲了数十万人对经济责任的理解，使大众习惯于"坐等救助"。

考迪罗主义是拉丁美洲大陆上最古老的政治弊病，与阿拉伯酋长制度和西班牙收复失地战争遥相呼应。它将所有权力都集中在一个男人身上——对这次的特殊情况而言，是集中在一个女人身上——一个拥有超凡魅力的人。在这种模式下，领袖的所有个人激情（创伤、固执、冲动等）都将被转化为这个国家的历史，成为权力的传记。这种现象几乎出现在拉美的所有国家——特别是 19 世纪以来一直到现在的墨西哥——但是阿根廷的庇隆主义存在于一种特别的语境中。因为埃娃和庇隆的权力除了会遭遇军队偶尔的否决外几乎不受到任何制度上的限制。埃娃把阿根廷变成了她个人电影的舞台。

但是庇隆主义的地位是如何得以保留下来的？ * 答案可能在于埃娃迫使阿根廷的精英阶层认识到了穷人和社会不平等的存在，庇隆时期实施过的各种夸张的帮扶项目已经深深刻入了穷苦人的记忆中。埃娃留下的"彩虹之旅"也具有意识形态上的深远意义：仅仅在十年之间，她就从一位右派民粹主义的女神变成了左派马克思主

---

* 本书成书于基什内尔夫妇执政时期。

义的标志。"如果埃娃还活着，她将成为起义的力量。"70 年代的阿根廷游击队员认为。这么说有道理吗？历史很难假设。但"历史这个娼妓"（庇隆语）给出了一个令人毛骨悚然的答案：在 70 年代的肮脏战争期间，很多庇隆主义的左派被折磨致死（包括几千名无辜的男女），杀害他们的正是纳粹继承人——庇隆主义右派。

从严格意义上来讲，庇隆主义并不是军事独裁。它允许选举，也未能消除分歧和不同政见。但是庇隆主义会削弱和歪曲政治体制和公民自由，还存在另一个严重的弱点：沙文主义。沙文主义实质上是对自己国家在国际社会中的处境和命运的高估。而且，沙文主义传播国家间的仇恨。阿根廷地大物博，拥有一群受过良好教育的国民，民族之间不存在严重的不平等，原本可以专注于平衡发展，不榨干它的农业，不严重依赖它的工业，不因国有化引起大的动荡，不浪费它积累的物质和文化财富。但是阿根廷迷失了方向，怀着完全自给自足的错误梦想，病态地沉迷于对抗盎格鲁–撒克逊世界。兜售这种意识形态毒品的主要就是庇隆主义，它让他的民众处于一种傲慢的情绪之中。他们迟早会从这种傲慢中清醒过来，陷入迷茫，失去安全感，甚至会自杀。

民粹主义者、考迪罗主义者、沙文主义者（以及并非完全无意识的亲纳粹派），埃娃是 20 世纪最伟大的女性煽动者。她代表了拉丁美洲对于伊比利亚地区一些良好的基督教传统的继承，坚持旧有的分配正义，成为世界慈善史的重要注脚。但更确切地说，这位两次为好莱坞所造就的女主角，与她的丈夫一起成了这一传统和 20 世纪的悲剧中最糟糕的部分，成了博尔赫斯《恶棍列传》（*La historia Universal de la infamia*）中的一个章节。

切·格瓦拉

愤怒的圣徒

一

"你们也要时不时记起（我）这个 20 世纪的小雇佣兵 *啊。"
1965 年 3 月，在动身去玻利维亚投身他最后一段非凡的冒险之前，
切·格瓦拉在给父母的信里写下了这句话。他决然奉献一生来实现
的革命；他一心想要建立、最终却没能实现的共产主义乌托邦；他
憧憬燃起两三场或更多场越南式战争的烽火，但最终未能成真；成
千上万的年轻男女循着他的道路上山打游击，希望将自己塑成"新
人"或是在中途牺牲；游击战争和镇压行动带来的鲜血和创伤后遗
症——在 1956 年 11 月 25 日以前，这些事件的印记在历史中依然
模糊。在这一天，格瓦拉、菲德尔·卡斯特罗和一队伙伴一起从墨
西哥的海湾出发，踏上了前往古巴的旅途。西班牙语的美洲预示了
将出现格瓦拉这样的人物，这种预示甚至具有某种程度的宗教意味。

---

* 亦有译本译为"征人"。

他在正确的时间、正确的地点、正确的时机现身。从那一刻起，不仅仅是西班牙语美洲，整个世界都将有充分的理由记住这个"20 世纪的雇佣兵"。

如果不考虑此前拉丁美洲反美主义的发展，就很难理解这些革命年代的出现。这种不满在次大陆中分布得并不均匀。在南锥体地区，因为受恩里克·罗多的《爱丽儿》影响，可以发现这种理念更多体现为一种文化冲突：西班牙裔美洲人对抗盎格鲁－撒克逊裔美洲人，如同爱丽儿对抗凯列班。中美洲和加勒比地区与此不同，那里的对抗更加直接和实际。特别是自 1898 年以来，美国的军事、政治和贸易存在一直在增加直至难以遏制。这里的矛盾冲突是实实在在的：如何与这股巨大的力量斗争，如何引导、限制，最终战胜它。也许没有其他国家像古巴一样深入体验过这出剧目。

依照墨西哥自由主义历史学家丹尼尔·科西奥·比列加斯的研究，从 20 世纪初至 20 世纪 50 年代，在许多古巴人的集体记忆中，多种屈辱是重要的组成部分，如美国军队在美西战争后滞留于古巴、普拉特修正案（该修正案为美国干预古巴内政与外交事务、将关塔那摩［Guantanámo］监狱让渡给美国海军打下了基础）等。然而更深层的问题则在于在外交、贸易利益方面对美国完全的、耻辱性的迎合和准许。即使在西奥多·罗斯福总统任内，也有三位部长在古巴有直接的经济利益。1922 年，一位古巴记者就曾说过："对于美国佬的厌恶迟早会成为古巴人的宗教信仰。"在这样的背景下，科西奥·比列加斯在 1947 年提出了一个令人惊异的预言，在十二年之后成了现实：

> 因此，在西语美洲有一种对美国的不信任和仇恨，它沉睡着，犹如死水一般，被层层遮掩了起来。如果有一天，在所有西语美洲主要国家的政府的宽容和默许之下，有四五个煽动者

掀起谴责和仇恨美国的运动，那么整个拉丁美洲都将在焦虑中鼎沸，将可以面对一切。极度的失望和燃烧的恨意将使这些看似唯命是从、微不足道的拉美国家无所不能：收留和激励美国之敌，甚至变成美国最激烈的对手。到了那时，再也没有什么能够使它们屈服，再也没有什么能够将它们吓倒。

在第二次世界大战结束之后，拉美自由主义者已然是凤毛麟角。这个时期只剩下了极左和极右两种思潮，而两者都瞧不上所谓的"盎格鲁-撒克逊民主"。富兰克林·罗斯福（Franklin D. Roosevelt）的睦邻政策和短暂的泛美主义虽赢得了暂时的支持，但随着冷战的到来，拉美的意识形态发生了融合，形成了类似于 19 世纪的局面：落败的亲德右派和马克思主义左派基于西语美洲的民族主义而合流。

美国就像何塞·马蒂多次警告的那样，根本无意于理解他们的邻居，更不用谈尊重了，它看不上自己的潜在盟友和这些地区的民主领袖。在这些领袖之中，最为杰出的要数罗慕洛·贝坦科尔特（Rómulo Betancourt）。从 1929 年以来，贝坦科尔特就在祖国委内瑞拉为民主而斗争，该国自玻利瓦尔时代至 1947 年间连一次民主大选都没有举行过。在三年的总统任期（1945—1948）过后，贝坦科尔特将权力移交给民选总统、作家罗慕洛·加列戈斯（Rómulo Gallegos），可惜民选政府很快就被军事政变推翻。美国不出意料地选择支持马科斯·佩雷斯·希门尼斯（Marcos Pérez Jiménez）将军，艾森豪威尔曾于 1958 年在华盛顿因为他"对民主的贡献"而为他颁奖；同时美国以所谓"共产主义者"为借口驱逐了贝坦科尔特。这种祸患不仅出现在政治舞台上。1953 年，科西奥·比列加斯认为"迟到的民族主义革命"即将引发危险，并准备了一场在约翰·霍普金斯大学（Johns Hopkins University）的演讲，主张"只要拉丁美洲的条件理想"，就可以搞共产主义。但是因为他被美国拒签，这篇演讲并未当众宣读。

直到这股仇恨的包围网合拢，美国政府都未曾明显意识到。或者即使他们意识到了，采取的行动也适得其反。以1954年的危地马拉为例，在中央情报局的公开支持下，卡洛斯·卡斯蒂略·阿马斯（Carlos Castillo Armas）上校以暴力手段推翻了改革者、民族主义者哈科沃·阿本斯（Jacobo Arbenz）执掌的合法民选政府。在危地马拉的街头、工会和教室里，同日后的古巴革命里一样的火种被悄悄点燃。与此同时，一位二十六岁的阿根廷医生埃内斯托·格瓦拉正在密切地关注事件进展，他为危地马拉人民没能武装起来感到遗憾，为阿本斯政府"就像西班牙共和国一样……同时从内部和外部被背叛"感到可惜。格瓦拉下结论说："是时候以血还血、以牙还牙了。如果一定要牺牲，也要死得像桑迪诺，而不是像阿萨尼亚（Azaña）一样。"他这里指的是在拉丁美洲第一个反对帝国主义的游击军首领、后来被独裁者索摩查暗杀的尼加拉瓜领导人，以及西班牙共和国的最后一任总统，他在西班牙内战失败之后远走法国，在巴黎宣布辞职后去世。

这位阿根廷医生刚刚完成了一场贯穿整个西语美洲的漫长旅途。他相信："总有一天，征服和压迫殖民地世界的黑暗势力一定会被击败。"在他身上，一种"由于美国佬对待拉丁美洲的方式"而产生的愤怒"不断生长"。虽然他没有读过《爱丽儿》，但是在他长大的科尔多瓦城的文化缩影里，他感受到了一种氛围，这是他的反美主义思想最初的来源。这种态度表现为对于"扬基文化"的蔑视。格瓦拉使用过"Gringo"*这个更具贬义的词。埃内斯托思想的另一个来源应该是西班牙内战期间自己的家庭氛围。当时他只有十岁，但是已经接待过来自西班牙的难民了。他的姨夫是西班牙内战

---

* 拉丁美洲俚语，泛指"外国佬"，但一般指代美国人，含贬义，多译为"美国佬"。

的特派记者，他因此能够原汁原味地听到那些苦难故事。

二

埃内斯托·格瓦拉·德·拉·塞尔纳出生于 1928 年 6 月 14 日（事实上格瓦拉出生于 5 月，延后登记日期是为了掩盖他母亲未婚先孕的事实）。他的父母都来自社会中上层。他一生敬爱的母亲赛丽亚·德·拉·塞尔纳是殖民时期秘鲁皇家总督的后人，在二十一岁时继承了大量的遗产。而他的父亲埃内斯托·格瓦拉·林奇（Ernesto Guevara Lynch）拥有西班牙和爱尔兰血统，是阿根廷最有权势人物的曾孙辈。虽然林奇家族在 20 世纪有所衰落，但是直到 20 年代夫妇两人的生活依然优渥。他们的家族（尤其是母亲一系）有亲近左派的传统。格瓦拉非常佩服阿尔弗雷多·帕拉西奥斯。帕拉西奥斯是一位律师、社会主义者，同时活跃于议会和事务所，致力于保护劳工的利益。

由于父亲一直进行着高风险的商业投资，格瓦拉的家族不停地搬家。有一段日子，格瓦拉的父亲在雨林地区置产，成了一座马黛茶庄的主人。这个地区的印第安原住民后来记得这位"好人"，但是当时的生意还是由于经营不善难以为继。由于 1929 年全球经济大萧条的影响，赛丽亚的遗产收益也受到了冲击。雪上加霜的是，这个家庭不仅经济状况堪忧，在情感上也遭受了重大打击。他们的大儿子埃内斯托因为落入冷水而患上哮喘，成了他一生的困扰和激励因素。从非常年幼开始，哮喘就常常将他逼到窒息边缘，让他只能一动不动躺在母亲的胸口上。因为担心自己的儿子夭折，父母把家搬到了空气质量更好的科尔多瓦。在这里，埃内斯托逐渐长大。由于哮喘，他的童年不是在接受注射治疗，就是在接受吸入式治疗，无法按时上学。在他因病被迫休息的日子里，埃内斯托可以尽情徜祥于各种游记之中：路易斯·史蒂文森（Robert Louis Stevenson）、杰克·伦敦（Jack London）和儒勒·凡尔纳（Jules Verne）的全部二十三部作品。

但是年轻的埃内斯托并没有屈从于疾病带来的限制，他凭意志把自己从身体的困境中解放了出来。他投身于一项在当时的阿根廷还属于权贵阶级的运动——英式橄榄球。为了埃内斯托的健康，他全家还会在空气清新的山谷俱乐部住上一阵。埃内斯托在那里尝试过高尔夫球。他编辑和出版了阿根廷第一本橄榄球杂志《擒抱》（Tackle），并且以"Chang-Cho"作为笔名。这一笔名源于西班牙语单词"chacho"，意思是"猪仔"，是格瓦拉童年时的外号之一，原因是他不敢接触冷水。他曾经在圣·伊西德罗俱乐部打球。时光荏苒，埃内斯托成长为一个潇洒不羁的年轻人，作风和身边古板的上层人截然不同，得到了许多女孩的青睐。

由于他比赛时十分勇猛，他的橄榄球队友戏称他为"愤怒的塞尔纳"。对于哮喘病人而言，橄榄球是最为艰苦的运动之一，因为这项运动不仅需要像踢足球那样不停跑动，还要求美式足球的爆发力。而埃内斯托·格瓦拉明显缺乏这项运动所需的身体条件——他的身材因患病而矮小纤弱。但在另一方面，英式橄榄球是一项团队运动，要求队员具有责任心，每个人必须时刻坚守自己的位置。如果阵型出现破绽，可能会导致队友受伤。这种纪律性营造了一种团队精神和独特的忠诚感。橄榄球运动员必须能够忍受并征服痛苦和疲劳。理想的运动员无论是手指受伤还是肋骨骨折，都要继续比赛下去。虽然这是英国公立学校的男孩最喜欢的运动，但实际上它的起源更为平民，英式橄榄球国际锦标赛*的队伍无不极有男子气概。这项运动需要的韧性、纪律、服从和协作，给了格瓦拉很大的教益。

---

* 南半球最大的英式橄榄球国际比赛。

对于年轻的埃内斯托而言，轻微的哮喘也会造成巨大挑战。有时他会突发哮喘，因为无法呼吸而被迫离场。用吸入器呼吸几分钟之后，他就转身再次投入球场，冲向比他更加高大强壮的小伙子，一起翻滚在运动场的泥巴里。在某种意义上，橄榄球运动成了少年埃内斯托的培训学校，为他的未来在身体上和政治上打下了基础。尽管直到去世的那天格瓦拉也没能摆脱哮喘的侵扰，但这段经历确实成功提升了他的身体素质。

靠意志力与困难做斗争成了格瓦拉的座右铭。由于他有长期患病的经历，加之母亲长年与癌症搏斗，祖母病逝时床边的他感到无助，他选择了医学作为自己的专业。他学习很好，但并未进一步学以致用。他喜欢阅读，从朋友古斯塔沃·罗加（Gustavo Roca）家中借了很多书来读，他们的友谊持续了一生。古斯塔沃的父亲德奥多罗·罗加是 1918 年科尔多瓦大学改革的思想领袖，曾提出了"完整的人"理论。我们知道埃内斯托·格瓦拉会把自己读的书分享给他的朋友蒂塔·因方特（Tita Infante），她也和他分享了阿尼巴尔·庞塞（Aníbal Ponce）的《资产阶级人文主义和无产阶级人文主义：从伊拉斯谟到罗曼·罗兰》（*Humanismo burgués y humanismo proletario: de Erasmo a Romain Rolland*），这本书对格瓦拉的思想产生了不可磨灭的影响。庞塞认为，"建立新的主观性"是社会主义的责任，要将社会主义和共产主义视为建设"一种全新文化和一种完整、全面、没有残缺、全新的人"的永恒过程。这种创新个体的热切想法必须配合着另一部分的冲动表述：求知、拓宽视野、亲身体验我们的美洲的需求。

* * *

虽然他一直在书中畅游——这里所指的当然不止游记，还有西

班牙语和法语文学、诗歌和小说——但他在很年轻的时候就开始了
真正的旅行。他骑着摩托车，在一个朋友的陪伴之下游历了阿根廷
的北部和西部。后来他又扩大了行动范围，乘船前往巴西、特立尼
达和多巴哥、委内瑞拉等地。在路上他随身携带着一本旅行笔记，
经常给父母和恋人写信。他有过几个非常漂亮的女朋友，但也想从
她们身边逃离。他有一次写道："性爱是一个小小的麻烦，需要时
不时分散一下注意，如果不这样性爱将失去意义，充斥在生活中的
每时每刻，造成很多困扰。"最初，他的旅行并没有明确的方向和
目的。后来，他的旅行和学习逐渐有了共同的目的：直面和减轻人
类的痛苦。他曾经访问麻风病院，并留在那里工作。他梦想着成为
一个治疗过敏症的知名专家。在早期的旅行中，他曾经写下了一句
令人费解的话："我注意到在我心中有一个东西在日常的喧嚣中成
长，并且逐渐成熟，那就是对文明的厌恶。"他这里所指的"文明"
是物质文明。但是他最终凭自己的意志和想象力发现和认识了西语
美洲。与北方高傲的巨人相比，这里天地辽阔，却又苦难遍地。

　　1952 年初，他开启了更加雄心勃勃的旅程。在旅途中，欣赏风
景退让于医学和意识形态之后。他想认识西语美洲的版图，认识这
版图上的痛苦，医治这种痛苦。在玻利维亚，他发现了"荒谬的等
级制度"的存在。奇妙的是，这是格瓦拉第一次与维克多·帕斯·埃
斯登索罗（Víctor Paz Estenssoro）*共处一片土地。在去马丘比丘
（Machu Picchu）的路上，他在日记里写道："秘鲁是一个还没有摆
脱殖民地命运的封建国家，仍在等待一场真正的解放革命的洗礼。"
在这段旅途中，他像往常一样，热情地在麻风病院工作，并为对抗
自己的疾病在亚马孙河中游了四公里。

　　当他在秘鲁的时候，他认识了秘鲁麻风病治疗中心的主任乌

---

* 玻利维亚政治家，曾经三次出任玻利维亚总统。

戈·佩斯塞（Hugo Pesce）医生。他是马里亚特吉的朋友，思想也比较激进。他是秘鲁社会党的联合创办人之一，为马里亚特吉的杂志《阿毛塔》撰写文章，是马里亚特吉1929年派往阿根廷共产国际大会上的代表之一。佩斯塞将对切·格瓦拉的思想产生直接的影响。若干年后，格瓦拉给他寄了一本《论游击战》（*La guerra de guerrillas*），并写道："致乌戈·佩斯塞医生。也许您可能不知道，您使我的生活态度和社会观念发生了巨大转变。您让我永远以冒险家的热情关注美洲的需求。"佩斯塞向他介绍了马里亚特吉的作品，格瓦拉被这些作品深深吸引。马里亚特吉给格瓦拉带来的不仅是马克思主义，还有对印第安人的特殊关怀，对土地最初所有者的共产主义所有制观念，以及建设新文明的种族保证。

在秘鲁的经历是埃内斯托·格瓦拉生命中重要的转折点。比如，这个年轻的阿根廷医生旅行的目的本来是成为一个伟大的过敏学医生。但实际上他在日记中几乎从未写到自己的医疗实践。他提过自己的哮喘病，只有少数几次提到了麻风病，而且他关于这个话题写的并不是医疗问题，而是政治问题。他曾数次提到与佩斯塞医生的谈话，但他们是以革命者的身份在谈话，而不是以医生的身份。此外，阅读马里亚特吉消除了他无意识的种族歧视。切在更年轻的时候一度认为："那些黑人总是懒惰又异想天开，把钱都花在了干蠢事上，或者干脆喝酒喝掉。而欧洲人勤劳节俭，他们把这样的传统带到了美洲的各个角落，哪怕是放弃个人欲望，也要推动美洲的进步。"在他之后的写作中就再也没见过这样种族歧视的说法了。

结束了那次旅行之后，格瓦拉在迈阿密（Miami）度过了一段短暂而不愉快的时光。回到阿根廷之后，他很快完成了医学学业，并将视野真正转向了"美洲"。危地马拉的阿本斯倒台后，格瓦拉不知不觉迈入了他的命运之门。当时，他更加系统地了解了马克思主义，对苏联心生敬仰（这种态度后来弱化了）。他不仅亲身感受

到了扼杀拉丁美洲的社会痼疾，发现了致病的直接原因——"那些
长着一头金发、工作效率极高的统治者：美国主子"，同时还找到
了唯一的治疗方法：在农民武装的支持下发动一场民族主义和社会
革命。他所说的革命，指的是他在拉巴斯（La Paz）街道上见到的
那种。他在哥斯达黎加的香蕉种植区写道：

> 我曾经有机会进到联合果品公司的地盘里面，见识到了这
> 些资本主义八爪鱼有多可怕。我曾在一张悲伤的老年斯大林同
> 志照片前起誓，不消灭他们我绝不罢休。

当他和委内瑞拉自由派政治家罗慕洛·贝坦科尔特会面时，格
瓦拉提出了一个冷战时期的热门问题：如果美苏之间爆发战争，你
会支持谁？贝坦科尔特选择了华盛顿，埃内斯托当着他的面斥他为
叛徒。而当时美国政府却认定贝坦科尔特是共产主义者。

* * *

在危地马拉的经历是理解他战斗精神的一个关键背景。他恨
这个国家选择不战而降。他呼吁武装斗争。同时，他也感到非常沮
丧。在危地马拉被阿本斯吸引而来的众多年轻激进分子中，他被秘
鲁的流亡者伊尔达·加德亚（Hilda Gadea）所吸引，后来她成了他
的第一任妻子。伊尔达比埃内斯托大三岁，政治经验更丰富，但是
缺少像他那样的激情。1954年4月，他在给母亲的信中写道："我
正在和伊尔达·加德亚同志进行一场无休止的讨论，她是一位阿普
拉党的姑娘。我正在用我特有的温柔试图说服她远离那个肮脏的政
党。她至少有一颗金子般的心。"他们两人一个信奉激进的马里亚
特吉，一个推崇温和的阿亚·德拉托雷，两人的关系更多是与思想

和政治相关。格瓦拉想给他与伊尔达的第一个孩子起名叫弗拉基米尔（Vladimir）。在阿本斯政权被推翻后，素有收容政治流亡者传统的墨西哥为这对年轻的情侣和其他危地马拉军事政变的难民提供了庇护。他就是"四五个煽动者"中的一员，他将"煮沸"拉丁美洲这口大锅中的焦虑与仇恨。在此之前，他已经认识到了自己命运的图景：

> 美洲将成为我冒险的舞台，这冒险比我此前以为的重要得多。我想我真的已经明白，并深刻感受到，我作为一个美洲人具有不同于世界上其他任何族群的特质。

"那时候的格瓦拉有一种波西米亚的气质，非常幽默，常常打赤膊，走路的姿势是典型的阿根廷风格，样子很嚣张。他有点扬扬自得，有着小麦色的皮肤，身材中等但肌肉发达，烟斗和马黛茶从不离手。他擅长运动，却又患有哮喘，崇拜斯大林，却也喜欢波德莱尔，醉心诗歌，也热衷马克思主义。"这是当时的记者卡洛斯·弗兰基（Carlos Franqui）对埃内斯托的完美描述。这位记者被古巴的"七二六"运动 * 组织派往墨西哥与菲德尔·卡斯特罗联系。当时，卡斯特罗攻打蒙卡达（Moncada）兵营失败，流亡到了墨西哥。多年以后，弗兰基将在古巴革命早期的古巴文化生活中扮演非常重要的角色。

1954 年底，切来到墨西哥，在那里一直生活到了 1956 年底，也就是格拉玛号（Granma）从韦拉克鲁斯海岸的图克斯潘港

---

* "七二六"运动，1953 年 7 月 26 日，卡斯特罗率领革命军以抢夺武器和推翻巴蒂斯塔政权为目的的攻打蒙卡达兵营，以失败告终，卡斯特罗被逮捕，后流亡墨西哥。1955 年，卡斯特罗组织了以攻打蒙卡达兵营的日子命名的革命组织"七二六"运动组织，领导古巴人民进行反独裁斗争。

（Tuxpan）起航的那一年。在墨西哥举办泛美运动会期间，他曾担任体育摄影师；后来他在医疗中心作为治疗过敏的医生执业。他的同事记得，他虽然医疗知识有限，但是充满热情。他的病人很喜欢他。他在墨西哥和伊尔达结了婚，诞下一个女儿，他走遍了墨西哥，刷新了对这个国家的印象。他在那段时间的信件里有一百六十一次提到他的各种旅行经历。他爬火山，访问玛雅地区，还梦想去巴黎，甚至打算"如果有必要的话，可以游过去"。他是一个"游侠骑士"、一个"朝圣者"、一个"无政府主义的灵魂"、一个"极端的流浪者"，一个拥有"广阔视野"的人。突然间，他遇到了一个能够让他在旅途中停下来的人。他们的谈话几乎持续了十个小时：

> 菲德尔·卡斯特罗令我印象非常深刻。他是一个超凡之人，他面对和要解决的都是一些不可能的事。菲德尔有一个很坚定的信念：如果他踏上回归古巴的旅程，他必将抵达。一旦抵达古巴，他必将战斗。一旦他投入战斗，他必将得到胜利。

就在那一晚，切决定以医生的身份加入未来的远征军。既然决定踏上革命的冒险之旅，也就需要确立政治意识形态。在这个生命的"新阶段"，他阅读了"圣·卡洛斯（卡尔·马克思）的主要作品"，公开支持苏联介入匈牙利局势，宣称对苏联共产党第二十次代表大会的批评是"帝国主义的宣传"。他开始学习俄语，与克格勃在苏联驻墨使馆的代表尼古拉·列昂诺夫（Nikolái Leonov）成为亲密的朋友。他不仅如饥似渴地阅读列宁和马克思的作品，还试图为他们创作诗歌：

> 在新国家的号角声中，
> 一股潮流向我扑面而来，

那就是马克思和恩格斯之歌。

抛开他写作的文学水平不谈——无疑，他日记的水平是要好过诗作的——在他的诗歌里，切表达了自己最为私密的体验。他曾经考虑过写一本关于拉丁美洲"社会医学"的书。现在他要把行医升华为革命实践。一个叫玛丽亚的老妇人因哮喘入院，死在了他的身旁；她临死前，格瓦拉紧紧握着她的双手发誓："用低沉而浑厚的声音述说希望／用最浓烈的赤色进行复仇／让你的子孙生活在曙光之中。"*哮喘似乎是拉丁美洲痛苦的隐喻，美国是带来痛苦的病因，革命则为治愈的手段。

菲德尔领导的反叛者秘密地从事划船、格斗、体操、登山和长途奔袭的训练。他们在墨西哥城附近租了一个牧场，在那里他们可以不受干扰地练习射击。在这些人当中就有患有哮喘病的格瓦拉医生，他就像当年练习橄榄球的那个"愤怒的塞尔纳"一样，取得了优异的成绩。他毫不意外地成了小组中最好的射手。墨西哥警方发现并逮捕了他们，计划将他们引渡到古巴。此时，墨西哥前总统、社会和民族主义改革者拉萨罗·卡德纳斯出面斡旋，帮助菲德尔·卡斯特罗脱离险境。卡德纳斯说服了时任墨西哥总统的鲁伊斯·科蒂内斯（Ruiz Cortines），称赞卡斯特罗是"性情刚烈的青年知识分子，身上流着战士的血液"。格瓦拉有一首诗是专门献给这位战士的——这么做确实有点肉麻——诗的名字叫作《菲德尔之歌》（Canto a Fidel）：

前进吧
热情的曙光预言家

---

* 格瓦拉的诗歌创作之一，题为《老玛丽亚》（Vieja María）。

　　沿着没有边界的隐秘小路

　　去解放我们热爱的绿色凯门鳄 *……

　　除了格瓦拉本人和菲德尔的弟弟劳尔·卡斯特罗（Raúl Castro）之外，远征队并没有宣称自己是马克思主义者。他们是"游击队"，这一概念源自 1808 年在西班牙袭扰拿破仑入侵者的非正规军。切作为非古巴籍的参与者，也有这种古老的精神。他有点像那位穿越大西洋、为了墨西哥的独立而反抗自己国家暴政的哈维尔·米纳将军，也与驰援希腊人对抗土耳其的拜伦勋爵有些相似：在诗人们看来，战斗是诗歌的最高形式。

三

　　在马埃斯特腊山脉（Sierra Maestra）的战斗中，切树立了一个公平、勇敢、有能力的领导者形象。作为一名军事指挥官，他纪律严明，严于律己。历史学家休·托马斯说："他是一个吝啬鬼和苦行僧，打仗冲在最前面，救人冲在最前面，牺牲也冲在最前面。"卡洛斯·弗兰基回忆：

　　　　很明显，切是个独一无二的人。他凭借自己的天赋、意志与勇气……把一群手持破铜烂铁的病夫训练成了整个山脉第二强的游击队。他是第一个下到平原打游击的人。他在翁布里托（El Hombrito）开创了第一片解放区……他并不多愁善感，但他始终记得士兵也是人。

---

* "绿色凯门鳄"是尼古拉斯·纪廉（Nicolás Guillén）诗歌中对古巴的隐喻。——英译本注

　　但他同时也是严厉无情的，许多与他合不来的人都指出他极端
严厉、"暴虐无常"。在马埃斯特腊山脉发生的一些极端案例被传记
作家乔恩·李·安德森（Jon Lee Anderson）如实地记录了下来，
描绘了一个与帕科·伊格纳西奥·泰沃二世（Paco Ignacio Taibo
II）创作的《切》（*El Che*）一书中的理想形象完全不同的格瓦拉。
安德森描述了切如何除掉一个告密者："这种情况对于人民和他本
人来说都是不合适的，所以切用一把 0.32 英寸口径的手枪从他脑右
侧打了一枪，解决了这个问题。子弹从右颞叶穿出，他喘息了一会
儿，然后死掉了。"如何向别人下达杀人的命令："最后，他们做好
了抵御进攻的准备，把奥索里奥（Osorio）交给两个人照看。这两
人'已经收到命令，那边枪一响，就把他干掉；两人严格执行了命
令'。"在记述这些事时，安德森写道："切往往把临阵脱逃视为背叛，
这些事件显示出的并不是革命的道义，而是他的强硬个性。""在马
埃斯特腊山脉的行军道路上遍布着告密者、逃兵和罪犯的尸体，他
们都是切下令处死的，有些还是切亲自动的手。"

　　在帕科·伊格纳西奥·泰沃的书中，我们可以见证切逐渐了解
古巴农民，并深入他们其中的"神奇光环"。切一直倾向于从他的
个人经验中构想出一种总体理论，他从这种真诚而偶然的同情中得
出了农民在革命中的作用。这种理论十分新奇，但同时也是错误的。
从 19 世纪俄国民粹主义开始，世界范围内的经验证实了农民群体
并不会与城市大学生群体抱持同样的理想。也许是由于卡斯特罗革
命中民族解放的承诺（在某种形式上得到了实现），古巴乡下人成
了例外，对革命给予了支持。但是不要忘记，马埃斯特腊山脉的农
民非常少，游击队在鼎盛时期只有两三千名战士，其中大多数人来
自城市的地下运动。将游击队的胜利归因于农民支持的想法，最终
让格瓦拉本人付出了生命的代价。

　　所有的古巴革命史专家都强调，切的哮喘在马埃斯特腊山脉的

持续斗争期间经常发作。一位农民老妇恰娜（Chana）记得一次发病的情景："他静静地站着，低沉地喘着气……看到一个如此强壮、如此年轻的男人这么痛苦令人难过，但是他不喜欢别人的同情。"他喜欢行动，喜欢释放肾上腺素来弥补他的病情，喜欢在橄榄球比赛中享受胜利，喜欢没命地猛攻。这个在赛场上的"愤怒的塞尔纳"成了马埃斯特腊山脉的指挥官，他直面死亡，他就是死亡的化身："我发现火药是唯一可以缓解我哮喘的东西。"他的身上始终有一种天真的心态，怀抱着 60 年代的理想。正如豪尔赫·卡斯塔涅达（Jorge Castañeda）常引用弗兰基的说法，"逃向未来"——逃向可能的死亡，避开痛苦的现实。

古巴的英雄们相信他们的荣耀将永远持续。他们将建成一个更繁荣、更公正、更自主、更自豪、更自由、更平等的古巴。但是在构造这个抽象的梦想时，切走在了他的同伴，走在了菲德尔·卡斯特罗本人（相比于切，卡斯特罗一直对政治现实保持着非常敏锐的感觉）前面。"这场战争彻底改变了我们，"切在给伟大的阿根廷小说家埃内斯托·萨巴托的信中写道，"再也没有什么能够像战争一样给人带来深刻的体验了。"胜利改变了一切，加深了他对个人理想主义的坚持，不接受任何来自现实的反驳。他绝对相信社会主义世界的优越性，特别是苏联相比于西方的优越性；他对美帝国主义抱有几乎是意识形态式的仇恨，甚至反对售卖和消费可口可乐；他相信革命经验可以被输出到整个美洲和第三世界国家。

一旦掌权，格瓦拉就试图借助"愤怒的塞尔纳"的精神，基于纯粹的理论将乌托邦付诸实践。他奉行的理论包括快速和全面的土地改革、没有任何经济补偿的强制征收、官僚集权、取消货币交易等等。他相信古巴能够得到社会主义阵营国家不加区别的、无条件的持续支持，从而在加勒比地区建设一个工业强国。即使现实没有按他想的那样发展，他也从不怀疑自己的前提，而是一心一意地对其进行深入挖掘。由于个人意志在生活中所发挥的核心作用，格瓦拉不允许自己的思想和行动之间存在裂痕。

革命胜利后，这个战争塑造的"新人"就开始展现出他最阴暗的一面。富尔亨西奥·巴蒂斯塔政府借着对民主进程的背叛上台，以残忍的手段镇压异己。这是每个专制者和独裁者的行径。然而，革命的残酷则是一把双刃剑。一方面，人们希望报复和处决暴君和傲慢的官员。但另一方面，最高政府对正义的渴求和期待使流血演变成新的血债：新政权不应该那么残暴。但是它却并没有做到。切掌管卡巴尼亚监狱（prisión de La Cabaña）时，与他共事的起诉案律师何塞·比利亚苏索（José Villasuso）后来回忆，他曾经听切说："不要拖延案子，这是革命，不要使用资产阶级的法律手段，证据是次要的。我们必须坚定信念：这是一群罪犯、杀手。另外，别忘了还有上诉法院呢。"

新生的古巴革命政权指控的数百人是巴蒂斯塔政权期间的战犯。在卡巴尼亚监狱中，切被认为是革命的最高法官。切行事不像法官，倒更像刽子手，多次不等法官做出审理就采取了行动。按照切的说法，冷酷无情是一种革命美德。在执行了数百场处决之后，在全古巴最美丽的女人阿莱伊达·马奇（Aleida March，后来成了他的第二任妻子，生了四个孩子）的陪伴之下，切从工作过度的劳累中恢复了过来，进入了革命生涯中最黑暗的阶段。接下来的故事就像一部布尔什维克老电影：他建立了有效的古巴安全系统，扼杀了媒体和大学校园中的政治自由；他厌恶独立的批评，在军队中进行意识形态的灌输（"古巴人民先锋队"）；他在瓜纳阿卡维韦斯半岛（Guanahacabibes Peninsula）成立了古巴的第一座劳教所："来这里的都是在革命道德方面或多或少犯了错误的人，他们接受处罚的同时，也通过劳动接受再教育。他们从事的是辛苦的工作，不是不人

道的苦工。"但同时被监禁的还有同性恋者、耶和华见证人、乞丐
和持不同政见者。

<h2 style="text-align:center">四</h2>

在逗留纽约的短暂期间，切曾经在诺曼·梅勒（Norman
Mailer）的家中说，在革命胜利之后，菲德尔·卡斯特罗明确表示
将由他的弟弟劳尔负责国防部。但是谁来负责经济部呢？他决定在
心腹会议上问大家："你们之中有谁是经济学家么？"切举起了手。
他被任命为古巴的经济领导人，后来又有人问他懂不懂经济，他惊
讶地说："经济学家？我只听到在问谁是共产主义者。"

切的传记作者也好，他旧日的同僚和下属也好，似乎在一件事
上看法一致，那就是切没有准备好承担起对古巴经济应负的责任。
从1959年11月开始，切开始管理古巴国家银行，在官方纸币上
签上了"切"的签名。他用管理军队的方式来管理银行，把几乎整
个银行管理层都赶走了。古巴中央银行前总裁萨尔瓦多·比拉塞卡
（Salvador Vilaseca）讲述过这样一段生动的逸事：

> 他被任命为古巴央行行长时，曾打电话给一个朋友，请他
> 来银行担任一个重要的职位。对方被这个职位吓到了，说不认
> 为他有资质承担这样的责任，因为他对银行业一无所知。切回
> 答说："我也什么都不懂，不是一样成了行长。"

总体来说，尽管埃内斯托·格瓦拉如饥似渴地阅读相关书籍，
但是他根本不明白自己投身的事业。大多数人认为，他的经济学知
识仅限于一些概念，而且常常混淆。豪尔赫·卡斯塔涅达在他的
《切·格瓦拉传》（*Compañero: Vida y muerte del Che Guevara*）一

书中详细描述了古巴经济政策的灾难，这些政策都是由格瓦拉构想出来并执行的。书中指出政策总体上缺乏经验，中产阶级损失惨重，美国禁运导致资源短缺，以及"他采取革命手段造成的管理混乱"。奇特的是，作者并未将经济失败归咎于切缺乏基本的经济常识、废除市场经济制度，或者导致所有社会主义阵营国家发生经济灾难的结构性本质。

后来，他担任了工业部部长，垂直管理不同行业的二百八十七家公司和十五万员工，涉及糖业、电话业、建筑业、印刷业，乃至巧克力工厂。他实施了在苏联 1918—1921 年的"战时共产主义时期"已经被证明欠妥的经济手段。格瓦拉虽然非常崇拜苏联，但对苏联的历史却并不了解。抑或他并没有把自己的阅读和实践经验联系起来。他阅读是为了逃向未来，并不是为了学习知识。他的经济政策使古巴经济陷入赤字，难以为继，生活必需品常年短缺，只能依靠配给。格瓦拉始终没搞清楚问题出在哪儿。但在未来的几十年里，来自苏联的巨额补贴掩盖了这一事实，至少掩盖了其中一部分结构性缺陷。

捷克斯洛伐克经济学家瓦尔特·科马雷克（Valtr Komárek，后来在 1989 年成为后共产主义时期捷克斯洛伐克联邦政府第一副总统）曾经在 1964—1965 年的紧张时期担任古巴经济顾问，并与切一起工作。科马雷克回忆说，格瓦拉虽然有着马克思主义的立场，却"非常了解美国经济"，但是格瓦拉并不相信社会主义阵营国家能够与资本主义国家在市场经济中展开竞争。"你看，科马雷克，社会主义经济就是垃圾，并不能将其称之为经济。"那怎么办呢？科马雷克认为，切·格瓦拉对经济前景的特殊性是这样看的："社会主义唯一的机会是它的道德价值，我们必须讨论道德动机，讨论人的生命。"他给科马雷克的答案非常切·格瓦拉：改造世界的意志必须比世界本身更加强大。这并不会是"愤怒的塞尔纳"最后一次逆现实而动。托马斯记述了切与法国农学家勒内·迪蒙（René Dumont）的谈话。在谈话中格瓦拉表示，他的目标是让劳动者有一种责任感，而不是追求财富。他批评了苏联当时正实施的以物质奖励鼓励劳动的做法。他后来拒绝"参与建立第二个北美社会"。

* * *

美国是古巴糖产品的大客户。在艾森豪威尔削减古巴糖进口额前不久，海明威说："我只希望美国不要削减糖配额，这样会把古巴拱手送给苏联。"实际上，当时古巴与共产主义阵营的关系是不可逆转的。1960 年春，美古关系愈发紧张，古巴政府在切·格瓦拉的建议下，与苏联、东德、捷克斯洛伐克等其他社会主义国家签署了多项合作协议。同时，古巴还开始对大公司和媒体实行零补偿的国有化改造。当年夏天，美古关系破裂：美国政府认为古巴革命政府正在与社会主义国家建立联盟（这一关系是在苏联和古巴一份糖业合作协议中提及的），决定减少古巴的糖配额。于是，菲德尔逼迫古巴的美国工厂为苏联提炼糖，自然遭到了这些工厂的拒绝。作为回应，古巴政府于 1960 年 7 月 6 日颁布第 851 号法令，强行将美国的财产和公司零补偿国有化。为此，苏联部长会议第一副主席阿那斯塔斯·米高扬（Anastás Mikoyán）为拯救古巴糖业，承诺在1960 年购入四十二万五千吨古巴糖，并到 1965 年每年进口一百万吨糖。同时，苏联向古巴提供工业转型的技术援助和一亿美元的贷款。木已成舟。自此，古巴被栓死在单一产业中，出产的糖全进了这个巨型新买家的茶杯。

这件事最惊人的地方在于，从经济角度来讲，古巴政府在 1959年之前就已经意识到要减少对制糖业的依赖。因为像巴西、澳大利亚这样的糖出口国此时已经开始争夺美国市场份额，美国自身的糖产量也在增加。切曾经说，美国的糖进口额是"帝国主义的压迫工具"，这话没错。但是这个问题的出路从来都不是以不变的单一产业服务另外一个国家，而是应该遵循市场规律，合理发展多样化的经济。卡洛斯·弗兰基是《革命报》(*Revolución*) 的前主编，后来成为最受欢迎的古巴异见人士之一，他于 1981 年在《近看卡斯特罗》(*Retrato de familia con Fidel*) 一书中写道：

> 古巴的牧场几乎可以正常供应本国所需的肉类和牛奶，它的土地本可以种植花生、蓖麻、向日葵，却要进口价值四千万美元的食用油。它可以生产谷物、土豆、香蕉……水果和蔬菜。它也可以增加水稻和棉花的产量，出口咖啡和烟草。

但是古巴并没有这样做。从一开始，古巴就只是彻底更换了一个买家，经济多样化的进程遭到阻挠，资源被过度集中于一个市场正在萎缩的行业。这样做的结果就是对苏联糖进口的绝对依赖。苏联的补贴非常慷慨，但却违反经济规律，因为全球的糖价都在下降。古巴每年的糖产量高达八百万吨，但是在与苏联合作的历史时期中，大部分糖都运往了苏联和社会主义阵营中的其他国家。在 1990 年苏联解体之前，糖的出口占古巴出口总收入的 90%。但可以想见，苏联解体后，古巴制糖业也随之崩溃，从此一蹶不振。

五

在美国的影响及古巴旧时代奴隶经济传统的影响下，古巴曾在一定程度上是一个种族主义社会。人们忠于革命是由于革命承诺民族解放（这一承诺已被实现）和提高农民社会地位。历史学家拉斐尔·罗哈斯 (Rafael Rojas) 认为，对革命的忠诚还有两个相互关联的因素。"首先，古巴在心理上受到美国统治的威胁，由于短暂的民主时期被军事政变中断，政治和法律体系不稳定；通过土地的再分配和反对大庄园主的法律，菲德尔·卡斯特罗从 1959 年开始实施利于农民的政策。"于 1959 年 5 月 7 日实施的《土地改革法》要求重新分配农民对土地的所有权，首批土地所有权文件于当年 12 月 9 日下发。切·格瓦拉说："今天，大庄园的死亡证明已被签署。我从来没想过我能以如此自豪和满意的心情为我参与治疗的病人签署讣告。"这一法律在世界范围内受到了广泛赞誉，甚至美国政府都没有表示反对。艾森豪威尔政府于 6 月 11 日的国务院答复中正式承认，古巴有权征用包括联合果品公司在内的大型地产，但要求政府切实兑现该法规定的补偿。

但几乎是在同一时间，受共产主义阵营的启发，古巴开始建立合作农场。在宣布 1961 年 4 月的革命具有"社会主义性质"之后，《第二次土地改革法》和《哈瓦那第二宣言》要求强制实施土地集体化。安德森认为，与其他经济领域相比，土地集体化进行得并不彻底。旧日的土地所有权冲突转化为政治冲突，加深了革命者之间的隔阂。古巴政治活动家和作家乌贝尔·马托斯（Huber Matos）认为卡斯特罗背叛了革命。但菲德尔·卡斯特罗从未承认自己背叛了土地所有权的承诺，也不承认自己背叛了马克思主义的方向。持有相同观点的人不止马托斯。许多支持革命的市民受到了打压和清洗，最能引发意见的问题正是土地所有权。

至于切，他从一开始就主张完全国有化。弗兰基认为，切的打算是"击败大庄园主，发动阶级斗争，与美国和克里奥约资本主义对着干。他想取消对个人的土地分配，将之收归国有"。他的想法最后得到了实行。弗兰基回忆道："对于切来说，他们都是敌人——大地主、工头、管理人员、检查员、技术员、牛、甘蔗园、稻田、农场、房屋、机械。一场飓风席卷了左右两派。"当这场飓风停下来的时候，原本为数百个中小业主拥有的古巴农村只剩下一个主人：国家。

此时的古巴已生活在与美国的对抗之中。有一部分古巴人决定移民。根据豪尔赫·多明戈斯（Jorge Domínguez）等作者的统计，在 1961 年初，有六万余名古巴人流亡国外。

六

1961 年 1 月，新总统约翰·F. 肯尼迪（John F. Kennedy）与他年轻、激进的政治团队批准了入侵古巴的计划。1961 年 4 月 17 日，中央情报局训练的反卡斯特罗部队登上了猪湾的海滩。卡斯特罗亲率部队抵抗，在三天之内击退了入侵者。这一结果巩固了古巴革命政府的国际声望。

切为古巴设计了一套令人头晕目眩的庞大改革计划，但从未得以实现。除了技术问题和管理问题，古巴人的劳动力也在下降，令人担忧。例如，1963 年的国有农场工人平均每日工作时长只有四个半到五个小时，更不要说古巴政府征用的机械和原材料还没有得到有效使用。生产效率下降的同时，工人的缺勤率则在急剧上升。罢工不再可能。突然之间，革命运动的积极力量变成了国家发展之中的阻力，这与农民在革命中所扮演的角色有关。当卡斯特罗主张重新分配土地的时候，他是从政治角度进行考虑，而不是出于经济生产的需要，他希望能得到人民的支持。但是，当他想要激发人民的社会主义精神的时候，结果却适得其反。

作为工业部部长，切根据产品的特性和功能对工业部门进行了重组，却没有考虑生产效率。重组导致了悲剧的结果。切说："在工厂中，生产的产品质量日益下降……"在这场大崩溃中，切仍然保持着超凡的努力。在一次部长级会议中他大为光火，带了一堆工业制成品到现场，把它们一个个摆出来：像老太太一样的畸形娃娃、一堆破烂般的三轮车、后掌本应钉八颗钉子却仅钉了两颗的高跟鞋、坏了的裤子拉链（这样的拉链有两万多个。人们嘲笑这种裤子为"卡米洛"*，因为他和唐璜一样好色）、一只床脚已经脱落的床、洗不了头发的洗发水、看不出颜色的蜜粉、需要经过过滤才能使用的氨水……造成这些问题的原因是准备不充分和技术力量不足，根本原因则是切那些不容置疑的决定（他眼中的原则问题）：禁止私人投资，废止包括个体生意在内的所有贸易活动。而会议最终也只得出了那个悲剧性的结论："在工厂中，生产的产品质量日益下降……"

切·格瓦拉坚持着简朴的个人生活方式，拒绝政府为自己和家人提供特权。这是为了证明他唯一重视的事业：通过道德激励来改变个人。切曾被人看到参加"义务劳动的团结周日"活动，积极投身于修建学校、制鞋、用麻袋背大米、挖沟、纺织、砍甘蔗，虽已筋疲力尽，却十分高兴——这些劳动都是"革命的颂歌"。他确实是一个平等主义的好榜样，对他的"效仿"可以成为撬动生产力的杠杆。在他看来，道德的鼓励应该比经济方面的鼓励更加重要。因此，他从一个工厂跑到另一个工厂，鼓动工人，唤醒他们的"社会觉悟"，或者更极端地，对他们进行"再教育"。但是，义务劳动并不能挽救经济上的失败，靠它鼓励人们投入工作也不现实。卡斯特罗本人就批评过这样的做法。根据托马斯的记述，在 1965 年的夏天，也就是格瓦拉消失在古巴政治舞台的那一年，卡斯特罗曾向甘蔗园工人们讲道："我们不能太过理想化，觉得只要用义务就可以引导人，因为这不符合现实……认为只告诉甘蔗园工人'这是你们的义务'，他们就会不顾一切、拼尽全力，是非常荒谬的。这是异想天开的做法。"

---

* 即古巴革命者卡米洛·西恩富戈斯（Camilo Cienfuegos）少校。——英译本注

真正了解这场灾难的是苏联人，他们并不是格瓦拉想象中的纯粹且慷慨的布尔什维克。他的朋友列昂诺夫回忆起格瓦拉在莫斯科的一场无休止的讨论。苏联在拉丁美洲的关键人物亚历山大·亚力山卓夫（Alexander Alexeiev）在接受卡斯塔涅达的采访时曾表示，切曾经是"苏古经济合作的建筑师"。切下一步的计划，当然是向他的苏维埃同志们提出一个购买古巴产品、向古巴赠送礼物和现金需求的清单。嗅觉敏锐的阿纳托利·多勃雷宁（Anatoly Dobrynin）回忆："格瓦拉的要求是不可能兑现的。他想要一家小型钢厂和一家汽车厂。我们告诉他，古巴的体量不足以维持工业经济。古巴需要外汇，他们能够获得外汇的唯一手段就是做他们最擅长做的事——产糖。"西奥多·德雷珀（Theodore Draper）的结论是，从1960年以来，古巴人的表现就好像苏维埃会给他们提供远超一亿美元的信贷额度；换言之，他们像是有一个开放的、有无限额度的账户。当苏联人提出古巴有自己的经济问题时，格瓦拉就把这些问题归咎于资本主义毒害导致的自我管理偏差和权力分散……他开始与苏联分道扬镳，走上了更加左倾的道路。

他对苏联的态度感到失望，他认为这是一种对历史的忘恩负义。1962年10月的古巴导弹危机加深了他的失望情绪。在这一关键时刻，格瓦拉并没有在卡斯特罗身边。但在得知赫鲁晓夫（Sergeyevich Khrushchev）和肯尼迪达成协议，准备撤走导弹的时候，切发出了一份坦率的声明。（根据声明）如果这场俄罗斯轮盘赌由古巴人担任荷官，可能已经引发了第三次世界大战："如果导弹还留在古巴，我们会在反侵略斗争中把它们全用上，攻击美国的心脏，包括纽约。"他明显也考虑了攻击可能会带来的后果，但是他毫不退让。"这是一个令人不寒而栗的范例：一个民族愿意献祭自己，用自己的骨灰为新的社会奠基。"在矛盾最激烈的日子里，格瓦拉写了一篇文章，这篇文章在他死后发表了出来，从文章中可以看出他有多么决绝：

"我们将在解放的道路上前进，即使是以数百万核灾民为代价。"在文中，他看到前进的古巴人民"毫不畏惧地走向灾难，这灾难意味着最终的救赎"。

当然，在这种情势下，古巴人民的意见没得到任何自由表达的机会，在其他情况下也没有得到过。幸好苏联人认清了现实，这场战争才得以避免，而格瓦拉则认为苏联的做法从法律上毁灭了古巴。卡斯塔涅达记录了阿纳斯塔斯·米高扬和格瓦拉的一段绝妙对话，这位苏联副总理以父亲的口吻，用一句经典的话驳斥了格瓦拉的观点："我们看见你们准备华丽地赴死，但是我们认为这种华丽的牺牲并不值得。"

在那段疯狂的年月里，那位年轻诗人又在切的身上浮现出来了。他的诗歌多以救赎和殉难为主题。他就是因此认识了他最爱的诗人莱昂·费利佩，那个在西班牙内战之后离开故土的狂热共和派：

先生：

几年之前，当革命队伍刚刚掌权时，我收到了您最新的签名诗集。我一直没为此感谢过您，但我一直念兹在兹。也许您会有兴趣知道，我的床头放着两三本书，其中的一本就是《鹿和其他的诗》（*El Ciervo y otros poemas*）；我其实很少读它，因为在古巴对于领导人而言，睡觉、虚度光阴和或者休息都是一种罪过。有一天，我参加了一个对我来说非常重要的活动。当时房间里挤满了热情的工人们，空气中有一种新人的氛围。我感到自己心中有一点诗人的萌芽涌动，却没能付诸笔端。我求助于您，想和您展开一场远程的讨论。我通过这封信向您致敬，我请求您能理解。如果您为这样的挑战所动，那我的这份邀请就值得了。

——真诚仰慕您的埃内斯托·切·格瓦拉少校

莱昂·费利佩的诗歌是切·格瓦拉最爱的作品之一。在《鹿和其他的诗》一书中，他尤为喜欢《致基督》一诗：

> 基督，我爱你，
>
> 并非因你自一颗星辰降临，
>
> 而是因为您向我揭示：
>
> 人有鲜血，
>
> 泪水，痛苦……
>
> 钥匙，工具！
>
> 去打开紧锁着的光辉之门。
>
> 是的……您教导我们说，人就是上帝，
>
> 而在各各他山*被葬在左边的人
>
> 是个坏小偷
>
> 同时也是一位上帝！

七

办公室的四面墙困不住格瓦拉。无论要在案头工作上花费多少时间，切·格瓦拉始终拥有浪漫主义诗人的情怀和用火药治疗哮喘的游击队员式的激情。在经济事务中的失败虽未削弱他的意志，但却让他感到焦虑而又无力。他将把注意力转向"梦想的地平线"，以革命大使的身份走向世界。他支持了拉丁美洲数个革命组织，并尝试在自己的祖国阿根廷开展革命运动，但是没有取得成功。他在阿根廷选中的领导人是著名记者、拉美新闻社（Prensa Latina）的

---

* 又称髑髅地，据《新约》四福音书记载，耶稣基督被钉于此山上的十字架，身旁受刑的是两个强盗。

创办人豪尔赫·马塞蒂（Jorge Masetti），但此人革命意志不足，也缺乏完成这个任务的能力。这个小组很快就被消灭了，马塞蒂也在切的授意和命令之下走向了死亡。

阿根廷的游击队在构想和战略规划时已埋下了失败的种子：一个拥有强大中产阶级、繁荣富足的民主国家，不具有支持切主张的冒险行动的可能性。但思想上的问题更为严重。切一直认为，古巴革命是依靠马埃斯特腊山脉运动取得了胜利，而不是靠各方联合对抗巴蒂斯塔独裁统治取得的胜利。这样的观念使得他一次又一次地重复同样的错误。"切，你的问题，在于你只生活在马埃斯特腊山脉的单一经验之中。"弗兰基如是说。他记得他和切的这次谈话是在一个官方庆典上，当时切"保持着克制，脸上带点讽刺，有些心不在焉，仍然穿着那套旧制服，叼着烟斗，用一股浓浓的波德莱尔风批评菲德尔胡乱花钱，用刻薄的语言为自己辩护"。切这样回答他："是的，但如果没有游击队，您和所有人都已经被杀光了。弗兰基，请不要忘了这一点。"切强调农民的自发性是革命成功的因素，弗兰基则提醒他不要忘了"七二六运动"组织在城市中发挥的重要作用：

　　　　——不，切，我没有忘记游击队，但也许你忘了自己不得不下的命令，又不得不终止。
　　　　——什么命令？
　　　　——阻止农民和他们的家属离开……别忘了，所有的农民都离开了。
　　　　——你高估了城市革命的作用，也低估了游击斗争的重要性，那才是革命的根源和动力。

"在古巴，"弗兰基回忆道，"旅行是不幸的象征。"但是旅行启发了切，"他成长了很多，变得批判起来，发现了许多真正社会主义的真理"。他在自己所写的"自省格言"中严厉批评了苏联的立场和官僚主义。但是为了与现实做斗争,他领导的自然运动"采用了一种新的信条"。这就是为什么他同情中国革命,坚决支持第三世界的新革命,并把希望寄托在非洲的游击斗争上。他相信"游击斗争是革命的根源和动力",想在其他国家再现这样的斗争方式。

"其他土地需要我的微薄之力。"他在给菲德尔的辞职信中写道。他要辞去官职,计划匿名秘密出行,这些想法均得到了菲德尔的许可。他将踏上的旅程是他生命中的最后一程:1965 年 4 月,他着手将革命推向世界。格瓦拉最后停留的目的地是刚果和玻利维亚。这两次冒险计划从计划到实施都是灾难性的,令人怀疑切的最终目的有可能是自杀,将这种自杀作为最高的政治创举。他在秘密抵达刚果之后,率领了一支忠于新近被杀害的卢蒙巴(Patrice Lumumba)总统的部队。当时的非洲和拉丁美洲一样,是冷战的重点地区,但是切在这个国家的发现却令他沮丧。他在刚果的日记中流露出了对同盟军的轻蔑,为即将到来的失败感到绝望。切感叹他的刚果士兵们"没有表现出任何战斗精神,只想着保命"。他近乎顽固地坚持让他的游击队员和刚果士兵们明白仁慈和慷慨待人的情感是至高无上的。他琢磨怎么向他们传授社会主义、"新人"的价值、理想的共产主义目标。他想要激发大家的勇气,让他们视死如归、不计得失、毫无保留:"一种对于我们未来重要性的错误想法让我们太多次容许自我保护的精神扎根于心……需要抛弃关于我们自身责任的虚假观念,即我们得为了未来保存自己。"他想要建立一支圣徒的军队,用道德来武装军队……这样做的结果是灾难性的:士气不振,参与的人越来越少,逃兵日益增加,甚至到了切决定用死刑来惩罚逃兵的地步。

持分裂主义立场的总统莫伊兹·乔贝(Moisés Tshombé)信奉基督教,他与比利时联盟,在意识形态上反对共产主义。与切·格瓦拉的崇高理念不同，他选择用雇佣军镇压游击队的暴动。击败切的英国人麦克·霍尔（Mike Hoare）在回忆录《刚果雇佣兵》（*Congo Mercenary*）中写道："我只是一个军人，只负责履行我收到的命令——把这个国家从那些人手中解放出来。我不知道他们为什么打仗，也不知道他们的目的是什么。但是我知道对手是野蛮、危险和残忍的人。"雇佣军不给士兵任何有关未来的承诺，不讲正义和自由，给的只有现金。在不到一年时间里，雇佣军就募集了三千名"志愿者"，而切的游击队成员却急剧减少。霍尔说"志愿军"并没有纪律条例，但"我的军官包括我本人在内服从性都很高。因为给我们下命令的人都希望我们能够服从命令"，而"如果一个人拒绝服从命令，也没有什么办法"。另一边，切却在用死亡去惩罚脱离军队的人。即便如此，革命队伍中依然不断出现逃兵。霍尔从来不讨论任何道德方面的优越性，也不会探讨任何公正的社会进程。他一直视自己为一个外国军人，为金钱而战。而切信仰的是超越种族和国家的人类团结。因此，他曾经遭遇过的经济挫折再次出现了：道德也好，崇高的理想也罢，"新人"的优越感也罢，在现实面前都不堪一击。在切眼中，这是令他无法理解的利己主义。

最终，切和他的士兵勉强活了下来。在逃命的路上，他的古巴同志需要乘船渡湖，切注意到船上的空间不足，于是深感自责。他认真思考过独自留下来，独自战斗，穿过雨林，和数百公里以外的友军取得联络。这无异于自杀，这一次他没有这么做。

* * *

两年以后在玻利维亚，格瓦拉希望发起一场游击运动。他选择了玻利维亚可以说是再不幸不过。不仅当地社会已经进入了自主分配土地的进程，而且两股可能的助力——矿工和玻利维亚共产党曾明确表示不会冒险发动游击战争。在切参与的整个玻利维亚游击战前后，只有两名玻利维亚人曾经与他合作。

"与菲德尔既不'结婚'也不'离婚'"曾经是切的说法。切在玻利维亚得到的就是一个既非"结婚"也非离婚"离婚"的结局。该如何更准确地理解呢？有人猜测菲德尔当时决定公开宣读切的离别信使切无法继续留在哈瓦那。而对许多研究人员而言，切在玻利维亚英勇却无用的牺牲，大大减轻了卡斯特罗的负担。对于卡斯特罗来说，不再有人用道德良知来评判他的政治决策，也再不会有人与他的魅力相抗衡，同时他还可以操纵这个人的形象乃至遗志。西蒙·里德—亨利（Simon Reid-Henry）有不同看法。卡洛斯·弗兰基引用他的观点说："在他们分歧的背后是性格的不同，而不是意识形态问题，而且分歧越来越尖锐。在刚开始的时候，'菲德尔会对任何意见表示同意'，但是切只会做符合自己原则的事情。"里德—亨利提到了卡斯特罗对玻利维亚革命事业和对玻利维亚大选做出的承诺。由于玻利维亚位居拉美中心的地理位置，再加上其他国家的左派分崩离析，玻利维亚有可能成为革命性的滩头阵地。但是玻利维亚左派不统一，对游击队缺乏支持，其共产党服从于苏联，并且玻利维亚的农民给切在该国的冒险造成了致命打击。据里德—亨利说，卡斯特罗尽可能在跟进这些在玻利维亚发生的事情。他几乎到了最后一刻，仍然希望切在玻利维亚能够获得成功。但是玻利维亚军队在美国的战术支持下对切的游击队收缩包围的时候，他已经不能为切提供任何帮助了。

切总是勇敢地面对死亡。在玻利维亚军官下令处刑之前，切在那座偏僻村庄的最后几个小时中，有一点是非常确定的：至少在切的意识中，他从未想过自杀。最初美国中央情报局反对直接处决，他们想审讯切。但是当时在场并被拍下与切同框照片的中情局特工菲利克斯·罗德里格斯（Félix Rodríguez）在记录中声称他接到了无线电命令，把他交给了玻利维亚官方人员。他承认曾和切拥抱。亦有其他版本的故事否认了这一说法，说切认为他是个"反革命分子"，曾经和他相互辱骂过。

当切看到一个醉醺醺的玻利维亚士官出现时，他终于确信自己的死亡来临了。关于切最后时刻的具体细节，连他的敌人罗德里格斯都肯定他"直到最后一刻都表现出了尊严"。切在革命胜利后的旅行中曾写信给母亲说："我没有房子，没有妻子，也没有孩子（虽然那时他已经是几个孩子的父亲了），没有父母，也没有兄弟。我的朋友都是一些在政治上志同道合的朋友。尽管如此，我很高兴，我从生活中体会到了一些东西。我不仅感受到了强大的内心力量，这是我一直能体会到的，我还能感受到一种可以赋予别人力量的能力，这种对于使命的宿命感使我消除了一切恐惧。"也许当子弹结束他生命的时候，这位"愤怒的塞尔纳"会更理解古巴国歌的歌词，并用自己的行动扩展了歌词的意义："为了（全世界社会主义）祖国（壮烈地）赴死，就是永生。"

八

切的形象广泛出现在各种商品上，从世俗的到宗教性的都有：杯子、T恤、海报、胸针、钥匙扣、艺术品、严肃艺术、刻奇艺术、营地……除了衣饰，还有迈克·泰森（Mike Tyson）腹部的文身和迭戈·马拉多纳（Diego Maradona）右臂上的文身……但是，在一个人死后如此使用他的形象是恰当的吗？如果认为切·格瓦拉就是那些带着他肖像的小玩意儿，也实在是荒谬的。

但是去世之后的格瓦拉引发了更加深刻的共鸣。他生命中的一个方面：流浪、遗弃、在陌生土地上的最终殉难、凭个人勇气坚持的荒唐诺言——他的这些特质吸引了越来越多的拥趸，影响范围远远超越了与他意识形态相同的人群。迈克尔·凯西（Michael Casey）在他的《切的死后生活》（*Che's After life*）一书中采访了切的私生子、古巴诗人奥马尔·佩雷斯（Omar Pérez），尽管大多数格瓦拉家族的人并不承认他的身份。佩雷斯的出生似乎是由于切在旅途中的一段露水情缘。在即将前往非洲之前，切曾经与一位二十多岁的漂亮女孩相处。切从不知道这个姑娘怀了他的孩子。佩雷斯的外貌与他的生父很像，也许性格上也和切一样很有主见。他因创作独立艺术在劳改农场里被关了一年。他母亲向他透露亲生父亲的名字时，佩雷斯已经二十五岁了。在探寻自己与父亲的联系时，他对佛教产生了浓厚的兴趣。他在接受凯西的采访时思考了放弃和离开这两种行为："为什么人们总是离开？在某个特定的时刻，我们都会离开……我们会因为某个新事物而放弃一切。我们会改变宗教、政治信仰或意识形态，这并不是因为人的性格不同或是历史条件不同。这就是人性，会为了一些东西而放弃一些东西。"由于自己就是被抛弃者（虽然切并不知道他的存在），这位古巴诗人认识和接受了这种"人的境况"，虽然从个人情感来说，他是痛苦的，但他试图将切的漂泊放在一个更广阔的层面上理解："无所执"的观念。基督教传统就有这样的观念，但它在佛教中的地位更加重要。"事实上，我们执着的是什么？……是度过这一生……当你像我父亲一样，一次次告别家人……也许随后就会在刚果、玻利维亚发现另一种关联，它要比女人的爱情或者饮酒作乐等任何东西都要强大和坚固。这与我们真实的本质有关，因为事实上我们都在寻找这样的关联。"这是一种继续前进的自由、前往探寻最终目的的自由、对物质和享乐的蔑视（虽然他并不是一个禁欲主义者）的自由。这些都是切的性格特点，它会让那些执着于"追求真理"的同路人感到亲切。对于切来说，这种自由与他的抽象原则紧密相关。他的目标是进行一场乌托邦式的马克思主义革命，同时"重塑"人类道德，这种人类道德对他而言就是人类的最高本质，但是它是可以实现的。他生命的最后一个章节，虽然不为人所理解，但对他来说并不只是一段漫长的苦难，同时在许多人眼中也是求道的必经之路，是一位全副武装的精神斗士对于启蒙之光的不懈追求。

* * *

但这条如耶稣基督殉难般的道路，或许是理解这位三十九岁命丧敌手的游击队员真实人生的关键。拉丁美洲五个世纪的天主教信仰和图像志，决定性地成就了切·格瓦拉的圣徒殉难记。

在他去世后不久，他的生命、他的思想和他的作品在一些青年人心中成了一段神圣的历史。这些年轻人与他有着一样的绝对性的愿望、一样的信仰、一样的好恶，以及对暴力和死亡近乎宗教性的崇拜。而且，在整个 20 世纪七八十年代，拉丁美洲见证了无所不在和咄咄逼人的北方巨人和孤僻骄傲的南部次大陆两个昔日幽灵间的悲剧性碰撞。在政府（大部分是民主政府）和反帝国主义革命武装的血腥斗争中，格瓦拉成了游击战运动的守护神、武装斗争的先知、现代革命家的典范。

豪尔赫·卡斯塔涅达就是这些后来者之一。他是激进的武装分子，曾在古巴接受训练，并曾为萨尔瓦多的游击队而战。他于 1994 年出版了一本关于冷战后的拉美左翼的书《没有武装的乌托邦》(*La utopía desarmada*)，他在书中写道，切是英雄主义的代表，是无数拉丁美洲中产阶级眼中的贵族，这些中产阶级用他们能想到的最好的方式来反抗在他们看来已经无可救药的现状。他还说，许多人将切视为一个丰富痛苦经历的范例。这些人都远远谈不上特别，却是非常敏感和理智，就像是一片荒芜大海中的一座座岛屿。在卡斯塔涅达看来，切将会作为一种象征持续存在，既不是革命的象征也不是游击战的象征，而是一种极端困难（如果不说"不可能"的话）和极端冷酷的象征。

数年以后，卡斯塔涅达在为切所写的传记中写道：

> 切为几代美洲人赋予了信仰的工具和培养勇气的热情。但是埃内斯托·格瓦拉也应该为他们付出的鲜血和生命负责。他并不是唯一应对拉丁美洲左翼游击队员的轻率斗争负责的人，但也是责任人之一……他的去世让他可以忽略掉这样一个问题：为什么这个地区新兴中产阶级的大学生会天真无畏地走向屠场，前仆后继地牺牲掉他们年轻的生命？

如何解释卡斯塔涅达观点的转变？他的困惑同时也是许多其他转变了观念的人的困惑，他们数十年来始终坚信，拉丁美洲问题的出路不是政治手段或民主斗争，而是救世革命。游击运动的矛盾在于运动主体并不是被压迫的农民，而是一群受过良好教育的人，他们对政治渠道缺乏耐心。加布里埃尔·扎伊德在《敌对的同路人：萨尔瓦多悲剧的解读》指出，这是一场大学生的游击运动，这些中产阶级男孩将切视为救赎者们的创世主。他在《大学游击队》（La guerrilla universitaria，收录于 1988 年格里哈尔伯出版社［Grijalbo］出版的《从图书到权力》［*De los libros al poder*］）中说，成千上万的拉丁美洲青年，很多都来自天主教学校，虽然并不都像卡斯塔涅达那样特殊。他们对切的追随就像是"对基督的模仿"。

九

基督性在他人生中的体现可以在一个坊间相传的笑话中看到。当切的游击队抵达玻利维亚的格兰德河（Río Grande）时，切向自己的古巴副官大声喊道："帕秋，我们来到了约旦，请为我施洗。"
还有一个笑话是讲当切以贩卖埃斯基普拉斯基督像（Cristo de
Esquipulas）为生时，还要向基督祈祷神迹。人们还可以回想一下
那个时代包围在他身上的光环，萨特曾夸赞他："切是我们这个时
代的完人。"更重要的是，在他于玻利维亚遇难之后，人们在他的
日记中发现了他亲手书写的莱昂·费利佩《致基督》一诗，讲述基
督临凡拯救世人。切不太可能是偶然写下这首诗，表达这种感情的。
他意识到了自己的这种使徒身份。雷吉斯·德布雷（Régis Debray，
法国游击队员和知识分子，曾经和切在玻利维亚并肩作战，后来成
了切的革命理论家）说道："切喜欢把自己和罗马帝国地下墓穴中
的基督徒相比。对切而言，美国就是他的罗马帝国。"这些元素来
自拉丁美洲人生活的更深层：天主教文化。

　　将牺牲作为净化和救赎的手段触及一种深邃的基督教情感。切
本人心中有这样的想法也不是没有可能。无论如何，由于玻利维亚
军方在公关方面所犯的错误，切的死亡与基督殉难的关系愈演愈烈。
为了掩饰对切的处决，军方清洗了切的身体，并剃光了他脸上的胡
须。这样做的结果是，在那张切死亡的著名照片上，死者裸露的躯
体和高贵的脸颊像极了安德烈亚·曼特尼亚（Andrea Mantegna）
的名画《哀悼基督》（Lamentación sobre Cristo muerto）。切的形象、
他革命殉道者的光环与拉美天主教教义中古老的牺牲传统产生了深
层次的回响。

　　在对沃尔特·塞勒斯（Walter Salles）的影片《摩托日记》
（Diarios de motocicleta，关于切在拉丁美洲的旅行）的评论中，保
罗·伯曼（Paul Berman）认为影片渗透出对殉难的基督教式崇拜，
对一个杰出的灵魂走向死亡的仰慕。而这恰恰是拉丁美洲天主教会
数百年来推崇的宗教精神，并造成了惨痛的后果。伯曼指出，这样
的神话并不适合人类，他说得对。但是，在天主教信仰这一领域，

切的形象如同圣徒的化身：他的死亡重塑了他的一生。他的牺牲拯救了其他人。他作为殉道者的死亡使他位列圣徒的班次之中。切的形象被印成图片、铸成硬币乃至被造成圣像。他开始了一段新的人生，一段他自己未曾活过的人生，这不是作为埃内斯托·格瓦拉·德拉塞尔纳的人生，而是作为切的人生。

在伊比利亚和天主教的世界里，赎罪含有惩罚的意味。对苦难和殉道者的崇敬的终极意义是救赎。一个人得到救赎是因为死亡本身证明了他的信仰（在希腊语中，"殉道"［Martyion］亦有"证明"之意）。故而在大众眼里，切已经上升到圣徒的地位，也就不足为奇了。他的死证明了他的信仰。他为了建成一个正义的社会，为了实现平等和终结压迫的信仰而死。他一生中的客观事实可能反驳（也确实反驳了）这一神话，但是很多人却发誓这神话是真实的。

对于拉丁美洲天主教的精神生活来说，圣徒的形象与历史进程和现实无关，只与它的"真理性"相关。神话的真理性从不取决于它是否可以验证。有不少人将一些他们从来没有看到或者尚存疑问的事物视为重要的信仰。在这些国家中，圣徒不仅是道德的典范，也扮演着调解者和拯救者的角色。他们拥有着拯救者的灵魂，通过他们一生中的所作所为，被上帝的恩典所眷顾。在这种神圣力量的推动之下，他们走向了甚至在那个"眼泪峡谷"都不能获得的终极正义。因此，这些广为民间所知的圣徒经常是那些不被梵蒂冈承认的人。我们可以看到在整个拉丁美洲，毒贩、英年早逝的女演员、死在摇篮中的婴儿、被谋杀的政治家、强盗，甚至毒贩的守护神"死亡圣母"（Santa Muerte）都有可能享受宗教的祭礼。他们并不是因为自身的所作所为成了偶像，而是被神化了。

不少追随切的游击队员把他看作是圣徒，甚至把他视为基督本人。其中萨尔瓦多诗人和游击队员罗克·达尔顿（Roque Dalton）写下了《切的信条》（Credo del Che）：

切·耶稣基督

被投进了监狱，

在完成他在山上的布道之后，

（在机关枪噼啪的背景之下）

由玻利维亚突击队和犹太人下手，

扬基—罗马人首领下命令，

……

眼见着没有给切留下任何方式

来复活，

来坐到人们的左边，

督促他们加快步伐

直到永远，

阿门！

　　首先是牺牲，之后又复活，"来到人们的左边"，"新基督·切"的模范人生使人们感到一种"加快脚步"的道德紧迫性，或者说是因为没有成为他的羞耻感，如马里奥·贝内德蒂（Mario Benedetti）诗中所写的：

为身体冰冷而感到耻辱，

始终靠近火炉

就像饿了就吃一样，

是如此简单的事情。

打开唱机，静静聆听，

特别是当在播放莫扎特四重奏时，

舒适带来耻辱，

哮喘带来耻辱，

当你的少校阵亡，

被机枪扫射，

神圣，

纯洁。

但是在切的道路上有一点成了永恒，即在革命中完全的、宗教性的信仰：

你是我们千疮百孔的良心，

他们说他们烧掉了你，

他们也用这火来烧掉，

好消息，

愤怒的柔情，

你带来的和带走的，

你的咳嗽，

和你的耻辱。

他们说他们烧光了，

你所有的使命，

除了一根手指，

它足以给我们指出道路，

来谴责魔鬼和他们的污点，

来再次扣动扳机。

* * *

如卡斯塔涅达在传记中所写的，几代拉丁美洲年轻人在境况不堪忍受、"没有活路"的情况下，为自己找到了许多模仿切的理由。他们对于拉丁美洲的苦难以及社会不公正的判断并不夸张。但是面对这些境况，他们认为并不能通过政治道路解决，而是一定要通过革命的方式。他们的选择与格瓦拉之间有着一种基督教性质的本质关联（如果愿意，也可以称之为一种基督教性质的传染）。

切认为，古巴社会主义的经验是一种以救赎为目的的牺牲行为，由个人维度和历史维度构成："我们国家的每个人，知道自己所处的光荣时代是一个牺牲的时代，他们都理解牺牲的意义。最初一批人在马埃斯特腊山脉及其他地区的战斗中懂得了牺牲；后来我们在整个古巴都了解到了这一点。古巴是美洲的先锋，由于处在进步的位置，应该做出更多的牺牲，因为古巴指引了拉丁美洲人民通向自由的道路。"（《古巴的社会主义和人》[El socialismo y el hombre en Cuba]）这种社会主义范畴下个人牺牲的核心，恰恰是自愿工作的观念。比如，自愿放弃休息日，为革命的社会项目或者经济项目而工作。切本人除了在古巴政府部门担任多个职位之外，还会利用休息时间在甘蔗田里劳作。在《通过三大洲会议致世界人民的信》（ Mensaje a los pueblos del mundo a través de la Tricontinental ）中，切引用何塞·马蒂揭示革命进程中的牺牲精神："现在是大熔炉的时代 / 唯一能看到的只有光。"而且，最后，雷吉斯·德布雷相信，切把死亡，特别是他在玻利维亚的死亡，想象成了一场重生的典礼。

这其中还有皈依和圣祭的观念。切曾经相信古巴革命将作为一种精神榜样，超越国界，成为"历史范例"，使世界其他地区皈依革命。在个人层面，切将参与社会主义视为一种革命誓愿，促使他放弃了一切个人和家庭的羁绊。

即便是"新人"的观念也绝非与传统毫无瓜葛。的确，20 世纪初的阿根廷思想家德奥多罗·罗加和何塞·因赫涅罗斯（ José Ingenieros ）曾以不同方式呼唤"新人"、舍弃"平庸"。但即使在他们那里也存在天主教文化的影响。对于圣保罗（San Pablo）而言，对于基督的信仰超越了个体的历史选择，最终呈现为人性的剧烈改变。在切的作品、政治实践和公共官员的实践中，他用自己的方式重新提出了圣保罗的"新人"话题。对于切来说，社会主义将会改变"人"的本质。这种对个体在集体中角色的新认识将伴随着一种相应的工作、技术和经济领域的新观念。这一观念摒弃了贪念，只会对道德层面的激励做出回应。切认为，在未来的社会中，"人类将会有与之前不同的特点"。人类将超越自私自利的想法，将"充分意识到自己的社会地位，打破异化的枷锁，使作为人的自身得到全面的实现。"（《古巴的社会主义和人》）

还有一个特点是切对于末世时刻的执着。早期基督徒们坚信耶稣的复生很快就会降临。在他们看来，末世就是耶稣复生的先兆，一切圣迹将会真实地呈现在他们的眼前。切的游击战理论也有类似的观点。"游击中心主义"作为一种政治和军事斗争战略遭遇失败，失败的原因众多，其中就有切对于末世思想的过分依赖。只有考虑到末世思想，才能理解切在《通过三大洲会议致世界人民的信》里面说的话：

> 如果地球上出现了第二个、第三个、第许多个越南，我们该怎样看待不久之后的光辉未来？这些新越南以巨大的人员伤亡和悲惨的际遇，每天都上演着英雄主义，反复打击着帝国主义，在世界人民日益增长的仇恨冲击之下，终将击溃帝国主义的力量。

* * *

还有人会提到另一个元素：普世之爱。在《古巴的社会主义和人》一书中，切宣扬了社会主义的普世之爱："真正的革命者是受强烈的爱的引导……我们的革命者必须把这种对人民、对最神圣的事业的爱理想化，使这种爱成为统一不可分割的爱。"但这是一种特殊的爱，只有通过必要的暴力和死亡仪式才能实现。

　　而且它超越了他生前和身后的救赎者的魅力，也超越了基督性在他生活中的体现。在他所有的传记、著作和诠释作品中，有一段关于切·格瓦拉内心的历史被我们忽视了：他是一个受行动驱动的人。虽然他从小就喜欢读书，但是他在日记中一直在责备自己，浪费了许多时间，没有行动，只是在读书。付诸行动带来的快意比他生活中感受到的任何一种力量都要强大。除了爱，切的生活还充满了愤怒、仇恨和全心全意的努力——切的意志一直在与现实世界不断抗争，就像他少年时期用橄榄球对抗疾病一样——他似乎方向明确，没有丝毫彷徨。他是在何时何地拥有了这种心境呢？是在他青年时期的某个时刻。也许可以在他 1952 年旅行日记最末尾那篇题为《随感》（Acotación al margen）的文章中窥见一斑。他是在迈阿密开始构思的吗？它是虚构的，还是真实事件？它是一份浮士德的契约吗？是一种启示？切所描述的这个人物，"为了逃脱异教的屠刀而逃出欧洲"，并且"熟悉恐惧的味道（它是带来人生价值的少数经历之一）……我准备好接受启示……"

　　　　"未来属于人民，"那位陌生的欧洲人说，"他们将一点点地，或者突然地征服整个世界……麻烦的是人民需要教化，而对人民的教化只有在人民掌权之后才能进行，且只能通过他们犯下的严重错误来教化他们，这些错误将会断送许多无辜的生命……您死去的时候将会握紧拳头、紧绷下颌，完美地展现出仇恨和战斗的姿态……"我看到了他说起未来故事的时候露出的牙齿和狡黠的表情，感受到了他攥紧的双手……现在我知道，当一股巨大的潮流将整个人类分成两个对立阵营时，我会和人民站在一起。知道我为何在夜晚看见了我，折中主义的解剖学家和教条的精神分析师，将会带着狂热的吼叫，越过堡垒和战壕，把鲜血染上我的武器。我将陷入狂怒，让所有战败者在我手中倒下。仿佛有一种巨大的疲倦感向我袭来，我感到自己为了一场意志的真正革命，为了宣扬我的责任而牺牲。我已经感觉到我的鼻孔在燃烧，品味着火药、鲜血、死去的敌人的刺鼻味道；我已经绷紧身体，准备好战斗，准备成为一个神圣的人。我希望能够与无产阶级胜利者的怒吼带来的新震荡和新希望产生共鸣。

我们并不知道这段文字是什么时候写的。但他在 1955 年写给母亲的信中有一些东西和这段文字有共鸣之处："我无法告诉你我是从什么时候开始为了信仰放弃了理性。"这封信里也在谈论切声称的东西：一种启示，一种对"伟大主导精神"的认识。但是，这是切与自己的对话，一个是他自己的声音，另一个是他想象中的宇宙所发出的声音。这种启示在切·格瓦拉的信中描绘了一种确实性，切因此不再犹豫，不再怀疑，甚至几乎不再思考：这是一种信仰。

他欣然放弃了房子、妻子和家庭；他认为自己唯一的亲人就是在政治上与他志同道合的人。他看起来更像是一个基督教的使徒，因为他愿意放弃一切，走信仰的道路。他以信仰为指导，并将"好的信息"灌输给别人。但是他看起来更像是一个东征的十字军，或是伊斯兰教的阿亚图拉（ayatolah），因为只有那些像自己的人才被认为是"自己人"。

切并不是一个有宗教信仰的人，但这并不意味着他是一个没有信仰的人。他并不相信宗教中的那些教条，但是他对待自己的原则就像教徒对待宗教信条一样，近似于天主教的笃信。他并不是基督徒，但是他做事确实有像基督徒的地方，他所处的国度和文明是基于基督教的善恶、救赎和无尽的刑罚观念建立的。令人惊讶的是，切在历史上被认为是一个自由主义者，甚至被视为1968年反威权主义的象征。曾经陪同他前往玻利维亚的雷吉斯·德布雷写道：

> 那些圣徒很快就学会了惩罚自己，而且相比于自由，他们更喜欢顺从。切有着很强的自控能力，是一个有着高尚面孔的受虐狂。切强调人的主观意志，坚持一种形式上的禁欲主义。如同那些刚果和马埃斯特腊山脉的老兵所见证的那样，我就是切在玻利维亚的见证人。面对自己的士兵，切是一个"严苛的领导"，"要求别人遵守严格的纪律"，在滥用权力方面毫不犹豫，甚至还表现出一种阴暗的欢愉。他离我们越来越远，随着年月的增长，他的纯真也变得越来越极端。他将刚刚征召的、只有一把刀甚至手无寸铁的新兵派往前线，命令他们与荷枪实弹的敌军战斗，这就是他众多习惯中的一个，他在马埃斯特腊山脉就是这么做的。一位久立战功的老兵有一次渡河时不小心将步枪丢在了河水中，切用枪毙来威胁他，就像是对待一名逃兵一样。他会因为一些小事施加惩罚，会因为一船炼乳枪毙人；会为了惩罚一个饥饿疲惫的士兵，把他本来四个小时的夜间执勤，改成两三天不眠不休，而且不允许吃东西的苛罚。他会在所有人面前羞辱一个毫无经验的农民，只是为了教会他怎么走直线。在刚果，他目不转睛地看着战士们赤脚走在丛林中，因为"非洲人这样做得很好"，这同样是一种残忍的刑罚。他会强迫那些与非洲女人睡觉的人在他面前签下婚约。他自己有着清教徒般的怪癖，但是也要把这样的习惯强加给别人，使得一名已经在古巴结婚的士兵自杀。

追寻他的事迹，还会发现同样的事情：他的性情逐渐从顽强变得冷酷。在刚果和玻利维亚的游击日记中，他常常抱怨人们没有做他们该做的事情，换言之，没有服从于他。他的很多游击队员想要离开他，连那些最亲近的人也不例外，比如他自己先锋部队的队长马科斯（Marcos）就曾对德布雷说："我再也受不了这个家伙了。他已经完全不可理喻。他把我们当不懂事的孩子对待。我请求菲德尔让我返回古巴。"

这个世界令切失望：庸俗的现实比切心中的真理要糟糕得多，他不知疲倦地揭示这一真理。而且，虽然我们相信科马雷克，但切却怀疑他。

在《通过三大洲会议致世界人民的信》中，切赞扬道："仇恨是斗争的一个要素。面对敌人从不妥协的仇恨可以超越人类自然的局限，将人变成一种精挑细选、高效冷酷的杀人机器。我们的战士必须如此。"然后呢？切从不胆小怯懦，更不会朝三暮四。他似乎知道最终结局即将到来，他几乎是急着要去面对这样的结局。他的失败是无法补救的，农民从来没有在较高的道德层面觉醒；他的士兵们也都筋疲力尽、毫无斗志。他那种从不妥协的道德情操曾作用于经济政策，也曾作用于对游击队员们的要求，这种道德情操并非刚果或者玻利维亚的游击队员想要的，它是与现实脱节的。于是，切离最后的结局越来越近了。

切最后的失败，是由于身边人的怯懦，是因为玻利维亚共产党的胆小怕事，还是因为菲德尔的背叛？或者说，是因为他自己选择了这样的失败，他选择了一条救赎者的殉道之路。如果他能在玻利维亚活下来，他还能做什么呢？他从来不就他的原则妥协，不接受任何交易。救赎者们从不谈判。"我花了二十年的时间思考这个禁忌，"雷吉斯·德布雷说道，"我也承认这样的想法不可思议，那就是有上百种迹象可以证实，切·格瓦拉去玻利维亚不是为了获胜，而是为了失败。"

他究竟是胜利了还是失败了？在他死后，一个、两个、成千上万个"切"开始效仿他。这些人是胜利了还是失败了呢？实际上，这些受切鼓舞而组成的游击队最终都被当地的军队野蛮镇压了。一代又一代的拉丁美洲年轻人迷失在街头和丛林中。而且，受困于这两股极端暴力（疯狂的起义者与残暴的镇压者）之间的人民经常挣扎于饥饿、疾病和死亡的水深火热中，或者最终移民离开祖国。他们本是救世者理想的、神圣的目标，但是从来没有人问过他们什么才是实现救赎的最佳方式。

第四部分

小说与政治

加夫列尔·加西亚·马尔克斯

族长的影子

一

从克瑞翁（Creón）*开始，每个独裁者都是受害者。

——加夫列尔·加西亚·马尔克斯

多年以后，加夫列尔·加西亚·马尔克斯在写自己的回忆录时，依然记得那个遥远的下午，他的外祖父将一本字典放在他的膝头，说："这本书不仅知道一切，而且是这世上唯一不会犯错的书。""那这本书里有多少词呢？"年幼的他不禁问道。"全部。"

在世界的任何一个地方，如果外祖父送给他的小外孙一本字典，就是送给他了一个知识的工具。但是当时的哥伦比亚跟任何一个地方都不同，它是一个"语法共和国"。在加西亚·马尔克斯的外祖

---

* 古希腊神话君主，底比斯国王，性情狭隘、独断，最终遭受悲剧性命运。其言行可见于索福克勒斯相关剧作。

父尼古拉斯·马尔克斯·梅希亚（Nicolás Márquez Mejía，1864—1936）上校的青年时期，至少有四位共和国的总统、一位副总统以及其他的行政官员——几乎所有人都是保守派——发表过一系列关于西班牙语正音、正字、语言学、词典学、语法的概述和论文，以及一些散文和诗歌。研究这一现象的哥伦比亚历史学者马尔科姆·德亚斯（Malcolm Deas）指出，这种对于语言科学（德亚斯说，"这些研究者坚持称之为'科学'"）的痴迷源自延续西班牙主体文化的愿望。哥伦比亚人崇尚"西班牙在语言中的永恒"，可以说是在力求合法地垄断他们的传统、历史、经典作家和拉丁根源。这样的现象早在1871年哥伦比亚语言学院（西班牙皇家语言学院在美洲的第一个分支机构）成立时就已存在，并成为哥伦比亚保守派长期统治时期（1886—1930）的独特景象。

加西亚·马尔克斯的外祖父，这位在《枯枝败叶》（La hojarasca）、《没有人给他写信的上校》（El coronel no tiene quien le escriba）等早期作品中出现的人物，对这段"政治—语法"的历史并不陌生。马尔克斯·梅希亚上校曾经效力于哥伦比亚历史上少有的军事独裁领袖、自由派将领拉斐尔·乌里韦·乌里韦（Rafael Uribe Uribe，1859—1914），加西亚·马尔克斯受他的经历启发，塑造了《百年孤独》（Cien años de soledad）中奥雷里亚诺·布恩迪亚（Aureliano Buendía）上校的形象。乌里韦参加了三次国内战争，并有着律师、教育家、书商、记者、外交家等多重身份，同时是一名勤奋的语法学家。他在入狱期间翻译了赫伯特·斯宾塞的作品，编了一部《西班牙语中的法语和方言缩略词及语言校对词典》（Diccionario abreviado de galicismos, provincialismos y correcciones de lenguaje），而且似乎获得了商业上的成功。1896年，他在议会中独自与六十名保守派议员论战并获得了胜利。毕竟，人数占压倒性优势的对手并没有给他别的出路——用他自己的话说——"舌战群儒"*。乌里韦在1899—1902 年血腥的"千日战争"中扮演了核心角色，签署了"内埃尔兰迪亚和平协定"（Paz de Neerlandia）。马尔克斯上校曾经亲眼见证了这一幕。多年以后，他在事件的发生地附近——位于阿拉卡塔卡（Aracataca）的家中接待了这位老上司。乌里韦于 1914 年被刺杀。二十年后，他的下属赠送给长孙的既不是剑也不是手枪，而是一本字典。在其他任何地方字典都是知识的工具。而在哥伦比亚，字典是权力的工具。

这种权力最终确实为他所用了，通过文学的方式。但是马尔克斯上校做梦都想不到他的外孙——那个被他称作"我的小拿破仑"的孩子——真的会捧起那本"将近两千页，五颜六色，充满精美插图"的字典，这个小名叫"小加博"†的孩子竟然"按着字母顺序，吃力地"读了起来。加西亚·马尔克斯于 1982 年获得诺贝尔文学奖，当时他的主要作品已经被翻译成多国语言。他的小说在世界各地广泛传播，具有非凡的叙事能力，蕴含诗意的歌唱之美和丰富柔美的散文笔触，就好像用到了字典中所有的词汇。他的作品成了研究对象和研讨会、歌剧、音乐会、文艺演出与网站的主题，并被改编成多部电影。他的家也成了文学朝圣的目的地。在卡塔赫纳市（Cartagena de Indias），在年轻的记者加西亚·马尔克斯度过了多年艰难生活的旧居前，出租车司机会指着被围起的门口说这就是"诺奖之家"，加博在全世界多个城市拥有的"诺奖之家"之一。这个亲切的昵称并不偶然，它反映了他在人群中所受到的广泛爱戴。

1996 年，加西亚·马尔克斯领导了一场针对字典的小型革命，在哥伦比亚历史上留下了浓墨重彩的一笔。在这场语言的风波中，

---

* 原句为"面对着炮火发表演讲"。

† "加博"是西班牙语"加布里埃尔"的昵称。

西班牙皇家语言学院及其美国同行聚集在墨西哥萨卡特卡斯州，这位著名作家，作为塞万提斯之后"西班牙永恒的语言存在"最重要的大师，呼吁废除书写规则（正写法）！最终哥伦比亚自由激进主义战胜了语法保守派和拉丁语主义者的霸权。乌里韦和马尔克斯上校的在天之灵得到了慰藉。菲德尔·卡斯特罗也很高兴。虽然他认为"语言是具有相对性的，也许我这么说对于研究者和博士们而言是一种亵渎，但这些理论并不合常情"。但当加西亚·马尔克斯将一本西班牙语字典送给他作七十岁生日礼物时，卡斯特罗称赞这是"最迷人的礼物"，是"一块真正的瑰宝"。

　　"我写作，是为了让我的朋友们更爱我。"他曾经反复这样说。他非常要好的一位朋友正是菲德尔·卡斯特罗。在西班牙语美洲的历史上，没有任何一种文学和权力之间的联系能够在交往时间、相互忠诚、互相帮助、相互依存等方面与菲德尔和"加博"之间的关系相媲美。曾经给加西亚·马尔克斯带来重要影响的尼加拉瓜著名诗人鲁文·达里奥在年事已高、病痛不堪、需要帮助的时候接受了危地马拉独裁者卡夫雷拉的支持，甚至不惜为他献上了一些赞美诗。菲德尔和卡夫雷拉的政治意图一样明显：可以为自己的合法性带来很多益处。但是对于加西亚·马尔克斯而言，他并没有达里奥那样窘迫的经济状况，这样做又是为了什么呢？英国学者杰拉德·马丁（Gerald Martin）为他写的长篇传记《加西亚·马尔克斯传》（*Gabriel García Márquez：A Life*）让这段非同寻常的关系的心理起源变得更为清晰。这可以追溯到他远在阿拉卡塔卡的家，自从年轻的"小加博"与马尔克斯上校建立亲密关系的那一刻起，就埋下了一颗迷恋权力的种子：神秘，难以捉摸，但又无比真实，就像是那本字典的故事一样，经由作家的手，从马尔克斯上校传递给了菲德尔司令。

* * *

加西亚·马尔克斯在他回忆录的摘要中写道："生活并非一个人生活过的日子，而是他的记忆，以及他为了讲述而在记忆中重现生活的方式。"于是，他回忆、重新加工和讲述了外祖父生活中一些悲剧性片段。这件事发生在 1908 年，在哥伦比亚的巴兰卡斯。加西亚·马尔克斯在《活着为了讲述》(*Vivir para contarla*，他出版的唯一一本自传) 中提到过这件事，并将其称之为"决斗"，一起"为了荣誉而战的事件"，在事件中，上校不得不面对他的朋友兼前副官。这是一个"比他小十六岁身材魁梧的男人"，已婚且是两个孩子的父亲，叫梅达多·帕切科 (Medardo Pacheco)。这场争执——在这个版本的讲述中——起源于对梅达多母亲的"出言侮辱"，而"肇事者"就是外祖父。外祖父曾经公开做出澄清，但无法浇灭梅达多身为人子的怒火。另一方面，上校同样也觉得自己"颜面扫地"，于是向梅达多提出了一场"未确定日期"的决斗，上校花了六个月的时间来处理他的身后事，确保家人未来的生活。最后，这一天终于到来了。"两个人都有武器。"加西亚·马尔克斯确认说。结果是梅达多倒下死掉了。

这件事还有一个更早的版本 (1971 年)，他曾在接受马里奥·巴尔加斯·略萨采访时提及此事，并省略了决斗部分："在他很年轻的时候，有时候他不得不杀人……似乎有人不断地纠缠并挑战他，直到情况变得非常棘手的时候，他干脆朝对方开了一枪。"根据加西亚·马尔克斯的描述，人们对他外祖父的回护到了不可思议的程度，以至于甚至有一名死者的兄弟睡在"我外祖父的家门口，挡在他的房前，以防其他家人来寻仇"。

"你不知道一个死人有多重。"外祖父不止一次说道，"小加博"出神地听着外祖父生命中的精彩战争故事："这是现实生活中第一个引起我作家本能的事件，我无法回避它。"正是为了回避它，他选择了重新创造这个故事，"不像所经历的日子，而像为了讲述所重现的回忆"。

这起事件的第一次文学改造也许是 1965 年墨西哥电影制作人奥图鲁·利普斯坦（Arturo Ripstein）的电影《大限难逃》(*Tiempo de morir*) 的剧本：胡安·萨亚哥（Juan Sáyago）经过多年监禁后返回镇上，在一次赛马之后杀死了一名男子劳尔·特鲁埃瓦（Raúl Trueba）。萨亚哥原本想要重建家园，并重新夺回自己的爱人，但是死者的孩子们相信自己的父亲死于偷袭，一直在等着报复他。这个剧本为主角辩白："萨亚哥并没有杀死一个手无寸铁的男人。"他没有"无耻地杀人"，"他是用男人的方式，面对面地杀死了他"。最终，萨亚哥别无选择，只能杀死特鲁埃瓦的一个儿子，最后自己也死了——他手无寸铁，被特鲁埃瓦的另一个儿子从背后偷袭。

《百年孤独》又出现了同样的场景。这一幕出现在了一场斗鸡比赛中，何塞·阿尔卡蒂奥·布恩迪亚命令傲慢的普鲁邓希奥·阿基拉尔（Prudencio Aguilar）去拿一件武器，这样他们就能平等地对决。就像现实生活中的马尔克斯上校一样，此后布恩迪亚带着家人迁徙到外地，在那里建成了一个新的小镇：在现实中是阿拉卡塔卡，在故事中则是神奇的马孔多（Macondo）。但是这些虚构的故事并没有消除内疚之情。不管是真实的人物还是虚构的人物，都生活在"深深的内疚"之中。但是，如果有重来一次的机会，他们都拒绝悔改，都坚持说："我还是会这么做。"

杰拉尔·马丁采访了事件目击者的后代，收集了当年的信息，重现了一个截然不同的版本。"这根本就不是一个英雄故事。"梅达多的母亲其实就是爱吹牛的上校怨忿的情人；她的儿子深感受辱，想夺回名誉；当时年届四十四岁、已经不很年轻的马尔克斯上校选择了"最后摊牌的时间、地点和方式"，并无耻地将其杀

害，而梅达多当时手无寸铁。马丁查阅了当年 11 月马格达莱纳镇
（Magdalena）的政府公报，里面提到监禁上校的罪名是"杀人"。
在监狱度过了一段岁月之后，如文学作品中所说，上校并没有回到
巴兰卡斯（Barrancas），如果回去的话他可能得到跟胡安·萨亚哥
同样的待遇，而是踏上了前往阿拉卡塔卡的旅程，希望靠做香蕉生
意赚一笔大钱，同时忘记这段往事。

　　这对外祖父和外孙之间的关系解释了加西亚·马尔克斯为何要
创作原创小说，并一直坚持下去的原因。"我们总是在一起。"加西
亚·马尔克斯回忆说，他模仿外祖父，甚至模仿他的穿着。在家里，
"仅有的男人就是外祖父和我"。他在幼年时期远离父母，围绕在身
边的是一群"福音派妇女"（包括他的外祖母、阿姨和土著女佣）。
"外祖父对我来说是完全安全的，只有跟他在一起，我的焦虑才会
消失，我才感到脚踏实地，才能好好过日子。"令他"在思念中搁浅"
的外祖父身材矮胖、独眼，戴着全黑墨镜，每个月都会为外孙庆祝
"生日"。外祖父常常夸他天生会讲故事，两人一起看过电影，就会
让他复述电影内容。外祖父还带他认识了什么是冰。加西亚·马尔
克斯虔诚而多情地将外祖父视为权力的化身。在外祖父去世时，他
仅有八岁。"我的一部分跟随他一起死了。"他在回忆录中写道。他
曾经说过，从那时开始，"曾经发生了什么并不重要"。在马丁看来，
这么说并不夸张："加西亚·马尔克斯一生中最强大的动力就在于
重新融入外祖父的世界。"这解释了他为什么继承了外祖父的"对
往事的回忆、生活哲学以及政治品行"。这种政治品格可以用一句
话来总结："我还是会这么做。"

* * *

　　加西亚·马尔克斯另外一个核心政治观念是反帝国主义。他揭

露了联合果品公司的真相，对其进行了文学改造。不管是在《百年孤独》还是《活着为了讲述》中，故事的发生地都不仅是一个完全虚构的"公司小镇"，镇上有种植园、铁路、电报台、港口、医院和船队，也是一种美帝国主义的"圣经的诅咒"。美帝国主义是席卷全球的历史性力量。它的"弥赛亚的启示"毁灭了包括加西亚·马尔克斯外祖父母在内的成千上万人的希望，搅乱了原本天堂里的湖水，破坏了安宁，剥夺了人民的财富和原有的道德，让他们听天由命。这场"瘟疫"过后，只剩下了"枯枝败叶"和"给我们带来的残渣碎片"。回忆录开头追溯了加西亚·马尔克斯在世纪中期与母亲一起回到出生地的情景，他将童年的生活环境形容为"种族隔离"下的加勒比地区：那里有美国佬的私人"宫殿"，"孔雀和鹌鹑在冷清的蓝色草地上漫步，房子的屋顶是红色的，窗前有防护网，在棕榈树和玫瑰花中间，摆着就餐用的折叠桌椅……它们对我们来说是遥远不可及的，我等凡人被禁止进入那里"。

这是历史事实还是个漂亮的故事？这些是活生生的现实，还是为了被讲述而进行的再加工？马丁没有提到，大力促进香蕉种植的人物正是乌里韦将军。他是经济学教授、国家农业出口的推动者。这位传说中的战士还拥有安蒂奥基亚（Antioquia）最大的咖啡种植园之一。马丁忽略了这一点，只是指出将军的下属马尔克斯上校是这场投资活动的首批获益者之一。将军在阿拉卡塔卡的房子既没有游泳池也没有网球场，但铺着水泥地面，有很多房间，是镇上最宽敞的房子之一。作为市政税务官，"上校的收入很大程度上来自市里的经济福利、酒精中毒以及'枯枝败叶'们的混乱性关系。我们并不知道尼古拉斯是如何尽职地完成了自己的责任，但是这样的体制本就没有为个人正直留下多少空间"。马丁曾经在笔记中写道，上校曾在被称作"学院"的机构中任职，那里是"酒精和性爱完全自由的地方"，游荡着"不可思议的妓女们"。正是这样的地方激发了他的外孙早期的创作灵感，写下了一部又一部长篇和短篇小说，直到最后一部小说《苦妓回忆录》（*Memoria de mis putas tristes*）。

因为受累于"回忆"中的故事，马丁忽略了这个家族与美国果品公司之间的暧昧关系，这是一种典型的加勒比人对美国佬又爱又恨的态度。这个公司之所以受到谴责，不是因为它的存在，而是因为它放弃了镇上的人们。在回忆录中，加西亚·马尔克斯指出，他的母亲路易莎·圣地亚加·马尔克斯（Luisa Santiaga Márquez），小说《百年孤独》中乌尔苏拉（Úrsula）的原型，"很怀念香蕉公司的黄金时代"，怀念那段"丰富多彩的童年时光"，可以上钢琴课、舞蹈课、英语课。他自己也承认，他很想念蒙台梭利学校里漂亮的女老师，也很想念外祖父公司商店的精美物品。总之，一个不容忽视的事实是，香蕉公司带来的不仅仅是"枯枝败叶"。历史学家凯瑟琳·勒格兰德（Catherine C. LeGrand）解释说，那里是各种元素相混合的大熔炉：既融合了世界主义和地方主义，也有"绿色黄金"和巫术；既有派克钢笔、维克斯薄荷膏、奎克燕麦、高露洁牙膏、雪佛兰、福特（马丁书中的家庭照片中有所展现），也有魔法药水和顺势疗法药物（埃利西奥·加西亚 [Gabriel Eligio García]，也就是"小加博"那个飘忽不定、穷困潦倒、总不在身边的父亲从事的行当）；那里既有红玫瑰十字教派的图书，也有天主教的弥撒；既有共济会成员，也有通神论者；既有魔鬼故事，也有现代发明；既有手工业者，也有专业人士；既有数百年来植根于沿海土地的性格，也有从意大利、西班牙、叙利亚和黎巴嫩舶来的风气。加西亚·马尔克斯的母亲原本希望这种"虚假的辉煌"能够永远持续下去。因此，回忆录中写道，当她在广场上看到屠杀时，对儿子说："世界就这样终结了。"这里的"世界"其实指的是"她的世界"。这个天堂并不是生来注定就属于果品公司，它只是随着果品公司的到来而建成的天堂，这样的热带炼金术曾出现在加西亚·马尔克斯的早期小说中，而在经典之作《百年孤独》当中更是得到了出色的描写。

种族隔离的记忆之后是白色恐怖时期。历史当然会如此发展。1928 年，在联合果品公司的授意之下，联邦军队朝着聚集在拉谢内加（La Ciénega）车站的罢工工人开火，这个地方距离阿拉卡塔卡，也就是加西亚·马尔克斯（生于 1927 年 3 月 6 日）的家乡，他从小和外祖父母生活的地方特别近。这次事件导致了数百人死亡。这场在《百年孤独》中得到艺术式夸大的屠杀使保守派政权声誉扫地，开启了 1930 年以来一系列自由主义政府执政的时代。自由党重要的社会改革遭到了保守党的反对，双方的矛盾随着时间推进愈演愈烈。在 1946 年的选举中，当权的自由党分裂成了两派，一方是加布里埃尔·图尔瓦伊（Gabriel Turbay）领导的温和派，另一方则是具有超凡魅力的演说家豪尔赫·埃利泽·盖坦（Jorge Eliécer Gaitán）领导的激进派。

在盖坦广受欢迎的反帝国主义演说中，他反复提到 1928 年的那场屠杀事件。他曾经作为议员调查并揭发过这起事件。不久后，在 1948 年 4 月 9 日在波哥大（Bogotá）举行的第九届泛美会议中，盖坦被暗杀，首都街头发生了大规模骚乱。这起事件被称为"波哥大事件"，距离当时已经是法律系学生的加西亚·马尔克斯的居住地非常近。这件事情是他——对卡斯特罗来说也是一样，他当时也在那里——的"政治转折点"：1928 年的耻辱再次上演，加深了他对美帝国主义的仇恨，唤起了他对共产主义的同情。

年轻的作家除了在自传和文学作品中以艺术手法再现了上校的荣耀和香蕉公司的恶行之外，还对代议制民主和共和主义的价值观提出了质疑。马丁貌似认为："哥伦比亚是一个奇特的国家，这个国家的两个政党相互之间已经公开争斗了两百年。但是，他们暗地里却联合起来确保人民永远都不会得到真正的代表。"但是，说哥伦比亚是一个假共和国并不完全符合事实。历史学家德亚斯认为，从 19 世纪初开始,即使是哥伦比亚最偏远地区的人民都非常关注国家政治活动,参加定期的、廉洁的、竞争性选举,真正存在分权制度,且至少到 20 世纪为止,法律和自由的价值都从来没有被忽视。除了 20 世纪 50 年代古斯塔沃·罗哈斯·皮尼利亚(Gustavo Rojas Pinilla)将军的短暂插曲(1953—1957 年在任),哥伦比亚人从未支持政变或者独裁。可以毫不夸张地说,20 世纪下半叶该地区没有任何一个国家能像哥伦比亚一样顽强地实行民主,即使与哥斯达黎加、智利、乌拉圭,或者 20 世纪中叶乌戈·查韦斯诞生之前的委内瑞拉相比也是如此。

暴力似乎是哥伦比亚的第二特征。发生这种暴力的主要原因是自由党和保守党之间的分歧,双方关于政治、经济、社会,尤其是教育和宗教等多个领域的价值观争论不休,这些价值观自 19 世纪在西语美洲诸国已经出现。尽管哥伦比亚有民主和共和主义的倾向,但是它并没有找到一个稳定的方案,以致内部冲突无穷无尽。文官政府恪守的严肃守法的传统一次又一次被武力破坏。"哥伦比亚在 19 世纪末,"拉斐尔·努涅斯(Rafael Núñez)总统说,"已经近乎无政府的状态。"哥伦比亚各派系无法达成共识的局势在 1948 年的"波哥大事件"中表现得淋漓尽致。年轻的加西亚·马尔克斯心中形成了一则钢铁信条:不管是保守主义思想还是自由主义思想,都是没有意义的。最后,他像奥雷里亚诺·布恩迪亚上校一样认为"现在保守派和自由派之间的唯一区别,就是自由派参加五点的弥撒,而保守派参加八点的弥撒"。或许就是从那个时候,他开始认同西蒙·玻利瓦尔在 1826 年写给自己的伙伴和对手弗朗西斯科·桑坦德(Francisco Santander)的一句名言:"我深入骨髓地相信,唯有行之有效的专制主义才能统治美洲。"

一位手腕高超的暴君,一名优秀的族长,一个新的乌里韦·乌里韦式的和平维护者和反帝国主义者,这就是加西亚·马尔克斯的基本政治观念。为了实现这个目标，他的道路将是漫长而艰难的。而他所用的工具，正如外祖父所希望的那样，并不是枪支，而是文字。

二

《加西亚·马尔克斯》既是一部加西亚·马尔克斯的授权传记，也是一场文学传奇和政治传奇。马丁的传记将加西亚·马尔克斯的人生分为三个阶段。第一个阶段集中在1899—1955年的哥伦比亚，一定程度上与《活着为了讲述》中的描述相重叠，但是对家庭历史的信息有所更新，勾勒出了阿拉卡塔卡传奇家族中每个成员的性格，重新讲述了作家在著名学府圣何塞学院的求学生涯。关于加西亚·马尔克斯的核心家庭，传记中讲欢声笑语的篇幅少，讲艰难困苦的篇幅多，这个家庭每年都会由于一个新成员出生而变得更富裕和更贫穷。更重要的是，它描述了一个穷苦的小伙子在卡塔赫纳（Cartagena）、巴兰基亚（Barranquilla）、波哥大等几个城市中的生活，他身边围绕着一群记者朋友和文学导师，他热情洋溢地为成为一名作家而努力，在此之余也愿意通过销售百科全书和改编肥皂剧而谋生。奇怪的是，马丁几乎完全绕过了加西亚·马尔克斯赖以成长的文化背景：加勒比地区欢快而开放的生活背景、超乎寻常的慷慨、狂热的性感、对诗歌的崇拜、极佳的乐感、对粗俗笑话的喜爱、对黑魔法的浓厚兴趣、认为死亡是一件轻而易举的事情等等。另一方面，传记对加西亚·马尔克斯文学教育的丰富性和复杂性有些夸大。事实上，他曾经通读达里奥和西班牙黄金世纪的作品，阅读过福克纳、海明威和卡夫卡的一些作品，还读过一点点"淫乱的"弗洛伊德和少量"混乱的"托马斯·曼。而且他几乎没注意过作家在报纸上发表的媒体作品。

虽然马丁在书中几乎没有引用信件、文件等私人或公开的文献，但被马尔克斯家族称呼为"赫拉尔叔叔"（他在传记前言中提到过）的马丁花了十七年的时间采访了五百多人，包括其家庭成员、同事、朋友、编辑和学者，但主要是采访作家本人。实际上，从文学的角度看，这些证词很生动，但是从传记的专业角度来看，又有些可疑。有一些是无可辩驳的第一手资料，比如对于加西亚·马尔克斯长期以来的朋友普列尼奥·阿普莱约·门多萨（Plinio Apuleyo Mendoza）的采访，证明了作家在年轻时期非常贫穷。但是他真的曾住在一个只有三平方米的房间里吗？他真的习惯于"忽视自己身体的需求"吗？还有，他是否真的和一个军人的妻子睡在了一起？对方在发现以后，又因为感激他那使用顺势疗法看病的父亲而原谅了他？他写了关于马孔多的第一部小说《枯枝败叶》，其灵感是来自和母亲回到阿拉卡塔卡的那次旅行吗？马丁在笔记中所说，这场旅行与胡安·鲁尔福的小说《佩德罗·巴拉莫》开头的场景非常相似，这本小说影响了《百年孤独》的基调。这场旅行真的发生在 1950 年吗？它真如自传中所说的那样，是他创造力的根本所在吗？有一封信马丁并没有提及，这封信日期为 1952 年 3 月，收录于《新闻作品集》（*Textos costeños*）第一卷，它似乎是对这个问题的否定回答：

> 我刚刚从阿拉卡塔卡回来。它依然是一个尘土飞扬的小镇，充满沉默与死亡。这里很荒凉，也许太荒凉了，年老的上校在后院仅存的一棵香蕉树下奄奄一息，还有一大群六十来岁的老处女，锈迹斑斑，在下午两点钟的时候昏昏欲睡，汗水浸湿了唯一能证明她们性别的器官。这一次我是壮着胆子回去了，但我再也不会一个人回去了，特别是在《枯枝败叶》出版以后，那些老上校们个个都像要掏出枪跟我来一场特殊的个人内战。

第二部分介绍了"加博"的生活轨迹。这部分记录了加西亚·马尔克斯从 1955 年到 1957 年在巴黎流浪，1958 年与年轻时就结识的女朋友梅赛德斯（Mercedes Barcha）结婚，以及为拉丁美洲新闻社（卡斯特罗革命胜利后创办的古巴通讯社）担任驻美国纽约记者的经历。接着写到 1961 年，他在墨西哥定居，这个宜居的国家当时正处于威权统治时期，反帝国主义情绪高涨，国家井然有序。加西亚·马尔克斯的两个儿子罗德里格（Rodrigo）和贡萨洛（Gonzalo）相继出生。在墨西哥，他在两个美国广告公司智威汤逊广告公司（Walter Thompson）和麦肯集团（McCann Erickson）工作，第一次得到了稳定合理的收入。他成功领导了两份商业杂志《家庭》(*La Familia*) 和《大众事件》(*Sucesos para Todos*)，在电影业试了试运气，还于 1961 年出版了《没有人给他写信的上校》。他再次见到了一些老朋友，尤其是阿尔瓦罗·穆蒂斯（Álvaro Mutis），也结识了很多新朋友，新的友谊深厚且持久，例如和卡洛斯·富恩特斯的友情。他购置了汽车和房子，把孩子送进美国学校学习，为创作进入瓶颈而焦虑不已，担心自己因为"生活不错"而失去灵感。最终，1967 年，在他四十岁的时候，他发表了令几代读者为之惊叹的杰作《百年孤独》。

"每个人都有三种生活：公共生活、私人生活和秘密生活。"加西亚·马尔克斯在自己的传记中如是说。马丁的书除了讲述作家与外祖父非常要好的关系之外，还揭示了加西亚·马尔克斯"秘密生活"的一些片段：在他结婚之前，他曾在巴黎与一位希望成为演员的西班牙姑娘交往。这段爱情饱经风霜，充满不幸，但是重要的不在于爱情本身，而是这份感情为《没有人给他写信的上校》和短篇小说《雪地上的血迹》(*Rastro de su Sangre en la nieve*)提供了灵感。但是他"秘密生活"的其他方面依然笼罩着一团迷雾。他为什么突然切断了与拉美社的关系？这个问题的答案也许只能在古巴的官方档案中找到，只有等将来某一天档案公开，这个秘密才能够水落石出。他长期以来和梅赛德斯的笔恋内容是怎样的？这已经不可能知道答案了，因为双方都已经把信烧毁了。他与同事们的关系是如何发展的？除了可以从阿普莱约·门多萨等人的来往信件中获知一二以外，再没有其他现有文字资料可供查阅了。

回顾这位放荡不羁的作家的"私人生活"，他能歌善舞，在漫游欧洲期间发生了各种逸事。他是不是真的"收集过旧瓶子和旧报纸，有一天窘迫到不得不去地铁上行乞"呢？事实上，据阿普莱约·门多萨说，加西亚·马尔克斯似乎对在欧洲的经历不感兴趣，当时他更专注于写作。马丁认为："令人吃惊的是，他在欧洲从东到西看到了那么多东西。"但是加西亚·马尔克斯本人纠正他说："我只是在那里徘徊了两年，我只关注我的情感，我的内心世界。"

至于"公共生活"，马丁关注的是作为记者的加西亚·马尔克斯——他当时是哥伦比亚《观察家报》（El Espectador）的明星记者——在东德、苏联、波兰、匈牙利的冒险旅程。比如，马丁指出，这位作家对斯大林经过防腐处理的尸体表现出了浓厚的兴趣。"这个男人，"加西亚·马尔克斯写道，"是一个冷静的智者、一个好朋友，颇有幽默感……他细腻的双手和薄而透明的指甲给我留下了深刻的印象，就像是女人的手一样。"他一点也不像"赫鲁晓夫猛烈谴责和谩骂的那个冷血魔王"。马丁还记录了作家对1956年镇压了匈牙利"十月事件"的政治家卡达尔·亚诺什（János Kádár）"中毒颇深"。加西亚·马尔克斯不仅和他走得很近，还坚持为他的行为进行辩护。在得知纳吉·伊姆雷（Nagy Imre）被处决后，加西亚·马尔克斯批评了亚诺什，但不是从道德角度，而是认为他"在政治上犯了蠢"。"或许我们对此并不应该太吃惊，"马丁说，他很少这样大胆地评价加西亚·马尔克斯，"这个写下这些话的人，这个在当时认为所有情况都存在'合适'或'不合适'的人，这个冷血地把政治放在道德之上的人，无论好坏一如既往地支持像卡斯特罗这样'不可替代'的领导人。"记叙《百年孤独》写作过程那几页读来确实精彩，但马丁的结论似乎有些夸张："这部小说是一面镜子，借着这面镜子，他身处的美洲大陆重新认识了自己，并建立了一种传统。如果说博尔赫斯就像卢米埃（Lumiere）兄弟一样是在画框中描摹拉美，那么加西亚·马尔克斯则是第一次为拉丁美洲画出了巨大的集体群像。通过这种方式，拉丁美洲的人们不仅认识到了自己，还广泛地为全世界的人所认识。"

我们都读过这部经典之作，这样的热情导致这本书在一定程度上被视为一种圣经（富恩特斯就有此论），或者至少是"美洲的《阿玛迪斯》*"（巴尔加斯·略萨如是说）。但是事实上，加西亚·马尔克斯的世界并不是"整个"拉丁美洲的镜子。他的虚构叙述至少缺失了两个基本要素：印第安人和天主教信仰。尽管如此，《百年孤独》依然是反映加勒比地区的一面魔镜。然而，并不是所有人都对这部作品赞誉有加。博尔赫斯就曾经评论道："《百年孤独》是很好的，但是如果能缩短二三十年就更好了。"而奥克塔维奥·帕斯的评论也很苛刻：

> 加西亚·马尔克斯的叙事在本质上是学院派的，是一种介于新闻和幻想二者之间的东西，一种掺了水的诗歌。它是乡村讲古†和奇幻小说这两种拉丁美洲流派的延续。他并不缺少才华，但他是一个传播者，或者借埃兹拉·庞德形容他这类文学生产者的话来说，一个稀释者。

---

* 《高卢的阿玛迪斯》（*Amadis de Gaula*）是中世纪骑士文学的代表作品，在西班牙语世界影响巨大。

† 作者将此种文学形式解释为"讲述英雄故事的乡村口头文学"。

三

从一开始，他的作品就是在描绘权力，最初是一些短篇小说，随后是《百年孤独》——他笔下的上校们都非常有权力，但全都老而孤独，虽然"背负一身荣耀，对荣耀的往昔充满怀念之情"，却感到绝望——最后则是于 1975 年发表的《族长的秋天》(*El otoño del patriarca*)，这是加西亚·马尔克斯最喜爱的作品。1981 年，他向阿普莱约·门多萨解释，这部作品是"一首关于权力的孤独的诗"。这是一个能激起他很多情感的主题："我始终相信，绝对的权力是人类至高和最为复杂的实现。"但他声称小说中还有一个隐秘的维度："这是一本忏悔之书。"马丁最终相信了这个卢梭式的假设，他认为在这本书中，"自我批评"的道德情感占据了主导地位。书中的族长野心勃勃、好色、令人反感，残酷而孤独。尤其是孤独，就像是加西亚·马尔克斯自己。"这位极具盛名的作家为名誉所累"，希望通过自传式的忏悔获得解放。

《族长的秋天》并不是 20 世纪第一部关于热带地区独裁者的西班牙语小说。西班牙作家巴列—因克兰曾在 1926 年写出了《暴君班德拉斯》(*Tirano Banderas*)。危地马拉作家米格尔·安赫尔·阿斯图里亚斯(Miguel Ángel Asturias，于 1967 年获得诺贝尔文学奖)曾于 1946 年发表了《总统先生》(*El Señor Presidente*)。此外，根据奥古斯托·蒙特罗索(Augusto Monterroso)的说法，在 1968 年初有多个拉丁美洲的作家曾计划出版关于各自国家独裁者的书。这个项目最终没有完成。蒙特罗索提到的有卡洛斯·富恩特斯、巴尔加斯·略萨、胡里奥·科塔萨尔、何塞·多诺索(José Donoso)、罗亚·巴斯托斯(Augusto Roa Bastos)、阿莱霍·卡彭铁尔(Alejo Carpentier)，但是没有加西亚·马尔克斯。蒙特罗索说，他本来要创作关于索摩查家族的作品，"但我害怕最终会'理解'

独裁者，并为他们'感到惋惜'。"这样看来，加西亚·马尔克斯似乎并不是以悔恨的心情来创作这本小说，而是出于一种竞争的心态。他花了好几年的时间琢磨，几易其稿，他要"教会"阿斯图里亚斯和他的朋友们"应该如何写一本真正的关于独裁者的小说"。

如果说《族长的秋天》能够证明什么，那就是独裁这一主题非常契合魔幻现实主义的表达要求。独裁者粗暴专横，将权力作为个人表达的工具，为自己的力量而心醉神迷，这些都是现实与幻想融合的天然要素。族长"只晓得如何通过庞大权力的可见象征来表达内心最隐秘的渴望"。他渴望成为幻术师，具有改变自然和时间流动的力量，从而扭曲现实。加西亚·马尔克斯笔下的族长在某种程度上让人联想到阿尔贝·加缪的《卡利古拉》(*Calígula*)："在整个罗马帝国，只有我是自由的。庆贺吧，你们终于有了一个教给你们自由的皇帝……我活着，我杀戮，我行使毁灭者的无限权力。比起这种权力来，造物主的权力就像是场闹剧。"

这些过分的行为构成了许多国家记忆和现实的一部分。委内瑞拉作家阿莱亨德罗·罗西对这种"图像志遗产"有一些了解。他表示，该书并不是中规中矩的魔幻现实主义，但却拥有着"浓烈而优美的画面"，出色的叙事"细节和艺术"，以及"常常臻于完美的作品节奏"。但是对于这本小说的实质，他却不能苟同：

> 这本书融合了很多熟悉的元素，是一部构思精妙、精彩绝伦的作品，但是它并没有改变我们对专制的历史和心理观念。《族长的秋天》在艺术上进行了探索，但视角陈旧，会消耗读者的精力。加西亚·马尔克斯在突破文体方面的才华毋庸置疑，却并没有改变本质的东西，这种本质的东西深埋于小说的深层次中，未被文学的火花触及。从这个意义上来说，这是本巴洛克

式的书……虽然有完美的词句，但依然是一个封闭的语言网络，有时扼杀了作品的叙事主题。

抛开语言，小说的情节持续记录了暴君的主观世界：他的怀旧情绪、他的恐惧、他的感受。但是他简单的内心世界冒犯了道德：读者很少会读到独裁者对权力的责任和困境的思考，对邪恶、卑鄙或者犬儒的反思，更不要说在内心有一点良知的端倪。独裁者的意识被个人愁苦占据：他为母亲做出的牺牲、他的情色史和"受阻的爱情"。似乎这个独裁者没有公共生活，只有私人的情感。相反，围绕着他的角色却没有私人空间，他们的思想和言行都是公共生活的一部分，因为他们的角色是为独裁者服务的。在这样一个以暴君的抒情而感性的自我为主轴的故事中，为了展现这个"我"，其他一切历史、政治、死者等都化为一个舞台背景。受害者也只是道具而已。

加西亚·马尔克斯以暴君为题材写作，并不是为了揭露和分析一个国家的复杂性，而是以他们又老又孤单的形象，激发人们对于可怜的恶魔的同情。在他笔下，独裁者是一个受害者，是教会、美国、冷漠、对手、合作方、自然灾害、身体患病、祖先无知、厄运和孤儿身份等一系列事物的牺牲品。有一个极端的例子：一个女人在被强奸之后，还要反过来安慰强奸者。这样的例子还有：那些独裁者失宠下台以后，流放期间在家里整日玩多米诺骨牌。思念情绪使他们免于惩罚。这本小说模糊了关于权力的现实状况，将受害者去人格化，把独裁转变成一部情景剧，令独裁者变得温情而富有人性。

在《族长的秋天》中，行文如同一股无法控制的洪流，跨越了时代，也跨越了大陆和不同人物，这样的叙事方式本身也是一种专制。这本书的西班牙语版的一个段落长达八十七页，对读者而言无异于一种折磨（有时也让人读得爽快），对此加西亚·马尔克斯解

释说："这可是《百年孤独》的作者给读者的一件奢侈品。"书中所
有的空间都被独裁者的意识占据了。所有的事情，都是按照族长的
意愿、为了族长的意愿、基于族长的意愿发生的。他是一个无所不
知的叙述者，也是一个国家的缔造者。除了独裁者，其他人的想法
都是次要的、派生的或者干脆不存在。加西亚·马尔克斯写道，"他
全心投入到为我们着想的救赎者的喜乐中……他是唯一知道我们真
正命运的人"；"我们已无法想象如果没有他，我们会怎么样"；"他
就是这个国家（也是这本小说）"。

　　这本书与小说《总统先生》有很多不同之处。《总统先生》是
一部诗意的、政治的和革命的超现实主义小说。二者的主要区别是，
在阿斯图里亚斯的作品中不仅能听到暴君的声音，还能听到街上"乞
丐们"的声音，能听到民众和军人在变革的生活中的声音，他们会
感到愤慨，也会自我批评。而《族长的秋天》中所有的受害者只是
舞台背景，他们从未积极参与书中的活动。他们的困苦和遭遇只是
被简单地记录下来，并没有进行再次创作。但在《总统先生》中，
他们的声音是可以被听到的，他们入狱和严刑拷打的情况得到了反
映。这本书涉及权力的滥用、腐败以及专横暴行，它的语气不仅是
批判的，而且是蔑视的，绝不令独裁免于惩罚。

　　加西亚·马尔克斯在总结这部作品时说："这本书在政治方面
要比看上去复杂得多，我并不打算解释它。"根据传记的说法，就
在那时，他"决定要更上一层楼：既然名声让他看到了真相，他就
要做得更好"。这种精神升华就是让他的名声服务于一个男人所领
导的革命（古巴革命），这个男人此后多年的所作所为和小说中族
长的行为非常相似。"这部作品展示了人类的冷酷无情和厚颜无耻，
描写了权力和权力的影响，"马丁说，"我们从中被迫看到权力就是
为了被使用而存在的，而且'必须有人使用它'。"透过这个"马基
雅维利式"——这个形容词和这种阐释是马丁自己想到的——的历

史观念，这位传记作家相信他明白了为什么加西亚·马尔克斯"迅速和菲德尔·卡斯特罗这位社会主义解放者、在拉美大陆的政治家中最有潜力成为民众爱戴的强势领袖搭上了关系"。

或许《族长的秋天》代表了外祖父"决斗"一事的最终文学叙述，在这部小说中，"暴君"这个词温柔地弱化为"族长"，这个族长霸占着整部小说：没有一点缝隙、一个句号、一个逗号或一个空格留给他人。在这样的一本小说中，没有任何空间容纳外祖父杀死的伙伴梅达多·帕切科的灵魂，连同他绝望的母亲、妻子和两个孩子也彻底消失了。他们不仅消失了，连他们的呐喊声都不曾被听到。在通过文学的途径塑造了族长的形象之后，接下来就该是在现实生活中寻找了。马丁认为："（这个人就是）菲德尔·卡斯特罗，他是加西亚·马尔克斯外祖父的化身，那个加西亚·马尔克斯唯一不敢、不能甚至不想战胜的人。"

从马孔多到哈瓦那，是一个魔幻现实主义的奇迹。

* * *

在他卷帙浩繁的新闻作品中，加西亚·马尔克斯并没有像在现实中支持社会主义一样实践魔幻现实主义。他的新闻作品创作于1948—1991年之间，至少有八卷，没有被翻译成英语。马丁几乎没有阅读过这些作品，因为他的传记主要是给英语读者阅读的，这是这本传记的一个遗憾之处。

加西亚·马尔克斯新闻作品的第一个系列非常重要，从中可以窥视他的"基础训练"，也就是他的"文学作坊"的秘密。第二个系列写于1955—1957年间，涉及更多的政治内容，涵盖他对欧洲和美洲的报道，在他的传记中得到了较多的关注。但是写于1974—1975年的报道是他的政治报道的核心内容，这些报道集中收录于

《为自由》(*Por la libre*) 和《1980—1984 年新闻通讯》(*Notas de prensa 1980-1984*) 中，有上千页之多，但马丁只做了极少的评论，几乎都是溢美之词。

有三份通讯稿马丁认为是"值得纪念的"，这三份稿件是他在 1975 年长期逗留于古巴之后写就的,名为《古巴:从头到尾》(*Cuba, de cabo a rabo*)，于当年 8 月到 9 月分别发表在由加西亚·马尔克斯亲自于 1974 年在波哥大创办的《抉择》(*Alternativa*) 杂志的第五十一、五十二和五十三期。它们真是值得纪念！这三篇文章写得引人入胜，它们宣扬一种对革命的绝对忠诚，而英雄的卡斯特罗司令就是这场革命的化身，尽管在岛上待了三个月的加西亚·马尔克斯并未与他结识。"每一个古巴人似乎都认为，如果有一天古巴只剩下一个人，只剩下卡斯特罗自己，他依然能够领导着革命继续向前，取得幸福的结局。而对我来说，直言不讳地讲，这是我人生中最激动人心和最重要的体验。"

它确实重要，以致三十六年来加西亚·马尔克斯从未背离这一启示性的愿景。他在古巴看到了什么？又可以看到什么？显而易见的是，古巴在教育和医疗服务方面取得了显著的成就，虽然他没有自问过是否一定需要集权政体才能实现这样的社会目标。有什么是他看不到的？苏联的存在。他在古巴只看到了作为慷慨的石油供应商的苏联。他说了他没有看到什么？"个人特权"（虽然卡斯特罗家族像掌控个人财产一样掌控着古巴），以及"政治压迫和任何形式的歧视"（虽然自 1965 年来古巴严格管理的劳改营汇集着同性恋者、反社会者、宗教人士和异见人士，这些劳改营被委婉地称作军事生产援助营 [Unidades Militares de Ayuda a la Producción]）。最后，他看到了什么？他看到的就是他想要看到的：隶属于保卫革命委员会 (Comité de Defensa revolucionaria) 的五百万古巴人并不是革命的耳目和棍棒，而是自发组织起来的群众，是"真正的力量"。

或者用菲德尔·卡斯特罗的话更明确地说——他的这个说法曾被加西亚·马尔克斯钦佩地引用——"这是一个集体的革命警戒系统，可以让大家知道同一街区的邻居是谁，他在做什么。"他看到了"商店的柜台上销售着各种食品和工业产品"，他还预言说"1980年古巴将成为拉美首个发达国家"，他看到了"人人都能接受教育的学校"，看到了"媲美欧洲最佳餐馆"的古巴餐馆，他看到了"十六岁以上的公民具有无记名投票的普选权"，他还看到一个九十四岁的男子沉浸在阅读之中，"痛恨资本主义，对所有的资本主义书籍嗤之以鼻"。

最重要的是，他在那里看到了菲德尔·卡斯特罗。他看到了菲德尔与人们建立的"几乎是心灵感应般的沟通系统"。"他的目光揭示了他稚气未脱的心灵中隐藏的柔弱……虽然经历了残暴权力和阴谋诡计的洗礼，他的内心依然纯净如初……他设计了一整套政策，反对个人崇拜。"因为这些原因，同时因为他具有"超凡的政治智慧，敏锐而忠诚，工作能力极强，深切了解并绝对信任群众的智慧"，卡斯特罗成功实现了所有执政者"梦寐以求"的愿望——"被群众所爱戴"。

在加西亚·马尔克斯看来，这些美德都建立于一个"远被低估的重要能力"之上：他是一个"天生的新闻人"。这场革命的所有伟大成就、起源、细节和意义都"收录在菲德尔·卡斯特罗的演讲中。由于这些数量巨大的口头报道，古巴人民可能是世界上最了解自己社会现实的人"。加西亚·马尔克斯承认，这样的报道式演讲"尚未解决言论自由和革命民主的问题"。法律禁止一切反对革命的创作使他感到"惊恐"，但原因并非因为这限制了作家的自由，而是因为他认为它无关紧要："如果有任何一个作家妄议革命，无异于以卵击石……革命已经成熟到可以承受这些了。"他认为，古巴的新闻界欠缺信息的丰富性和批判意识，但是可以"预见"到以后将

会变得"民主，活泼且有原创力"，因为它建立在"一种真正的新
民主制度之上……人民的力量以金字塔的方式呈现，保证领导人可
以及时而持续地指挥塔基部分"。"别光信我说的，那没什么鸟意思。*
你们要亲眼去看一看。"加西亚·马尔克斯总结道。

　　几年之后，在接受《纽约时报》采访时，阿兰·赖丁（Alan
Riding）问道，他经常到哈瓦那旅行，为什么没搬到那里定居？"对
于我来说，现在定居去适应那里的环境太难了。我会错过太多的东
西。我不能在一个缺乏信息的环境下生活。"

　　加西亚·马尔克斯的政治新闻中另外一篇富有启发性的文本是
《越南现场》（Vietnam por dentro），马丁在书中没有提及这篇文
章。在这篇文章发表的一年前，1978 年 12 月，加西亚·马尔克斯
设立了"美洲人权基金会"（Habeas, Fundación para los Derechos
Humanos de las Américas），目的是"促进囚犯的有效释放。基金
会不仅帮他们免于刑囚和杀害，还会尽力寻找失踪者，协助被流放
者回家。总而言之，与其他同类组织不同的是，'美洲人权基金会'
更在意帮助被压迫者，而不是去谴责压迫者"。本着这种精神，从
越南逃亡的船民自然就引起了他的注意，当时萨特和其他同情越南
政权的人也曾呼吁对这些难民施以援手。

　　在一篇题为《一个没听到的海难幸存者的故事》（Relato donde
no se escucha a un náufrago）†的文章中，加布里埃尔·扎伊德对加
西亚·马尔克斯本人所谓的"仔细调研"感到吃惊，这位人权基金
的创始人只听取了官方的说法。扎伊德说："历史总是惊人的相似。
越南内战就像 1968 年 10 月 2 日迪亚斯·奥尔达斯政府镇压群众运
动时一样，许多与官方不同的声音都没有被听到。"事实上，在加

---

*　原文为脏话。

†　题目为讽刺加西亚·马尔克斯，套用加西亚·马尔克斯作品题目《一个海难幸存者的故事》
　　（Relato de un náufrago）。

西亚·马尔克斯的报道中，他采访了胡志明市人民法院的一名法官、一名"高级官员"、越共中央对外联络部部长，胡志明市堤岸区区长、越南外交部部长，随后还有总理范文同（Phạm Văn Đồng），这位总理"温和理智……在早上六点钟，大多数国家元首还没有起床的时候就接待了我和我的家人"。加西亚·马尔克斯的团队在越南差不多待了一个月，他们有机会参加"文化庆祝活动"，活动上"美丽的女子弹奏十六弦的诗琴*，唱着纪念死难将士的挽歌"。但是他们没有时间倾听难民的声音，没有时间采访他们，更没有遵照基金会宣称的主旨为他们提供帮助。"他们的悲剧，"加西亚·马尔克斯坦率地写道，"在国家的严峻现实中处于第二位。"这个"严峻现实"指的是越南抗击美帝国主义战争的历史，以及与中国发生新战争的危险。加西亚·马尔克斯认为，在这种境况下，对越南而言真正严重的问题在于它"输掉了一场信息战"。在这位"人权基金会"的创办者看来，悲剧并不在于成千上万的流亡者忍受着饥饿、病痛、抢劫、强奸和谋杀，而在于这场悲剧以这样的方式被全世界所知晓。加西亚·马尔克斯为越南人感到惋惜，他指的是越南的重要人物，那些他所采访的人，觉得他们没有"及时预见或计算（原文如此）国际战争会产生规模如此巨大的难民"。

那三份关于古巴的"值得纪念的报道"和关于越南的文本模仿了他早期为匈牙利写的文章形式，显示出他当时和后来所有政治新闻的特点：只倾听强权的声音，抵制（回避、淡化、扭曲、篡改、省略）任何可能"被帝国主义利用"的信息。

---

* 此处应为越南传统乐器越南筝。

四

　　虽然加西亚·马尔克斯在 1975 年写下了古巴"值得纪念的报道",但是菲德尔·卡斯特罗却向雷吉斯·德布雷表示,他还是不相信哥伦比亚作家的"革命坚定性"。他知道加西亚·马尔克斯拒绝支持古巴诗人赫伯托·帕迪利亚著名的"认罪事件"。在那次事件里,加西亚·马尔克斯并没有像许多拉丁美洲知识分子一样选择与古巴政权决裂。卡斯特罗明白这一点,但是仍然不相信他的忠诚。故而,1975 年的时候加西亚·马尔克斯没能采访到古巴的最高领导人。他不得不退而求其次,采访了巴拿马的强人领袖奥马尔·托里霍斯(Omar Torrijos)。托里霍斯是加勒比国家第二梯队的独裁者,但却是《族长的秋天》的忠实读者,他如此评价这本书:"写的都是真的,这就是我们,我们真实的样子。""他的评价令我感到震惊,同时也高兴。"加西亚·马尔克斯说。马丁写道:"他们很快就基于深深的情感吸引建立了友谊,这种情感显然已经变成了'恋爱关系'。"

　　1976 年,加西亚·马尔克斯回到古巴,像他笔下的上校一样,在国民饭店待了一个月,等待卡斯特罗的召唤。这场加西亚·马尔克斯期待了近二十年的会面终于举行了。被卡斯特罗接受之后,作家在他的亲自监督之下很快写出了《卡罗塔行动:古巴在安哥拉》(Operación Carlota:Cuba en Angola),凭借这篇报道赢得了国际新闻组织的奖项。曾撰写并发表过《百年孤独》研究论文的马里奥·巴尔加斯·略萨直截了当地称加西亚·马尔克斯为卡斯特罗的"走狗"。两年后,加西亚·马尔克斯宣称他对古巴道路的拥护与天主教的教义类似,是"与圣者的融合"。

　　马丁描写了 1980 年以后,菲德尔与作家加西亚·马尔克斯日益密切的社会共存关系。"我们是知识分子之间的友谊,当我们在一起的时候会讨论文学。"加西亚·马尔克斯在 1981 年如是说。但将他们聚在一起的不止文学。"他们开始每年一度在卡斯特罗于拉戈岛（Cayo Largo）上的住处度假，有时候是他们两个，有时候还有别的客人，他们会乘坐快艇出海或者乘坐阿库拉玛斯号（Acuaramas）巡洋舰航行。"马丁还指出："加西亚·马尔克斯的妻子梅赛德斯特别喜欢这些场合，因为菲德尔擅长与女人相处，细致入微，还有着一种怡人讨喜的旧式礼节。"他还介绍了卡斯特罗擅长烹饪，"加博"喜爱鱼子酱，卡斯特罗则偏爱鳕鱼。

当加西亚·马尔克斯被授予诺贝尔奖时，卡斯特罗给他的作家朋友寄去了一整艘船的朗姆酒，并在他们返回之时安排加西亚·马尔克斯一家住在六号礼宾别墅，后来成了加西亚·马尔克斯在古巴的宅邸。在那里，加西亚·马尔克斯让他的客人们感到"受宠若惊"，被凯歌香槟（Veuve Clicquot）围绕的雷吉斯·德布雷就是如此。"成为富有的人和成为革命者这二者之间并没有任何矛盾，"加西亚·马尔克斯认为，"只要你真诚地做一个革命者，而不是真诚地做一名富翁就可以了。"

这可不是社会主义的现实主义风格，而是社会名流的现实主义风格。马丁本可以从安赫尔·埃斯特万（Ángel Esteban）与史蒂芬妮·帕尼切利（Stéphanie Panichelli）合著的《加博和菲德尔：一段友谊的风景》（*Gabo y Fidel: El paisaje de una amistad*）一书中获取更多材料，但他只是在参考书目部分提到了这本书。书中收录了古巴诗人米格尔·巴尔内特（Miguel Barnet）的证言。巴尔内特是加西亚·马尔克斯的朋友、费尔南多·奥尔蒂斯基金会（Fondo Fernando Ortiz)的主席，他详细描述了"希伯尼别墅"中的派对景象，甚至包括别墅主人"加博"的装束。巴尔内特说，"卡斯特罗和'加博'是真正的烹饪文化专家，他们喜爱美味的佳肴和美酒。'加博'是'伟大的锡巴里斯人'，因为他酷爱甜点、鳕鱼、海鲜和美食。"而另外一方面，西班牙作家、卡斯特罗的朋友巴斯克斯·蒙塔尔万（Manuel Vázquez Montalbán）也许从古巴最好的厨师——菲德尔·卡斯特罗那里得到了证据："加博崇拜我的烹饪技术，答应为我的烹饪书写前言，这本书就快完工了。"在这本书中，每一道菜都是专门为一个特定的人物准备的。"加博"的菜是"马孔多龙虾"，菲德尔·卡斯特罗的菜则是"海龟汤"。

当时，古巴每个人每月的口粮配给（于 1962 年 3 月生效）包括以下食品：七磅大米和三十盎司的豆子、五磅糖、半磅油、四百克意大利面、十个鸡蛋、一磅冷冻鸡肉、半磅碎鸡肉，也可以用鱼、各色香肠等"肉制品"来替代。

* * *

在《族长的秋天》中，主人公瞧不起文人："他们就像正在长毛的良种小公鸡，热情还在羽毛里，成不了气候。"* 但是加西亚·马尔克斯在古巴得到了一所大房子，已经成了气候，可以做出许多建树。1986 年 12 月，他在圣安东尼奥·德洛斯巴尼奥斯（San Antonio de los Baños）建立了一个电影研究机构：拉丁美洲新电影基金会（Fundación para el Nuevo Cine Latinoamericano）。多年前他曾经推进过多个电影项目，包括新版的《大限难逃》，又一个外祖父复仇的故事，这部彩色电影曾经在 1984 年由哥伦比亚电视台放映。这个由加西亚·马尔克斯出资的新机构对于古巴政权很重要，因为拉美文化一直是政权合法性的重要来源。罗伯特·雷德福（Robert Redford）、史蒂芬·斯皮尔伯格（Steven Spielberg）和弗朗西斯·福特·科波拉（Francis Ford Coppola）等都曾访问该基金会。

---

* 译文参考《族长的秋天》，加西亚·马尔克斯，轩乐译，南海出版社，2014。

正如马丁所言，创办该机构是一个聪明而令人兴奋的决定：

> 电影是欢乐的、集体的、积极主动、年轻的；电影也是性感而有趣的。加西亚·马尔克斯身边围绕着很多有魅力的年轻女性和富有活力、雄心勃勃又谦逊有礼的男性。他享受这样的每一分钟，在其中如鱼得水。

这一切像是完美再现了《枯枝败叶》中的马孔多天堂。只是这一次，加西亚·马尔克斯住到了另一边，"美国佬"的那一边。对于普通的古巴人来说，他的希伯尼豪宅，他的筵席、香槟和美味的海鲜，卡斯特罗为他精心准备的意大利面，游艇上的步道，就像加西亚·马尔克斯自己笔下的阿拉卡塔卡美国"禁区"，"它们对我们来说是遥远不可及的，我等凡人被禁止进入那里"。但完美的天堂是并不存在的。马丁暗示拉丁美洲新电影基金会存在一些关于加西亚·马尔克斯行为的流言蜚语，称他的行为"并不是年近花甲的男人所应该做的"。

但是对他来说，最好的地方在于他可以再次走在族长的身边，就像在阿拉卡塔卡走在外祖父身边一样。1988年，加西亚·马尔克斯发表了文章《领袖》（Caudillo，正如他对菲德尔的称呼），这篇文章是为意大利人詹尼·米纳（Gianni Minà）的著作《菲德尔说》（Habla Fidel）所作的序言。在这篇序言中，他向他的英雄进行了全面的文学致敬："他可能没有意识到他的存在的力量，这种力量似乎占据了所有的空间，尽管第一眼看上去他并没有那么高大雄壮。"同一年，住在哈瓦那的加西亚·马尔克斯正在撰写一本关于西蒙·玻利瓦尔的流放和死亡的作品：《迷宫中的将军》（El general en su laberinto）。马丁认为，他对玻利瓦尔的描述受到了卡斯特罗形象的启发，反过来玻利瓦尔也给了他关于卡斯特罗的启发。

1989 年开年不利，一些国际知名作家于 1988 年 12 月签署了一封公开信，要求卡斯特罗追随智利独裁者皮诺切特的脚步，敢于以公投来决定政权。而加西亚·马尔克斯在 70 年代曾蔑视资产阶级的民主制度、法律和自由，并在 1981 年 12 月波兰镇压团结工会后，嘲笑"一直反苏联和反社会主义的人"流着"鳄鱼的眼泪"。这封公开信代表了在教宗若望·保禄二世（Papa Juan Pablo II）、撒切尔夫人（Margaret Hilda Thatcher）、里根和戈尔巴乔夫（Mikhail Gorbachev）等人促进下"右派"的崛起。20 世纪 80 年代末，加西亚·马尔克斯在访问莫斯科时曾对戈尔巴乔夫警告过向帝国主义国家投降的风险。关于这封抗议古巴缺乏政治自由的公开信，马丁谈到了它的署名者："除了苏珊·桑塔格，没有太多了不起的美国人；拉丁美洲也没几个厉害的名字（比如富恩特斯或是巴斯托斯等人没有参与）。"在那些不怎么了不起的美国作家中，有索尔·贝娄、埃利·威塞尔（Elie Wiesel）和大卫·里夫（David Rieff）；拉美作家则有雷纳尔多·阿里纳斯（Reinaldo Arenas，这封信的执笔者）、埃内斯托·萨巴托、马里奥·巴尔加斯·略萨、卡夫雷拉·因方特和奥克塔维奥·帕斯；欧洲有胡安·戈伊蒂索洛（Juan Goytisolo）、费德里科·费里尼（Federico Fellini）、欧仁·尤内斯库（Eugene Ionesco）、切斯瓦夫·米沃什和卡米洛·何塞·塞拉（Camilo José Cela）。但是他明白这封信的意义。无论是马丁还是加西亚·马尔克斯都同意："1989 年是一个末世之年。"

给古巴的声誉造成更严重影响的是对奥乔亚将军（Arnaldo Ochoa）、安东尼奥（Antonio，昵称"托尼"）和帕特里西奥·德·拉·瓜尔迪亚（Patricio de la Guardia）兄弟的判决：他们参与贩毒，背叛了革命。这段黑暗的历史于 1989 年 6 月引起了公众的关注，马丁用了两个段落记述这件事。根据记者安德烈斯·奥本海默（Andrés Oppenheimer）的说法，古巴贩运毒品的活动于 1986 年在卡斯特罗的默许下开始，直到最后被美国情报机构发现。卡斯特罗利用此事达到了一石四鸟的效果：奥乔亚是参与对安哥拉军事干预的最高将领之一，是入侵委内瑞拉、埃及、也门、尼加拉瓜的一名老兵，是被官方认可的"革命英雄"，卡斯特罗可以借此摆脱一个曾经批评过他的重量级潜在对手；一起被判决的还有德·拉·瓜尔迪亚兄弟，他们都是菲德尔的朋友，隶属于内政部，卷入了另一起何塞·阿布兰特斯（José Abrantes）将军的案件；菲德尔曾经委托他的"宠臣"托尼·德·拉·瓜尔迪亚从事多种情报活动，例如 1975 年为阿根廷的蒙特内罗斯（Montoneros）组织汇入六千万美元用于支付绑架赎金。很难相信这项新任务——表面上是阿布兰特斯将军下的令——未曾像岛上所有事情一样经过菲德尔的许可。但为达目的可以不择手段。

加西亚·马尔克斯是画家安东尼奥·德·拉·瓜尔迪亚的挚友，后者的经历足以拍成一部动作片，加西亚·马尔克斯在哈瓦那的家中还收藏有一幅他的画作。1989 年，"加博"集中精力创作《迷宫中的将军》，并在扉页写道："献给托尼，播种善良的人。"*

7 月 9 日，在即将宣布最终判决时，卡斯特罗与加西亚·马尔克斯进行了会面。奥本海默再现了这次长谈的片段。"如果他们被处决了，"加西亚·马尔克斯说，"这片土地上的人们没人会相信不是您下的命令。"晚些时候，加西亚·马尔克斯接待了托尼的女儿伊莱亚娜（Ileana de la Guardia）和她的丈夫豪尔赫·马塞蒂。豪尔赫·马塞蒂的父亲是游击队领袖豪尔赫·里卡多·马塞蒂（Jorge Ricardo Masetti），加西亚·马尔克斯的老朋友，也是他在拉美社的领导。他们前来恳求加西亚·马尔克斯出面调解，保住老朋友的性命。

---

* 此处应系作者笔误。加西亚·马尔克斯在《迷宫中的将军》中的献词是写给阿尔瓦罗·穆蒂斯（Álvaro Mutis）的。

"加博"说了一些类似于"如果菲德尔允许处决,那他真的是疯了"的话,给他们希望,告诉他们不要担心,还建议他们不需要找人权组织寻求帮助。四天过去了。最终,奥乔亚和安东尼奥在1989年7月13日被处死,帕特里西奥被判处三十年监禁,阿布兰特斯被判处二十年监禁,但在1991年死于心脏病发作。

虽然作家在处决前离开了古巴,但是根据伊莱亚娜自己的说法,加西亚·马尔克斯"在一定程度上参与了审判":"他与菲德尔和劳尔一起,在古巴革命武装力量总部那面巨大的镜子背后做出了这样的决定。"在巴黎,在纪念法国大革命两百周年的活动中,加西亚·马尔克斯告诉弗朗索瓦·密特朗(François Mitterrand)总统说,这一切都是"军人之间的问题"。他公开声称,对于"叛国罪"的控告有"充分的信息",并且认为在当时的情况下,菲德尔别无选择。

在事件发生前几个月,他写下了《迷宫中的将军》的最后一页。加西亚·马尔克斯重新塑造了西蒙·玻利瓦尔,这个理想中的玻利瓦尔下令枪杀了勇猛的将军曼努埃尔·皮阿尔(Manuel Piar),这位在与西班牙人的斗争中战无不胜的、群众心中的英雄。他在小说中写道:"不管怎么说,那是他一生中最粗暴的权力运作,但也是一次最及时的行动,因为立即巩固了他的权威,统一了指挥,铺平了通向光荣的道路。"*在这一章的结尾,加西亚·马尔克斯借玻利瓦尔之口说出了外祖父马尔克斯上校曾经说过的话:"我还是会那么做。"†

加西亚·马尔克斯曾经在20世纪80年代中期说过:"如果总司令没有读过这本书的话,我是不会将它出版的。"这也就是为什么在关于玻利瓦尔和皮阿尔的那一段,马丁提问道:"卡斯特罗在

---

* 译文引自《迷宫中的将军》,加西亚·巴尔克斯,王永年译,南海出版公司,2014。
† 译文引自《迷宫中的将军》,加西亚·巴尔克斯,王永年译,南海出版公司,2014。

做出决定的时候，他有想到过这些文字吗？"我们可以假设他一定想到过。但是考虑到加西亚·马尔克斯一直声称古巴有"充分的信息"，以及他与德·拉·瓜迪亚的亲密友情，这些意味深长的问题应该问作家，而不是问总司令：加西亚·马尔克斯真的不知道他好朋友托尼的秘密任务吗？如果真有巧合的话，在他写这本小说的时候，他有没有想到过他的朋友们会因为"叛国罪"而被捕呢？

这次处决完成了一个古老的共谋循环。这个循环始于年幼的加西亚·马尔克斯的内心——他的外祖父杀了他情人的儿子、他的朋友和下属梅达多；终于他此时的内心——司令杀了他的好朋友托尼，那个"播种善"的人。就这样，作家从小时候就接受了外祖父的"政治道德"，也就是"要冷血地置政治于道德之上"；他将卡斯特罗看作"外祖父的化身，那个加西亚·马尔克斯唯一不敢、不能甚至不想战胜的人"，他不得不把自己的（或他们的）理论视为自己的血肉。他已经接受了权力的判决。

我们永远都无法知道卡斯特罗是否真的想起了加西亚·马尔克斯笔下的玻利瓦尔对皮阿尔的处决。无论如何，这样的描写都给了卡斯特罗在文学上的合法性。乔治·奥威尔曾说："对于任何一个接受了极权制度视角的作家而言，当他们篡改现实、美化迫害时，他们也摧毁了自己。"但是如果一个作家不仅接受了极权制度的视角，并且还切实为其提出了建议的话，奥威尔又会做何感想呢？

* * *

他们的友谊还在继续，龙虾之宴也没有停歇。对于卡斯特罗来说，加西亚·马尔克斯是写颂词的作家，是问政的参谋，是他的媒体代理，是他的全权代表，也是他在海外的公共关系负责人。1996年，作家与克林顿总统共进晚餐，为的就是拉近古巴和美国的距离："如果卡斯特罗和您可以面对面坐下来谈谈，就不会有任何悬而未决的问题。"

事情一直进展得很好，除了一些特殊的情况，比如 2003 年，一场比民主运动更加重要、更加全球化的运动扰乱了这一对好朋友之间的关系：人权运动。在当年 3 月，卡斯特罗突然重开了莫斯科式的公审大会，将七十八名持不同政见者判处十二年至二十七年监禁。其中一人被指控持有一台"索尼录音笔"。紧接着，他下令处决了三名试图乘船逃离古巴的男孩。面对这种罪行，若泽·萨拉马戈（José Saramago）宣称他与卡斯特罗的关系"到此为止"。他后来收回了这一说法。与此相比，苏珊·桑塔格走得更远，她在波哥大的书展上批评加西亚·马尔克斯："他是这个国家最伟大的作家，我非常钦佩他，但是他面对古巴政权的这些最新举动缄口不言，是让人不能原谅的。"

作为回应，加西亚·马尔克斯似乎隐隐与卡斯特罗保持了距离："关于死刑，对于从我记事起在私人场合和公共场合的表态，我没有什么要补充的，在任何情况下、以任何动机、在任何地点，我都反对死刑判决。"但是他迅速就和自己的立场保持了距离："有些媒体，包括美国有线电视新闻网，都在操纵和扭曲我对苏珊·桑塔格的回应，显得我是在反对古巴革命。"为了强调，他重复了自己一个老的论调，证明他与卡斯特罗的个人关系是合理的："我曾经帮助过的持不同政见者数都数不清，那些因犯在二十年间都毫无声息地离开了监狱或者从古巴移民。"

是"保持缄默"还是一场绝对的共谋？如果不认为对他们的监禁是不公正的，加西亚·马尔克斯为什么要帮助他们离开古巴？如果他认为这是不公正的（所以才为他们提供帮助），那为什么还要一如既往地继续公开支持造成这些不公正行为的政权？难道更有价值的举动不应该是去揭发如此不公正的监禁，去结束这些"犯人、异见者、阴谋家"的冤狱，从而帮助古巴结束政治监狱系统？

　　加西亚·马尔克斯并不是一位在象牙塔中的作家，他曾经宣称为自己身为记者而感到自豪，致力于在学术层面推进哥伦比亚新闻学的发展，并曾说报道是一种文学体裁，"不仅等于生活，而且高于生活。报道可以像故事和小说一样，它们之间唯一的神圣而不可侵犯的区别是长篇和短篇小说可以不加限制地进行想象，而报道的每一个标点符号都得是真实的"。即使他在古巴有获取内部信息的特权，但是他又是如何将这样的新闻道德理念与隐藏古巴现实的举动结合起来呢？

　　后世之人称他为"又一位塞万提斯"（马丁就这么说过），这话说得太早了。在道德层面，二者没有什么可比性。塞万提斯（Cervantes）是对土耳其战争中的英雄，在战争和海难中受伤致残，还在阿尔及尔（Argel）度过了五年的牢狱生涯。塞万提斯生活在理想当中，以堂吉诃德式的道德感践行他的观念，克服困难，忍耐贫穷，心怀超然的自由精神，对待挫折总能以幽默处之。这样伟大的精神在加西亚·马尔克斯与压迫和独裁的共谋中是看不到的。他成不了塞万提斯。

　　加西亚·马尔克斯书写过的壮丽篇章和其中丰富的人物将被人们记住。但是如果他能够在人生的秋天和身处荣耀巅峰之时选择与菲德尔·卡斯特罗保持距离，用自己的声望服务古巴"船民"的话，那将成就一种诗意而正义的行为。然而这也许是不可能的。这样难以置信的举动，大概只有在加西亚·马尔克斯的小说中才看得到。

马里奥·巴尔加斯·略萨

创造性的弑亲

一

"我写作是因为我不幸福，我写作是因为这是我对抗不幸福的一种方式。"马里奥·巴尔加斯·略萨曾时时如此表示。巴尔加斯·略萨所说的不幸来自父亲在他童年幸福生活中的突然出现。十岁的少年巴尔加斯·略萨曾经相信，自己理想化的父亲早已过世。父亲的这次重现非常可怖，成了他的童年阴影，影响了他的大半生。他的一位非常亲密的朋友、秘鲁著名画家费尔南多·德·兹济斯洛（Fernando de Szyszlo）参加了 1979 年 1 月巴尔加斯·略萨生父的守灵仪式。他还记得当时的场景：马里奥走进房间，在棺材前停留了几秒钟，一言不发匆匆离去。文学成了巴尔加斯·略萨能够面对自己早年伤口的一种手段，也与自己国家的多种初始创伤联系了起来。

"秘鲁是在什么时候把自己搞砸了？ *"这位《酒吧长谈》

---

* 原文为脏话，可直译为"他妈的搞砸了"，下文"变糟糕"同样为脏话。

（*Conversación en La Catedral*）的作者在三十六年后回答了自己的提问："秘鲁是一个每天都在变糟糕的国家。"如果试图了解"为什么"会"每天都变糟糕"，答案一定会指向西班牙对秘鲁的征服。如我们所知，这场征服行动的发展和结束都是以暴行为标志。对末代印加王阿塔瓦尔帕（Atahualpa）的谋杀[*]以及对图帕克·阿马鲁[†]的公开处刑揭示了这个国家的分裂命运。一方面，到达秘鲁的西班牙人在沿海地区定居，此后黑人到来，最后则是中国人在秘鲁安家。毫无疑问，这个国家的首都是利马。但从另外一方面来说，在山区和寒冷的安第斯高原地区仍然有一些印第安人。对于这些人而言，他们心目中的首都依然是库斯科[‡]。拉丁美洲有很多与秘鲁一样的国家，在同一片国土上有着不同的文化和种族，但是秘鲁到现在都没有像墨西哥那样实现真正意义上的混血融合，而是"处于对立之中，互不信任，互不了解，互存不满，互存偏见，被暴力的旋涡裹挟。暴力事件层出不穷"。这些暴力都是西班牙征服时期最初暴力的反应。秘鲁，这片神秘的伊甸园之土，是西方历史中的一种撕裂诞下的产物。

　　这种撕裂以不同的强度持续存在了几个世纪。秘鲁在表面上上演着不同政治势力和意识形态的角逐，内里则涌动着纷繁多样的社会和种族信仰与情感。这些情感"无关理性，隐藏在内心深处，像是婴孩吮吸乳汁，从新生初啼、牙牙学语逐渐发展而成"。这是马里奥·巴尔加斯·略萨的国家，他对它爱恨交织。有时候他发誓要放弃和忘记它，但却始终将它记挂于心："对于我来说，无论是生

---

[*]　1532 年，最后一任印加王阿塔瓦尔帕（Atahualpa）被西班牙殖民者处以死刑，印加帝国的领地沦为西班牙殖民地。

[†]　秘鲁内印加国的最后一位土著领袖（萨帕·印卡），在与西班牙殖民者的斗争中被抓捕并公开处死。

[‡]　秘鲁南部著名古城，古印加帝国首都，现为库斯科省省会。

活在国内还是国外，它都是折磨的来源。我无法摆脱它，我不是为它感到苦恼，便是为它感到难过，但经常既苦恼又难过。"他并不能摆脱自己的国家，但却希望解放它——同时也是解放自己——通过他早期的作品；他曾短暂地尝试政治行为，最终他找到了可行的手段，将他的文学作品——浩繁、持续、多样，而且品质稳定——和他志在民主与自由的公共事业结合起来。

＊ ＊ ＊

　　秘鲁人心中涌动的激情很快就触动了马里奥·巴尔加斯·略萨。他的生活从伊甸园来到了秘鲁这片撕裂的土地。他自己在采访和部分文章中详述了自己的经历，比如于 1993 年出版的自传《水中鱼》（ *El pez en el agua* ）。巴尔加斯·略萨于 1936 年出生在秘鲁南部的阿雷基帕市（Arequipa），该市落在安第斯山脉南麓的山谷中，以宗教气氛浓重和暴乱频发而闻名。他的母亲多丽塔（Dorita, Dora Llosa Ureta）于十九岁在塔克纳（Tacna）旅行时认识了比自己年长十岁的埃内斯托·J. 巴尔加斯（Ernesto J. Vargas），他是帕那戈拉广播电台（Panagra, Pan American-Grace Airways，即泛美公司）一位年轻的代理人。"我的母亲对他一见钟情，一辈子都爱着他。"当她回到在阿雷基帕的家中时，开始与埃内斯托通信，这些信中充满了浓浓的爱意。结识一年之后，这对情侣于 1935 年走进了婚姻的殿堂。

　　婚礼结束后，多丽塔和埃内斯托搬到了秘鲁首都利马。从那时开始，埃内斯托表现出了专横暴虐的性情，多丽塔"遭到软禁，被禁止造访她的朋友甚至家人"。这种因嫉妒而生的暴力还不是最严重的问题。埃内斯托是秘鲁之恶——怨忿与社会纷争的牺牲品，这种恶"毒害了秘鲁人的生命"。尽管他有白皙的皮肤、清澈的眼睛和健硕的身材，他在人前时还是觉得自己配不上自己的妻子。这不仅是一个种族问题。不知何故，多丽塔的家庭在埃内斯托看来是一个"自己从来不曾拥有或者已经失去的家庭"，所以他对这个家庭怀着一种可怕的敌意，并将这种敌意转化为对妻子的暴力。他的这种看法并没有什么依据，位于阿雷基帕的略萨一家虽然广受尊重，但远非贵族。结婚后不久，多丽塔就怀孕了。有一天，埃内斯托对她说觉得她应该返回阿雷基帕的家中，有助于她度过孕期。"他再也没有给她打过一个电话、写过一封信，是死是活都她都不知道。"四个月后，马里奥出生了。他们通过一些亲戚联系上了在利马的埃内斯托。他却做出了一个无耻的反应：要求离婚。1937 年，倍感屈辱的略萨一家搬到了玻利维亚的科恰班巴市（Cochabamba），马里奥的外祖父在那经营棉花种植的生意，并担任秘鲁驻玻利维亚的荣誉领事。

马里奥的童年是在略萨一家的爱与呵护中度过的。他们告诉他，他的父亲已经死了。他们给了他一张埃内斯托的照片，每天睡觉前，他都会亲吻这张照片"向'在天堂的'父亲说晚安"。在玻利维亚的时候，他写下了一些童年诗歌，得到了整个家庭的称赞。他的外祖父——"每当我对人类感到绝望，觉得人类终究不过是一堆垃圾时，我就会想起他"——教他记住了鲁文·达里奥的诗歌。他的母亲仍然爱着埃内斯托，拒绝再婚。

时间很快就到了 1945 年。巴尔加斯·略萨的舅舅、秘鲁驻玻利维亚大使何塞·路易斯·布斯塔曼特－里韦罗（José Luis Bustamante y Rivero）当选为秘鲁共和国总统。巴尔加斯·略萨一直将他视为端庄正派的城市英雄典范："小男孩非常羡慕这位戴着领结的先生……他始终不曾滥用权力，他对对手宽容，对追随者却很严格。他极度尊敬法律，到了近乎政治自杀的程度。"外祖父佩德罗·略萨·布斯塔曼特（Pedro Llosa Bustamante）被任命为皮乌拉省（Piura）省长，这意味着全家人要回到祖国。在举家搬迁的过程当中，他第一次见到了大海。在皮乌拉，马里奥在外祖父和外祖母身边度过了十岁生日。

这一切都平静而美好，直到有一天早晨，多丽塔告诉他，他的父亲并没有死。世界的和谐从此被打破了。一切都停留在了那一天，"所有重要的东西都只在那一天之前存在，之后就是另外一种生活了"。她的母亲在去利马的路上偶遇了那个男人。"只需看他一眼，她就把持续了五个半月的婚姻噩梦，以及埃内斯托·J. 巴尔加斯对她十年来的不闻不问全忘了。"见面后，他们相约再会。多丽塔向马里奥"介绍"了他的父亲，让他坐到汽车后排，然后便奔向利马。巴尔加斯·略萨永远都记得那个汽车的型号（一辆蓝色的福特汽车），甚至记得这段旅程走了多少公里。"夜色越来越深，外公外婆会担心的。"他设法说道。"孩子就应该和父母生活在一起。"那个就像是恐怖小说一样从天而降的人回答说。他见到他时，一种被骗的感觉袭入他的心头。噩梦才刚刚开始。

在烟雾迷蒙的利马，他第一次感受到了孤独。在1947年初的几个月，那些"不幸"的日子里，他在书中寻求慰藉。埃内斯托讨厌马里奥母亲的家人，"当陷入暴怒而过度兴奋时，他有时候会扑向我的母亲，殴打她，那个时候我真的想去死，因为似乎死亡比我当时的恐惧还要更好受一些。他也会打我，时不时地。"除了对父亲的恐惧之外，他还产生了另外一种感受：仇恨。"这个词有些强烈，但我当时确实是这么想的。"这个家庭的独裁者禁止他探望亲戚，也极其讨厌这个孩子参加弥撒，结果反倒让和父亲对着干的马里奥更加亲近宗教了。情况变得越来越糟。"当他在打我的时候……恐惧使得我不得不一次次低声下气，双手合十祈求他的原谅。但这并不能让他冷静下来。他会一直打我，不断喊叫，威胁我要把我送去参军。"马里奥非常害怕他，只要听到父亲回家，就算穿着衣服也会急忙躺到床上，装作已经睡了的样子，这样就不用看到他了。

1947—1949 年间，母子二人曾经多次试图逃离这个地狱般的家庭。但是埃内斯托一次又一次地设法将他们找回家里，此后会短暂地冷静几天，然后继续折磨他们。一天下午，他父亲开车带他出去，将车停在在一处街角，载上两个男孩，"他们是你的兄弟"，他说。他们是他在与多丽塔分居时和一个美国女人生的孩子，此时他们也处于分居的状态。马里奥虽多次尝试逃脱未果，最后却带来了些好结果。他的父亲同意他可以和住在米拉弗洛雷斯（Miraflores）富人区的舅舅和表兄弟一起过周末。在整个青春期里，他参加舞会，和女孩约会，和附近的孩子一起去看电影，最终这里变成了他第二个家。

1948 年底，曼努埃尔·奥德里亚（Manuel Odría，1896—1974 年在任）将军领导了一场军事政变，推翻了马里奥叔叔布斯塔曼特－里韦罗的民主政府，由此开始了"奥德里亚八年"。何塞·路易斯舅舅被迫流亡，而他的父亲埃内斯托却为政变拍手称快，好像赢的人是他自己一样。同一年还发生了一件影响重大的事，这件事在精神上震动了马里奥。在拉萨尔学院的最后一天，学校的一名老师——一位"教友兄弟"——试图对他进行性骚扰。马里奥逃脱了，但这件事从此使他远离了宗教。

诗歌对于他来说是通向自由的门。写诗是他向父亲表达抗议的一种方式，他父亲总是认为诗歌是那些"娘娘腔们"才做的事情。为了让他远离文学，为了让他"做事像个男人"，埃内斯托令他加入了位于卡亚俄（Callao）的莱昂西奥·普拉多军事学校。1950 年入学时，他还没有满十四岁。这件事的结果却与埃内斯托的愿望相悖："在潮湿的拉佩尔拉（La Perla），我被关在锈蚀的铁栅栏里。在无数个昏暗的白天和夜晚，在阴沉的迷雾中，我以前所未有的方式进行着阅读和写作，并开始成长为一名作家（尽管在当时我并未意识到）。"

二

　　他在莱昂西奥·普拉多军校待了两年。那里就是多姿多彩的秘鲁社会的一个缩影，既有乔洛人、白人，也有印第安人；既有山区人，也有来自沿海地带的人；既有穷人，也有富人。他们在这里共同生活，也会发生冲突和争斗。为了挣零花钱——从十二岁开始，父亲便不给他钱了——他为同学们创作了一些色情小说，赚取了一些收入，可以供他出入妓院，租借大量图书，其中包括维克多·雨果（Victor Hugo）和大仲马（Alexandre Dumas）的作品。他在后来表明，阅读这些图书让他"产生了了解法国人的渴望，希望将来有一天可以在法国生活"。1952 年暑假期间，他通过父亲的关系在秘鲁《纪事报》工作了几个月。早早接触工作也许是他从这个阴暗的男人那里受到的唯一良性影响，而"白手起家"也是马里奥在这个的男人身上看到的唯一美德。他的儿子，一个生活的早产儿，一个早熟的成年人，也是同样地"自力更生"。

　　在莱昂西奥·普拉多完成两年的学业之后，出了一件大事，马里奥竟然忘记注册下一个学期的课程。由于过了注册截止日期，利马没有一所学校接收他。在鲁乔（Luis Llosa）*舅舅的多方联系下，最终皮乌拉省的国立圣米格尔中学接受了他。他告别了军事学校的生活，远离父亲的压力，在皮乌拉的这一年对他的记者和作家生涯的发展至关重要。皮乌拉是他文学解放的第一阶段。在那里，他为《工业报》（La Industria）担任记者，撰写稿件，并将他的第一部剧本《印加航班》（La huida del Inca）搬上了舞台，获得了人生中的首次成功。

　　在皮乌拉，他与鲁乔舅舅的关系日益密切。这段关系为马里奥

---

* 路易斯·略萨的西班牙语昵称为"鲁乔"（Lucho）。

早期的文学才华增添了一种新的社会维度。他的舅舅向他介绍了社会主义、共产主义、阿普拉主义、法西斯主义和革命联盟主义 *。与舅舅一道，他意识到"秘鲁是一个矛盾激烈的国家，有数百万的贫困人口"，并首次提出"秘鲁社会的不公正必须要得到改变，而改变这些的将是左派、社会主义和革命"。正是在那个时候，家庭寄予他身上的希望落空了，他们本希望他能够进入利马的天主教大学（Pontificia Universidad Católica del Perú）学习，结果他决定进入圣马尔科斯大学（Universidad Nacional Mayor de San Marcos）学习法律和文学，因为他希望在这个地方与革命者取得联系，成为他们中的一员。经过在皮乌拉的一年学习后，他回到了利马。他已经拥有了丰富的生活经历，尽管当时他才十七岁。

* * *

政治与新闻、放浪生活、学术和文学一起，在此时冲击着他。他在大学加入了一个共产主义小组：

> 我们终于建立了那个渴望已久的联系。在圣马尔科斯的校园中，有人接近我们，调查我们，若无其事地问我们在思考什么……我们入学还不到一个月，就已经进入了一个学习小组，这是我们成为卡乌依德（Cahuide）† 战士的第一个阶段，我们将以此为名重建共产党的地下组织。

---

* "革命联盟主义者是秘鲁革命联盟党（Partido Unión Revolucionaria）的成员或支持者，由桑切斯·塞罗（Sánchez Cerro）将军和路易斯·A. 弗洛雷斯（Luis A. Flores）创立，是秘鲁少数支持法西斯主义的组织"（摘自《小说秘史》[Historia secreta de una novela]）。——作者注

† 传奇印加战士，于1536年在抗击西班牙侵略者的萨克塞瓦曼战役（Batalla de Sacsayhuamán）中牺牲。

他们开展的战斗工作是相当无害的。他们召开秘密会议，研究马克思主义，印刷传单，煽动反抗由维克托·劳尔·阿亚·德拉托雷于 1924 年在墨西哥创立的阿普拉组织。他们视自己为奥德里亚独裁统治的敌人，支持革命和马克思主义。"我曾经至少参加过四个小组，后来我成了其中一个的组织者和指导者。"他使用"阿尔贝托同志"（Camarada Alberto）的化名对一些经典文本（以及一些异端学说）进行了研究，并参加了工人罢工，使他得到了"首领们"这样一个题材，并据此创作了同名图书[*]。在这种派别林立的氛围中，斯大林主义在意识形态上占据了绝对的统治地位：

> 我因此厌倦了卡乌依德。在 1954 年 6 月或者 7 月的时候，我不再参加支部活动，我早就感觉我们做的事情空虚无聊。对于我们进行的阶级分析，我一个字也不相信，我同样也不相信我们对唯物主义的解读，虽然我没有直截了当地向同志们这么说过，但是我觉得这些都是刻板抽象的教义，非常幼稚。

在文学领域，大行其道的社会主义现实主义文学更是令"阿贝尔托同志"烦不胜烦。他很讨厌看到人们都在阅读像《钢铁是怎样炼成的》（Así se templó el acero）这样的书。他更喜欢诸如纪德的《人间食粮》（Los alimentos terrestres）之类的作品。这样的阅读口味使得有人评论他说："你是一个低级的人。"

他自己也曾承认，在那些日子里，他对政治的热情远甚于对意识形态的关注。也许这就是为什么当独裁统治崩溃，1956 年 1 月基督教民主党（Partido Demócrata Cristiano）成立时，马里奥便毫不犹豫地入了党，甚至为总统候选人费尔南多·贝朗德·特里（Fernando

---

[*] 《首领们》，马里奥·巴尔加斯·略萨，尹承东译，人民文学出版社，2018。

Belaúnde Terry）撰写了数篇演讲稿。他的政治热情建立在兼容并蓄的阅读和个人崇拜的基础之上，他崇拜革命者萨特，也同样崇拜拥护共和制的布斯塔曼特-里韦罗。有着左派信念的他，是如何突然与基督教民主党走到一起的呢？他自己也不知道如何解释，但是在他日后的抉择之中逐渐显现出了一些迹象：在他的内心之中，反独裁的斗争是一种具体行为，它比对革命的抽象坚持更加重要。

* * *

马里奥·巴尔加斯·略萨最伟大的天赋之一就是能够将他的生活体验变成文学作品。在小说《城市与狗》（*La ciudad y los perros*）中，他再现了在莱昂西奥·普拉多军事学校的求学生涯；在《绿房子》（*La casa verde*）中，他再现了在皮乌拉妓院里的"野蛮"生活；而在随后的《酒吧长谈》这部他最喜欢的小说中，他描述了自己放荡不羁的生活经历，以及在《纪事报》、广播电台等媒体中担任记者的成长经历。《酒吧长谈》在他三十三岁的时候出版，在这本书中，他以文学手段报复父亲埃内斯托·J.巴尔加斯，对他做了负面的描述，将他写成了一个自私自利、专横霸道的人，还直接嘲笑他是个隐秘的同性恋者，依靠恶棍和骗子控制秘鲁而发迹。这本书可能是巴尔加斯·略萨左派时期的文学产物——随着时间变化，他的政治倾向会发生根本转变。这段时期实际上开始于1952年，当时他正在《纪事报》工作，期间与这份报纸的文学副刊主任卡洛斯·内伊·巴里奥努埃沃（Carlos Ney Barrionuevo）建立了友谊，并通过他了解了两位作家的作品，这两位后来影响卓著的作家分别是安德烈·马尔罗和让-保罗·萨特。对巴尔加斯·略萨更为重要的是写了《什么是文学？》（*¿Qué es la literatura?*）的萨特，那时年轻的巴尔加斯·略萨获得了"勇敢的小萨特"（El sartrecillo valiente）的绰号。吸引他的关键思想是作家的"承诺"：

> 作为作家的承诺意味着什么……首先，我们的写作信念要
> 转化为一种使命，通过这样的信念去实现我们内心最隐秘的渴
> 望，去实现我们心灵中的精神倾向。通过这种使命，我们还可
> 以践行作为公民的责任，并在一定程度上参与这个解决问题、
> 改善世界的伟大进程。

除了小说之外，他最离奇的叛逆行为是在 1955 年与胡莉娅·乌
尔吉蒂·伊利亚内斯（Julia Urquidi Illanes）的婚姻。马里奥那时
十九岁。这种爱情的冲动是对他的父母关系的逆反和补偿行为吗？
无论如何，这是一次解放性的突破。而且他看中的是比他大十岁的
姨妈，"小马里奥"爱上了她，并和她秘密成婚。埃内斯托·J. 巴
尔加斯对此事的反应像"疯狗"一样，而胡莉娅一度不得不躲到玻
利维亚去。

在那段时间里，马里奥一边学习，一边发表了他的第一批短篇
小说，一边不知疲倦地工作。他在《秘鲁旅游与文化》（*Turismo y
Cultura Peruana*）杂志和秘鲁《商报》的文化副刊上发表文章。为
了这些事，他放弃了在圣马尔科斯大学法律专业的学习，但仍在坚
持学习文学课程。在利马他会做一些"糊口的工作"，有些工作令人
昏昏欲睡，比如曾在人民银行（Banco Popular）担任柜员，或者
在墓地当登记员，有些则颇有益处。他曾有幸与著名的历史学家劳
尔·波拉斯·巴雷内切亚（Raúl Porras Barrenechea）合作。在巴
雷内切亚的身边，他开始从基础学习秘鲁的历史，从引注、总结、
阅读等方法基础，到编年史、传说、神话、经典文本、历史评论等
题材基础。这种严格、专业的知识性学习对他来说非常宝贵。1958
年，他实现了自己的梦想：他的短篇小说《挑战》（El desafío）在

《法兰西杂志》(*Revue Française*)的评选中获奖，他因此得到了前往巴黎的机会。回国后，他凭借论文《鲁文·达里奥作品的解读基础》(Bases para una interpretación de Rubén Darío)获得了文学学士学位。

作为一名读者和作者，他徜徉在诗歌、戏剧、故事和小说之中。他写了一个剧本并把它搬上了舞台，在众多杂志和文化副刊发表文章，与卡洛斯·内伊、萨拉萨尔·邦迪（Sebastián Salazar Bondy）、菲利克斯·阿里亚斯（Félix Arias）、阿莱亨德罗·罗穆阿尔多（Alejandro Romualdo）、路易斯·洛艾萨（Luis Loayza）等多位作家建立了真正的文学友谊。尽管他对博尔赫斯的"形式主义"有些不屑，但这并不妨碍他钦佩这位作家。他依旧痴迷于马尔罗的作品，对萨特的兴趣则转向他的一系列"承诺论"伦理。但是让他领略到最具神秘感的语言形式的是福克纳："这种形式将迂回曲折的语言、时间的错位、神秘、深邃和那种人心理上的模棱两可和细致入微寓于一个个故事之中。"

那时的他已经结婚，不知疲倦地工作和学习，更重要的是在写作。从西班牙传来消息，他的第一部短篇小说集《首领们》获得了莱奥波尔多·阿拉斯文学奖。他在巴黎一直生活到1965年，期间曾担任贝利兹学校的西班牙语教师，还曾在法新社和法国广播电视台担任记者。一个新的世界正在向这对夫妇打开大门：他将在巴黎投身于自己的写作生涯。

三

会有谁不为那些英勇的大胡子们在反独裁斗争中所取得的胜利而激动呢？又有谁不会为直面帝国、开启"我们美洲"新时代的勇气拍手称赞？在墨西哥，不仅左派会为此鼓掌，自由主义人士和右派也广泛地表示支持，从丹尼尔·科西奥·比列加斯到巴斯孔塞洛斯，概莫能外。1958 年，身处巴黎的巴尔加斯·略萨受到革命的感召，撰写了数篇支持革命的宣言。他还同众多支持革命的人士一道走上街头庆祝革命的胜利。他见证了革命，参与了革命，长期以来一直视古巴革命为一种历史性的解放：

> 我认为古巴革命真的是一种全新的革命形势，更现代，更灵活，更开放。我以极大的热情进行了关注；而且，我认为古巴革命可以为拉丁美洲所效仿。以前从来没有过，这是我第一次为一场政治事件而感到如此激动和团结。

1962 年，马里奥·巴尔加斯·略萨第一次来到古巴。古巴导弹危机爆发时，他正在担任法国广播电视公司的驻墨西哥记者。电视台要求他前往古巴。在古巴，他看见美国的飞机几乎擦着地面飞过。他为古巴人民献血，感受到了古巴不理智的牺牲精神。回到巴黎后不久，他得到消息，他以在莱昂西奥·普拉多军校的经历写成的处女作《城市与狗》获得了西班牙简明图书奖。两年之后的 1964 年，他回到秘鲁待了几个月，进行了一场短暂而行程紧张的丛林旅行。这并不是他第一次这样做。这样的旅行在他的文学作品中留下了很深的印记。小说《绿房子》在现实中的背景是皮乌拉的妓院，但同时也以圣马里亚德拉涅瓦（Santa María de Nieva）的丛林为背景。在丛林中，他首次听到的一个传说出现在了他多年后的作品《叙事人》（El hablador）中。此外，居留秘鲁期间，马里奥与胡莉娅·乌尔吉蒂离婚，不久之后他就与表妹帕特里西娅·略萨（Patricia Llosa）成婚，并和她一起返回巴黎生活。

"每个人，或早或晚，都会抵达自己的喀琅施塔得。"丹尼尔·贝尔如是写道，他这里指的是苏维埃革命幻想的破灭。而巴尔加斯·略萨的"喀琅施塔得"并非突然到来，而是一个渐进的过程。起初，他像许多西方艺术家和知识分子一样，不仅被社会正义的行为所吸引（例如土地改革，普及教育和医疗等），还尤为革命的文化热情所感动。萨特、西蒙娜·波伏娃（Simone Beauvoir）、胡安·戈伊蒂索洛、汉斯·马格努斯·恩岑斯贝格尔、胡里奥·科塔萨尔、马里奥·贝内德蒂、安赫尔·拉马（Ángel Rama）、何塞·德·拉·科利纳、卡洛斯·兰赫尔（Carlos Rangel）、埃内斯托·萨巴托、胡安·鲁尔福等人物作为嘉宾受邀来到古巴见证自由革命的奇迹。巴尔加斯·略萨曾五次前往古巴。"渐渐地，我开始看到——起初我并不希望看到，起初我甚至并不愿意承认——一系列现象，这些现象暗示着现实与他们想让我们看到的画面、宣传和幻象完全不同。"

　　1967年，他第三次访问古巴，接受了加入《美洲之家》杂志编委会的邀请。发出邀请的是罗贝尔托·费尔南德斯·雷塔马尔（Roberto Fernández Retamar），他在1964年接替艾蒂·桑塔马里亚（Haydée Santamaría）主管这一重要刊物。委员会的其他成员还包括马丁内斯·埃斯特拉达（Ezequiel Martínez Estrada）、曼努埃尔·加利奇（Manuel Galich），胡里奥·科塔萨尔、埃曼努埃尔·卡尔巴约（Emmanuel Carballo）、安赫尔·拉马、萨拉萨尔·邦迪、马里奥·贝内德蒂、罗基·达尔顿、勒内·德佩斯特（René Depestre）、大卫·比尼亚斯（David Viñas）、豪尔赫·萨拉梅亚（Jorge Zalamea），以及来自古巴的埃德蒙多·德斯诺艾斯（Edmundo Desnoes）、安布罗西奥·福奈特（Ambrosio Fornet）、利桑德罗·奥特罗（Lisandro Otero）和拉谢亚·波戈洛蒂（Graziella Pogolotti）。他对革命仍然怀有巨大的热情，这是可以理解的：即便是在1965年，卡夫雷拉·因方特*也只是和他简单谈及了古巴的

情况，谨慎得像个外交官一样。人们知道古巴革命有问题，但是"这些问题被藏了起来"，巴尔加斯·略萨回忆道，"藏在了一道防护墙背后"。在这种情况下，巴尔加斯·略萨参加了对菲德尔·卡斯特罗的集体采访，菲德尔·卡斯特罗展示了他的可爱形象，并承诺会接受友善的批评，迅速纠正偏差。

> 菲德尔在发言时多次提到马克思、列宁、历史唯物主义和辩证法。尽管如此，我从来没有见过一个马克思主义者如此轻视程序和具体方案……如果说在那个不眠之夜里我完全相信了一件事情，那就是菲德尔对他的国家的热爱，以及他要为人民谋福利的真诚信念。*

但是在 1967 年又发生了一件让这种魅力黯然失色的事。在他不知情的情况下，他的编辑将他的第二部作品《绿房子》提名到了委内瑞拉的罗慕洛·加列戈斯国际小说奖。而劳尔·莱奥尼（Raúl Leoni）领导的委内瑞拉民主政府当年曾遭到与古巴有牵连的小型游击队的入侵，不过入侵未能成功。由于和古巴革命的紧密联系，巴尔加斯·略萨就此事向古巴在巴黎的临时文化专员阿莱霍·卡彭铁尔征求建议。卡彭铁尔来到伦敦与巴尔加斯·略萨秘密会面，并建议他如果获奖的话，将奖金捐赠给正在玻利维亚进行游击斗争的切·格瓦拉。卡彭铁尔认为，这样的举动将在整个拉丁美洲得到广泛的响应。在这次会面中，卡彭铁尔给他念了一封信，写信的人是菲德尔·卡斯特罗的神秘伙伴艾蒂·桑塔马里亚，曾支持菲德尔·卡斯特罗在 1953 年对蒙卡达军营的袭击，此时是古巴文化部最有权

---

* Mario Vargas Llosa, Sables Utopías: Visiones de America Latina, Aguilar, 2009. 书名译为中文是《军刀与乌托邦：拉丁美洲的愿景》。

势的官员。"我们自然理解作家也是有需求的,"桑塔马里亚在信中写道,"这并不意味着您会因为这一行为蒙受损失;我们会在无人知晓的情况下秘密地把钱还给您。"古巴革命让巴尔加斯·略萨置身于一场闹剧之中。他为此感到愤怒。最终,他接受了这个奖项,在获奖演说中,他与委内瑞拉政府保持了距离,并热情赞扬了古巴革命:

> 在十年、二十年或五十年内,社会正义将遍布我们所有的国家,就如同现在的古巴一样。整个拉丁美洲将会从掠夺它的帝国、剥削它的集团和今天攻击与打压它的势力之下解放出来。我希望这一时刻能够尽早来临,希望拉丁美洲可以尽快迎来有尊严的现代生活,期待着社会主义使我们摆脱时代错误和恐惧。

几周后,古巴官员似乎很高兴,为他这场"加拉加斯的呼声"表示祝贺。但是,这场捍卫革命的演讲也包含了一段富有先见之明的话,这段话清楚地捍卫了巴尔加斯·略萨身为作家的自由:"必须让他们知道,文学就像一团火,它意味着异议和反抗,作家的存在就是为了抗议、反驳、批评。"

事实上,卡彭铁尔的干预使他和革命之间产生了疏离。1968年,有两起事件加速了这种疏远:一是有消息称古巴的知识分子受到政府的骚扰;二是,卡斯特罗毫无保留地支持苏联人于当年8月入侵捷克斯洛伐克的行为。一个月后(9月26日),秘鲁杂志《面具》(Caretas)刊登了对巴尔加斯·略萨的采访,谈到了"坦克社会主义",谴责菲德尔的亲苏联立场。在"布拉格之春"期间,巴尔加斯·略萨曾在捷克斯洛伐克生活过一段时间,为杜布切克(Dubček)政府在社会主义体制内做的民主和自由实验感到振奋,那种景象与他于1966年在苏联看到的官僚、沉闷、腐败、排长队的灰暗气氛完全不同。他的愤怒是建立在鲜活的经验基础上的。

　　当年 10 月，胡里奥·科塔萨尔给他写信，说卡洛斯·弗兰基、卡洛斯·富恩特斯、戈伊蒂索洛兄弟、加西亚·马尔克斯、豪尔赫·森普伦和他自己共同署名写了一封《关于古巴知识分子问题的信》(Carta a Fidel sobre los problemas de los intelectuales en Cuba)。在信的结尾，科塔萨尔说："当然，你也在这些署名者之内。"在 1968 年 11 月 12 日，当时和巴尔加斯·略萨关系非常亲密的加西亚·马尔克斯告诉他，这封信已经到了菲德尔·卡斯特罗手中：

> 不过，我认为这无济于事。菲德尔会尽可能巧妙地回应，说他对古巴作家、艺术家的所作所为不关别人的事，所以我们可以滚远一点。我从一个可靠的消息来源得知，他对我们对捷克斯洛伐克的态度感到不满，现在他有了一个很好的发泄机会。

　　1964 年，当费尔南德斯·雷塔马尔接管《美洲之家》杂志的时候，他变更了这本杂志原来参照阿根廷《南方》杂志的模式组成的编辑委员会。这一变化意味着这本杂志大幅度地贴近了古巴的出版业，参与杂志的年度会议不仅是为了回顾杂志一年来的运营情况，也是一种支持革命的有效方式。第一次会议在 1967 年举行，第二次在 1969 年初举行。巴尔加斯·略萨未能参加第二次大会，他的缺席被理解为对革命的疏远。在那些日子里，巴尔加斯·略萨曾给早已对古巴官僚政治文化的多疑和缺乏耐心有所不满的卡洛斯·富恩特斯写信。巴尔加斯·略萨说，他曾和费尔南德斯·雷塔马尔聊过，"想确认埃德蒙多·德斯诺艾斯是不是真的作为美国中央情报局特工被逮捕了，但是聊天时我没敢开口问他"。他还说："我对古巴目前的情况感到极度不安、心疼和害怕，我请求您能把您知道的情况告诉我，我最近得到的信息是利桑德罗·奥特罗那些让我毛骨悚然的演讲。"同年1月，《美洲之家》杂志编辑委员会的所有成员们（贝内德蒂、卡尔巴约、科塔萨尔、达尔顿、德佩斯特、雷塔马尔、福奈特、加利奇、拉马和比尼亚斯）从哈瓦那给巴尔加斯·略萨写了一封联名信，信中对他缺席此次会议提出批评，并要求他尽快赶到哈瓦那，说清楚"你的态度和意见"。气氛已是剑拔弩张。在这封联名信寄出的同时，雷塔马尔于1月18日还单独给巴尔加斯·略萨写了一封信："如果你执意不来，我们也别无他法，只能在你缺席的情况下讨论有关你的问题。"古巴方面强调他的出席十分重要，"比别人的更重要，因为你曾经公开谴责古巴革命的外交政策；因为你曾给菲德尔寄了一封集体电报的副本，原件则是艾蒂收到的，你必须对电报中的那些观点做出解释，它事关一些棘手的国家问题；还因为这件事发生时，你正在半路（或已经）以'居留作家'的身份去到一所美国大学"。巴尔加斯·略萨回信称：

> 我对古巴的拥护是非常坚定的，但这种拥护并不是也不会是无条件的，在革命力量的驱使下像你们一样在所有问题上都持一致立场。这种毫无条件的拥护，即使是对于一名官员来说也是可悲的，对于作家而言更是不可想象。因为你们知道，如果一位作家不再独立思考，不能大声说出自己的异议和观点的话，他就不再是一个作家，而是一个口技演员了。我非常尊重菲德尔和他代表的人民，但我还是会继续谴责他支持苏联入侵捷克斯洛伐克的行为。因为我相信，这种干预行为镇压的不是反革命，而是一个国家内部的社会主义民主运动，这个国家渴望做的事情正是古巴自己曾经做过的。

这件事并没有到此结束。科塔萨尔赶到哈瓦那参加了那场严肃声讨巴尔加斯·略萨的缺席审判，并声称巴尔加斯·略萨没有到哈瓦那来捍卫自己的立场是因为"粗心大意"。1969 年,他补充说:"古巴的激进化势头很猛,有一种缺乏耐心的现象,这种现象一方面创造了辉煌的经济成果,但却将作家们置于一种日益简单化的极端善恶二元论中,不会有任何好的结果……"

在"辉煌的经济成果"方面,很明显,许多作家看到的是他们想看到的东西,是某些人想让他们看到的东西。这就像是许多知识分子在 20 世纪 30 年代那个满是压迫、集体化和饥荒的年代拜访"未来世界"看到的景象一样,一个自欺天真的老段子又在西方重演了。巴尔加斯·略萨当时并不怀疑表象之下的经济现实。通向他的喀琅施塔得的道路并不是政治、经济或者社会之路——而是文化之路。1971 年,继赫伯托·帕迪利亚等知识分子被逮捕,以及他们模仿苏联发表"供述"之后,巴尔加斯·略萨决定退出《美洲之家》杂志编委会,不再参与这个吸纳了数百名拉丁美洲知识分子的古巴最重要的文化机构。他在给艾蒂·桑塔马里亚的信中写道:

> 您会明白,这是我在菲德尔做出斥责"居住在欧洲的拉美作家"的演讲,并"无限期"禁止我们进入古巴之后,我唯一能做的事情。我们写信给他,请他说明帕迪利亚的情况,值得他如此愤怒吗?

在这封信中,他也写到了自己坚持与革命保持距离的原因:

> 使用违背人类尊严的方法,迫使某些同志检举莫须有的背叛,并签署一些看起来像是警察所写的信件,这是让我开始否定古巴革命的原因,虽然我在革命的第一天就拥抱了它。革命为争取正义而斗争,不以牺牲个人尊严为代价。

艾蒂·桑塔马里亚（十年后，她出于对历史和个人的失望选择了自杀）在 1971 年 5 月 14 日语气强硬地给他回了信。她说："您毫不犹豫地以自己的言论——而我们竟帮助您传播这种言论——声援古巴的强敌。"她还反驳了他关于捷克斯洛伐克的"荒唐观点"，并表示，他给委员会的辞职信让他"整个人"就像是"一个活生生的殖民作家，蔑视我们的人民，爱慕虚荣，笃信良好的写作不仅可以赦免当前的错误，还试图审判伟大的古巴革命"。

五天后，巴尔加斯·略萨对此事进行了澄清。他认为，他的辞职是因为对个别事件不满，并不代表敌视古巴革命，他仍然认可古巴革命取得的成就。他的辞职是一种抗议行为，是在强调自由是社会主义的本质条件：表达批评和异议的权利并不是"资产阶级的特权"。相反，只有建立在真正的社会公正基础上的社会主义才能真正表现出"意见自由"和"创作自由"的真实含义。

几天后，由巴尔加斯·略萨执笔，卡洛斯·富恩特斯、伊塔洛·卡尔维诺（Italo Calvino），胡安·戈蒂索洛、西蒙娜·波伏娃，玛格丽特·杜拉斯（Marguerite Duras）、卡洛斯·弗兰基、皮埃尔·保罗·帕索里尼（Pier Paolo Pasolini）、豪尔赫·森普伦、苏珊·桑塔格、卡洛斯·蒙西瓦伊斯、阿尔贝托·莫拉维亚（Alberto Moravia）、何塞·埃米利奥·帕切科、何塞·雷韦尔塔斯、胡安·鲁尔福、萨特等作家联名签署了一封公开信，就帕迪利亚事件向卡斯特罗表达他们的"耻辱和愤怒"。多年以后，巴尔加斯·略萨对这一事件做出了反思：

> 帕迪利亚事件意味着古巴放弃了某一类盟友，并认为，同盟者必须要毫无条件地支持古巴，必须做他们为了支持革命应该做的事情；他们要像斯大林主义者或者巴甫洛夫的狗一样，他们的无条件支持要像条件反射一样，或者要可以收买、经济

实惠。只有这样，他们才会给你买国际机票，让你去参加代表大会……在与古巴关系破裂后的第二天，我就开始收到铺天盖地的谩骂，对我来说这非常值得反思。我曾经在左派和反抗势力中是非常受欢迎的人物，而现在变成了大家眼中的过街老鼠。那些在我演讲时曾经以巨大的热情鼓励我的人，也会因为同样的原因侮辱我、向我扔东西。

"帕迪利亚事件"最终被豪尔赫·爱德华兹记录在《不受欢迎人物》（*Persona non grata*）一书中，标志着古巴革命和拉丁美洲及西方知识界亲密关系的终结。巴尔加斯·略萨毫不怀疑这是一场"糟糕而无用的斯大林式的假面舞会"。但是对于许多伟大的作家来说，比如在奥克塔维奥·帕斯这样的苏维埃和古巴的批评者心中，社会主义理想依然存在。对于巴尔加斯·略萨来说，在短时期内也是如此。

四

自 1966 年开始，巴尔加斯·略萨迁往伦敦居住。在那几年他的儿子阿尔瓦罗（Álvaro，1966 年）和贡萨洛（Gonzalo，1967 年）相继出生。他的女儿莫尔加娜（Morgana）在 1974 年生于巴塞罗那。1971 年，他凭借研究加西亚·马尔克斯的著名小说《百年孤独》的论文获得了马德里康普顿斯大学的文学博士学位，论文于同年出版，题目是《加西亚·马尔克斯：弑神者的历史》（García Márquez. Historia de un deicidio）。亲卡斯特罗的知识分子们一直在密切关注着他的动向。文学评论家、《前进》（*Marcha*）杂志的主编安赫尔·拉马对这本书发表了尖刻的评论文章，与巴尔加斯·略萨爆发论战。拉马指责他对加西亚·马尔克斯的小说的解读是浪漫化和个人式的，和"马克思所指出的，艺术思想也是人类和社会工作"[*]唱反调。巴尔加斯·略萨对此的回复显示出，他已经背离了马克思主义批评家格奥尔格·卢卡奇（Georg Lukács）关于文学在社会中的作用的观点。几乎同时，《美洲之家》发表了卡洛斯·林孔（Carlos Rincón）的文章，对巴尔加斯·略萨的"理论话语"进行了教条式的批判，想要在"帕迪利亚事件"后剥夺巴尔加斯·略萨言论的合法性。

巴尔加斯·略萨开始深耕情爱文学这一领域。1973年，他出版了他的第四部小说《潘达雷昂上尉与劳军女郎》（*Pantaleón y las visitadoras*），小说语调诙谐，讲的是上尉接受了一项在秘鲁丛林中为军队组织妓院劳军的任务。两年后，他出版了《永远纵欲：福楼拜与〈包法利夫人〉》（*La orgía perpetua. Flaubert y Madame Bovary*），为文学辩护，同时回应了萨特著名的《家庭白痴》（*El idiota de la familia*）一文。1976年，他当选为国际笔会（PEN Club International）[†]的主席，借助该组织密集发展文学活动，也奋力抵抗阿根廷军政府的打压。第二年，小说《胡莉娅姨妈与作家》（*La tía Julia y el escribidor*）面世，讲述了与自己的姨妈胡莉娅·乌尔吉蒂的传奇婚姻。

就此，巴尔加斯·略萨彻底从古巴革命中脱离出来，开始质疑那些知识分子中的英雄人物。他的第一次创造性弑亲意味深长，将萨特拉下了神坛：

> 从时间的角度来看，可以发现萨特自身的创作是对他提出的"承诺论"系统性的反驳，这种理论正是他对同时代作家的要求。无论是他牵强、狡诈、色情的故事，还是构架受到约

---

[*] «A propósito de *Historia de un deicidio*. Va de retro», *Marcha*, 5 de mayo de 1972. ——作者注

[†] PEN 三个字母分别指代诗人（poet）、散文家（essayist）、小说家（novelist）。

翰·多斯·帕索斯影响的小说，甚至他的戏剧作品——那些哲学和道德寓言、意识形态的仿效——都没能成为文学典范，没有打破资产阶级的阅读圈子，没能传到工人阶级读者手中，他作品中的故事、技巧或象征未能超越晚近或远古作家的范例，形成他所谓的"实践文学"。

与此同时，他重新评价了阿尔贝·加缪。1965 年，《加缪手记》（*Carnets*）出版，他认为加缪的文章之所以具有价值，"不是因为它们具有社会、历史、形而上学或道德的意义，而是因为（所有作品都）特别优美"（《加缪和文学》[Camus y la literatura]，1965 年 1 月）。对于 60 年代的巴尔加斯·略萨而言，加缪已经经历过了"早衰"。十年之后，为了描写在利马发生的恐怖袭击，他又重新读了《反叛者》（*El hombre rebelde*）并说道："加缪不否认人的历史维度，但他始终坚持认为，纯粹从经济、社会、意识形态的角度理解人的处境，这种做法是残缺的，从长远来看也是危险的。"（《阿贝尔·加缪和他的道德局限》[Albert Camus y la moral de los límites]）巴尔加斯·略萨回忆了加缪在 1948 年的演讲："至于著名的马克思主义乐观主义！没有人比马克思主义者更不信任人类了。难道，这个世界的经济命运不比神的无常更可怕吗？"这篇重读加缪的重要评论文章发表在《多元》上，并写给了奥克塔维奥·帕斯，在文章中，巴尔加斯·略萨主张个人主义，表现出对社会主义的机械主义式观点的不信任，赞颂多元化，跟随着加缪笔下《卡利古拉》的脚步，憎恶极权主义。他反感的是二元论在许多知识分子中蔓延，以及像信仰宗教一样信仰意识形态的风气，让他感到如同"置身灵薄狱"：还必须有"第三种位置"存在，既不左也不右，既不付诸武力也不那么乌托邦。在这样态度强烈的文章中，一个崭新的巴尔加斯·略萨似乎正在诞生：

我认为在我们这个时代，在拉丁美洲，在我们自己的国家，都应该认识到自由是存在的首要条件：保持独立，时刻警惕权力，竭尽所能捍卫道德底线。

严格从政治角度来讲，巴尔加斯·略萨对胡安·贝拉斯科·阿尔瓦拉多（Juan Velasco Alvarado）在秘鲁改革中的一些理念怀有好感，这场改革与卡德纳斯在墨西哥进行的改革类似，但是当胡安·贝拉斯科·阿尔瓦拉多对媒体进行管控，下令关闭曾发表过巴尔加斯·略萨文章的《面具》杂志时，巴尔加斯·略萨便毫不犹豫地表示反对了。不管是在古巴还是在秘鲁，言论自由对于巴尔加斯·略萨而言是一项基本自由，从他拥护古巴革命时，他就有了这种绝对信念，它为他打开了一扇门，通向更广阔的自由主义。1977年底，巴尔加斯·略萨更进一步，采访了罗慕洛·贝坦科尔特，重新评价了他的民主政府。一年以后，他与社会主义的决裂已经板上钉钉："这些绝对的乌托邦——基督教是过去的乌托邦，社会主义则是现在的乌托邦——已经挥霍了太多超出他们想象的鲜血。在社会主义身上发生的事毫无疑问是一场史上空前的惨痛教训。"（《赢得战役，不是战争》，宣读于1978年10月利马会议，收录于《军刀与乌托邦》）但他尚未明确表达对自由主义的支持：

这并不是对所有意识形态一概而论。其中一些，例如民主自由主义，促进了自由；而另一些，例如法西斯主义、纳粹主义和斯大林主义，则阻碍了自由。但是，没有一个国家能够明确指出如何以可持续的方式消除不公正现象。这种现象自历史开端就一直困扰着人类。

* * *

他距离成为自由主义者还有一步之遥。他什么时候会迈出这一步呢？多年以前，父亲的出现将他突然抛进了暴力的深渊，因此终其一生他都致力于反对暴力。1979 年，在他四十二岁的时候，与父亲有关的一件事再次考问了他的价值观。父亲带给他的暴力伤害其实在很多年前就已经停止了。"尽管我一直试图对他以礼相待，但是我对他的感情从不比他对我的感情深（也就是说，毫无感情）。对他强烈的怨忿、自童年时代对他的仇恨，随着岁月的流逝而逐渐消失。"这样的距离感一直持续到 1979 年 1 月，那个曾经他唯一可能会爱的暴君去世了。"我父亲当时正在家里吃午饭，突然失去了意识。我们叫了一辆救护车送他去美洲医院，到医院的时候，他已经没有生命迹象了。"（《水中鱼》）

在埃内斯托去世几个月后，巴尔加斯·略萨出席了由秘鲁经济学家赫尔南多·德·索托（Hernando de Soto）组织的一场国际会议。在会上他听取了数位经济学家和思想家的观点，比如弗雷德里希·哈耶克（Friedrich Hayek）、米尔顿·弗里德曼（Milton Friedman）和让－弗朗索瓦·何维勒（他的著作《极权主义的诱惑》[La tentación totalitaria] 给他留下了尤为深刻的印象）。当时，他已经读过了哲学家和历史学家以塞亚·伯林（Isaiah Berlin）的"两种自由概念"的演说，同时在《反潮流：观念史论文集》（Against the Current）中读到了对于亚历山大·赫尔岑（Alexander Herzen）等自由社会主义人士的著名论述。同一时期，他还阅读了卡尔·波普尔（Karl Popper）的作品，也是一位典型的自由主义思想家，尤其是《开放社会及其敌人》（La sociedad abierta y sus enemigos）。此外比较重要的事情还有他与奥克塔维奥·帕斯的友谊，而且他在第一时间对帕斯的作品中和经常发表帕斯文章的杂志《回归》中的自由主义民主观点表示支持。但与同是从社会主义转向民主自由的帕斯不同，巴尔加斯·略萨对社会主义的批判不仅包括审美、意识形态和政治方面，还包括经济方面。为了实现相关的批判，他需要知识上的修正和学习：

> 知识分子着迷于中央集权，既是因为他们不务生产……也是因为他们缺乏经济知识。所以，我尝试纠正自己在这一领域的无知，虽然方法不规范。1980 年，在得到华盛顿威尔逊中心一年的补助金后，我在学习经济学时就更有兴趣、更成体系了。

这是 80 年代初期发生的事情。他当时已经度过了自己的喀琅施塔得。但是他并没有停留在信仰缺失的灵薄狱。他找到了一个既无宏大愿景也无乌托邦空想的信仰：民主自由主义。那次会议对他而言是一次觉醒：他开拓了眼界，对来自国家的、土著的、西班牙的、宗教的、政治的各种狂热的身份认知有了特别清晰的全新视角。这些来自各个方面的身份认知充斥着整个 20 世纪，受各种煽动、蛊惑和多个政府的支持，给民族和个人带来了苦难。

* * *

从那时起，他的作品有了一个新的视角：从以亲密关系为主的视角转向了普遍领域。但作品的核心目标始终是"驱除"那些阻碍秘鲁和拉丁美洲物质进步和精神进步的魑魅魍魉。面对社会中出现的各种狂热，作家出于对自由至上的追索，给了这个针对现代原教旨主义的早期预言——即《世界末日之战》（*La guerra del fin del mundo*）——一种托尔斯泰式的气韵。他不仅批评巴西的"千禧年主义者"，也批评巴西政府和它愚蠢的应对方式。

这本书与巴西作家欧克里德斯·达·库尼亚（Euclides da Cunha）在其著名小说《腹地》（Os Sertões）中所讲的是同一事件，从社会学和历史学的角度再现了巴西反共和国战争。这场战争由信奉千禧年主义的信徒们发起，他们是穷人中的穷人，居住在巴西东北部的沙漠地区。这场起义是在拉丁美洲发生的一系列类似起义的一部分。在所有这些群众起义中，都会有一位魅力超凡、带领群众的救赎者，他重构和操控一些虚构的神话，对高速发展的现代社会发起有力冲击。这样的事件发生在秘鲁就是图帕克·阿马鲁在1780年领导的反对波旁改革的起义；或者是米格尔·伊达尔戈领导的墨西哥独立革命的第一阶段；在某种程度上，埃米利亚诺·萨帕塔领导的萨帕塔农民起义也是如此。

在1893年到1897年之间，在这个贫困的偏远腹地，弥赛亚传教士"劝世者"安东尼奥（Antonio Conselheiro）声称受到上帝的启发，作为先知确立了自己的神圣地位，引诱数以万计的贫苦人民，包括新近获得自由的黑人奴隶，效忠和信仰他，将他们引向了巴伊亚的偏远地带，为他们提供居所，建成了一个名为卡努杜斯（Canudos）的集体所有制的区域，这里就像是一个简化版的"天堂"：人们在这里居住生活，自给自足，和"敌对"宗教保持安全的距离。但新兴的共和国在教会的批准下（对他们而言安东尼奥是一个危险的异端分子），对这片分裂的飞地发起了一系列战役。安东尼奥要求他的追随者们捍卫"耶稣的真理"，对抗附身在巴西共和国身上的"恶魔"。战争的结果给他们带来了毁灭，双方都既不给予也不奢求任何宽大。安东尼奥的武装力量轻易击溃了几股政府军力量，最后政府派出了一支配备重型火炮的大军突破防御，屠杀了所有的男人（将所有男性俘虏全部斩首），许多女人遭到强奸，然后被发配到妓院。

这部小说反映了巴尔加斯·略萨政治观点的巨大变化。狂热主

义和组织僵化（在这一事件中是宗教信仰和宗教返祖现象之间的矛
盾），会带来忠诚，也会带来灾难。巴尔加斯 · 略萨以上帝视角展
现了群众的痴迷和主人公们集体走向悲剧的命运，从大的道德层面
展开探讨。作者通过对细节的雕琢，将事件发生的历史背景印在了
读者的脑海中。例如，在《世界末日之战》中，有一个叫"利昂 · 德 · 纳
图巴"（León de Natuba）的人物，这是一个驼背的瘫痪青年，拖
着四肢像动物一样移动。他在本土村庄是一个废物，但是在卡努杜
斯他凭借能读能写的能力（没人知道他是如何掌握这些技能的）和
机敏聪慧成了一个受人尊重的人。尽管他的做法有些愚昧，成了一
个虔诚的起居录写作者：他誊写了传教士安东尼奥说过的每一句话。
当卡努杜斯即将被击溃的时候，这位"纳图巴的雄狮"没有等着被
斩首，而是用两条腿支撑着身体，从一个母亲的怀中接过她已经死
去的孩子的尸体。孩子的母亲为了避免孩子的遗体被老鼠吃掉，请
求他将这具小小的身体扔到旁边茅屋已经燃起的大火之中。青年大
声喊道："这场大火我等了二十年了。"他抱起孩子，向火堆走去，
唱起祷文，迎向这吞噬一切的火焰。

五

　　秘鲁以乐观的前景走进了自己的 80 年代。在统治国家十二年
之后，军队下台，呼吁新的选举进程，1968 年下野的、备受尊敬
的领导人费尔南多 · 贝朗德 · 特里再次出任国家元首。此时很少有
人注意到另外一个进程背后的黑暗象征意义，那就是完全反对夺回
民主：出现了被称为"光辉道路"的毛派游击队组织（"光辉道路"
这一说法源自马里亚特吉的表述）。这个组织成立之后，很快开始
了疯狂的谋杀行动。很显然必须对其严肃对待。

　　"光辉道路"由阿维马埃尔 · 古斯曼（Abimael Guzmán）暗

中领导——他是一名大学老师，认为自己是"马克思主义的第四名斗士"，排名紧随马克思、列宁和毛泽东，并受中国"文化大革命"和柬埔寨红色高棉的影响，大力鼓吹"恐怖教育"。与所有已知的革命传统相反，"光辉道路"的敌人始终是"阶级压迫"，他们会对自己的人民发起攻击，例如不和他们的"解放者"合作的农民、敢于违抗罢工要求的工人等等。对于这些"错误的历史意识"，"光辉道路"并没有用印发的小册子或者墙上的海报进行回应，而是用枪支和刀具，用残害他们的身体作为惩罚。

1983 年，巴尔加斯·略萨有机会了解这种"恐怖教育"在秘鲁一些地区的极端情况。在阿亚库乔（Ayacucho）地区、也就是"光辉道路"成立之地，有八名记者被莫名杀害，媒体和公众向贝朗德·特里政府施压。作为回应，总统任命了一个由三名成员（其中一名是巴尔加斯·略萨）和八名顾问组成的调查委员会调查此事。在对犯罪现场进行了三十天的调查、收集了上千页的证词之后，委员会得出结论："记者们是被乌楚拉奇（Uchuraccay）的农民杀害，临近社区的居民可能与之串通。完全没有秘鲁武装力量参与此事。"巴尔加斯·略萨随后很快在西方主流媒体的报纸上发表了自己对这件事的报道《一场屠杀的故事》（Historia de una matanza），他在其中解释了问题的起源：乌楚拉奇的农民之前遭受了一段时间的攻击，他们错误地认为那些记者是"光辉道路"的成员。这样的调查经验，以及事后无数的论战和谩骂，最终揭示了严酷的事实：

> 现实情况是，游击队和军队之间的战争是社会特权阶层的争斗，农民群众在其中只是被那些声称要解放他们的人无耻而粗鲁地利用了。这些群众最后总是最大的受害者。

巴尔加斯·略萨最终会形成自己的道德信念，以及与拉美著名文学家们截然相反的哲学观念，这些作家大多信奉左派集权主义。对于屡获殊荣的智利诗人巴勃罗·聂鲁达，他曾感叹：

> 我认为聂鲁达是本世纪用西班牙语写作的最丰富、最自由的诗人，他的诗歌意境广阔就如同毕加索的画作。在他的广阔苍穹之中既有神秘、奇迹与纯朴，也有着极端复杂性；既有现实主义，也有超现实主义；既有直觉，也有理性；有着与他的创造力相媲美的艺术智慧。他怎么会是一个用战士般的死板语言写诗称颂斯大林的人？他称颂斯大林主义的罪行，难道不会产生道德方面的混乱？难道就没有分毫艺术上的冲突和进退两难吗？

巴尔加斯·略萨认为，古巴小说家和外交官卡彭铁尔华丽且多疑的叙述风格与他对卡斯特罗的奴性截然相反。1984 年 6 月，他批评道：

> 不管是写诗歌还是小说，在同一个人身上有着非常明显的自相矛盾之处。那就是已经显示出勇气和对自由的追求，有打破传统和常规的能力，有从根本上对形式、构思和语言进行创新的本领，就应该有能力不盲从于意识形态，不谨慎、怯懦、顺从，不应该毫不犹豫地支持那些可疑的教条，哪怕只是单纯的宣传口号。

本着同样的精神，他还对以佛朗哥的支持者身份开启职业生涯的科塔萨尔进行了批评，当然，他也批评了加西亚·马尔克斯。对于巴尔加斯·略萨而言，加西亚·马尔克斯是拉丁美洲知识分子的一个非常典型的代表，他们坚持认为拉丁美洲并没有在民主和

专制之间进退维谷（见其作品《马克思主义者或新法西斯主义者》
［Marxista o neofascista］），而是会在皮诺切特和卡斯特罗所代表的
所谓的反动派和革命派之间面临两难选择。巴尔加斯·略萨认为，
拉丁美洲的那些"知识分子"绝没有代表敢于批评的传统，他们
成了正统的维护者，阻碍民主的到来，阻止拉美人民选择民主。
他们只是坚持自己的固有想法，并把它们套用在极其复杂的社会
环境当中。

　　这个漫长的祛魅过程，为巴尔加斯·略萨招致了批评和诽谤
（如同奥克塔维奥·帕斯在墨西哥经受的一样）。但是他已经没有回
头路可走，尤其是在乌楚拉奇恐怖事件的报道发出之后。对巴尔加
斯·略萨来说，这一事件中的恶行代表邪恶的极端被引到了意识形
态的热情领地之中。用他自己的话来说，他怀着"惊讶、愤慨和遗
憾"，构思了《狂人玛伊塔》（Historia de Mayta），这部小说描绘了
典型的拉丁美洲游击队员和"救赎者"形象。

六

　　萨瓦拉（Zavalita）是《酒吧长谈》（1969 年）一书的主人公，
在小说中，有一幕令人难忘：萨瓦拉问"秘鲁是在什么时候把自己
搞砸了？"与《狂人玛伊塔》中的主人公们相比，这个问题还显得
乐观了些。后者的故事发生在一个饱受内战和国际战争折磨的虚构
地区。这本书的开头和结尾都有对垃圾的描写，是一幅"悲惨景象"，
"最开始出现在贫民区，后来市中心也有，随后是整个城市"，它象
征的并不是实际的垃圾，而是社会的腐败：毒品、令社区"遍布围
栏"的恐惧、穷人中的卖淫和暴力的行为。所有人都指责这种恐怖，
随着故事的发展，这种恐怖疯狂增长。"但是这场灾祸可能会一直
恶化，没有尽头。"在《狂人玛伊塔》中，有一句话令人印象深刻：

"我们的恶化无尽无休。"这句话不仅在表达一个问题，而且是一个不祥的断言。

在这种悲惨无望的情况中，巴尔加斯·略萨的另一个自我被唤醒——一位秘鲁小说家。当他于 20 世纪 50 年代坐在巴黎、马德里等大城市的咖啡馆中时，他曾是一名左派的支持者；当民粹主义运动来临、农民暴动在安第斯山脉蔓延的时候，他依然持有同样的信念——十五年之后，他返回自己的国家，在 1958 年初卡斯特罗领导的古巴革命胜利前几个月，对阿莱亨德罗·玛伊塔（Alejandro Mayta）等人的生活环境展开调查。他见证了这个发生在古老的印加城市豪哈（Jauja）的游击运动的失败。尽管玛伊塔是一个虚构的人物，但是事实上这场起义确实存在，发生在 1962 年。

巴尔加斯·略萨把对乌楚拉奇事件的调查方法用在了小说中。这位小说家试图通过一系列证人的证词，重现玛伊塔在现实中的生活，他拼接出来的证词对局部做了猜测，模棱两可，甚至不够清晰。"因为每个新的信息都会带来更多的矛盾、推测、谜团和不协调。"最后，就如同在乌楚拉奇所发生的事实一样，有成千上万的细节没有得到解决。但是，与现实之中的巴尔加斯·略萨不同，作家想在《狂人玛伊塔》中寻找的不仅是现实之中的"真相"。他追求的是"对于接下来要发生事物的象征，那些没人可以怀疑的、揭示即将到来的命运的预兆"。现实是出乎意料的——意识形态暴力后来成了秘鲁、哥伦比亚以及中美洲多个国家的生活常态。作者试图在现实生活中、在这一现象的核心中找到原型。这个原型的革命性格寄托于绝对理想之上，为此不惜赴死和杀人。巴尔加斯·略萨本人多年来一直把秘鲁的希望寄托在这样的人身上，后来的许多年又拒绝这样的方案，这给他的叙事带来了深刻的个人色调。

阿莱亨德罗·玛伊塔并不是通过社会或经济剥夺来进行革命，而是通过残缺不全的宗教使命发起革命。与大多数拉丁美洲激进分子一样，他曾在一所宗教高中（准确说是神学院）学习，尽管他的老师不是耶稣会修士（通常受过教育的激进分子多是如此），但是他们是萨雷斯会成员。尽管小说中没有探讨这两个宗教秩序之间的差异，但这一点很重要。在那个年代，耶稣会修士着力培养精英阶层的子女以获得社会权利；与此同时，宗教秩序形成于 19 世纪的萨雷斯会成员则关注更卑微社会阶层的培养，涉及的职业群体有工人、农民等，以秘鲁为例，他们针对的是"新兴城镇"的居民，他们居住在围绕大城市的郊区或者贫民区。耶稣会修士擅长修辞和辩证法：他们是 16 世纪特利腾大公会议（Concilio de Trento）的合法后裔。尽管在教宗若望二十三世的影响下，耶稣会修士曾经在 20世纪 60—90 年代改变道路。与此相反，萨雷斯会成员则赞颂体力劳动的尊严，他们是教宗利奥十三世《新事通谕》的产物。

玛伊塔开始为成为神职人员做准备。他每天都出席弥撒，虔诚地划十字，经常领受圣餐。他的朋友们称他为"小圣人"。一场场密集的宗教教育的经验唤醒了他充满内疚的虔诚感，但是玛伊塔在青年时代的这场转变与车尔尼雪夫斯基（Chernishevski）和其他俄国革命者的经历并没有很大不同，斯大林本人也是如此：这是前神学院学生们对于教义原理的改变，他们毫不迟疑地从一个教条主义转向另一个教条主义。革命成了玛伊塔的新信仰；他的新先知就是列夫·托洛茨基。

玛伊塔最终归属的托洛茨基主义支部的七个成员曾经反复阅读那些神圣的作品，包括马克思的作品、托洛茨基的《不断革命论》（La revolución permanente），以及列宁的《怎么办？》（¿Qué hacer?），并且为了秘鲁社会无休止地讨论其中的每一个章节、段落和概念。有时候他们和那些讨论天使性别的拜占庭神学家类似，也有一些人展现出了一种屠弱的、不成形的观念，和弥赛亚教的某些历史倾向类似：希望救赎者来临，能够恢复世界和谐。秘鲁的情况与其他所有的国家一样，对于千禧年主义的期待形成了一个丰富的乌托邦视角，可以追溯到马里亚特吉的思想：农民可以成为他们所耕作的土地的主人，工人无产阶级可以拥有他们工作的工厂。所有剥削、不平等、狂热和无知都将终结。帝国主义的政治领导人和企业主也将会消失。所有银行、私立学校、企业和城市房地产将被国有化。人民民兵组织将取代以阶级差异为基础的职业军队。而且，根据托派对斯大林主义的批判：

> 工人和农民委员会将防止工厂、集体农庄和部委的过快扩张，也将阻止随之而来的试图终止革命、收割利益的官僚活动。

"把天也摘下来吧……"玛伊塔自言自语，他所提前预测的后来成了解放神学的内容。"我们把天摘下来，栽种在大地上面。"

有些人认为他是中央情报局的代理人，还有一些人认为他与克格勃有关系。（为了强调玛伊塔苦于被边缘化，巴尔加斯·略萨还决定让他成为同性恋者，虽然这样的设定似乎并无必要。在这种设定下，玛伊塔可以通过社会革命来实现他个人的性救赎。）小说叙述中充斥了派系斗争和不容置喙的压抑气氛。

玛伊塔是在和老鼠同住的阁楼中度过自己四十岁生日的。他是警察布网的对象，他完全陷于没有结果的论战之中，并花费时间撰写"手淫小册子"。一名中尉军官瓦列霍斯（Vallejos，也是现实生活中存在的人物）为他带来了参与革命的可能性，邀请他和其他的觉醒者（也包括一位高中教师与一位法官）一起参加豪哈起义。十五年之后，每个人心中关于"托洛茨基主义者玛伊塔"在历史中的角色都有着截然不同并且可能会相互矛盾的观点，但是大家一致认为，对他而言，与豪哈有关的经历是一种"净化和救赎"。

现实中的革命当然要比想象中的少了许多甜蜜。愚蠢、错误的判断、无知、恐惧、背叛、头脑简单和不合时宜的做法都会导致起义失败。瓦列霍斯和他一些还在青春期的年轻战友们最终都被杀害了。玛伊塔被抓获，并被判处长期监禁。

在小说的最后一章，作者和玛伊塔终于见面了。此时距离他徒劳无益地企图在山上起义已有十五年了。玛伊塔的身上并没有昔日的焦虑。他在利马的繁华街区小心谨慎地经营一家冰激凌店，已经娶妻并有四个孩子。在铁窗生涯中，他是一名模范囚犯；事实上，令他骄傲和喜悦的，并非是多年前带来社会动荡的那次尝试（尽管他对此也不感到羞耻），而是在监狱之中，关于秩序、清洁和模范言行的那些小小改进。他不想谈论过去："你不知道谈论政治、记住那些政治事件有多奇怪。它就像一个从时间深处回来的幽灵，向我展示死者和被遗忘的往事。"

听他谈话的人可能会错误地将这一切归咎于冷漠、道德上的不负责任和玩世不恭——就像是一个巨大的令人失望的黑洞，而玛伊塔对于自己曾经所做的一切都不觉得愤怒或者遗憾。当下的日常生活才是他真正关心的：他的家庭，他的邻居，这些都是有形的事物，而不是抽象的理想。或许在不经意间，他已经回归到萨雷斯会神父的无政府主义哲学：靠自己的双手劳动，生活在穷苦人之中。放弃了年轻时的信念之后，玛伊塔似乎与巴尔加斯·略萨本人一起经历了另一次转变：他的绝对被现实所改变。

玛伊塔——这部小说之中的英雄，以及近代历史上的许多其他模范——在唯一一次认真参与的社会反抗中失败了。但是，这种失败绝不是不可避免的。豪哈的起义可能会有多个不同的结果。一位持怀疑态度的目击者跟作者说："多年来，有一个念头萦绕在我的脑海中，这并非不可能。如果第一次行动持续的时间更长，事情可能会朝玛伊塔所预计的方向发展。"与目击者相比，玛伊塔更年长、也更有智慧。他否认了这种臆测，这是一场自杀式的叛乱。

玛伊塔的失败是由于意外事件的发生和缺乏协调。一位共产主义领导人告诉小说家："古巴革命……扼杀那个让我们忍受'目前条件还不成熟'的超我，革命从此变成了一个无休止的阴谋。""随着菲德尔进入哈瓦那，革命似乎变得对所有敢于战斗的人都触手可及。"在 20 世纪 60 年代的玻利维亚，"敢于战斗"的切·格瓦拉没能选对自然地理或者人文地理。然而在切去世十年之后，与青年玛伊塔同处一个世界的年轻革命者们变得更加关注细节，希望获得他没能得到的权力。

* * *

完成《狂人玛伊塔》后，巴尔加斯·略萨开始了另外一场新的祛魅行动，那是存在于他自己本源深处的一群集体幽灵："秘鲁群岛"祖先的种族仇恨。这样的仇恨在西班牙占领秘鲁前就已经存在，并且从未间断过。这仇恨植根于历史、地理、宗教、文化障碍、偏见、肤色和移民等各个方面，在 20 世纪的本土意识形态中依然长期存在。巴尔加斯·略萨不无道理地将其视为集体主义的、神奇的、非理性的、反现代的和反自由主义的思维。他不想通过编造另一个美丽的谎言（一部小说）来接近这个"美丽的谎言"（也就是"印第安世外桃源"的概念），这是一本非常严肃的著作，也是对于历史的解读——《太古乌托邦》（*La utopía arcaica*）*。

为了批判秘鲁本土主义，他追溯了秘鲁遥远的殖民起源，然后详细讨论了它在 20 世纪 20 年代的现代再现。这在巴尔卡塞尔（Valcárcel）和马里亚特吉的作品中可以见到，但它首先集中在何塞·玛丽亚·阿尔格达斯（José María Arguedas，1911—1969）的

---

* 另有译名《文学乌托邦》。

生平和作品里。他是秘鲁著名小说家和人类学家，将土著主义推
向了新的文学高度和极端激进的意识形态中。巴尔加斯·略萨以
没有丝毫仇恨的同情态度，再现了这个人的悲剧人生。他知道，
这个人的生活被现代世界与他对传奇化的古代秘鲁之爱间的对抗
生生撕裂。

　　巴尔加斯·略萨认为，由各种作者描绘的印加帝国世外桃
源——几乎是兄弟般的、整齐划一的，充满了"快乐的集体主义的
混杂"——是一种浪漫的理想化。总而言之，随着时间的流逝，这
些"传统和习俗"已经发展成反向的种族主义（反梅斯蒂索人、黑人、
白人和亚洲人），同时伴随着孤立、消极、大男子主义、地区主义
和严重不发达的状态。与阿尔格达斯笔下的人物形象相反，巴尔加
斯·略萨支持社会学家乌列尔·加西亚（Uriel García）的观点，他
为"梅斯蒂索精神"辩护，换言之，他认为墨西哥的方式可以解决
目前秘鲁存在的问题。尤其是阿尔贝托·弗洛雷斯·加林多（Alberto
Flores Galindo，1949—1990）对阿尔格达斯进行的马克思主义批
评：他分析了印加帝国"专横暴虐"的统治方式，以及当前的发展
情况——很大程度上改变了旧秘鲁——印第安农民受到私有财产和
市场的诱惑而参与其中。当阿尔格达斯决定结束他的生命时，这些
趋势已经非常明显。在巴尔加斯·略萨看来，到1986年"有血有
肉的土著民族已从隔离区解放了出来，改变了传统上从社会层面和
意识形态层面受到剥削、歧视和偏见的局面。他们选择了现代性"。
但是很快，巴尔加斯·略萨自己会发现，这种向现代性的转变比他
想象的要慢得多，而且这些祖先的仇恨却几乎保持不变。

七

　　乘着民主和自由主义的新一次浪潮，巴尔加斯·略萨重新回到

了有着最高赌注的政治舞台上：争取这个国家的总统职位。阿兰·加西亚（Alan García）的总统任期（他在 1985—1990 年担任秘鲁总统）由于存在民粹主义的错误做法，在一定程度上是一场灾难：通货膨胀非常严重；在大型项目上经常存在烂尾现象；贫困人口大幅度增加；暴力事件持续增加；"光辉道路"日益猖獗，军队的剿灭行为并没能减少暴力。当加西亚总统仿效和他相似的墨西哥民粹主义总统何塞·洛佩斯·波蒂略，试图将秘鲁的银行国有化的时候，他遇到了来自公民组织和政治组织的极大阻力，这些组织在 1988 年联合成立了民主阵线（Fredemo）。巴尔加斯·略萨似乎是该联盟的天然领袖，这一联盟反对加西亚的国家民粹主义，反对过时的军国主义，也反对马克思主义游击队。一年后，民主阵线提名巴尔加斯·略萨为秘鲁总统候选人。

1990 年 3 月，我参加了由巴尔加斯·略萨在利马组织的一次名为"自由文化"的会议。尽管日前发生了针对他的支持者的谋杀，尽管竞选对手对他施以的污名千奇百怪（无神论者、色情书画作者、失德者、逃税者、乱伦者等等，还有什么在那些日子里没有被提及呢？），巴尔加斯·略萨依然在民意调查中领先。在会议结束后，他将自己的计划交给了卡洛斯·弗兰基、让－弗朗索瓦·何维勒和其他一些朋友：

　　现在各个国家首次对财富进行选择。比如在东方有一些出口经济国家，他们在三十年前要比秘鲁穷很多……必须摒弃重商主义，将电话行业、航空、银行、农业合作社私有化，要支持在经济领域的非正式经济和小农业者……必须要通过巡防队战胜恐怖主义组织……应该收回教育特权和半特权，使大量穷人能够真正得到教育，而不是受到教育的蛊惑……必须清理"民粹主义空话的巨大垃圾场"，回归话语的本来意义……应该对那

些在大学办公室和北美基金会的书桌旁间接参与游击战的知识
分子和学者们进行谴责，他们占有国家薪俸和公共职位，却持
续地发泄自己的不满。

简而言之，巴尔加斯·略萨试图实施民主和自由的现代化模式。
这是一个弹性的时代，似乎没有什么是不可能的。他不仅向客人们
分享了激动人心的"大变革"，城市主干道和电视上也不断地在放
送这些信息。"这是我们最后的希望，"一位出租车司机说，"他是
我们的救星。"确实，他有一些救赎者般的言行。巴尔加斯·略萨
在青年时期失去了宗教信仰，他可能需要残存的部分去支撑他的行
动。这场冒险，对于他的个人生活和家庭而言都是危险的。他的闭
幕演讲显示出一种非常冷静的达观姿态：

> 我发现自己处于一种奇怪的境遇之中……我沮丧地告诉自
> 己，许多个体的命运会影响整体的形势，而偶然的事件也会改
> 变个体的意志。与社会的历史一样，个人的历史也不是事先写
> 就的。我们必须每天去书写，不放弃我们选择的权利。但我们
> 知道，如果过程是清白透明的，在大选中我们的行为往往只是
> 证实了，我们已经在一种情况和另一种情况之间做出了选择。
> 对此，我不后悔也不庆祝：生活就是这样的，我们必须生活下去，
> 珍惜生活中的一切可怕和激动人心的冒险。

他荒废了心心念念的文学生涯，推迟了原本要出版的小说，也
远离了图书馆中的安宁平和。他在迷蒙之中远离了自己之前的生活，
因为他自己仿佛变成了小说中的一个人物，在这部纷乱的小说中，
个体并不能完全地掌握自己的命运。同时，他又恰恰享受这样的冒
险，因为这样的冒险接近了安德烈·马尔罗的生活，在其行动和思

想之间建立了创造性的联系。但是在他的情况里，他对于行动有一个特别的设计。他曾经反复写道，文学家习惯于为了驱除自己身体里的邪魔而去召集外面的鬼魂，让他们遵从自己幻想的秩序。而现在，他要驱除秘鲁这个国家身上的邪魔。不过这次不是在自己作品的空白纸页上，而是在历史变幻莫测的竞技场上。他试图通过获得权力，来挽救权力犯下的历史错误。

在一次活动中，一群记者拥在这位"博士"身边。他们瞪着眼睛，几乎是尖叫着请他解释他在可能的总统任期内会面临的休克。我注意到，这个词越来越多地被用在了精神病学的领域。巴尔加斯·略萨以讽刺、认真并且坚定的语气回答："我们与阿兰·加西亚一起生活的那些年，是永久的休克。"虽然他通过数据解释了自己的项目，虽然他坚持认为他的政策是理想的经济复苏的开始，但是这些项目的潜在受益者，例如失业者、小农户、非正式务工人员却默默地表达了对他的不信任。

去机场的路上，出租车司机在谈话中向我脱口说出藤森（Alberto Fujimori）的名字。我有一些预感，除此之外并没有更多的感受。但是直到我读了《水中鱼》（巴尔加斯·略萨冷静而又诚实的自传，出版于1993年），我才得知第一轮总统选举投票中那场并不是很充分的胜利。虽然道德方面的信念和政治方面的推测都预示他可能在第二轮选举中失利，巴尔加斯·略萨还是决定奋力一搏。他在总统竞选中和竞选之后经历了"阴谋诡计、尔虞我诈、联盟、背叛，太多的算计，恬不知耻和各种各样的肮脏手段"，尤其是这种"泥石流"，这种"污言秽语的垃圾堆"：针对他的种种侮辱、谎言和诽谤。但其中最痛苦的，还是面对着这些活生生的集体自我，这些不可说服的人群，他们由（或者装作由）不满、不信任和种族偏见构成。

在这样做的过程中，他这次在一个集体化的父亲身上再次体会了自己青春期所经历的巨大的、莫名的、喧闹的恐惧和仇恨。"中国佬"*（他是印第安人、乔洛人、桑博人和黑人的朋友，是"白人"富翁巴尔加斯·略萨的敌人）的来临打开了所有的闸门，使得秘鲁这个古老国家的历史长河在一朝之内被"泥石流"所吞没。这场斗争已经不再是经济或者政治层面的辩论。这更像是一场对内脏的撕咬，所谓的内脏就是种族主义和宗教性的不容忍。天主教堂为它失败的历史付出了代价：数小时与解放神学家的内战，以及和新教福音派的道德战争（他们牢牢掌握着山地农村和新村落）。媒体人持续向公众视野和私人视野中的巴尔加斯·略萨泼着脏水，如同这个国家所经受的伤害一样，无尽无休。

在《水中鱼》的最后几页中，巴尔加斯·略萨描述了反向种族主义的痛苦场景。这个场景发生在奇拉（Chira）山谷的一个小镇，他和一些支持者在竞选途中去了那里：

> 一群愤怒的男女出来与我见面，手持棍棒，石头和各种钝器。他们的脸因仇恨而扭曲，仿佛他们来自时间深处，来自人和动物混淆在一起的史前时代。他们咆哮着，愤怒地向车队发起攻击，就像是在为拯救生命而战，或是在寻找不死之身。他们表现出的恐怖和野蛮，恰恰揭示了数百万秘鲁人的生活究竟恶化到了什么程度。他们在保护什么？那些威胁性的棍棒和刀具背后到底藏着什么幽灵？

所有的魑魅魍魉，从最初开始，都是来自西班牙的占领："西班牙人滚出去。"他们向他喊道。在那里，"热带雨林的种族阶层很

---

* "中国佬"（chinito）在拉美俗语中指代所有亚洲人，此处特指阿尔韦托·藤森和他的反向种族主义竞选策略。

大程度上决定了个体的命运"。在秘鲁，在这个很少有公民调解与对话可能的国度，"其社会结构建立在一系列整体的不公正之上，暴力是所有人际关系的基础"。

八

在第二轮总统选举中，藤森获得了 56.5% 的投票，而巴尔加斯·略萨得到了 33.9%。在总统职位上，藤森实施了一些巴尔加斯·略萨提出的措施，一定程度上实现了作家真诚呼吁的经济复兴。后来，他策划了反对国会多数派的政变，并持续得到了秘鲁选民的支持。藤森在 1992 年获得连任，分裂了"光辉道路"——逮捕了其领导人阿维马埃尔·古斯曼——并秘密谋划第三次总统连任。但他最终还是陷于灾祸之中，被控腐败，并在打击游击队运动的过程中有侵犯人权的行为。经过一番万众瞩目的审判之后，他被判处长期监禁。

对于巴尔加斯·略萨来说，这场巨大的政治探险已经结束了。虽然他依然持续强调自己的政治立场，但从那一刻起他还是回到了文学创作中。文学并不是他的避难所，而是他自己的一个清静空间，最重要的是他在那里拥有自由。在回归到小说之前，他选择了一种过渡的仪式，那就是驱魔般地撰写一部自传。在小说中没有专制者恃强凌弱的面孔，没有凶狠的军人，也没有居心叵测的神父、心怀救世理想的领袖和游击队员。自传中有的只是埃内斯托·J.巴尔加斯的面孔，这是他自己的专政者、他家中的恐怖分子、他的父亲。在他早期的小说中，他默默地面对这些，对于父亲的抗拒是一个反复出现的主题。现在，在《水中鱼》里，他终于直面这些。在自传中，巴尔加斯·略萨详细叙述了父亲的故事，他看到这场"可怕的积怨"与父亲的对抗，对抗他专横的、绝对的、不可预知的力量；那种"火热的仇恨"最终消融了，如果说这不是宽恕，至少他对那个"隐秘而又缺乏理性"的人物有了同情心。

不管是在文学生涯中，还是在现实生活中，巴尔加斯·略萨都面临着各种各样的身份狂热：种族的、宗教的、社会阶层的。驱魔之后留下了什么？造成拉丁美洲苦难的主要原因：整个国家的"残酷的父亲"。这位独裁者的原型、这个暴君，以各种方式将这些国家的历史改写为简单的个人传记。巴尔加斯·略萨即将迎来创作的高潮。

* * *

又一部关于独裁者的小说？拉美作家对于写这类作品似乎是有一种漫长而优秀的传统：从巴列－因克兰到加西亚·马尔克斯，从阿斯图里亚斯到卡彭铁尔，从罗亚·巴斯托斯到乌斯拉尔·彼特里（Uslar Pietri）都是如此。几乎所有的"文学爆炸"时期的拉美小说家都写过一部这样的小说来描述自己眼中的暴君，至少是对于康拉德（Joseph Conrad）笔下《诺斯特罗莫》（*Nostromo*）的本土化演绎，这样的男人孔武有力，或王或寇，拥有各种各样的枷锁和武器，能够掌控人们的生命、田产以及思想。自 1975 年开始，他对于多米尼加领人特鲁希略的形象产生了兴趣，据此创作了小说《公羊的节日》（*La fiesta del Chivo*）。但这次，是天意而不是魔鬼们让作家延迟了自己的写作计划：他被政治的泥潭阻挡住了脚步。他面对的不仅仅是个体的伤害（独裁者的、学校的或是家庭的），更有来自大众的阻碍：这些人往往狂热执着于种族身份、理想主义、国家认同、社会认同和宗教理念。经此一役，成熟的作家得以超然于愤怒，为了更好地理解和展示恶的本质，进入了《公羊的节日》的奇幻世界。

在这部小说中，两条神秘的主线既相互交织在一起，又相互对抗，带有希腊戏剧般的准确性：权力和自由。对于特鲁希略这个人物，巴尔加斯·略萨是用临床眼光来解剖的，不仅是从心理学的角度，而且是从权力解剖学的角度来进行的。这位独裁者有一些物理特征：呆滞的目光、从不出汗的传说、对于制服和制服上的金银丝绣有着狂热的喜爱，特别是在性生活中有一股压抑不住的自负——这几乎是拉美大男子主义最极端的表现。特鲁希略借助这些用于加强自己的控制。通过性来管束他人是特鲁希略现象的核心。他恢复了古老的"初夜权"：要求部长们的妻子为他提供性服务。从而让他们有这样的意识，或者至少是让这些丈夫们成为沉默的共谋，这样做不只是为了测试他们无条件的忠诚和服从，更是为了将自己打造成为所有家庭的家长，他要成为在其个人领土之上可以行使世袭权利的人。这种迫害性的凌辱，这种通过奴役他人妻子从而奴役她们的丈夫的行径，在巴尔加斯·略萨的想象中触动了他敏感的神经。这就是为什么《公羊的节日》的主角是乌拉尼亚（Urania），她是特鲁希略得力助手的女儿。小说有着悲伤而又清醒的历史观，乌拉尼亚失去了自己本该拥有的幸福，她推动了整部小说的发展。她在暴政结束几十年后回到了圣多明各，重新面对心中那些可怕的恶魔，也重新面对故土上曾经的恶魔。

《公羊的节日》慢慢展现了朝臣们的面貌。他们有的行为怪异，有的举止残暴，每一个独裁政权都是这么组成的。其中有一些人在现实中是真实存在的，小说保留了他们的真实姓名；还有一些人是虚构的，但也来自真实事件中的一些细节。小说还着重描写了一些恃强凌弱的人以及一些政治人物，其中就有令人毛骨悚然的阿巴斯·加西亚（Johnny Abbes García），一个曾经的社会主义者，也是一名专业间谍和酷刑专家；其经济大臣，厚颜无耻的腐败分子奇里诺斯（Chirinos）；他的政治顾问和歪曲事实的律师，乌拉尼亚的父亲卡布拉尔（Cabral）；还有一名叫曼努埃尔·安东尼奥（Manuel Antonio）的时装设计师和皮条客；在所有人当中，尤为奇怪的是

那个短暂接替特鲁希略掌权的华金·巴拉格尔（Joaquín Balaguer），
他是一位诗人和知识分子，是多米尼加共和国的传奇人物（"巴拉
格尔呼吸时，没有人敢喘气"，他所在的政党曾经如此宣传）。虽
然晚年目盲且几近瘫痪，但是他依然活到了九十六岁高龄。巴尔加
斯·略萨提到，巴拉格尔在极端落魄的时候，曾经在一次演讲中指
出，上帝护佑多米尼加共和国，使它不受历史灾难和自然灾害的侵
扰，因此派出了特鲁希略来完成这个任务。独裁者特鲁希略对这样
的解释欣然接受。但是，巴拉格尔真的相信是如此吗？"我做了我
在政治上能做的事情，"他向巴尔加斯·略萨坦言，"我既避开了女
人，也避开了腐败。"他没有结婚，孑然一身，是一个现代主义诗人，
也是一个有信仰的人。即使马基雅维利也会对巴拉格尔在特鲁希略
时期为了生存的精明之道赞赏有加，但应该会对他在独裁者被刺杀
之后做出的熟练政治反应更为钦佩。即使是在莎士比亚的戏剧中也
找不出这样对阴谋家的镇压行动，他使用几乎和独裁者同样的方法，
随手将特鲁希略的继承者们无情地处死和流放。"政治就是这样，"
他在接受巴尔加斯·略萨的采访时说道，"要在尸体中开出一条路。"

在文学手法上，巴尔加斯·略萨详细描述了实现阴谋的各个步
骤、各种各样的机关审查以及施行统治时微妙的等级变化：从简单
的将人流放、迫害致死的行为，到直接残忍谋杀。然而，最不可思
议的是人民群众自愿地、如同被催眠了一般与独裁者合作，众人被
一人所奴役。巴尔加斯·略萨认为："特鲁希略从他们的灵魂深处
吸收了他们受虐狂的天性，人们甘于被唾弃、被虐待，并实现了他
们所能感受到的低贱。"在意志麻痹时，人们会出现一种"比恐惧
更加微妙和持久的东西"。这种现象不仅出现在平民身上，对于原
本的孔武之人也是如此，例如罗曼（Román）将军，他本来已经
非常核心地参与了反特鲁希略的活动并参与了对他的刺杀，但是由
于他的神智受到麻痹，觉得这已经超出了自己的目标和内心可以忍

受的程度；或者说，这导致他最后自投罗网般地为自己带来了巨大而又无价值的牺牲。他真的违反了某些神圣的禁忌吗？巴尔加斯·略萨提出了一个谜一般的答案：特鲁希略仍然在统治着他们，压迫着他们。写这部小说的主要动机之一就是彻底揭示这种接受奴役的机制。

这样的揭示并不能简单地以嘲弄、标新立异或者单纯用戏剧化的手法来展现，就像是其他关于独裁者的小说曾经所做的那样。如《族长的秋天》，它毫无疑问是一部精湛的作品。但是小说中充斥着近乎娱乐或是狂欢的氛围，那是一种无休无止的权力高潮：在永生的、不可捉摸的族长"广袤的噩梦帝国"中，从不会免于绝望和悲伤。值得注意的是，加西亚·马尔克斯并没有描述悲伤，他只是记录了它，预想了它。他用激烈的动词和无尽的想象去创作的作品，成了一个权力的象声词。而巴尔加斯·略萨与其截然相反，他勤勉严谨、有如文献般地描述了悲伤，他的批评视角源自对权力内部的重建，因此更为确切翔实、言之有物，也更为克制。按照莎士比亚的传统，《公羊的节日》这部小说"虚构的不是非现实，而是现实"，无数的报道、证词和历史著作都是这部小说创作的第一手资料。

这两种处理方法的不同不仅体现在文学方面：它也体现在道德层面。对于权力的痴迷确实吸引了一些作家，这种痴迷不仅体现在作品中，也体现在现实生活当中。加西亚·马尔克斯对于权力的魔力进行了艺术的转化：族长拥有五千个孩子，能活两百岁，可以把欢笑变为厌恶——有时候还能变成苦难。这是一部将族长柏拉图式的想法变身为诗意的作品；这种思想中有丛林、植物、各种各样的动物还有大地；如果他和所有的女人睡在一起，那是因为还没有找到真爱。这样的族长是一个多重受害者：这些伤害既来自自己，也来自令人难以捉摸的女人；来自他人在他周围所建立的奇异的声望；来自数十位美国大使；来自天主教堂；来自谋杀了他妻儿的无情的阴谋家；来自欺骗并且操纵他的朝臣；而最重要的，是来自时间。在小说当中，加西亚·马尔克斯为其献上了自己的同情，几乎沉迷于这个"毁灭性的、不可悖逆的威权"，有时候"这种权力是我们眼前从源头迸发的激越潮流"，但是"在这深秋时期的无边泥塘里——他在自己的光荣里显得那么孤独，甚至连敌人都没有留下"。人们理解了他与菲德尔·卡斯特罗的友谊。

而巴尔加斯·略萨也非常迷恋自己所创造的人物，即使对于那些极为残暴反派也是如此（例如对阿巴斯），但是性质却并不相同：他并没有为残暴庆贺，而是坚决地对它进行剖析，并且在叙事的整体氛围中，有着非常强烈的意愿要驱散这样的残暴。在小说和现实中，巴尔加斯·略萨都没有为权力所动摇。他所引导的、批判的，甚至在个人领域做出了取舍的，都是秉承着权力并不可贵，也不应当可贵的态度。

和其他关于独裁者的小说不同，《公羊的节日》有着可爱的主人公（几乎都是受害者群体），他们所代表的自由也没有那么神秘。那些对独裁者抱怨不断的阴谋家，也就是反抗者，他们是勇敢的，也是可以理解的。但是有一个与绝对权力完全相反的、令人感动的人物，那就是萨尔瓦多·埃斯特雷利亚·萨达拉（Salvador Estrella Sadhalá），一位有着坚定信仰的阿拉伯基督教徒，在自身的天主教传统（也就是在他的精神导师和圣坛使者圣·托马斯身上）中，发掘出了在面对强权时诛杀暴君的正当性。这种强权忘却了、抛弃了甚至背叛了人民最初的主权，即对于"共同利益"的追寻。在并不知情的情况下，萨达拉会找到之前自由主义思想的最初来源，或者至少与盎格鲁—撒克逊自由主义逐渐趋近。

"如果说我有所憎恨的话，"巴尔加斯·略萨曾经说过，"令我感到深深作呕的，令我感到不适的，就是独裁。这并不是一种政治信仰，而是一项道德原则，发自肺腑而又根深蒂固。或许是因为我的国家遭受了很多独裁统治，又或许是因为从小我自己的身体就曾经承受过这样的残暴。"不管是在传记当中，还是西班牙语文学史当中，《公羊的节日》都是一部由父子关系中的对立和自由激发出的捍卫之作。这样的父子关系同样指代（19世纪初）拉丁美洲各国建国时所建立的契约；而回望当下，就像是那位重返圣多明各的乌拉尼亚一样，经过两百多年的独裁统治和无政府状态，骚乱、游击队战争和革命，饱受摧残，但是内心无比明晰。权力——鲜活的代言人和他们的罪恶——在未来并不会终止自己的意志和统治。权力将通过具有蛊惑力或者杀人不眨眼的独裁者具化自己的形象，或者通过狂热且带有压迫性的集体行动来得到具体体现。文学并不能让权力消失，这并不是文学能扮演的角色，但是文学所具有的自由天性——尤其是虚构作品——正如乔治·奥威尔所说的那样，是一道对抗独裁或者更恶劣的东西的天然防线，能够让反叛者们在"辽阔的悲伤王国"里给予独裁者致命的一击：文学，而不是权力，拥有最终的话语权。

自由主义反抗运动从本质上并不令人满意。这就是巴尔加斯·略萨观察当今世界的着眼点，他的作品从一个主题到另一个主题，从一个国家到另一个国家；它们卷入争议，捍卫那些不受欢迎的题目，深入到问题的核心。这种思想承诺——在萨特主义视角中是荒谬的，萨特没有预见或参与其中——促使他主持了国际自由基金会，为了拉美的民主不懈奋斗。

* * *

如今，巴尔加斯·略萨已经获得了诺贝尔文学奖，这是他早就应得的。在公共领域，他对自由的选择，使得他继续与他认为的不公平、有压迫、被封锁的事情做斗争。在内心世界，他感受到了数百万读者的敬佩，享受到了朋友们的忠诚和与帕特里西娅·略萨组成的家庭的幸福。*埃内斯托·J.巴尔加斯和多丽塔·略萨的儿子已经超越了个人的历史，改写了自己的故事。在这样做的过程中，他重建了伊甸园中的岁月。如今的父亲不再是魔鬼，也再没有仇恨火焰的折磨。他就像祖父佩德罗一样，成为一棵参天大树。在大树的荫蔽之下，儿孙辈富有创造力地自由生长。也许,幸福的时刻来临了。

---

* 两人于 2016 年在马德里离婚。

后　记

　　民主还是救赎？这是一种两难。从幻想中走出，现代拉丁美洲似乎已经明确转向了民主。但是对于失去秩序的怀念以及对乌托邦秩序的渴望仍在我们之中存在。

　　1984 年，当墨西哥和中美洲革命的激情如火如荼时，我在墨西哥的电视节目里与帕斯进行了一场对话。那时他刚满七十岁。尽管我们谈到了许多事情，但是我对其中一点特别感兴趣：他新近致力的政治自由主义传统，及其一直赞颂的三个墨西哥古老传统（西班牙传统、天主教传统和印第安传统）之间的紧张关系（更确切地说，一种矛盾关系）。在他的《孤独的迷宫》中，帕斯将 19 世纪视为与这些传统不幸决裂的时期。对墨西哥和拉丁美洲而言，这个世纪是一个自由主义的伟大世纪；但对帕斯而言，这也是一个失败的时代，反而是在三个世纪的殖民历史中"所有人和所有种族都找到了自己的立足点、理由和意义"。殖民时代代表了一种历史的融合，"融合"一词也是帕斯诗歌中使用的核心词汇：它是孤独的反面，也是迷宫的出口。要如何调和这两种态度呢？

他带着子女的骄傲回答道，他出生于自由主义传统之中；他是
自由主义者的儿子，他最初阅读的就是法国百科全书派和墨西哥自
由派的著作。但是他的自由主义理念在青年时期一度终结：

> 我出生于 20 世纪的巨大混乱之中：世界大战、国内冲突、
> 资本主义的破产与民主。我出生在现代批评之中，也和其一起
> 成长，包括革命者和保守派对于现代世界的批判。由于所有这些，
> 我这代人对于我所谓的（尽管不非常精确）秩序常有怀恋之情。

那时，他刚刚出版了关于索尔·胡安娜·伊内斯·德拉克鲁兹
的巨著，帕斯十分清楚她的矛盾心理。他不能忽视漫长殖民时代的
阴暗面（专制主义、正统观念、宗教裁判所、等级化、社团主义以
及缺少自由和批评），但他依然对君主制和天主教的新西班牙特色
"生活、社会与精神秩序"感到怀恋（他重复了这个词）。他承认自
由主义给墨西哥带来的进步（政教分离、取消了许多特权、确立法
律上的男女平等），但他认为，仅靠自由主义"不能带来新的秩序、
新的社会和文明"。对他而言，不能将它与基督教引入墨西哥带来
的"更深层的革命"相提并论：

> 由多神教向基督教的转变，比天主教秩序转向自由主义秩
> 序更为彻底。基督教深入了墨西哥人的观念之中。它曾是硕果
> 累累的。虽然它否定了印第安世界，但也肯定、重拾、改变了
> 后者，创造出了许多东西。它在信仰和民众形象层面影响非常
> 深远。

帕斯没有在自由主义之中找到这种丰富性。对他而言，19 世纪
的自由主义是一种由知识分子和少数中产阶级发动的"表面革命"，

没有真正的社会根基："改变了法律和宪法；没能从深处改变这个国家。"

帕斯是如何理解"秩序"一词的？"我的秩序观念是有机的，是一种信仰、思想和行动之间的和谐……我想如同在诸范型之中，那些文明的正午时分，那些和谐的时代。"帕斯对于政治行动寄予厚望：建立一种新的秩序，换言之，一种救赎。数十年间，他相信墨西哥革命，尤其是社会主义革命能够重建这种秩序。在这种信仰上他并不孤独：几代拉丁美洲思想家、作家、教师、学生和游击队员都有着同样的信仰。因此，他们认为自己不单单是改革者，也是救赎者。

帕斯参与的对 19 世纪自由主义的现代批评（庞德、艾略特、奥斯瓦尔德·斯宾格勒（Oswald Spengler）、弗洛伊德的批评）第一次世界大战后从西欧蔓延开，在 20 世纪 20 年代到达了拉丁美洲。这种批评与苏联的威望和马克思主义的光环融为一体，在西方世界激起了许多人的想象和期待，几乎成了一种新的宗教。由于贫困、不平等和种族主义等古老的社会问题、1898 年危机及接踵而至的"两个美洲"（"爱丽儿"的美洲与"凯列班"的美洲）间的政治、军事、经济和文化冲突带来的伤害，让这种思潮在拉丁美洲找到了肥沃的土壤。也许欧洲"文明及其不满"和新救赎思想的吸引力以及伊比利亚美洲的反美主义——虽然非常重要——但还不足以解释我们在整个 20 世纪持续的"对秩序的怀恋"。时至今日，这种怀恋有所减轻，但却依然存在。这种愿望也来自那种秩序的遗存，来自两种古老权柄的精神印记：君主制和教会，剑与十字架。

君主制在这些国家里以不同的模式和方法幸存下来，作为一种隐秘的思想，作为一种政治文化，由"国家""人民""人民主权"和"革命"等概念组成，这些概念事实上与盎格鲁—撒克逊术语中的相同术语大不相同甚至相反。一位受到帕斯尊敬并且由他介绍出版的美国历史学家理查德·麦基·莫尔斯在 1982 年的作品《普洛斯彼罗之镜》(*Prospero's Mirror*)中描述了这种对应。莫尔斯说道，如果说在政治哲学领域"另一个美洲"是建立在洛克和霍布斯的基础之上（作为政治权力来源的人类理性基础和个人良知、公民宽容的实践、限制天性暴力和组织共同生活的社会契约理念），西班牙语美洲的相关政治理念则来自更新了托马斯主义的新经院哲学家*的作品中，如耶稣会修士弗朗西斯科·苏亚雷斯（Francisco Suárez，1548—1617）。

与霍布斯主义的国家不同，苏亚雷斯重新规划的托马斯主义国家不是一个自私的丛林，而是"一切都依照集体的意志、君主的权力与自然法则之光达成和谐，关注公民的幸福与普遍的福祉"。这是一个父亲、监护者和社团法人式的政治概念，国家观念像是一种"有机的建筑"、一个"神话的机体"，它的头部对应于一位家长，向他的臣属充分行使统治权。在这个概念的深处，还有着另一个同样来自中世纪的概念：社会与政治主体被认为似乎是受到客观固定和外部自然法则的命令，而不是顺从了个体良知的指引。"人民"作为关键词，是主权（源自上帝）原初的保管人，但是在最初的政治契约中不仅将这种主权下放，还将其整体转化，事实上是彻底让渡给了国王或君主。从这个进程开始（在某种程度上类似于神秘的圣体转化），君主成为协调王国社会生活的中心。

权力从人民到君主的让渡是完全的、难以撤销的：君主可以做到"真正的胜利"，而人民和他一样受到已存在的契约的约束。只要君主遵守契约的规定和正义的准则，人民就不能为自己要求已经让渡的权力。尽管如此，在契约的最后还是留下了一条理论上的缝

---

*　此处的新经院哲学指 16—17 世纪的西班牙哲学流派萨拉曼卡学派，不同于广义上的 19 世纪新经院哲学。

隙：如果人民认为君主的行为已经如同"暴君"，那么这条道路（在这个社会中不存在公共批评，个体的投票更是难以想象的）就是积蓄力量、发动起义，直到最后一步"诛杀暴君"。但是为了到达那种不太可能的极端情况（在西班牙君主制历史上从未实践过，在英国和法国曾经发生），专制和不公正需要是"公开的和明显的"。

无论如何，上帝赋予的"原始主权"属于那些在特定情势下可以选择起义道路的人民。在卢梭之前一个半世纪，苏亚雷斯曾重新制定了一种类似于"公共意志"的理论，这种理论在法国大革命的爆发、历程和结果中具有决定性意义。这些集体主义的"我们"的声音（并不是许多个"我"之和，也不是在投票箱中个体意志自由和民主的授权，而是一个不可分割且毋庸置疑的"整体"，是"上帝的声音"，是聚集在公共广场上的"国家意志"）通过黄金时代的戏剧，清晰地传到了我们的耳中。西班牙语文学是唯一使人民起义反抗统治者几乎演变成一种文学门类的伟大文学。但是这种反抗并没有触及君主这一原始契约的签订者，而只是针对偶然行使地方政府权力的官员。这类文学作品至少可以找到九十四部之多。

除了这类政治遗产，在拉丁美洲的公民生活中存在（如今依然存在）另一位殖民君主——天主教会：他们的态度、文化和体制。官方的天主教教义在传统主义逻辑与民众集体主义之间摇摆，前者来自一个等级制、不宽容和封闭的社会，后者则致力于消除贫穷、不平等和不公正造成的压迫。后一方面，以巴托洛梅·德·拉斯·卡萨斯神父等新世界第一批传教士为代表，20世纪的大学知识分子精英重拾了这一传统。在这些国家（由方济各会、多明我会和耶稣会修士建立和教化）中，传教士的伦理从宗教领域转入世俗领域，由救世的神父们转向了公民和革命者救世主们。

尽管许多拉美政治家和思想家对19世纪自由主义的相对"不育"——像帕斯会说的——有所不满，但智利、阿根廷、乌拉圭、

哥伦比亚、哥斯达黎加和后来的委内瑞拉这几个共和国却抛弃了考
迪罗主义（拉美地区独立战争之后的顽疾之一），并持续坚定地建
立有价值的民主和宪法制度。在所有这些事件中，这些民主政体都
必须避开另一种顽疾——军国主义，该主义从不谋求比暴力更多的
"合法性"。但很快，他们面前又出现了另一个更会玩弄合法性的
政治团体：旧日的"托马斯主义"国家范例，在墨西哥革命诞生的
政权组织中得到复活。此后又有多个拉美国家希望以不同的变体来
复制这一模式，其中有巴西的热图利奥·瓦加斯（Getúlio Vargas）
和阿根廷的胡安·多明戈·庇隆。后来，国家作为一个父亲、监护者、
社团法人般"神话的机体"，被赋予集权主义的正统观念，在卡斯
特罗的古巴被完善到了费利佩二世无法想象的极端程度。拉丁美洲
的马克思主义者，无论是理论派抑或是实干派，都在古老的人民主
权起义思想中找到了一片沃土。在某些情况下，这些国家似乎重现
了西班牙黄金世纪戏剧中的场景：他们起义的人民合法地反抗军事
独裁者的"坏政府"，后者常常得到华盛顿的支持。应该强调的是，
这些军政府不仅总是邪恶的和有罪的，在诸如 70 年代、80 年代的
阿根廷与智利的案例中还实行过种族灭绝。但是一旦反对暴君的革
命周期结束（就像在尼加拉瓜所发生的那样），救世主们便不再谋
求建立一种以社会为导向的自由民主机制或是社会主义民主机制，
而是重新将权力集中在君王、个人或团体的手中。

* * *

这部作品中的救世主们并非都对"古老的秩序"怀有孺慕之情。
例如，君主制传统与何塞·马蒂的思想格格不入。他的生活与作品
只涉及一点点天主教的文化世界。事实上，马蒂曾经想为他的国家
和"我们的美洲"昭示一道政治自由、物质进步和民族尊严的现代

曙光，与考迪罗主义者、专制主义者、千禧年主义者、"托马斯主义者"
乃至民族主义者隔绝开来。但是，如果没有潜在的天主教文化，就
无法理解他的牺牲和他的传奇。也许在恩里克·罗多的作品中发现
拉丁美洲和伊比利亚美洲新天主教元素是有些夸张的。但应当记住，
这些都是来自他同时代和后世对他作品的阅读和解释。无论如何，
他们两人都是西班牙语美洲民族主义（以及由此而生的救赎性起义）
的先知。

　　由巴斯孔塞洛斯而始，古老秩序的启示非常明晰。如果不考虑
这些思想遗产，就无法解释监护国在教育上的付出，这正是受到16
世传教士工作的启发产生的"救赎性"项目；没有天主教文化，也
就无法理解马里亚特吉的印第安原住民马克思主义（他将其定义为
一种"新宗教"）；也很难明了埃娃·庇隆在生前身后为她的"无衫
者"做出的正义祈愿；以及对切·格瓦拉的基督性天职及神格化后
遗症的解读；更不用说了解奥克塔维奥·帕斯最初信仰的马克思主
义，以及后来他（为此感到负疚的）带着十字军式的激情捍卫自由
的行为。

　　在我们拉丁美洲最伟大的两位小说家的生活和作品之中，似乎
没有天主教世界的痕迹。但是对于这两人来说，殖民帝王的另一个
化身——全能君主与人民"共在"（如17世纪新经院哲学学者所言）。
加西亚·马尔克斯在文学和个人层面都对这种权力形象展现了崇拜；
而巴尔加斯·略萨则对这种形象进行了批评，并与之斗争。

＊　＊　＊

　　尽管这种对秩序的怀恋从来没有痊愈，但奥克塔维奥·帕斯重
拾了所有人生和历史的所有思想轨迹，在1982年专门写下了关于
古巴政权及其众多拥护者的文章：

西班牙人民的普遍使命，被认为是一种对于公平和真实理念的捍卫，是一种中世纪和阿拉伯的遗存；这种想法被嫁接到西班牙君主制的机体上，开始激励了它的行为，但最终却使它停滞不前。最为奇怪的是，这个神学—政治概念在我们的时代又出现了。虽然目前它还没有被定义为一个神圣的启示：这个概念是带着历史和社会普遍科学的面具被呈现出来的。被揭示的真理已经成了"科学真理"，不再体现在教堂和宗教理事会中，而是体现于党和委员会里。

这些时代不再是我们的时代。自 1989 年以来，在我们的历史中第一次，除古巴之外的所有拉丁美洲国家都选择了民主的道路。许多政权都表现出了清晰的社会志向，包括最近十年间*的智利和如今的巴西，都宣称过自身的社会主义性质。这些政权符合奥克塔维奥·帕斯的最终理想。"民主自由主义，"他在一篇文章中写道，这是他最后的几篇文章之一，"是一种共存的文明模式。对我来说，这种模式是所有政治哲学的设计里最好的一种。"但是对他来说，这还并不足够：

> 我们必须反思我们的传统，更新我们的传统，寻求两大现代性政治传统——自由主义和社会主义的调和。我敢说，这就是"我们时代的主题"。

我认为，这段话反映了拉丁美洲目前的共识。与此同时，该地区似乎已经彻底摆脱了其政治生活的两种顽疾：考迪罗主义和军国主义。但是，与民主水火不容的、由政治专制主义和意识形态正统

---

* 作者所指时间约为 21 世纪第一个十年，是智利争取民主联盟、巴西劳工党执政的时期。

思想组成的古老秩序并没有消亡。它生存于委内瑞拉、尼加拉瓜和玻利维亚；较轻地出现于厄瓜多尔和阿根廷；在墨西哥和秘鲁也可能发生。

民主还是救赎？只要还有人民生存在贫穷和不平等之中，就会出现想要能带领和解放他们的救世主（一般来说，多是知识分子）。面对他们，只能用乏味、琐碎、渐进但却是必要的民主来做出反对。事实证明，民主在解决这些现实问题时，往往更为有效。

致 谢

　　这本书在很大程度上归功于和胡里奥·乌巴德（Julio Hubard）、米鲁娜·阿奇姆（Miruna Achim）、拉斐尔·莱穆斯（Rafael Lemus）、费尔南多·加西亚·拉米雷斯（Fernando García Ramírez）、里卡多·卡尤埃拉·加利（Ricardo Cayuela Gally）、拉蒙·科塔·梅萨（Ramón Cota Meza）、阿莱亨德罗·罗萨斯（Alejandro Rosas）、毛里西奥·罗达斯（Mauricio Rodas）、温贝托·贝克（Humberto Beck）的直接合作。幸赖吉列尔莫·谢里丹（Guillermo Sheridan）和罗德里格·马丁内斯·巴拉科斯（Rodrigo Martínez Baracs），让我得以查阅奥克塔维奥·帕斯未发表的一部分珍贵信件。感谢胡安·佩德罗·比凯拉（Juan Pedro Viqueira），在有关恰帕斯（Chiapas）的对话中给了我很大的启示。我对委内瑞拉的看法，很大程度上来自于四位历史学家：埃利亚斯·皮诺·伊图列塔（Elías Pino Iturrieta）、赫尔曼·卡雷拉·达马斯（Germán Carrera Damas）和谢世不久的曼努埃尔·卡瓦列罗（Manuel Caballero）与西蒙·阿尔韦托·孔萨尔维（Simón Alberto

Consalvi）。感谢马里奥·巴尔加斯·略萨，是他建议将这本书命名为《救赎者》。还有加布里埃尔·扎伊德（Gabriel Zaid），感谢他与我长时间的倾谈。

资料来源

何塞·马蒂

    我撰写马蒂一章的主要资料来源是他的信件、文章，还有部分他的诗作。我使用了马蒂全集的电子版 *Obras completas*, La Habana, Centro de Estudios Martianos y Karisma Digital, 2001 (CD-ROM)，也包含全集印刷版 *Obras completas*, Lex, La Habana, 1946，以及其他的文集版本。其中最重要的是五卷本书信集 Colección Textos Martianos, La Habana, Editorial de Ciencias Sociales, Colección Textos Martianos, 1993，还有三卷本选集 *Obras escogidas*, La Habana, Editorial de Ciencias Sociales, 2002。还包括 *Nuestra América*, Caracas, Biblioteca Ayacucho, 1985，以及 *Poesía completa, Edición crítica*, México, UNAM, 1998。我还从 *Diario de Soldado* 获取了马蒂的密友 Fermín Valdés Domínguez 所写的传记资料，于 1972 年由哈瓦纳大学出版，该资料的一部分可在以下网址中获取：http://josemarti.org/jose_marti/biografia/amigos/fvd/fvdamistadmarti.htm。

    关于他有关共和国的思想，«La República Española ante la Revolución

cubana», *Obras completas, Volumen 1. Cuba. Política y Revolución I.1869-1892*（其 中 包 括 *El Presidio Político en Cubay La República española ante la Revolución Cubana*）。我选择的大部分文章都写作于美国（包括他在美国的生活、有关马克思的文章以及暴力革命思想），包含于 *En los Estados Unidos. Escenas norteamericanas, Obras completas*（9—12 卷，也包含第 13 卷中的 *Norteamericanos. Letras, pintura y artículos varios*），在 第 一 卷 中 我 引 用 了有关自由女神像的 «Escenas norteamericanas», 1886 以 及 «Bases del Portido Revoluaonario Cubano», 1892。有关于美国思想繁荣的引用内容，首次发表于纽约 *The Hour* 杂志，julio de 1880。

在 马 蒂 的 文 学 性 传 记 中，我 找 到 了 这 部 出 色 的 小 说：Francisco Goldman, *The Divine Husband*, New York, Atlantic Monthly Press, 2004；在大量关于马蒂的传记中，我发现以下内容较为相关：Andrés Iduarte, *Martí, escritor*, México, Joaquín Mortiz, 1982。关 于 他 在 墨 西 哥 的 停 留：Alfonso Herrera Franyutti, *Martí en México. Recuerdos de una época*, México, Consejo Nacional para la Cultura y las Artes, 1996。关于他在现代历史中的地位：Pedro Henríquez Ureña, *Las corrientes literarias en la América Hispana*, México, Fondo de Cultura Económica, 1979；Emir Rodríguez Monegal,«La poesía de Martí y el modernismo：examen de un malentendido» 在 *Número*, la. época, núm.22, enero-marzo de 1953, pp. 3867。关于他不幸的爱情生活和与女儿的关 系：José Miguel Oviedo, *La niña de Nueva York*, México, Fondo de Cultura Económica, 1989。他 在 古 巴 历 史 中 的 角 色：Hugh Thomas, *Cuba or The Pursuit of Freedom*, New York, Da Capo Press, 1998；Rafael Rojas, *José Martí：la invención de Cuba*, Madrid, Editorial Colibrí, 1997。他在古巴革命中的作用：Enrico Mario Santí,«José Martí y la Revolución cubana», *Vuelta*, núm.121, diciembre de 1986。马蒂在加勒比文化中的作用：Gordon K. Lewis, *Main Currents in Caribbean Thought：The Historical Evolution of Caribbean Society in its Ideological Aspects*, 1492-1900, Lincoln, University of Nebraska Press,

2004。关于马蒂的文学和思想影响，我利用了 Miguel de Unamuno 的信任和笔记见于：Archivo José Martí, Ministerio de Educación, núm. Ⅱ, tomo Ⅳ, enero-diciembre de 1947。关于他悲剧性的结局：Guillermo Cabrera Infante, *Mea Cuba*, México, Editorial Vuelta, 1993。

何塞·恩里克·罗多

关于何塞·恩里克·罗多，我的主要资料来源是来自于他自己所撰写的文稿：*Obras completas*, 由 Emir Rodríguez Monegal 撰写导读、前言和注解, segunda edición, Madrid, Aguilar, 1967；*José Enrique Rodó: La América Nuestra*, 由 Arturo Ardao 编辑和撰写前言, La Habana, Casa de las Américas, 1970；*Ariel y Motivos de Proteo*, Ayacucho, 1993。他的书信可以在 *Obra póstuma*(*Obras completas* 第 17 卷)找到。我也使用了 *El que vendrá* [Antología] 的电子版, Biblioteca Virtual Miguel de Cervantes (http://bib.cervantesvirtual. com/FichaObra. html?ref=2029)。

我所查阅的关于罗多的传记类和解读类作品，除了 Rodríguez Monegal 在 *Obras completas* 撰写的精彩序言，还有最资深的罗多研究者 Carlos Real de Azúa 所写的 *Medio siglo de Ariel* (*su significación y trascendencia literario-filosófica*), Montevideo, Academia Nacional de Letras, 2001。对我来说非常有用的还有 David A. Brading 所写的 *Marmoreal Olympus: José Enrique Rodó and Spanish American Nationalism*, Cambridge, Centre of Latin American Studies/University of Cambridge, 1998.

关与西班牙帝国的崩塌：Sebastián Balfour, *El fin del imperio español (1898-1923)*, Barcelona, Crítica, 1997. 反帝国主义的一篇重要文章：马克·吐温的 «To the person sitting in darkness», 于 1901 年 2 月出版在 *North American Review* (*Tales, Speeches, Essays, and Sketches*, New York, Penguin, 1994)。关于 1824 年宪法与洛伦索·德·萨瓦拉：AA.VV., *La Independencia de México*.

Textos de su historia, vol. II. *El constitucionalismo : un logro*, México, SEP/
Instituto Mora, 1985. 我在 *Discursos y proclamas* 找到了西蒙·玻利瓦尔的引
用来源（Caracas, Biblioteca Ayacucho, 2007）。«Carta de Jamaica» en *Doctrina
del libertador* 也 非 常 重 要（Biblioteca Ayacucho, Caracas, 1976）。Domingo
Faustino Sarmiento 的引用来源：*Viajes*, Madrid, UNESCO/ALLCA/FCE, 1993。
Justo Sierra 的 文 章：*En tierra yanqui*, México, Tipográfica de la Impresora del
Timbre, 1897。关于西班牙对于 1898 年美西战争失败的反应：Ángel Ganivet,
El porvenir de España, 发表于 *Obras completas*, vol. II, Madrid, Aguilar, 1957。
关于两个美洲的意识形态和文化分歧，Tulio Halperín Donghi 的文章 «Dos
siglos de reflexiones sudamericanas» 和另一篇我本人的 «Mirándolos a ellos»,
两篇都发表于 *La brecha entre América Latina y Estados Unidos*, México, Fondo
de Cultura Económica, 2006。

吉卜林的著名诗作 «The White Man's Burden» 发表于 *McClure's Magazine*,
12 de febrero de 1899。关于西班牙语美洲和拉丁世界里的凯列班：Rubén
Darío 在 *El Tiempo* 发 表 的 一 篇 文 章, de Buenos Aires, el 20 de mayo de
1898, 被 选 入 AA.VV.（Ricardo Gullón 编 辑 ）, *El modernismo visto por los
modernistas*, Barcelona, Labor, 1980。 还 有 Ernest Renan, «Caliban» 发表于
Drames philosophiques, París, Calmann-Lévy, 1923。Groussac 的引用来源是
Del Plata al Niágara, Administración de la Biblioteca de Buenos Aires, 1897。

关于《爱丽儿》一书在拉丁美洲的影响：Pedro Henríquez Ureña 的作
品，*Las corrientes literarias en la América Hispana*, México, Fondo de Cultura
Económica, 1949；*Obra crítica*, México, Fondo de Cultura Económica, 1981；
以 及 *La utopía de América*, México, Fondo de Cultura Económica, 1989。还有 Emir
Rodríguez Monegal, «El maestro de la Belle Époque», 发 表 于 *Revista de la
Universidad de México*, vol.26, núm.2, octubre de 1971。关于罗多在西班牙：
Rafael Altamira, prólogo a *Liberalismo y jacobinismo* de José Enrique Rodó,
Barcelona, Editorial Cervantes, 1926。

鲁文·达里奥 «A Roosevelt» 一诗发表于 *Poesías completas*, México, Fondo de Cultura Económica, Biblioteca Americana, 1984。关于阿尔弗雷多·帕拉西奥斯，Mariátegui 撰写了 «Alfredo Palacios», *Temas de Nuestra América*, *Obras completas*, vol.12, Lima, Amauta, 1959。

关于曼努埃尔·乌加特我求诸 «El peligro yanqui» en *El País* de Buenos Aires, 19 de octubre de 1901, Biblioteca Nacional de la República Argentina。他的 «Carta abierta al presidente de los Estados Unidos» 在拉丁美洲的大部分报刊发表过．他的作品可以在 *La nación latinoamericana*, Caracas, Biblioteca Ayacucho, 1978 找到。关于 1918 年高校改革：*La Reforma Universitaria* (1918-1930), Caracas, Biblioteca Ayacucho, 没有具体发表日期。关于德奥多罗·罗加：Fernando Pedró, «Entre influencias y olvidos», *Asterión XXI/ Revista cultural* (www.asterionxxi.com.ar/numero4/deodororoca.htm)。对于这一题目的普遍兴趣：François Bourricaud, «Las aventuras de Ariel» en *Plural*, núm.13, octubre de 1972。有关罗多对卡莱尔的文字，可见于他的著作 *Motivos de Proteo* (1909) 和 *El mirador de Próspero* (1913)。关于卡莱尔在拉丁美洲：Francisco García Calderón, *Las democracias latinas de América*, Caracas, Biblioteca Ayacucho, 1979。罗多晚年的故事也是根据上述传记进行写作的。

何塞·巴斯孔塞洛斯

本章节的预发版本可见于 *Mexicanos eminentes*, México, Tusquets, 1999。巴斯孔塞洛斯的主要资料来源可见于他的经典四卷本自传，我所选用的是 Ediciones Botas 的首印版本：*Ulises criollo* (1935), *La tormenta* (1936), *El desastre* (1938) 和 *El proconsulado* (1939)。*Cartas políticas de José Vasconcelos* 非常有价值，由 Alfonso Taracena 编辑，México, Clásica Selecta Editora Librería, 1959；Claude Fell 所做的文集也同样重要，*La amistad en el dolor. Correspondencia entre José Vasconcelos y Alfonso Reyes：1916-1959*, México,

El Colegio Nacional, 1995。

　　关于墨西哥革命之前、之时、之后的文化和思想，我利用了自己的著作 *Caudillos culturales en la Revolución mexicana*, México, Siglo XXI, 1976, 和 *Daniel Cosío Villegas. Una biografía intelectual*, México, Joaquín Mortiz, 1980。关于他的童年、青年时代和家庭生活，我在 1988 年对他的子女 Carmen Vasconcelos 和 José Ignacio Vasconcelos 进行了数次相关采访。此外我也参考了 John Skirius 两篇非常出色的文章：«Génesis de Vasconcelos», *Vuelta*, núm.37, diciembre de 1979, 以及 «Mocedades de Vasconcelos», *Vuelta*, núm.43, mayo de 1980。关于巴斯孔塞洛斯担任公共教育部部长期间的内容，我参考了 Claude Fell 的作品：*Los años del águila* *(1920-1925)*, México, UNAM, 1989。关于 1929 年的运动，我在 1989 年 5 月采访了 Andrés Henestrosa 和 Alejandro Gómez Arias，同时参考了 Skirius 内容详尽的作品：*José Vasconcelos y la cruzada de 1929*, México, Siglo XXI, 1978。还有 Henestrosa 自己的文章：«La campaña presidencial de 1929», *Excélsior*, febrero de 1982。

　　关于巴斯孔塞洛斯范围庞大的文字作品——杂文、论文专著、演讲、短篇小说、会议报告，以及他的杂志编辑工作，我依照时间顺序参考了：«Don Gabino Barreda y las ideas contemporáneas», conferencia del Ateneo de la Juventud, 1911 ; «La intelectualidad mexicana», conferencia, Lima, 1916 ; *Divagaciones literarias*, México, 1919 ; *Estudios indostánicos*, México, Ediciones México Moderno, 1920 ; *Prometeo vencedor*, México, sin editorial, 1920 ; «Cuando el águila destroce a la serpiente» 见于 *El Maestro*, septiembre de 1921 ; *Pitágoras. Una teoría del ritmo*, México, Editorial Cultura, 1921 ; «un llamado cordial» 见于 *El Maestro*, abril de 1921 ; *El movimiento educativo en México*, México, Dirección de Talleres Gráficos, 1922 ; 在 1924 年教师节进行的演讲 ; «La revulsión de la energía» 见于 *La Antorcha*, 1924 ; *La raza cósmica*, 1925 (empleé la 3ª edición de Austral de 1966) ; «Democracy in Latin America», conferencia dictada en la Universidad de Chicago, 1926 ; *Pesimismo alegre*, Madrid, Aguilar,

1931；*La Antorcha*, segunda época, 13 números：abril de 1931 a septiembre de 1932；*La sonata mágica*, Madrid, Impr. de J. Pueyo, 1933；«La inteligencia se impone» 发 表 于 *Timón*, núm.16, 8 de junio de 1940；*Páginas escogidas*, México, Ediciones Botas, 1940；*El viento de Bagdad*, México, Letras de México, 1945；«Declaración póstuma» en *Índice*, agosto de 1959。

关于他与纳粹德国的关系我参考了：Itzhak Bar-Lewaw, *La revista Timón y José Vasconcelos*, México, Casa Edimex, 1971。关于他的晚年：Sergio Avilés Parra,«Siempre he sido cristiano» 见 于 *El Mañana*, 24 de enero de 1948；Emmanuel Carballo,«Vasconcelos, voz calmante en el desierto» 发表于 *México en la Cultura*, *Novedades* 增刊 , 4 de enero de 1959；*Señal* 发表的巴斯孔塞洛斯专访 , semanario católico, 5 de julio de 1959。

我还参考了涉及他的其他书籍：Daniel Cosío Villegas, *Ensayos y notas*, México, Editorial Hermes, 1966；Jorge Cuesta, *Poemas y ensayos*, tomo III, México, UNAM, 1964；Manuel Gómez Morin, *1915*, México, Editorial Cultura, 1927；Alfonso Reyes, *La filosofía helenística*, México, Breviario 147, Fondo de Cultura Económica, 1959；*Obras completas*, tomos III, IV y XII, México, Fondo de Cultura Económica；Julio Torri, *Diálogo de los libros*, México, Fondo de Cultura Económica, 1980。

何塞·卡洛斯·马里亚特吉

马里亚特吉的作品曾经出版过一套二十卷本的全集：*Obras completas de José Carlos Mariátegui*, Lima, Amauta —en adelante, citadas como O.C.—，尽管其中包括多位作者涉及马里亚特吉的作品（第 10 卷和第 20 卷）和关于《阿毛塔》杂志项目的内容（第 19 卷）。我也经常浏览该网站，其中涉及一些书籍和其他材料：www.patriaroja.org.pe/docs_adic/obras_mariategui。我也经常浏览《阿毛塔》的复刻版本 (Editora Amauta; de 1926 a 1930, todos los números, del 1 al 32)。

何塞·卡洛斯·马里亚特吉生活方面的主要信息来源：María Wiesse, *Etapas de su vida, O.C.*, vol.10 (1987)；Aníbal Quijano, *Introducción a Mariátegui*, México, Era, 1982；Armando Bazán, *Mariátegui y su tiempo, O.C.*, vol.20 (1969)；Guillermo Rouillon D., *La creación heroica de José Carlos Mariátegui, La Edad de Piedra (1894-1919)*, tomo 1, Lima, Editorial Arica, 1975, 为我提供了关于马里亚特吉人生早期（少年和青年时期）的丰富信息。我也观看了一个 TV Perú 频道的传记纪录片：«Sucedió en el Perú：José Carlos Mariátegui» (www.youtube.com/watch?v=2ouc6Tqgjj0&p=AED877BBD07839 A7&playnext=1&index=1)。

关于诗人何塞·桑托斯·乔卡诺与青年知识分子埃德温·埃尔莫尔一案，由包括马里亚特吉在内的《阿毛塔》编辑共同记录于 el número 3 de la revista *Amauta*。所有相关引用均来自 la revista *Amauta* 的复刻版本，Editora Amauta, 32 números, 1926-1930。有关巴斯孔塞洛斯主义者的争论被收录于 «Poetas y bufones»，选自 José Santos Chocano, *Obras completas*, Madrid, Aguilar, 1972；后被 José Emilio Pacheco 再次发表于 «Leopoldo Lugones y el amor en la hora de la espada», *Letras Libres*, núm.10, octubre de 1999。

曼努埃尔·冈萨雷斯·普拉达的著名演讲可以在网络上找到（http：// es.wikisource.org/wiki/Discurso_en_el_Politeama）；在前文已做引注的 María Wiesse 和 Aníbal Quijano 作品中描述了曼努埃尔·冈萨雷斯·普拉达对于马里亚特吉和阿亚·德拉托雷的影响。关于后来被马里亚特吉称为"石器时代"的年代以及他与阿夫拉姆·巴尔德洛马尔的关系，*Colónida* 杂志和多家报纸都曾有过涉及，主要涉及到 Guillermo Rouillon D。关于他首次接触到鲁米·马基的相关内容，可以从本书找到：Mario Vargas Llosa, *La utopía arcaica*, México, Fondo de Cultura Económica, 1996。

关于马里亚特吉在巴黎和意大利的声名和影响，被记录于 *La escena contemporánea, O.C.*, vol.1 (957)——详细描述了他与法西斯和第一次世界大战之间的美学与道德联系，以及他与巴比塞、索雷尔、罗兰的交往——也同样记录于 *Cartas de Italia, O.C.*, vol.15 (1969)。有关于理查德·麦基·莫尔斯的引用源自 *El espejo de próspero. Un estudio de la dialéctica del nuevo mundo*, México, Siglo XXI, 1982。也就是在这个时期，马里亚特吉开始发展他马克思主义的特殊形式，见于他的 *Defensa del marxismo, O.C.*, vol.5 (1959)，在这部作品中也详述了他与特罗奇、秦梯利和葛兰西的思想联系。我关于马里亚特吉对法西斯的见解来源于他的 *Cartas de Italia*，而他对超现实主义的诠释则来自于 *El artista y la época, O.C.*, vol.6 (1957)。

关于马里亚特吉与阿亚·德拉托雷的关系，以及他们对于阿普拉党的态度，被记录在相关传记作品中（主要是已经提及过的作品），而马里亚特吉的最终立场可见于 el número 17 de *Amauta*。我也参考了 Víctor Raúl Haya de la Torre 的 *Obras completas*, Lima, Juan Mejía Baca, 1984，以及其他作者的两本书：Felipe Cossío del Pomar, *Víctor Raúl. Biografía*, Lima, Pachacútec, 1995；Antenor Orrego, *El pueblo continente. Ensayos para una interpretación de América Latina*, Lima, Centro de Documentación Andina, 1985。马里亚特吉对于墨西哥革命的见解，可以参见 *Temas de nuestra América, O.C.*, vol.12 (1959)。

他对秘鲁的分析与他的印第安主义、乌托邦思想和马克思主义密不可分。对于他的杰作 *7 ensayos de interpretación de la realidad peruana*，我使用了由 Aníbal Quijano 编辑，配有 Elizabeth Garrels 注释和年表的版本（Caracas, Biblioteca Ayacucho, 2ª edición, 1995）。作为该作品的补充，我也阅读了 *El alma matinal y otras estaciones del hombre de hoy, O.C.*, vol.3 (1950)；la *Defensa del marxismo*, vol.5 (1959)；*Peruanicemos al Perú, O.C.*, vol.11 (1970)；*Temas de nuestra América, O.C.*, vol.12；最后是 *Ideología y política, O.C.*, vol.13 (1959)。他对政治的一些重要解读，可以考虑参考 *Historia de la crisis mundial. Conferencias pronunciadas en 1923, O.C.*, vol.8 (1959)。

阿毛塔出版公司，作为相关书籍和杂志的出版方（包括上文提到的杂志复刻版本），在 *Obras completas* 的第 19 卷被提及；书中囊括了从该公司创办到（在创办人去世后）关闭的宏观索引和详细描述。当然，我最主要的信息来源是杂志本身，即上文已经提过的复刻版本。

关于工人参与消弭战争的内容，见于 «Elogio de Lenin», *Historia de la crisis mundial, O.C.,* vol.8（最初的演讲进行于 1924 年 1 月 26 日）。关于深化和马克思主义宗教方面的资料来源，可见于 *El alma matinal.* 关于罗斯福和梭罗的引用来自 «El Ibero-americanismo y pan-americanismo»，见于 *Temas de nuestra América.*

在他的 *7 ensayos* 之外，*Peruanicemos al Perú* 也是他印第安主义的重要来源；然而，也需要关注 Luis Valcárcel 的作品 *Tempestad en los Andes*, Lima, Polémica, 1927，在其中马里亚特吉重拾了阿伊鲁和库拉卡的相关描述。关于马里亚特吉与路易斯·阿尔贝托·桑切斯的论辩，被详细收录于 Alberto Flores Galindo 的作品 *Buscando un Inca*, Lima, Horizonte, 1988。Alberto Flores Galindo 还有另一部著作，深刻揭示了马里亚特吉与其他马克思主义团体和派别之间的区别：*La agonía de Mariátegui. La polémica con la Komintern,* Lima, Centro de Estudios y Promoción del Desarrollo, 1980。

奥克塔维奥·帕斯

奥克塔维奥·帕斯放弃了写作自传：他曾经对我说过，在遇到第二任妻子玛丽·何塞之前，他艰难的爱情生活让他放弃了这种念头。然而他曾经提及过自己的家庭生活，尤其在 *Itinerario*, Fondo de Cultura Económica, 1993 之中详细描述过自己的文学、外交、艺术和政治生涯；相关内容也在许多采访中可以找到，发布于 *Pasión crítica*, Seix Barral, 1985，也在他的诗歌作品中多次呈现，如 «Nocturno de San Ildefonso» (1976) 以及 «Pasado en claro» (1975)。帕斯也没有过完整的传记，但是有一些非常不错的类似作品。其中作为完整的，对于我来说也是最有用（集中于他 1929—1943 年间的经历）的一部是 Guillermo Sheridan 的作品：*Poeta con paisaje. Ensayos sobre la vida* de Octavio Paz, México, Era, 2004。其他有趣的资料来源包括 Enrico Mario Santí 为 Primeras letras 撰写的序言（México, Vuelta, 1988，该书也于同年由 Seix Barral 在巴塞罗那出版，包括帕斯在 1944 年前的多篇批评杂文以及媒体文章）和他对于 El laberinto de la soledad, Madrid, Cátedra, 1993 的介绍性研究。关于帕斯的诗歌选集，我主要使用了 Libertad bajo palabra ——有两个版本：México, Tezontle, 1949 和 México, Fondo de Cultura Económica, 1960 ——还有 Obra poética (1935-1988), Barcelona, Seix Barral, 1990。关于帕斯在 1957 年之后的主要诗歌作品，我也参考了出色的双语版本 The Collected Poems of Octavio Paz (1957-1987)，由 Eliot Weinberger 编辑, New York, New Directions, 1991, 688 pp。

关于帕斯主要的杂文作品，我主要使用了 Octavio Paz, México en la obra de Octavio Paz, Fondo de Cultura Económica, 1987。同时也参考了三卷本文集：El peregrino en su patria, Generaciones y semblanzas 和 Los privilegios de la vista。对我而言用处非凡的，是这部杰作 Bibliografía crítica de Octavio Paz (1931-1996)，由 Hugo Verani 汇编（El Colegio Nacional, 1997)，以及帕斯个人编纂的 Obras completas，由 Fondo de Cultura Económica 出版，共十五卷。简而言之，我比较倾向于使用已有过许多阅读和注解的早期版本。而我在撰文的过程中，也撷取了我和帕斯二十三年的工作交往和私人友谊中帕斯自己向我讲述过的轶闻和回忆。除了一次正式采访外，其他的谈话都是偶然发生，我并没能留下录音或影像资料。

开篇的诗歌 «Canción mexicana» 属于 «Intermitencias del Oeste» 组诗中的一首，被收录于 Ladera este (1962-1968), Joaquín Mortiz, 1969。同样也没有关于帕斯祖父伊雷内奥·帕斯的传记。关于帕斯祖父，有一些关注其他方面的文章，作者是 Napoleón Rodríguez：Ireneo Paz, liberal jalisciense（该文有一个更详尽的版本：Ireneo Paz, letra y espada liberal, Fontamara, 2002)，以及 Hoguera que fue, 由 Felipe Gálvez 编辑, UAM, 2004。但是伊雷内奥先生撰写了自己的回忆录，至少关于他的反抗生涯存在文字记录。在他孙子的倡导

下（并亲自为该书撰写了序言），本书以原题目 *Algunas campañas* 出版（El Colegio Nacional/Fondo de Cultura Económica, 1997）。关于伊雷内奥先生的事迹在许多报纸上也都存在信源，如 *El Padre Cobos* 杂志和 *La Patria* 报的复刻版本，发行时间主要为 1904—1911 年间。奥克塔维奥·帕斯本人也在 *Itinerario* 中对于追忆了祖父的人生，在他自传体诗歌和文章 «Estrofas para un jardín imaginado» (Ejercicio de memorias), *Vuelta*, agosto de 1989 也有所提及。

诗人的父亲，奥克塔维奥·帕斯·索洛萨诺也没有正式的传记。然而 Felipe Gálvez 编纂的文集不仅仅提供了有关他人生的信息，也收集了帕斯·索洛萨诺有关萨帕塔主义革命的文章。帕斯的父亲曾经发表了一些单独的文章，也出版了一些书籍。其中有一部值得强调的是 1986 年由其子出版的萨帕塔传记：Octavio Paz Solórzano, *Zapata. Tres revolucionarios, tres testimonios,* tomo II（México, EOSA, 由 Octavio Paz Lozano 撰写前言）。在帕斯·索洛萨诺的文章中，我用以了解他的意识形态和个人自传的内容是：«Los motivos fundamentales de la revolución», 发表于 *Crisol*, 7 de enero de 1929；«Emiliano Zapata.10 de abril de 1919» 发 表 于 *La Prensa*, 10 de abril de 1932；«Quién era Zapata» 发表于 *El Heraldo de México*, 1922；«Quién era Zapata, por qué se lanzo a la revolución» 发 表 于 *Magazine para Todos, El Universal*, 23 de junio de 1929。奥克塔维奥·帕斯与埃米利亚诺·萨帕塔司令部的往来信件来自 Archivo Condumex。有关于帕斯·索洛萨诺死讯的新闻，可见于 *El Universal*：«El Licenciado Paz muerto bajo las ruedas de un tren», *El Universal*, 13 de marzo de 1936。*La Patria* 报在 1911 年 5 月至 1914 年 6 月间选录了许多在帕斯·索洛萨诺反抗生涯中有意义的行为。在 *Itinerario* 之中对于父亲提及不多，而在诗歌之中则很有激情和启示性。当诗歌提及相关内容时，在正文中有标注它们的名称。关于帕斯的童年和青年时代初期，Gálvez 所收集的家庭成员回忆对我非常有用，我本人和他亲人后代的谈话（如和 Mercedes Pesqueira）也大有助益。

对于帕斯从学生时代开始，到他离开法学院前往尤卡坦州的经历，我主要参考了帕斯所编辑的杂志：*Barandal*, reimpresión Fondo de Cultura Económica, 1983；*Cuadernos del Valle de México*, reimpresión Fondo de Cultura Económica, 1983。（这一时期）他主要的文章可见于 *Primeras letras.* 对我而言很有帮助的是他朋友和老师们的证言，如：Pedro de Alba, «Octavio Paz y otros en el mundo de Pedro de Alba» 见于 *México en la Cultura*, *Novedades*, 6 de octubre 1963；Efraín Huerta, *Aquellas conferencias, aquellas charlas*, México, UNAM, Textos de Humanidades, 1983；José Alvarado,«Bajo el signo de Octavio Paz»，见于 *Excélsior*, 22 de junio de 1966；Manuel Lerin,«El grupo de Barandal y Cuadernos del Valle de México»，见于 *El Nacional,* 5 de junio de 1966。帕斯本人也在 *Itinerario* 进行过丰富的记述；同时也见于 *Xavier Villaurrutia en persona y en obra*, Fondo de Cultura Económica, 1977；也记录于日后撰写的，记录他这个时期同事、同志和朋友的文章中，如 «Saludo a Rafael Alberti»，发表于 *Vuelta*, núm.166, septiembre 1990；«Rafael Alberti, visto y entrevisto» 发表于 *Vuelta*, núm.92, julio de 1984；«Efraín Huerta (1914-1982)» 发表于 *Vuelta*, núm.64, marzo de 1982。

关于帕斯与他第一任妻子的爱情故事，主要内容来源为帕斯未曾发表过的、写给埃莱娜·加罗的情书，时间在 1935 年 6 月 22 日至 1935 年 8 月 10 日间。同样，埃莱娜·加罗回忆的文字记录也很有用：Patricia Rosas Lopátegui, *Testimonios sobre Elena Garro*, Monterrey, Ediciones Castillo, 1998。关于布勒东对墨西哥尴尬的访问：Fabienne Bradu, *Breton en México*, México, Editorial Vuelta, 1996。引用韦尔塔的诗作选自 *Poesía completa, Fondo de Cultura Económica*, 1988。关于雷韦尔塔斯的生平事迹主要来自于：Álvaro Ruiz Abreu, *José Revueltas. Los muros de la utopía*, México, Cal y Arena, 1993。有关于帕斯在尤卡坦州的一些情况，来自我与 Octavio Novaro Peñalosa 的谈话，他是帕斯在那个时期一位朋友的儿子。有关于奎斯塔的思想和影响，来自已经标注过引用的作品：Guillermo Sheridan, *Poeta con paisaje. Ensayos sobre la vida de Octavio Paz*。关于《当代》撰稿人群体，我参考了一部内容丰富的传

记（Panabière, Sheridan）和 José Luis Martínez 的 «El momento literario de los contemporáneos», *Letras Libres*, núm.15, marzo de 2000。

Sheridan 的作品是了解帕斯在西班牙内战时期经历的绝佳材料，而 *Itinerario* 也提供了一些有趣的内容。而在所有材料之中，对我来说最具启示性的是 Elena Garro 在 1992 年出版的作品：*Memorias de España*, 1937, Siglo XXI Editores。我相信本书是对帕斯这个阶段的第一手资料来源，这个阶段对于帕斯思想发展十分重要；同时也是（除私人谈话外）最可信的信息来源。而 *Octavio Paz en España, 1937*, México, Fondo de Cultura Económica, 2007 一书也非常有用，这是一部帕斯的诗文选集，由 Danubio Torres Fierro 作序。

从 1938 年（帕斯由西班牙归国）到 1944 年（帕斯在旧金山开始他第一阶段的流亡生涯），帕斯在许多报纸上发表文章（*El Popular, Novedades*），为许多墨西哥朋友的杂志写作（*Futuro, Letras de México, Tierra Nueva*），也为阿根廷文学杂志 *Sur* 撰文，还主编了两本墨西哥杂志：*Taller* (1938-1941)；*El Hijo Pródigo*，帕斯领导了最初几期的编辑出版工作（1943）。这些文章中的一部分被 *Primeras letras* 重新发表过。关于帕斯在第二次世界大战中的论调，除去帕斯发表在 *El Popular* 上的斗争性文字（如 «Las enseñanzas de una juventud»，发表于 1938 年 7 月 23 日和 8 月 3 日），我也利用了该报的社论和帕斯的朋友发表在同一份报纸上的文章：Octavio Novaro, «La Nueva Educación en Alemania», 24 de julio de 1938；Ángel Miolán,«Habla León Felipe», 29 de agosto de 1938；José Alvarado,«Generación de impostores», 23 de agosto de 1939；Alberto Quintero Álvarez,«La paz por la juventud», 24 de julio de 1938；«Resonante triunfo de la URSS en beneficio de la paz mundial», 23 de agosto de 1939。在那些年中，对于青年帕斯有意义的描摹要算 José Luis Martínez 的 «Imagen primera del poeta»，见于由 Enrico Mario Santí 编纂和撰写序言的 *Luz espejeante. Octavio Paz ante la crítica*, México, UNAM y Ediciones Era, 2009。关于帕斯作为教师和在官僚体系内的经历，我核对了 Archivo Histórico de la Comisión Nacional Bancaria 和 Archivo Histórico de la

Secretaría de Educación Pública 中的文献资料。

关于帕斯由 1941 年开始的文化和文学生活图景（曼努埃尔·阿维拉·卡马乔执政时期），资料选自于多处文字和口头来源，如我的书 *Daniel Cosío Villegas. Una biografía intelectual* 和杂文 «Cuatro estaciones de la cultura mexicana»，见于 *Mexicanos eminentes*, México, Tusquets, 1999。在涉及这一时期的编年史作品中，最有用的是：José Luis Martínez «La literatura mexicana en 1942», *Literatura Mexicana, siglo XX, 1910-1949*, México, Antigua Librería Robredo, 1949。其他的资料来源：Elena Poniatowska, *Juan Soriano, niño de mil años*, México, Plaza y Janés, 1998；帕斯撰写的关于索里亚诺的文章（可集中见于 *Los privilegios de la vista*）与他详实的文字总结 «Antevíspera：*Taller*, 1938-1941» 和 «Poesía e historia（Laurel y nosotros)»，两者被收录于 *Sombras de obras*, Barcelona, Seix Barral, 1983。聂鲁达和帕斯之间的逸事在引注过的 Sheridan 作品中被详细描述，也见于 Gerardo Ochoa Sandy 的文章：«Cuando los intelectuales llegan a las manos. Los pleitos a bofetadas de Neruda-Paz, Novo-Usigli, Arreola-Rulfo, Cuevas-Icaza y García Márquez-Vargas Llosa»，发表于 *Proceso*, 26 de diciembre de 1992。1943 年上映的电影 *El rebelde*，由 Jean Malaquais 编剧、Jaime Salvador 导演，包含帕斯两首罕见的歌曲作品，非常容易找到。有关帕斯对于墨西哥文化和政治当权派的批判态度，最具启示性的消息来源是他与奥克塔维奥·巴雷达的来往信件。关于他的（在第一次异端转变中的）思想和政治立场，可见于他在 1944 年 10 月 6 日写给维克托·塞尔日的信件（由 Adolfo Gilly 向我提供）。关于帕斯涉及雷韦尔塔斯、巴斯孔塞洛斯、佩里赛尔、塞尔努达、何塞·马里亚·贝拉斯科的文章和 «Poesía de comunión y poesía de soledad» 等，均收录于 *Primeras letras*。

有关帕斯在旧金山的经历，可见于 *Crónica trunca de días excepcionales*, México, UNAM, 2007；Froylán Enciso, *Andar fronteras. El servicio diplomático de Octavio Paz en Francia（1946-1951)*, México-Buenos Aires-Madrid, Siglo XXI, 2008。帕斯写给巴雷达和维克托·塞尔日的信都是考察他精神状态的

第一手资料。关于他在纽约的经历和他在巴黎的长期生活，可以在 Rosas
Lopátegui 的书中找到信息，也可见于奥克塔维奥·帕斯与埃莱娜·加罗的女
儿 Helena Paz Garro 的回忆录：*Memorias*, México, Océano, 2003。我用以进
行分析的 *El laberinto de la soledad* 版本为初版，见于 Cuadernos Americanos，
出版于 1949 年。关于该书的巨大影响，可见于：José Vasconcelos,《Octavio
Paz》, *Todo*, 6 de abril de 1950；Alejandro Rossi：《50 años [de] *El laberinto de
la soledad*》, *Letras Libres,* núm.120, diciembre de 2008。

　　关于 *El laberinto de la soledad* 的相关文章，可见于已引注过的 Santí 的
序言，以及 Claude Fell 对帕斯的采访：《Vuelta a *El laberinto de la soledad*》,
发表于 *Plural*, noviembre de 1975。关于帕斯在巴黎的生活，一组关键证言
来自于他和何塞·比安科的通信。同样，在与阿方索·雷耶斯的来往信件
中，在 Garro 和 Paz Garro 的书中也可以找到相关信息。关于帕斯与布努
埃尔的交往：Octavio Paz, 《Buzón entre dos mundos. De Octavio Paz a Luis
Buñuel》, *Vuelta*, núm.201, agosto de 1993；José de la Colina：《Buñuel/Paz：
Vasos comunicantes》（手稿）。他在 50 年代最重要的杂文作品结集为 *Las
peras del olmo,* Barcelona, Seix Barral, 1957。他关注与苏联的文章在 1950 年
10 月首次出现于 *Sur*，也被收入 *El ogro filantrópico：historia y política (1971-
1978),* México, Joaquín Mortiz, 1979。关于他在 50 年代在墨西哥的日常生
活、文学生活和外交生活，与比安科的往来书信可以提供基本材料，以及：
Elena Poniatowska, *Las palabras del árbol*, México, Joaquín Mortiz, 2009。他与
埃莱娜·加罗的生活细节，可见于：María Zambrano, *Esencia y hermosura.
Antología,* Barcelona, Galaxia Gutenberg, 2010。关于他在编辑方面的思忖，
50 年代的部分可见于他与比安科的来往信件，70 年代可见于 *Octavio Paz-
Arnaldo Orfila. Cartas cruzadas*, México, Siglo XXI, 2006。关于他与法国的
编辑往来：Octavio Paz, *Jardines errantes. Cartas a J. C. Lambert 1952-1992*,
Barcelona, Seix Barral, 2008。与西班牙编辑往来的部分可见于：Octavio Paz,
Memorias y palabras. Cartas a Pere Gimferrer, 1966-1997, Barcelona, Seix Barral,

1999。关于他 70 年代在墨西哥文学中的立场：《De José Gaos a Octavio Paz》，12 de diciembre de 1963, archivo de El Colegio de México；《Efraín Huerta enjuicia a los escritores mexicanos de hoy》，*El Heraldo de México*, 8 de mayo de 1966；Juan García Ponce, "Figura de poeta"，《Homenaje a Octavio Paz》，*La Cultura en México*（*Siempre!* 增刊），México, 16 de agosto de 1967; Elena Poniatowska,《Octavio Paz ante el detector de mentiras》，发表于 *Siempre!*, 18 de octubre 1967。关于他 50 年代对革命的潜在同情，我曾经与 José de la Colina 进行过交流。关于他对古巴革命的批评疏远，可见于 Rafael Rojas 两部作品：《Lecturas cubanas de Octavio Paz》，*Vuelta*, núm.259, junio de 1998；《El gato escaldado. Viaje póstumo de Octavio Paz a La Habana》，Anuario de la Fundación Octavio Paz, núm.1, 1999。《El cántaro roto》由 Hank Heifetz 进行翻译。关于帕斯 70 年代在印度的日常生活，我参考了帕斯与何塞·路易斯·马丁内斯未公开的往来信件，也和他的妻子 Marie José 进行了交流。他这一时期主要的杂文——包括他关于起义、造反和革命的文章——收录于 *Corriente alterna* (México, Siglo XXI, 1967)。

关于帕斯对于 1968 年学生运动的热情，可见于他与何塞·路易斯·马丁内斯的来往信件，尤其是他与查尔斯·汤姆林森的来往信件（12 de junio, 3 de agosto, 27 de septiembre de 1968，全部收藏于 Universidad de Texas en Austin）。他直接关于这一主题的多篇文章，收录于 *Postdata* (México, Siglo XXI, 1970)。他与墨西哥政府的关系，特别是与墨西哥外交部的关系，可见于 Antonio Carrillo Flores 在 Condumex 的档案，收录在《un sueño de libertad：Cartas a la Cancillería》，*Vuelta*, núm.256, marzo de 1998。他与雷韦尔塔斯的关系，见于：José Revueltas, *Las evocaciones requeridas*, *Obras completas*, tomos 25 y 26, Ediciones Era, 1987。他在那些年间对于政权的主要批评可见于 *Postdata*。关于他 1971 年到达墨西哥时的立场：Jacobo Zabludovsky,《Echeverría, un hombre que sabe escuchar el rumor de la historia, declara Octavio Paz》，*Siempre!*, México, 14 de abril de 1971；《Respuestas a diez preguntas》，julio de 1971, 收录

于 *El ogro filantrópico*。

在 *Plural* 创办之后，我加入了亲身经历过的事件和氛围。首先是作为帕斯反对者，Héctor Aguilar Camín 和我本人在 *Siempre!* 对其进行的批评（*La Cultura en México*, agosto de 1972）。这些批评收到了意外的回复：«La crítica de los papagayos», *Plural*, núm.11, agosto de 1972。关于 *Plural* 的创办，我与帕斯本人进行了交流，也咨询了 Gabriel Zaid、Alejandro Rossi 和 Julio Scherer。Gabriel Zaid 那些年中在 *Plural* 中发表的重要批判文章，可见于 *Cómo leer en bicicleta*, México, Joaquín Mortiz, 1975；*El progreso improductivo*, México, Siglo XXI, 1979。Alejandro Rossi 在 *Plural* 的作品收录于 *Manual del distraído*, México, Joaquín Mortiz, 1978。关于 *Plural* 的日常工作，可见于 *Cartas a Tomás Segovia (1957-1985)*, México, Fondo de Cultura Económica, 2008。关于 *Plural* 杂志的历史，John King 发表了 «Política en *Plural* (1971-1976)», *Letras Libres*, núm.112, abril de 2008）。1971 年至 1975 年间，帕斯几乎所有的批判性文章都发表于 *Plural*、相关报纸和发表的采访中（我文章中引用的部分，收录于 *El ogro filantrópico*）。其中：«Carta a Adolfo Gilly», 5 de febrero de 1972；«Debate：presente y futuro de México», marzo de 1972；«¿Por qué Fourier?», agosto de 1972；«Los escritores y el poder», octubre de 1972；«La mesa y el lecho», octubre de 1972；«La letra y el cetro», octubre de 1972；«El parlón y la parleta», marzo de 1973；«Aterrados doctores terroristas», junio de 1973；«Los centuriones de Santiago», agosto de 1973；«Nueva España：orfandad y legitimidad», octubre de 1973；«A cinco años de Tlatelolco», octubre de 1973；«Polvos de aquellos lodos», marzo de 1974；«Gulag：Entre Isaías y Job», diciembre de 1975。

关于科西奥·比列加斯的生平，再次参考我的作品 *Daniel Cosío Villegas. Una biografía intelectual.* 帕斯为 Cosío Villegas 撰写的讣告：«Las ilusiones y las convicciones», 发表于 *Plural*, abril de 1976。自传体诗歌 «Nocturno de San Ildefonso» 发表于 *Plural* 和他的书籍 *Vuelta*, Barcelona, Seix

Barral, 1976。有关奥克塔维奥·帕斯彻底回归墨西哥的序曲，可见于他的 *Memorias y palabras. Cartas a Pere Gimferrer 1966-1997*, Barcelona, Seix Barral, 1999。关于这个主题的诗歌演绎，可见于 *Pasado en claro*, México, Fondo de Cultura Económica, 1975 和 *Vuelta* 中的诗作。他对于 *El laberinto de la soledad* 的回顾，是在那几个月中 Claude Fell 对他的采访中进行的。

我是于 1976 年 3 月 10 日在科西奥·比列加斯的葬礼上与帕斯结识的（比列加斯曾经是我的老师）。在前文提到过的 *Plural* 杂志停刊之后，我与帕斯策划成立的 *Vuelta* 杂志团队有所接触。1976 年年初我加入该杂志，成为新一任主编。我与这本杂志以及帕斯的关系一直持续到 1998 年 4 月他去世。许多关于这段时间的材料和事件，都是来自第一手的信息。

他首批发表在 *Vuelta* 引起争议的文章集中收录于 *El ogro filantrópico*。这些文章中比较突出的是：«Vuelta», diciembre de 1976；«Discurso en Jerusalén», julio de 1977；«La universidad, los partidos y los intelectuales», septiembre de 1977；«El ogro filantrópico»（文章），agosto de 1978。所有这些文章和胡里奥·谢雷尔对他的采访（«Suma y sigue», *Proceso*, 5 y 12 de diciembre de 1977）引起了他与左派知识分子们轰动一时的论战，尤其是与卡洛斯·蒙西瓦伊斯。帕斯和蒙西瓦伊斯的文章可见于 *Proceso*，在 1977 年 12 月 19 日到 1978 年 1 月 23 日间每周发表。还有 Héctor Aguilar Camín 的文章 «El apocalipsis de Octavio Paz», *Nexos*, octubre de 1978。关于游击队的威胁，可见于 «Los motivos del lobo»，发表于 *Vuelta*, 18 de septiembre de 1978。Xavier Rodríguez Ledesma 的著作 *El pensamiento político de Octavio Paz*, México, UNAM y Plaza y Valdés, 1996 详细记录了这次论战。

Sor Juana Inés de la Cruz o las trampas de la fe 一书由 Seix Barral (1982) 和 Fondo de Cultura Económica (1983) 分别出版。关于何塞·雷韦尔塔斯的 «Cristianismo y revolución» 一文可见于 *Hombres en su siglo*, Barcelona, Seix Barral, 1984。Gabriel Zaid 关于萨尔瓦多游击队和尼加拉瓜大选中不足的文章（这些文章在 80 年代引起了左派的巨大反弹）可见于 *De los libros al*

poder, México, Grijalbo, 1988。帕斯在同一个时期发表的政治论文（«PRI：
Hora cumplida» 和他在法兰克福书展中的演讲）收录于 *México en la obra
de Octavio Paz：El peregrino en su patria*。我的文章 «Por una democracia sin
adjetivos»（也曾引起巨大争议）发表于 *Vuelta*, núm.86, enero de 1984。涉
及论战的文章主要见诸 *Nexos* 和 *Vuelta* 杂志，在 *Proceso* 得到了忠实的反
映，其他的出版物如 *Unomásuno* 和 *La Jornada* 也涉及其中。年满七十岁
的帕斯的国际观，可见于 *Tiempo nublado*, Barcelona, Seix Barral, 1983。我
利用了对本书的概述文章，被翻译发表于 *Salmagundi*（primavera-verano
de 1986）。1984 年 3 月，我就帕斯生平进行了采访，被收录于 *Travesía
liberal*, México-Barcelona, Tusquets, 2003。帕斯关于卡洛斯·萨利萨斯
（Carlos Salinas de Gortari）六年任期和柏林墙倒塌的文章，可见于 *Pequeña
crónica de grandes días*, México, Fondo de Cultura Económica, 1990。系列影
片 «Encuentro Vuelta：La experiencia de la libertad» 分为七集播放（México,
Vuelta, Fundación Cultural Televisa y Espejo de Obsidiana Ediciones, 1991）。
还有帕斯对于这部影片的介绍：«El siglo XX：La experiencia de la libertad»，
见于 *Vuelta*, núm.167, octubre de 1990。关于萨帕塔民族解放运动，帕斯在
Vuelta 发表了：«Chiapas, ¿nudo ciego o tabla de salvación?», febrero de 1994；
«Chiapas：hechos, dichos, gestos», marzo de 1994；«La selva lacandona»,
febrero de 1996。他对玛丽·何塞说的话是我亲耳听到的。

埃娃·庇隆

　　这一章节的主要资料来源有 Alicia Dujovne Ortiz 的书籍 *Eva Perón：A
Biography*, Shawn Fields 译，New York, St. Martin's Griffin, 1997；Tomás Eloy
Martínez, *Santa Evita*, Helen R. Lane 译，New York, Alfred A. Knopf, 1996。我
也使用了这本书的内容：Michael Casey, *Che's Afterlife：The Legacy of an
Image*, New York, Vintage, 2009。我还参考了历史学家 Enrique Zuleta Álvarez

和 Dr.Vicente Massot 有关该时期阿根廷历史的相关著作。

切·格瓦拉

我使用了三卷本的格瓦拉全集：*Obras completas* de Ernesto «Che» Guevara, Buenos Aires, Legasa, 1995 y 1996。我也参考了 *Diarios de motocicleta. Notas de un viaje por América Latina*, Buenos Aires, Planeta, 2004 ; *Otra vez. Diario inédito del segundo viaje por Latinoamérica*, Barcelona, Ediciones B, 2001 ; *Pasajes de la guerra revolucionaria : Congo*, México, Mondadori, 1999 ; *El socialismo y el hombre nuevo*, México, Siglo XXI, 1977。许多切的信件可以在网络上找到：*Che, Guía y Ejemplo : Epistolario* (www.sancristobal.cult.cu/sitios/Che/epistolario.htm)。文章开篇的信息来自 1965 年 3 月他写给父母的信。关于拉卡巴尼亚的处刑，内容源自 José Vilasuso (http : //chenunca.fortunecity.com/Filevilasuso.html)。

我所使用的三部最主要的关于切的传记为：Jon Lee Anderson, *Che Guevara : A Revolutionary Life*, New York, Grove Press, 1997 ; Paco Ignacio Taibo II, *Ernesto Guevara, también conocido como el Che*, México, Planeta y Joaquín Mortiz, 9ª reimpresión, 1997 ; Jorge G. Castañeda, *La vida en rojo. Una biografía del Che Guevara*, Madrid, Alfaguara, 1997。我还参考了：Michael Lowy, *El pensamiento del Che Guevara*, México, Siglo XXI, 1971 (16ª ed., 1997)。

关于古巴遭受到美国的伤害：Daniel Cosío Villegas,«Rusia, Estados Unidos y América Latina», *Ensayos y notas*, tomo I, México, Hermes, 1966 ; «Estados Unidos falla en Cuba», *Ensayos y notas*, tomo II, México, Hermes, 1966。关于切在科尔多瓦的童年和家庭环境，我参考了历史学家 Tulio Halperín Donghi 和 Carlos Sempat Assadourian 的作品，也利用了 Luis Altamir 的剧本：*La infancia del Che. Documental*, Madrid, Del Taller de Mario Muchnik,

2003。关于他的阅读兴趣：Ricardo Piglia, *El último lector*, Barcelona, Anagrama, 2005。关于科尔多瓦的意识形态激荡：*Deodoro Roca, el hereje,* selección y estudio preliminar de Néstor Kohan, Buenos Aires, Editorial Biblos, 1999；Deodoro Roca,«Manifiesto liminar» [de la reforma universitaria de 1918], Córdoba, Editorial Universitaria de Córdoba, 1998。Hugo Pesce 的写作见于马里亚特吉主编的杂志 *Amauta*。

关于切在墨西哥的经历：Carlos Franqui, *Retrato de familia con Fidel*, Barcelona, Seix Barral, 1981。拉萨罗·卡德纳斯的相关内容见于我的作品：*Lázaro Cárdenas：El general misionero,* México, Fondo de Cultura Económica, 1987, p.195。关于切在马埃斯特腊山脉的经历：Carlos Franqui 和 Hugh Thomas, *Cuba or The Pursuit of Freedom*, New York, Da Capo Press, 1998。关于拉卡巴尼亚时期，我参考了：Álvaro Vargas Llosa,«La máquina de matar. El Che Guevara, de agitador comunista a marca capitalista», *Letras Libres*, núm.98, febrero de 2007。

关于切的经济思想：Carlos Tablada,«La creatividad en el pensamiento económico del Che», *Nueva Internacional*, núm.2, 1991, pp.71-99；Michael Lowy, *El pensamiento del Che Guevara*, México, Siglo XXI, 1971 (19ª ed., 2007)。有关切的经济管理行为，可见于 Carmelo Mesa-Lago 作品：«Availability and Reliability of Statistics in Socialist Cuba, Part 1», *Latin American Research Review*, 4：1 y 4：2, primavera de 1969; «Ideological, Political and Economic Factors in the Cuban Controversy on Material Versus Moral Incentives», *Journal of Interamerican Studies and World Affairs*, 14：1, 1972; «Problemas estructurales, política económica y desarrollo en Cuba, 1959-1970», *Desarrollo Económico*, 13：51, 1973。关于这一问题，我也参考了：Huber Matos, *Cómo llegó la noche*, Barcelona, Tusquets, 2002；Héctor Rodríguez Llompart, «Che comunista y economista», *El Economista de Cuba*, diciembre de 2007；Hugh Thomas, Georges A. Fauriol y Juan Carlos Weiss, *La Revolución cubana：25 años después*, Madrid, Playor, 1984; Robert S. Walters, «Soviet Economic Aide to Cuba：1959-1964», *International Affairs*, 42：1, 1966。瓦尔特・科马雷克所做的对话和采访，可见于 1990 年由 *Vuelta* 杂志组织的 «Encuentro Vuelta：La experiencia de la libertad»，我第一次有机会可以直接了解切的经济思想和相关态度。关于土地改革我参考了：Rafael Rojas, *Tumbas sin sosiego. Revolución, disidencia y exilio del intelectual cubano*, Barcelona, Anagrama, 2006。

关于切・格瓦拉游击队的态度和故事：Carlos Franqui, *El libro de los doce*, México, Era, 1966; Daniel Alarcón Ramírez «Benigno», *Memorias de un soldado cubano. Vida y muerte de la Revolución*, Barcelona, Tusquets, 1997；Jorge Masetti, *El furor y el delirio. Itinerario de un hijo de la Revolución cubana*, Barcelona, Tusquets, 1999；还有 Régis Debray 的两部作品：*La guerrilla del Che*, México, Siglo XXI, 9ª ed., 2004 和最为令人幻灭的 *Alabados sean nuestros señores*, Buenos Aires, Sudamericana, 1999。关于刚果雇佣兵的研究：Mike Hoare, *Congo Mercenary*, Boulder, Paladin Press, 1967。关于菲德尔和切的关系，在 Simon Reid-Henry 的作品中得到了深入剖析：*Fidel and Che：A Revolutionary Friendship*, New York, Walker & Company, 2009。关于切对于革命命运愿景的讨论：Alma Guillermoprieto, «El ángel desalmado», *Historia escrita*, Laura Emilia Pacheco 译, México, Plaza y Janés, 2001。关于大学生游击战：Gabriel Zaid, *De los libros al poder*, México, Grijalbo, 1988。关于切的遗 产：Michael Casey, *Che's Afterlife：The Legacy of an Image*, New York, Vintage, 2009。关于他的殉道者情怀：Guillermo Cabrera Infante, *Mea Cuba*, México, Editorial Vuelta, 1993。

加夫列尔・加西亚・马尔克斯

本章节中信息的主要来源是加西亚・马尔克斯的自传 *Vivir para contarla*,

México, Editorial Diana, 2002；以及 Gerald Martin 所写的传记：*Gabriel García Márquez：A Life*, New York, Alfred A. Knopf, 2009。我也参考了 Plinio Apuleyo Mendoza 的两部作品：*Un García Márquez desconocido*, Bogotá, Emecé Editores-Editorial Planeta Colombiana, 2009；*El olor de la guayaba*, Barcelona, Mondadori, 1996, 168 pp.（均为回忆性质的谈话录）。具有同样重要性的还有：Pedro Sorela, *El otro García Márquez：los años difíciles*, Madrid, Mondadori, 1988。以及相对无趣的 Stephen Minta 作品：*García Márquez：Writer of Colombia*, New York, Harper & Row, 1987。以及普及型的传记：Mariana Solanet, *García Márquez for Beginners*, New York, Writers & Readers, 2001。

关于加西亚·马尔克斯的虚构作品，我按照编年顺序主要参考了：*La hojarasca,* México, Editorial Diana, 1986；*El coronel no tiene quien le escriba*, México, Ediciones Era, 1968；*Cien años de soledad*, Barcelona, Mondadori, 1987；*El otoño del patriarca*, México, Editorial Diana, 1991; *El general en su laberinto*, México, Editorial Diana, 1994。关于他的非虚构类作品（新闻传媒作品和杂文、散文），我参考了：*Obra periodística 1. Textos costeños*, Santafé de Bogotá, Grupo Editorial Norma, 1997；*Obra periodística 2. Entre cachacos*, Santafé de Bogotá, Grupo Editorial Norma, 1997；*Obra periodística 3. De Europa y América*, Santafé de Bogotá, Grupo Editorial Norma, 1997；*Por la libre. Obra periodística 4 (1974-1995)*, Barcelona, Mondadori, 1999；*Notas de prensa：1980-1984*, Santafé de Bogotá, Grupo Editorial Norma, 1995。

关于哥伦比亚历史，我参考了：Malcolm Deas：*Del poder y la gramática*, Bogotá-Caracas-Quito, Tercer Mundo Editores, 1993；Marco Palacios y Frank Safford, *Colombia. País fragmentado, sociedad dividida. Su historia*, Bogotá, Grupo Editorial Norma, 2002。关于乌里韦·乌里韦的形象：Edgar Toro Sánchez：*El liderazgo de Rafael Uribe Uribe. La modernización de la Nación y el Estado*, Bogotá, Federación Nacional de Cafeteros de Colombia, 2008。关于

联合果品公司：Gilbert M. Joseph, Catherine C. LeGrand y Ricardo D. Salvatore （编）：*Close Encounters of Empire：Writing the Cultural History of U.S.-Latin American Relations*, Durham, Duke University Press, 1998；Stacy May y Galo Plaza：*The United Fruit Company in Latin America*, Washington, National Planning Association, 1958。

关于加西亚·马尔克斯作品中的加勒比文化，我参照了 Pedro Sorela 的作品。关于奥克塔维奥·帕斯谈加西亚·马尔克斯，我参考了 Rita Guibert 和 Julián Ríos 对帕斯的采访（*Obras completas*, Círculo de Lectores y Fondo de Cultura Económica, tomo 15）。马里奥·巴尔加斯·略萨关于加西亚·马尔克斯与阿玛迪斯对比的文章：*Sables y utopías. Visiones de América Latina*, México, Aguilar, 2009。关于独裁者的小说：Augusto Monterroso, *La palabra mágica*, México, Era, 1983。关于 *El otoño del patriarca*：Alejandro Rossi, «Vasto reino de pesadumbre», *Plural*, septiembre de 1975。关于作为记者的加西亚·马尔克斯：Charles Lane, reseña sobre *News of a Kidnaping, The New Republic*, 25 de agosto de 1997；Gabriel Zaid,«Relato donde no se escucha a un náufrago» en *Vuelta*, núm.41, abril de 1980。关于加西亚·马尔克斯与古巴和菲德尔的关系：Juan Goytisolo, *Coto vedado y En los reinos de Taifa*, Barcelona, Ediciones Península, 2002；Andrés Oppenheimer, *La hora final de Castro：la historia secreta detrás de la inminente caída del comunismo en Cuba*, Madrid, Vergara Editor, 2001。关于作家与总司令的友情：Ángel Esteban y Stéphanie Panichelli, *Fidel and Gabo：A Portrait of the Legendary Friendship between Fidel Castro and Gabriel García Márquez*, New York, Pegasus Books, 2009。

关于船民的报道：*La Jornada* del 2, el 14, el 28, el 29 y el 30 abril de 2003。苏珊·桑塔格德国书业和平奖的获奖演说：www.stecyl.es/prensa/031015_ep_Sontag_titere_con_cabeza.htm。

马里奥·巴尔加斯·略萨

本章节信息的主要来源是马里奥·巴尔加斯·略萨的自传：*El pez en el agua*, México, Seix Barral, primera reimpresión en México, 1993。也包括费尔南多·德·兹济斯洛与巴尔加斯·略萨的两次对谈：2003 年于利马，2010 年 3 月于墨西哥城。另一个信息来源是：Ricardo A. Setti, *Diálogo con Vargas Llosa*, México, Kosmos Editorial, segunda edición, 1989。

关于本章涉及的巴尔加斯·略萨的主要作品，我参考了：*La guerra del fin del mundo*, Barcelona, Alfaguara, 1997；*La utopía arcaica. José María Arguedas y las ficciones del indigenismo*, México, Fondo de Cultura Económica, 1996；*Historia de Mayta*, Barcelona, Seix Barral, 1984；*La fiesta del Chivo*, Bogotá, Alfaguara, 2000。

关于秘鲁的多面性和冲突性：Mario Vargas Llosa, «El país de las mil caras», *Contra viento y marea III (1964-1988)*, México, Seix Barral, primera reimpresión, 1990；关于他的早期政治生涯与文学生涯：*Literatura y política*, México, ITESM/Ariel, 2001；*Historia secreta de una novela*, Barcelona, Tusquets, 1971。

关于马里奥·巴尔加斯·略萨与古巴的关系：*Sables y utopías. Visiones de América Latina*, México, Aguilar, 2009。也见于 «La literatura es fuego»，关于巴尔加斯·略萨获得罗慕洛·加列戈斯国际小说奖时的演讲，见于 *Revista Nacional de Cultura (181)*, año XXIX, Caracas, julio-septiembre de 1967。他与加西亚·马尔克斯、卡洛斯·富恩特斯、罗贝尔托·冈萨雷斯·雷塔马尔和艾蒂·桑塔马里亚的来往信件被收录于普林斯顿大学的巴尔加斯·略萨档案。以及 «Carta a Haydée Santamaría»，见于 *Sables y utopías*。

关于他与古巴革命的冲突：Ángel Rama, «A propósito de *Historia de un deicidio*. Va de retro», *Marcha*, 5 de mayo de 1972。他的第一任妻子对于他们婚姻的说法：Julia Urquidi, *Lo que Varguitas no dijo*, La Paz, Ediciones Última

Hora, 1983。他对于萨特的幻灭和与加缪的相遇：Mario Vargas Llosa, *Entre Sartre y Camus*, Puerto Rico, Ediciones Huracán, 1981；«La rebelión perpetua», Danubio Torres Fierro 对 Mario Vargas Llosa 的采访，发表于 *Plural* (1975)。

关于他向自由主义经济的转变和他对赫尔南多·德·索托思想的喜爱：Mario Vargas Llosa,«La revolución silenciosa», *Contra viento y marea III (1964-1988)*。他在 80 年代的重要报道见于 «Sangre y mugre de Uchuraccay» 以及 *Contra viento y marea III (1964-1988)*。关于总统选举的一些印象是第一手信息：1990 年 3 月我身在秘鲁。关于在大选之中的光明与阴影：Alma Guillermoprieto, *Desde el país de nunca jamás*, Barcelona, Debate, 2011；Alan Riding,«The Misadventures of Mario Vargas Llosa», *The New York Times,* 15 de mayo de 1994。关于他对权力和独裁的看法，参考了我与巴尔加斯·略萨的对谈，可见于 *Letras Libres*：«La fragilidad democrática en Latinoamérica», núm.85, enero de 2006；«Utopías», núm.61, enero de 2004；«La seducción del poder», núm.19, julio de 2000；以及我最近一次对他的记述 «Vida y libertad», noviembre de 2010, el número 143。

理想国译丛

imaginist [MIRROR]